高等学校"十三五"规划教材

保险理论与实务

(第二版)

张建军　主编

西安电子科技大学出版社

内 容 简 介

    本书详细介绍了保险理论基础、财产保险、责任保险、人身保险、保险营销以及保险监管等几个方面的基础知识和基本理论,每章都精心选择了与内容相关的案例导入、典型案例、案例阅读以及复习思考题。

    本书可作为保险学、经济学、金融学及管理类各相关专业本科生的必修课教材或参考书,也可作为其他相关专业研究生的公共选修课教材。此外,本书也可供对保险学有兴趣的读者参阅。

图书在版编目(CIP)数据

保险理论与实务 / 张建军主编. —2 版. —西安:西安电子科技大学出版社,2020.1
ISBN 978−7−5606−5569−7

Ⅰ. ① 保… Ⅱ. ① 张… Ⅲ. ① 保险学—高等学校—教材 Ⅳ. ① F840

中国版本图书馆 CIP 数据核字(2019)第 279263 号

策划编辑　戚文艳
责任编辑　马晓娟
出版发行　西安电子科技大学出版社(西安市太白南路 2 号)
电　　话　(029)88242885　88201467　　邮　　编　710071
网　　址　www.xduph.com　　　　　电子邮箱　xdupfxb001@163.com
经　　销　新华书店
印刷单位　陕西天意印务有限责任公司
版　　次　2020 年 1 月第 2 版　　2020 年 1 月第 3 次印刷
开　　本　787 毫米×1092 毫米　1/16　印张　23.5
字　　数　557 千字
印　　数　4201～7200 册
定　　价　56.00 元
ISBN 978 − 7 − 5606 − 5569 − 7 / F
XDUP 5871002-3

＊＊＊ 如有印装问题可调换 ＊＊＊

前　言

　　自 2013 年 6 月本书第一版正式出版以来已经过去了 6 年时间，我国的保险行业和保险市场也日新月异、精彩纷呈。在当前信息化革命迅速发展的大背景下，现代经济金融体系更是呈现出越来越快节奏的变化趋势。从国际范围来看，发达国家的"再工业化"和新兴国家的工业化使得我国经济发展面临双重挤压的形势更加严峻，世界各国的经济发展波动性越来越大，不确定性越来越显著，全球性的经济疲软也愈发明显，由美国挑起的"中美贸易争端"更是为世界经济增长带来极大的负面效应。从国内来看，在过去的 6 年中，从保险法规修订到保险业实践等都发生了许多明显的变化。特别是 2015 年《中华人民共和国保险法》的修正工作，对于进一步规范保险市场主体的活动，充分保护保险活动当事人的合法权益，也为加强对保险业的监督管理和维护社会经济秩序以及社会公共利益，促进保险行业的健康发展提供了更好更完善的法律依据。另外，金融科技(FinTech，是 Financial Technology 的缩写)迅速崛起，为金融领域的发展带来了新的契机，无论是保险业的基础理论、行业实践，还是行业业态等，在可以预见的未来都将发生深刻而重大的变革。目前中国及时抓住了这一新兴领域的发展机遇，并进入了第一梯队，在部分领域引领着金融科技发展和应用的潮流。上述国内外经济发展变化都会在某种程度上或多或少地影响我国保险业的发展。

　　基于以上发展背景，我们深感教材编写的责任重大，必须本着求真务实和对读者负责的态度，时刻关注保险行业和市场的发展变化情况，紧跟时代发展潮流，与时俱进，只有这样，我们的教材才能跟上保险市场最新的态势。

　　此次修订还是保持了第一版的总体框架和章节安排，主要对部分发生变化的内容进行了更新，对各章节中相对比较陈旧的案例进行了更新。另外，我们对每章的复习思考题进行了扩展和充实，增加了练习题的类型和数量，以便读者在学习的过程中更好、更全面地理解和掌握相关内容。

　　本次修订工作由张建军总负责，具体分工如下：张建军和薛鹏飞负责第一至第四章的修订；张建军和李兆玉负责第五至第九章的修订；张建军和李妍负责第十至第十三章修订；张建军和贺俊儒负责第十四至第十七章的修订；张建军和谢婉莹负责第十八至第二十章的修订。西安电子科技大学出版社的戚文艳编辑等在本书的修订出版过程中给予了大力的支持和协助。在此对支持和关心本书修订出版工作的相关领导、同事和朋友一并致以深深的谢意。

　　对于本书中存在的不足之处，恳请读者朋友给予批评和指正。谢谢！

张建军

2019 年 9 月 24 日

第 一 版 前 言

保险学是金融学领域非常重要的一门分支学科，是研究保险及保险相关事物运动规律的经济学科。保险与银行、证券以及信托等其他金融部门一起，共同构成了现代金融体系并成为其中重要的不可分割的一部分。同时，保险理论与实践作为一门独立的学科有其自身的理论基础与实践运行机制，是对现代保险实践的理论概括和科学总结，并将不断随着经济社会的发展而发展。随着我国经济社会的快速发展，保险在社会经济生活中的地位越来越重要，作为经济社会发展保驾护航的重要工具，保险的相关功能和作用越来越引起社会的普遍重视。除了保险学专业之外，许多高校经济管理类专业也已经开设了保险学的相关课程，社会上愈来愈多的人开始通过各种各样的方式或者途径来深入学习、了解保险学及其相关理论与实务。而近年来保险行业自身又发生了很多新的、巨大的变化，一批重要的保险法律法规逐步修订并出台，这为保险行业的持续、快速、健康发展奠定了良好的基础，也对学习、了解保险学提出了新的课题。

"保险理论与实践"是一门具有较强理论性和实践性的专业课程，目前市场上针对该课程的相关教材及参考书非常多，可以用令人眼花缭乱来形容。但很多相关教材存在出版时间较早、内容更新不够及时或不够全面等一些问题。笔者力图在积极借鉴学术界众多已有的优秀成果的基础上，推出一本既能够满足相关专业本科生学习又能够供社会上对保险有一定了解或研究的人士学习研究之用的参考书，所以本书在内容编排以及案例设计等方面都做了一些改进和创新，以期能够尽可能地接近这个目标。

从结构体例以及内容编排来看，本书按照先总后分、先理论分析后实践运用的逻辑结构来安排相应内容体系，在结构安排上力求完整、简洁、合理、规范，在具体内容方面力求全面、准确、实用。全书共分为三篇二十章。第一篇为保险基础，该篇从风险入手引出保险及其相关理论，重点阐述了保险的概念、产生与发展演变，保险的形态，保险合同，保险的基本原则以及保险业务流程等；第二篇为商业保险，该篇详细介绍了财产保险、责任保险、信用保证保险、人身保险以及再保险等主要商业保险；第三篇为保险经营与监管，该篇从保险公司的视角重点就保险产品的设计与定价、保险公司的经营、保险公司的财务管理以及保险营销等方面内容作了较详细深入的介绍，并从保险市场及其监管等方面对整个市场的发展及其未来趋势等进行了阐述。

在编写的过程中，我们力求做到理论与实践相结合，深入浅出，行文规范。在每章内容的开篇部分设计了本章的学习目标，并采用案例导入的方式先通过一个具体的案例分析导入具体的学习内容，另外在每章内容的中间部分或小结后精心选择和设计了多个与本章内容相关的典型案例或案例阅读等内容。这样既有利于引起学生的学习兴趣，避免学习内容过于枯燥，同时又可以通过这些案例帮助学生更好地理解重点及难点内容，丰富或拓展相关知识面。此外，为了便于教学以及学生的学习，我们在每章课后精心设计了一些名词解释、选择题、简答题以及案例分析题等多种类型的练习题目。

本书是西安电子科技大学"十二五"教材建设规划立项资助出版教材，得到了西安电子科技大学教务处、西安电子科技大学出版社等有关部门以及相关领导的大力支持。本书由多位作者合作而成，具体的编写分工如下：张建军(第一章)、张建军和刘建军(第二章、第三章、第四章)、张建军和李娜(第五章、第六章)、张建军和雷翔云(第七章)、张建军和魏源萍(第八章、第九章)、张建军、陈言敏和阳志婷(第十章、第十一章、第十八章)、张建军和张新茹(第十二章、第十三章)、张建军和范巧丽(第十四章、第十五章)，张建军和焦亮(第十六章)，张建军和袁志斌(第十七章、第十九章)，张建军和段润润(第二十章)，全书由张建军策划、修改、总纂。

在本书编写的过程中，我们参阅并借鉴了大量国内外相关文献资料和同类教材，主要的参考教材和文献资料均已列在书后，在此向所有相关的作者表示深深的感谢！此外，本书在编写过程中还积极吸取了相关专家、兄弟院校的相关专业教师提出的一些宝贵意见和建议，在此向他们表示衷心的感谢！西安电子科技大学出版社的戚文艳编辑和南景编辑为本书的出版付出了大量的汗水和辛勤的劳动，研究生段润润、胡长军、张蒂、陈晨在书稿资料查找、案例编写以及文字校对过程中也做了大量细致的工作，在此一并向他们致以诚挚的谢意。当然，由于本人水平有限，加之时间仓促，书中的不妥之处和谬误可能在所难免，恳请学界各位专家、学者以及广大读者朋友提出宝贵的批评、修改意见和建议。

张建军

2012 年 9 月 15 日

目 录

第一篇 保 险 基 础

第一篇

保险基础

第一章　风险与风险管理

【学习目标】

掌握可保风险的概念和要件，重点掌握风险的概念及特征、风险的构成要素、风险的分类、风险管理的程序、可保风险的条件、风险管理与保险的关系。

案例导入 ➡

2011 年 9 月 16 日，瑞银爆出交易员违规操作丑闻，一名员工进行了未授权交易，可能造成的损失约为 23 亿美元。瑞银还表示，该行第三季度可能因此出现亏损。在这桩丑闻宣布的当天，瑞银股价大幅下挫 11% 至 9.75 瑞士法郎，创下自 2009 年 3 月以来最大单日跌幅。

市场普遍揣测当前欧元区经济不景气，致使瑞士法郎急剧升值，UBS 交易员阿多博利很可能未经允许便投下巨额赌注，打赌瑞士法郎对欧元继续升值，然而他没料到，瑞士央行为了保护本国的出口业务，突然在 9 月 6 日干预市场，令瑞士法郎迅速贬值，由此引发阿多博利的交易出现巨亏。事实上，本月初瑞士中央银行曾出面干预汇率，大笔购进外汇，将瑞士法郎对欧元的汇价固定在 1 欧元对 1.2 瑞士法郎。市场当时便有传言，不少外汇交易员遭受极大损失。

第一节　风险及其特征

一、风险的概念

风险(Risk)的基本含义是损失的不确定性。如果损失的概率是 0 或者 1，就不存在不确定性，也就没有风险。风险的含义也非常接近于损失的可能性或者事件出现的概率，也就是根据基本条件不变和进行无限次观察的假设所得出的一种事件长期出现的相对频率。

在日常生活中，人们每天都会面临或者遇到许许多多的具有不确定性的事件，这些不确定事件往往会给人们的日常生活造成许多难以预测的损失或者破坏，而损失或者破坏的程度又不尽相同。这些损失或者破坏可能会打破人们原本平静的生活状态或者规律，危及人们正常的生产生活秩序，增加社会的不和谐、不稳定因素。通常情况下，我们把这些带有不确定性的损失或者破坏的事件统称为风险。目前，学术界对风险的内涵及其概念尚未有一个统一的定义。由于对风险的理解和认识程度不同，或对风险的研究角度不同，不同的学者对风险的概念有着不同的解释，但总体上可以归纳为以下几种代表性观点。

第一种观点认为：风险是事件未来可能结果发生的不确定性。

A.H.Mowbray (1995 年)称风险为不确定性；C.A.Williams(1985 年)将风险定义为在给定的条件和某一特定的时期，未来结果的变动；March 和 Shapira 认为风险是事物可能结果的不确定性，可由收益分布的方差测度；Brnmiley 认为风险是公司收入流的不确定性；Markowitz 和 Sharp 等将证券投资的风险定义为该证券资产的各种可能收益率的变动程度，并用收益率的方差来度量证券投资的风险，通过量化风险的概念改变了投资大众对风险的认识。由于方差计算的方便性，风险的这种定义在实际中得到了广泛的应用。

第二种观点认为：风险是损失发生的不确定性。

J.S.Rosenb(1972 年)将风险定义为损失的不确定性；F.G.Crane(1984 年)认为风险意味着未来损失的不确定性；Biokett、Charnes、Cooper 用概率对风险进行描述；Ruefli 等将风险定义为不利事件或事件集发生的机会，并由这种观点将风险分为主观学说和客观学说两类。主观学说认为不确定性是主观的、个人的和心理上的一种观念，是个人对客观事物的主观估计，而不能以客观的尺度予以衡量，不确定性的范围包括发生与否的不确定性、发生时间的不确定性、发生状况的不确定性以及发生结果严重程度的不确定性。客观学说则是以风险的客观存在为前提，以风险事故观察为基础，以数学和统计学观点加以定义，认为风险可用客观的尺度来度量。例如，佩费尔将风险定义为风险是可测度的客观概率的大小；F.H.奈特认为风险是可测定的不确定性。

第三种观点认为：风险是指可能发生损失的损害程度的大小。

段开龄认为，风险可以引申定义为预期损失的不利偏差，这里所谓的不利是对保险公司或被保险企业而言的。例如，若实际损失率大于预期损失率，则此正偏差对保险公司而言即为不利偏差，也就是保险公司所面临的风险。Markowitz 在他人质疑的基础上，排除可能收益率高于期望收益率的情况，提出了下方风险(Downside Risk)的概念，即实现的收益率低于期望收益率的风险，并用半方差(Semivariance)来计量下方风险。

第四种观点认为：风险是指损失的大小和发生的可能性。

朱淑珍在总结各种风险描述的基础上，把风险定义为：在一定条件下和一定时期内，由于各种结果发生的不确定性而导致行为主体遭受损失的大小以及这种损失发生可能性的大小。风险是一个二维概念，风险以损失发生的大小与损失发生的概率两个指标进行衡量。王明涛(2003 年)在总结各种风险描述的基础上，把风险定义为：在决策过程中，由于各种不确定性因素的作用，决策方案在一定时间内出现不利结果的可能性以及可能损失的程度。它包括损失的概率、可能损失的程度以及损失的易变性三方面内容，其中可能损失的程度处于最重要的位置。

第五种观点认为：风险是由风险构成要素相互作用的结果。

风险因素、风险事件和风险结果是风险的基本构成要素。风险因素是风险形成的必要条件，是风险产生和存在的前提；风险事件是外界环境变量发生预料未及的变动从而导致风险结果的事件，它是风险存在的充分条件，在整个风险中占据核心地位；风险事件是连接风险因素与风险结果的桥梁，是风险由可能性转化为现实性的媒介。根据风险的形成机理，郭晓亭、蒲勇健(2002 年)等将风险定义为：在一定时间内，以相应的风险因素为必要条件，以相应的风险事件为充分条件，有关行为主体承受相应的风险结果的可能性。叶青、易丹辉(2000 年)认为，风险的内涵在于它是在一定时间内，由风险因素、风险事件和风险结果递进联系而呈现的可能性。

第六种观点认为：可以利用对波动的标准统计测度方法定义风险。

1993 年发表的 30 国集团的《衍生证券的实践与原则》报告中，将已知的头寸或组合的市场风险定义为经过某一时间间隔，具有一定置信区间的最大可能损失，并将这种方法命名为 Value at Risk，简称 VaR 法，同时竭力推荐各国银行使用这种方法；1996 年国际清算银行在《巴塞尔协议修正案》中已允许各国银行使用自己内部的风险估值模型去设立对付市场风险的资本金；1997 年 P.Jorion 在研究金融风险时，利用"在正常的市场环境下，给定一定的时间区间和置信度水平，预期最大损失(或最坏情况下的损失)"的测度方法来定义和度量金融风险，这种方法也简称为 VaR 法。

第七种观点认为：可以利用不确定性的随机性特征来定义风险。

风险的不确定性包括模糊性与随机性两类。模糊性的不确定性，主要取决于风险本身所固有的模糊属性，要采用模糊数学的方法来刻画与研究；而随机性的不确定性，主要是由于风险外部的多因性(即各种随机因素的影响)造成的必然反映，要采用概率论与数理统计的方法来刻画与研究。

根据不确定性的随机性特征，为了衡量某一风险单位的相对风险程度，胡宜达、沈厚才等提出了风险度的概念，即在特定的客观条件下、特定的时间内，实际损失与预测损失之间的均方误差与预测损失的数学期望之比。它表示风险损失的相对变异程度(即不可预测程度)的一个无量纲(或以百分比表示)的量。

对风险的定义大致有两种观点：一种定义强调风险表现为不确定性；另一种定义强调风险表现为损失的不确定性。若风险表现为不确定性，说明风险产生的结果可能带来损失、获利或是无损失也无获利，属于广义风险。金融风险属于此类。而风险表现为损失的不确定性，说明风险只能表现出损失，没有从风险中获利的可能性，属于狭义风险。风险和收益成正比，所以一般积极进取型的投资者偏向于高风险是为了获得更高的利润，而稳健型的投资者则着重于安全性方面的考虑。

国内外学者对于风险有代表性的观点主要有以下几点：

(1) 风险是一种损失的发生具有不确定性的状态。(孙祁祥，2009 年)

(2) 风险是危险的集合，是不同危险作用下的不确定性事件的表现形式。(郝演苏，2004 年)

(3) 意外事故和自然灾害都具有不确定性，我们称之为风险。(马永伟，2000 年)

(4) 风险，有危害或损失之虞的事。((日)上山道生，2004 年)

我们认为风险的真正含义是指引致损失的事件发生的一种可能性。首先，风险的这种定义强调的是"损失的事件"的存在；其次，定义中的"事件"并非特指"不幸事件"；再次，定义中的"可能性"与不确定性在含义上有一定的区别。

典型案例

山东苹果泡沫破灭　价格风险剧增

一度被炒至"天价"的苹果，如今遭遇"寒流"。2011 年 5 月下旬，在苹果主产区山东省胶东半岛，许多经销商和个人在 2010 年秋天高价收来的苹果，仍积压在每天耗资不菲的冷库里,这时出库价已略低于收购价。部分主产地苹果库存压力较大,加之应季水果的大量上市,苹果价格继续下跌。

一、去年山东资金聚焦苹果殃及当前行情

2011年5月,内外销双双受阻,苹果价格反周期下降。按照往年规律,西部产区的苹果不耐储藏,一般会在次年5月份之前集中售尽。5月过后,山东苹果就会迎来一个销售旺季,价格也会随之上升。然而,2011年山东苹果价格并未随着5月份的到来出现回升,而是持续下跌,每公斤一级苹果的价格比4月份再次降低了1元。加之苹果价高使出口不畅,进一步助推苹果价格下降。

威海的冷库储量本来就过剩,往年以存放半库居多。2010年苹果价格创下历史新高,冷库储量也创下新高。正常情况下,每斤苹果的包装、运费、人工、电费等成本是5角钱。按照2010年每斤3元的收购价格,2011年至少要卖到3.5元,才能不赔钱。最近几年,合作社储存的苹果每年的销量都在1万吨左右,以出口东南亚为主。2011年的形势大不如前两年。主要原因在于苹果本身的收购价格太高。此外,人民币加速升值,越南、泰国等东南亚国家货币又迅速贬值,两相夹逼,苹果也就出不去了。2011年的苹果"泡沫"正在加速破灭。

2010年秋季苹果收购季节,市场看涨预期强烈,苹果收购价格屡创历史新高。威海大约30%的苹果是老百姓自己放在冷库里的。在这一过程中,苹果"泡沫"也开始泛起,并逐步累积,最后到达了"历史最高价位"。

除了涨价预期较强外,西部产区苹果受干旱影响品质下降也是一个原因。部分西部产区经销商涌入山东,价格被一路抬升。后来许多新手加入炒作,加上后期果农惜售,每斤一级苹果收购价一度高达3.3元,最终到消费者手里,价格就高得离谱。

二、库存压力加大,应季水果上市将导致价格持续下降

部分主产地区库存较往年多20%,加之西瓜、葡萄、荔枝、龙眼等应季水果将大量上市,苹果价格继续下降。2010年5月初,60%~70%的库存苹果都已经销售出去了,但2011年同期销售了还不到一半。

值得注意的是,烟台苹果大约40%的库存是在一些新手和一些果农散户中,这些人很多都把握不了苹果行业的基本规律和收购品质,也没有固定的销售渠道和客户。而这个群体在2010年高价收购时投入的热情最大,2011年摔得也最惨。2010年直径80毫米以上的苹果每斤收购价格最高的时候达到3元多,而2011年出货的价格只有2.7元左右,经销商已经开始赔钱了。

近年来,以苹果、白菜、大蒜等为代表的部分果蔬品种,频频陷入大起大落的"价格怪圈",价格波动的背后不乏人为的炒作,其中信贷资金挪用于农产品炒作、囤积居奇、哄抬物价占比较大。

(资料来源: http://www.unbank.info)

问题

试结合上述案例分析风险的不确定性特点。

二、风险的特征

风险具有普遍性、客观性、损失性、不确定性和社会性等特征。

(一) 普遍性

人类的历史就是与各种风险相伴的历史。个人面临着生、老、病、死、意外伤害等风险；企业面临着自然风险、意外事故、市场风险、技术风险和政治风险等；甚至国家和政府机关也面临着各种风险。总之，风险已渗入到社会、企业、个人生活的方方面面，风险已无处不在，无时不有。

(二) 客观性

不管人们是否意识到，风险都是客观存在的。风险是一种不以人的意志为转移，独立于人的意识之外的客观存在。因为无论是自然界的物质运动，还是社会发展的规律，都由事物的内部因素所决定，由超过人们主观意识所存在的客观规律来决定。

(三) 损失性(或损害性)

风险是与损失相关的一种状态，而没有损失或者破坏性实质上就不能构成风险。

(四) 不确定性

只有当损失是无法预料的时候，或者说，在损失具有不确定性的时候，才有风险存在，例如风险发生时间的不确定性。从总体上看，有些风险是必然要发生的，但何时发生却是不确定的。例如，生命风险中，死亡是必然发生的，这是人生的必然现象，但是具体到某一个人何时死亡，在其健康时却是不可能确定的。风险的不确定性包括：

(1) 空间上的不确定性。

(2) 时间上的不确定性。

(3) 损失程度的不确定性。

(五) 社会性

风险的后果与人类社会的相关性决定了风险的社会性，风险具有很大的社会影响。

三、风险的构成要素

通常情况下，风险由三大要素构成，即风险因素、风险事故和风险损失。

(一) 风险因素

风险因素(Hazard)也称风险条件，是指引发风险事故或在风险事故发生时致使损失增加的条件。因此，风险因素是就产生或增加损失频率(Loss Frequency)与损失程度(Loss Severity)的情况来说的。

风险因素通常可分为两大类：

(1) 有形风险因素，比如水泥建筑物和木质建筑物。

(2) 无形风险因素，如道德风险；行为风险或心理风险。

(二) 风险事故

风险事故(Peril)也称风险事件，是指损失的直接原因或外在原因，也即风险由可能变为现实以致引起损失的结果。

风险因素是损失的间接原因，因为风险因素要通过风险事故的发生才能导致损失。风险事故是损失的媒介物。

风险事故和风险因素的区分有时并不是绝对的。判定的标准就是看是否直接引起损失。

(三) 风险损失

风险损失也称损失(Loss)，作为风险管理和保险经营的一个重要概念，是指非故意的(Unintentional)、非计划的(Unplanned)和非预期的(Unexpected)经济价值(Economic Value)的减少。

这一定义包含两个重要的要素：一是"非故意的、非计划的和非预期的"；二是"经济价值的减少"。两者缺一不可，否则就不构成损失。

损失通常分为两种形态，即直接损失与间接损失。前者指风险事故直接造成的有形损失，即实质损失(Physical Loss)；后者指由直接损失进一步引发或带来的无形损失，包括额外费用损失(Extra Expense Loss)、收入损失(Income Loss)和责任损失(Liability Loss)。

损失频率，又称损失机会，指一定数量的风险单位在单位时间内发生损失的次数，通常用百分数表示，即

$$损失频率 = \frac{损失次数}{风险单位的数量} \times 100\%$$

损失程度，指风险单位在单位时间内发生损失金额占风险单位价值的比重，通常用百分数来表示，即

$$损失程度 = \frac{损失金额}{风险单位实际价值} \times 100\%$$

(四) 风险因素、风险事故与损失三者之间的关系

风险因素、风险事故与损失三者之间存在因果关系，即风险因素引发风险事故，而风险事故导致损失，具体见图1-1。

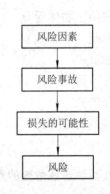

图1-1　风险因素、风险事故与损失的关系图

典型案例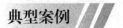

一、人的一生可能面临的风险及发生的概率

风险事故	发生概率
受伤	1/3
难产	1/6
车祸	1/12
心脏病突发(35岁以上)	1/77
在家中受伤	1/80
死于心脏病	1/340
死于中风	1/1700
死于突发事件	1/2900
死于车祸	1/5000
死于怀孕和生产	1/14000

染上艾滋病		1/5700
自杀	女性	1/20000
	男性	1/5000
坠落死亡		1/20000
死于工伤		1/26000
行走时被汽车撞死		1/40000
死于火灾		1/5000
溺水而死		1/5000
作为配偶的被动吸烟者死于肺癌		1/60000
死于手术并发症		1/80000
中毒死亡		1/86000
骑自行车死于车祸		1/130000
吃东西时噎死		1/160000
死于飞机失事		1/250000
被空中坠落物体砸死		1/290000
触电而死		1/350000
死于浴缸中		1/1000000
坠落床下而死		1/2000000
被动物咬死		1/2000000
被龙卷风刮走摔死		1/200000
冻死		1/3000000

二、男女两性遭遇危险的差异

在新生儿中，男婴数量比女婴略高 2%左右，但是：

到 25 岁时，男女的数量大致相等；

到 35 岁时，女性比男性多大约 2%；

到 45 岁时，女性比男性多大约 4%；

到 55 岁时，女性比男性多大约 7%；

到 65 岁时，女性比男性多大约 14%；

到 75 岁时乃至生命的终结，女性比男性多大约 30%．

男人可能遇到的危险：

男子的致命危险至少比女性多两倍；

死于一般性事故及谋杀、中毒、窒息、摩托车车祸、酒精中毒和吸毒的男性是女性的 3 倍；

死于闪电、肌肉萎缩和自杀的男性是女性的 4 倍；

死于突发性锐器刺伤的男性是女性的 5 倍；

死于体育运动和飞机失事的男性是女性的 7 倍；

死于高楼坠落、翻船和枪战的男性是女性的 7 倍；

死于艾滋病的男性是女性的 8 倍；

不慎掉落洞穴而死的男性是女性的 10 倍；

从梯子上坠落而死的男性是女性的 12 倍；

从滑翔机上坠落而死的男性是女性的 13 倍；

死于火灾、火车失事和爆炸的男性是女性的 9 倍；

死于过度劳累的男性是女性的 15 倍；

死于意外的事故男性是女性的 16 倍；

死于机械事故的男性是女性的 24 倍。

(资料来源: http://www.360doc.com/content/11/1130/22/7632994_168761876.shtml)

第二节 风险的分类

一、按风险的环境分类

(一) 静态风险

静态风险是指自然力的不规则变动所导致的风险。静态风险一般与社会的经济、政治变动无关，在任何社会经济条件下都是不可避免的。所以静态风险是纯粹风险，可以通过保险方式转移。

(二) 动态风险

动态风险是指由人类社会经济的或政治的变动所导致的风险。动态风险的形成与政治、经济、社会活动有直接的关系，具有投机风险的性质，如战争、罢工、产业结构调整、征用等。

二、按风险的性质分类

(一) 纯粹风险

纯粹风险是指那些只有损失机会而无获利可能的风险，比如火灾、水灾、死亡、空难、车祸等。保险所承保的风险一般指这类风险。

(二) 投机风险

投机风险是指那些既有损失机会，又有获利可能的风险。最终导致的结果有三种可能，也就是损失、无损失和获利。投机风险与当事人的主观意识有直接联系，对于这种风险多数情况下不能通过保险的方式转移。

纯粹风险与投机风险相比，前者因只有净损失的可能性，人们必然避而远之，而后者却有获利的可能，甚至获利颇丰，人们必为求其利甘冒风险而为之。

三、按风险的对象分类

(一) 财产风险

财产风险是指可能导致一切有形财产损毁、灭失或贬值的风险。财产风险强调的风险事故所作用的对象是有形的财产及预期的收益，而非人身，比如车祸造成汽车有形财产的损毁或者灭失，水灾造成房屋等建筑物的损毁或者灭失等。

(二) 人身风险

人身风险是指可能导致人的伤残死亡或损失劳力的风险，比如疾病、意外事故、自然灾害等。

(三) 责任风险

责任风险是指个人或团体因行为上的疏忽或过失，造成他人的财产损失或人身伤亡，依照法律、合同或道义应负经济赔偿责任的风险。例如：驾车不慎撞人造成对方伤残或者死亡；医疗事故造成病人病情加重、伤残或死亡；生产或销售的产品造成他人伤残或死亡等。驾驶员、医院、生产者或经销者面临的这种风险均属于责任风险。

(四) 信用风险

信用风险是指在经济交往中，权利人与义务人之间，由于一方违约或违法行为给对方造成经济损失的风险，比如银行发放贷款收不回来的风险。

四、按风险产生的原因分类

按照产生的原因分类，风险可以分为自然风险和社会风险。

(一) 自然风险

因自然力的不规则变化引起的种种现象，所导致的对人们的经济生活和物质生产及生命造成的损失和损害，就是自然风险事故，比如地质运动引发地震、火山爆发、洪涝、山体滑坡等。这种风险是不以人的意志为转移并且人力难以抗拒的风险。

自然风险具有如下特征：第一，自然风险形成的不可控性；第二，自然风险形成的周期性；第三，自然风险事故引起后果的共黏性。

(二) 社会风险

社会风险是指由于个人或团体的行为，包括过失行为、不当行为及故意行为对社会生产及人们生活造成的损失的可能性。这种风险与人类自身的行为有密切关系。比如：偷盗、罢工、战争等原因引起的风险，其中包括经济风险和政治风险。前者是指在经济活动中，由于受各种市场供求关系、贸易条件等经济因素变化的影响或者经营决策失误造成财产损失的风险，如企业管理不善、破产造成财产损失；后者是指由于不同民族、宗教或国家之间的冲突等原因造成的财产损失的风险，以及由于政策、制度变革引发的风险，如在对外投资和贸易过程中，因政治原因使债权人可能遭受损失的风险。

第三节　风险管理与保险

一、风险管理的定义

风险管理是指人们对各种风险的认识、控制和处理的主动行为。它要求人们研究风险的发生和变化规律，估算风险对社会经济生活可能造成损害的程度，并选择有效的手段，有计划有目的地处理风险，以期用最小的成本代价，获得最大的安全保障。

风险管理作为人类社会对客观存在的风险的主观能动行为和经验总结，古已有之。它作为独立的管理系统而成为一门新兴的学科，到了20世纪50年代才在美国开始兴起，迄今风险管理的科学方法尚未充分发展。在20世纪末，出现了整体化风险管理这一崭新的概念，即把纯粹风险和财务风险(价格风险、利率风险、汇率风险等)综合起来加以研究和管理。

二、风险管理的目的

风险管理的目的即风险管理要达到的目标，主要包括两大内容。

(一) 控制风险

虽然风险是客观存在的，人们不能完全消除风险，但是可以采取科学的方法，尽量减少风险发生的可能性。控制风险的主要方法有生产流程分析法、财务报表分析法、现场调查法和风险列举法等。控制风险就是要对生产经营活动中可能面临的各种风险进行全面的、系统的、彻底的调查分析，搞清产生这些风险的主要因素，认识各种风险的性质，选择有效的处理风险的方式，从而达到避免或者减少损失的发生和把损失降到最低点的目的。

(二) 处置风险

风险不可避免，一旦发生风险事故，要尽可能地减少直接和间接损失，尽快恢复到损失前的状态。第一要保证生产经营等活动迅速恢复正常运转，尽快使人们的生活达到损失前的水平；第二要在生产经营等活动正常运转的基础上，保证生产的增长；第三要履行好社会责任。企业应该通过风险管理，减少由于风险而导致的人身伤亡和财产损失，尽可能减轻企业受损对其他人和社会的不利影响。

三、风险管理的意义

风险管理的总体目标就是减少风险和减少由风险造成的损失。因此，风险管理的意义是重大的，主要表现在以下几个方面。

(一) 对企业而言

风险管理对企业而言至少具有以下三个方面的重要作用：第一，为企业提供安全的生产环境；第二，促进决策科学化、合理化，减少决策失误的风险；第三，促进企业经营效益的提高。另外，风险管理将会提高企业发现机会的能力和将风险变为机遇的能力，促使企业提升内部控制水平，增强前瞻性风险管理能力、应变能力以及风险反应能力，增强对威胁和机遇的识别能力，提高公司治理水平等。

(二) 对社会而言

风险管理对社会而言具有以下三个方面的重要作用。第一，风险管理有利于提高整个社会资源的有效配置水平。风险管理能积极地防止和控制风险，它可以在很大程度上减少风险损失，并为风险损失提供补偿，促进更多的社会资源合理地向所需要的部门流动。因此，它有利于消除或减少风险存在所带来的社会资源浪费，有利于提高社会资源的利用效率。第二，风险管理有利于促进经济的稳定发展。风险管理的实施有助于消除风险给经济、社会带来的各种不良后果，把风险造成的损失降到最低点，有助于社会生产顺利进行，促进经济的稳步发展。第三，风险管理为保障社会经济的发展创造了安全的社会经济环境。风险管理通过风险的避免、预防、转移等方式，为社会提供了最大安全保障，从而减少生产者对风险的忧虑，使人们生活在一个安定的社会经济环境中，有助于经济的发展。

四、风险管理的基本程序

(一) 风险识别

风险识别是风险管理的第一步，它是指对企业面临的以及潜在的风险加以判断、归类和鉴定风险性质的过程，主要包括感知风险和分析风险两方面的内容。

一般而言，风险的识别方法可以有以下几种：

(1) 资产财务分析法。

(2) 保险调查法，包括主动调查和受托调查。

(3) 风险列举法(风险清单法)。

(二) 风险估测

风险估测是指在风险识别的基础上，通过对所收集的大量详细损失资料加以分析，运用概率论和数理统计的方法，估计和预测风险发生的概率和损失程度。损失产生的某种确切结果往往无法预知，可度量的风险必须满足各种可能出现的结果的概率分布是已知的或可以估计的。也就是说，人们可以知道损失的各种结果及其相对应的概率。人们习惯用标准差和离散系数来综合刻画风险的程度。离散系数为损失的标准差与均值的比值。

【例 1-1】 根据历史经验，某一农贸市场发生火灾时损失的概率如表 1-1 所示，试计算该农贸市场发生火灾的预期损失额及其损失的标准差。

表 1-1　某农贸市场发生火灾时损失的概率

损失额/万元	10	20
概率	0.50	0.50

解：该农贸市场发生火灾时的预期损失额为

$$10 \times 0.50 + 20 \times 0.50 = 15 \text{(万元)}$$

损失的标准差为

$$\sqrt{(10-15)^2} \times 0.50 + \sqrt{(20-15)^2} \times 0.50 = 5$$

离散系数为

$$5 \div 15 = \frac{1}{3}$$

(三) 风险评价

风险评价是指在风险识别和风险估测的基础上，把风险发生的概率、损失严重程度，结合其他因素综合起来考虑，得出系统发生风险的可能性及其危害程度，并与公认的安全指标比较，确定系统的危险等级，然后根据系统的危险等级，决定是否需要采取控制措施，以及控制措施采取到什么程度。

(四) 选择风险管理技术

根据风险评价结果，为实现风险管理目标，选择最佳风险管理技术与实施是风险管理的第四步。

风险管理技术分为控制型和财务型两大类。前者的目的是降低损失频率和减少损失程度，重点在于改变引起意外事故和扩大损失的各种条件；后者的目的是以提供基金和订立保险合同等方式，消化发生损失的成本，即对无法控制的风险所做的财务安排。

(五) 风险管理效果评价

风险管理效果评价是指对风险管理技术的适用性及其收益性情况的分析、检查、修正和评估。

风险管理效益的大小取决于是否能以最小风险成本取得最大安全保障，同时，在实务中还要考虑与整体管理目标是否一致，具体实施的可行性、可操作性和有效性。

五、风险处理方式及其比较

风险处理是指通过采用不同措施和手段，用最小的成本达到最大安全保障的经济运行过程。

(一) 避免

避免是指设法回避损失发生的可能性，即从根本上消除特定的风险单位和中途放弃某些既存的风险单位。它是处理风险的一种消极技术。避免风险虽简单易行，但意味着利润的丧失，且通常会受到很多条件的限制和约束。

(二) 自留

自留是指对风险的自我承担，即企业或单位自我承受风险损害后果的方法。自留风险有主动自留和被动自留之分。通常自留风险在风险所致损失频率和程度低、损失短期内可预测以及最大损失不影响企业或单位财务稳定时才采用。

(三) 预防

预防是指在风险损失发生前为了消除或减少可能引发损失的各种因素而采取的处理风险的具体措施，其目的在于通过消除或减少风险因素而达到降低损失发生频率的目的。损失预防通常在损失频率高且损失程度低时采用。

(四) 抑制(或控制)

抑制是指在损失发生时或之后为缩小损失程度而采取的各项措施。损失抑制常在损失程度高且风险又无法避免和转嫁的情况下采用。损失抑制的一种特殊形态是割离，它是指将风险单位割离成许多独立的小单位而达到缩小损失程度的一种方法。

(五) 转嫁(或转移)

转嫁风险是指一些单位或个人为避免承担风险损失，有意识地将损失或与损失有关的财务后果转嫁给另一单位或个人去承担的一种风险管理方式。

转嫁风险的方式主要有两种，即保险转嫁和非保险转嫁。保险转嫁是指向保险公司投保，以交纳保险费为代价，将风险转嫁给保险人承担。当发生风险损失时，保险人按照合同约定责任给予经济补偿。非保险转嫁又具体分为两种方式:一是出让转嫁;二是合同转嫁。前者一般适用于投机风险;后者适用于企业将具有风险的生产经营活动承包给对方,并在合同中明确规定由对方承担风险损失的赔偿责任。

风险处理方式选择的基本原则如表 1-2 所示。

表 1-2 风险处理方式选择的基本原则

类型	风险频率	损失程度	处理方法
1	低	低	自留
2	高	低	自留或避免
3	高	高	避免或预防
4	低	高	转移或分散

第四节 可保风险

一、可保风险的概念

保险是风险管理中转移风险的一种方法,它通过购买保险产品而把风险转移给保险人,一旦发生意外损失,由保险人来补偿被保险人的损失。但并不是一切风险都可以通过保险来进行管理的。保险人一般只承保可保风险。可保风险即可保危险,是指可被保险公司接受的风险,或可以向保险公司转嫁的风险。可保风险必须是不具有风险收益的"纯粹风险",即危险。但也并非任何危险均可向保险公司转嫁,也就是说,保险公司所承保的危险是有条件的。

二、可保风险的要件

保险公司所承保的纯粹风险要满足以下条件:

(1) 风险必须是大量的、同质的和可测量的。同质风险的大量存在是满足保险经营的大数法则要求的。可保风险必须是大量标的均有遭受损失的可能性,而实际出险的标的仅为少数,才能计算出合理的保险费率,让投保人承担得起,保险人也能建立起相应的偿付基金。如果风险为只有一个或少数几个个体所具有,就失去了保险的大数法则基础。保险人只有比较精确地预测损失的平均频数和程度,才能确定保险费率。

(2) 损失必须是偶然的、意外的。风险的偶然性是对个体而言的,风险有发生的可能性,但是无法事先确定发生的时间、地点,也无法确定是否有损失及损失的程度。这里包含了两层意思:一是风险损失不能是意料中的,不能是必定要发生的,如设备贬值或设施磨损等;二是风险不能是被保险人故意行为造成的,如故意纵火烧毁财产或者意外事故发生后不积极抢救致使损失加大。不过,为了抢救被保险财产而不得不损坏一些当时灾害尚未波及的财产所造成的损失,保险人应予以赔偿。

(3) 风险造成的损失在时空上具有分散性。风险的分散性是说保险对象的大多数不能同时遭受损失。如果保险对象的大多数同时遭受损失,保险分摊损失的职能就会丧失,从而失去保险转移和分散风险的作用。

(4) 风险应有发生重大损失的可能性。只有风险的发生有导致重大或比较重大的损失的可能性，才会有对保险的需求。如果风险发生的可能性只局限于轻微损失，通过保险来获取保障在经济上不合算，那么就没有保险的必要了。

三、风险管理与保险的关系

风险管理与保险有密切关系，两者相互影响，共同构成人类处置风险的强有力手段。

首先，从两者的客观对象来看，风险是保险存在的前提，也是风险管理存在的前提，没有风险就无须保险，也不需要进行风险管理；其次，从两者的方法论来看，保险和风险管理都是以概率论等数学、统计学原理作为其分析基础和方法的；最后，在风险管理中，保险是最有效的措施之一。

风险管理与保险的主要区别在于，从所管理的风险的范围来看，风险管理是管理所有的风险，包括某些投机风险，而保险则主要是针对纯粹风险中的可保风险。因此，无论从性质上还是从形态上来看，风险管理都远比保险复杂、广泛得多。

本 章 小 结

本章主要介绍了风险的概念、特征和分类，风险管理的基本内容以及风险管理的程序，可保风险等基础理论。

风险的真正含义是指导致损失的事件发生的一种可能性。风险具有普遍性、客观性、损失性、不确定性和社会性等特征。通常情况下，风险由三大要素构成，即风险因素、风险事故和风险损失。

风险按环境分类，可分为静态风险和动态风险；按性质分类，可分为纯粹风险和投机风险；按对象分类，可分为财产风险、人身风险、责任风险和信用风险；按产生的原因分类，可分为自然风险和社会风险。

风险管理是指人们对各种风险的认识、控制和处理的主动行为。风险管理的目标主要包括两大内容，即控制风险和处置风险。风险管理的基本程序是风险识别、风险估测、风险评价、选择风险管理技术、风险管理效果评价。风险处理的方式包括避免、自留、预防、抑制(或控制)、转嫁(或转移)等。

保险公司所承保的纯粹风险要满足以下条件：① 风险必须是大量的、同质的和可测量的；② 损失必须是偶然的、意外的；③ 风险造成的损失在时空上具有分散性；④ 风险应有发生重大损失的可能性。

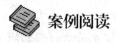 案例阅读

浅谈地震保险

我国地震发生频繁，近五年地震造成的经济损失平均每年达 26 亿。地震灾害对我国国民经济的发展与社会秩序的稳定造成了严重的影响，尤其是随着我国经济的持续快速发展，这种影响与日俱增。目前，我国主要依靠政府财政补助地震造成的损失，保险公司的贡献

不到3%。因此，建立并完善地震保险制度迫在眉睫。

一、我国地震保险的现状

我国地处世界上最大地震集中发生地带——环太平洋地震带和欧亚地震带之间，在我国发生的地震又强又多，因此我国是世界多地震的国家，也是受地震灾害最为严重的国家之一。新中国成立以来，我国曾发生过多次特大地震，对经济发展和社会稳定造成极大的消极影响。与此相对应的，我国的地震保险并未产生相关的作用。20多年前我国的保险公司就开展了地震保险，但因为风险集中、损失巨大，一直采取的是谨慎的承保策略，我国的地震保险制度处于空缺的状态。

二、开展地震保险的阻碍因素

1. 地震保险具有与一般保险不同的个性特征

(1) 地震发生频率低。如果把地震发生的频率与普通灾害事故加以比较，可明显看出，普通灾害事故的发生频率要高得多。

(2) 一次灾害造成的损失巨大。这一方面导致保险公司很难根据历史经验获得有效数据，即使有一定的数据可参考，也会因跨越时间太长，难以估计损失的实际价值，而使其失去参考价值；另一方面也导致保险公司无力承担巨额赔偿，因而不愿开展地震保险。

2. 精算技术不高

由于地震保险的低频率及高损失，客观上要求有较高的精算技术，但同时由于上述原因，导致地震保险的精算技术复杂且难掌握，二者相互矛盾。

3. 无法精确预报地震

地震灾害发生的不确定性导致无法及时准确地预测地震的发生，给保险公司进行风险管理工作带来一定困难。

4. 保险意识薄弱，投保积极性低

由于我国开办保险业时间短，同时人们普遍存在侥幸心理，因而对于投保缺乏积极性。

三、我国地震灾害损失的补偿模式

综观世界各国，对地震损失补偿主要有政府补偿、商业保险补偿、社会捐赠及自我补偿四种模式。目前，我国对于地震灾害造成损失的补偿主要采取由国家财政支出的中央政府主导模式，辅之以民间捐赠、国际捐赠和救援等慈善活动方式。

例如，四川汶川大地震，据民政部统计，各级政府共投入抗震救灾资金230.74亿元，共接受国内外社会各界捐赠款物总计423.64亿元。同时，中央财政安排700亿元，建立灾后恢复重建基金。至于商业保险补偿，据全球第二大再保险公司慕尼黑再保称，汶川大地震导致保险公司的总理赔额预计在33亿~108亿元之间，但相比汶川大地震导致的数以千亿元计的直接经济损失，保险公司的赔偿只占整个损失的3%不到。

值得指出的是，政府补偿虽然体现了政府灾后补偿的职责与义务，但其存在如下三个方面的缺陷：一是地震年度间的不平衡发生与政府财政的年度预算平衡存在着难以调和的矛盾；二是国家财力的有限性决定了政府很难满足日益增长的地震灾害损失补偿需求；三是政府财政充当唯一的经费后盾，地震灾害损失补偿风险客观上无法分散。

与政府补偿相比，商业保险具有如下优势：一是可以集中全社会的力量对灾害损失进行补偿，其补偿实力较政府补偿实力要强大得多；二是可以适应灾害的不平衡发生规律，具有自我调节、自我平衡的功能；三是可以将灾害损失的风险在全国乃至世界范围内分散，即将灾害损失分摊到尽可能大的范围。此外，由于商业保险的补偿程度取决于投保者向保险公司投保金额的高低，在保险意识逐渐加强且经济实力逐渐加大的今天，投保者所投保的金额也会逐渐提高，甚至会趋向于足额投保。从这个意义上讲，其灾害补偿的力度也就会随之加大。因此，许多发达国家对地震灾害损失的补偿均以商业保险补偿为主体进行，许多发展中国家也随着商业保险的迅速发展，正在朝着这一方向发展。

(资料来源：https://wenku.baidu.com/view/4555d9e75ebfc77da26925c52cc58bd63186938a.html)

 问题

1. 试结合案例分析风险和保险的关系，列举在实践中应对风险的方法。
2. 想一想在遇到上述风险事件的时候，保险可以做哪些应对措施。

复习思考题

一、名词解释

风险　风险因素　静态风险　动态风险　纯粹风险　投机风险　财产风险　信用风险
自然风险　社会风险　风险管理　可保风险

二、单项选择题

1. 相对于财产而言，风险损失是指(　　)损失。
A. 财产　　　　　　　　B. 物质　　　　　　　　C. 精神　　　　　　　　D. 资金
2. 下暴雨使得路面变得很滑而发生车祸，造成人员伤亡，则下暴雨属于(　　)。
A. 风险因素　　　　　　B. 风险事故　　　　　　C. 损失　　　　　　　　D. 风险
3. 风险的构成要素有(　　)。
A. 风险因素　　　　　　B. 风险事故　　　　　　C. 风险损失　　　　　　D. 以上都对
4. 风险管理的对象是(　　)。
A. 保险　　　　　　　　B. 风险　　　　　　　　C. 个人　　　　　　　　D. 家庭

三、判断题(正确的打√，错误的打×)

1. 没有风险就无须保险，风险的客观存在是保险产生的前提。(　　)
2. 投机风险和纯粹风险都属于可保风险。(　　)
3. 风险按产生的原因可以分为财产风险和人身风险。(　　)

四、简答题

1. 简述风险的概念及其特征。
2. 简述风险的构成要素及其之间的相互关系。
3. 简述风险管理的目的。
4. 简述风险管理及其基本程序。
5. 什么是可保风险？它具备哪些条件？
6. 简述保险在风险管理中的意义。

五、分析思考题

1. 从药店购买一些药品准备服用,这时候可能面临什么样的风险?生产厂家在其生产运营过程中面临着哪些风险?请试着按照本章内容对这些风险进行分类。

2. 风险度量需要考虑哪些因素?用货币度量风险事故的损失是保险业界普遍采用的方式,但它存在一定的局限性,比如痛苦就很难用金钱来衡量。你是否能够想到风险度量的其他方法,既可以较为准确地估算损失,又可以规避上述局限性。

3. 列举日常生活中最常见的五项风险,并思考如何管理这些风险。

第二章　保险概述

【学习目标】

掌握保险的定义及其构成要素；理解保险的性质和基本职能。

案例导入 ➡

2016 年 11 月，北京某物流公司司机驾驶丰田牌小客车在大兴区高家堡村西永定河附近行驶时，因河道土软，车辆突然失控，掉入河中。事故发生后，北京市公安局大兴分局交通支队到达现场并作出交通事故认定书，认定司机负全部责任。该物流公司认为此事故属于保险责任中的地陷，故诉至一审法院要求保险公司支付修理费、拖车费及租车费、诉讼费等共计 21 万余元。一审法院判令保险公司支付修理费、施救费 9 万余元。

第一节　保险的概念

一、保险的含义

保险是最古老的风险管理方法之一。保险合约中，被保险人(或投保人)支付一个固定金额(保费)给保险人，前者获得保证；在指定时期内，后者对特定事件或事件组造成的任何损失给予一定补偿。

保险是指投保人根据合同约定，向保险人支付保险费，保险人对于合同约定的可能发生的事故因其发生所造成的财产损失承担赔偿保险金责任，或者当被保险人死亡、伤残、疾病或者达到合同约定的年龄、期限时承担给付保险金责任的商业保险行为。广义的保险，就其自然属性而言，可以将其概括为：保险是集合具有同类风险的众多单位和个人，以合理计算风险分担金的形式，向少数因该风险事故发生而受到经济损失的成员提供保险经济保障的一种行为。狭义的保险，即商业保险。《中华人民共和国保险法》明确指出：本法所称保险，是指投保人根据合同约定，向保险人支付保险费，保险人对于合同约定的可能发生的事故因其发生所造成的财产损失承担赔偿保险金责任，或者当被保险人死亡、伤残、疾病或者达到合同约定的年龄、期限时承担给付保险金责任的商业保险行为。

总之，保险就是将集中分散的社会资金，用于补偿因自然灾害、意外事故或人身伤亡而造成的损失的一种方法。

二、对保险定义的理解

保险源于风险的存在。中国自古就有"天有不测风云，人有旦夕祸福"和"未雨绸缪"、"积谷防饥"的说法。人们在日常生活中，经常会遇到一些难以预料的事故和自然灾害，小到失窃、车祸，大到地震、洪水。意外事故和自然灾害都具有不确定性，我们称之为风险；失窃、地震等造成损失的事件称为风险事件；而那些隐藏于风险事件背后的，可能造成损失的因素，称为风险因素。风险因素可以是有形的，如路滑造成车祸；也可以是无形的，如疏于管理造成失窃。

从通俗意义上来说，保险其实就是一笔钱，它能够满足你的需求，例如养老、医疗、子女教育等。无论是商业保险还是社会保险，本质就是对你的金钱进行长期分流管理以方便你个人将来的人生需求。

从经济角度来看，保险体现的是一种经济关系，保险人与被保险人之间存在商品交换关系以及收入再分配关系。保险是一种损失分摊方法，以多数单位和个人缴纳保费建立保险基金，使少数成员的损失由全体被保险人分担。因此，保险是一种经济行为。

从法律角度来看，保险是一种合同行为，即通过签订保险合同，明确双方当事人的权利与义务，被保险人以缴纳保费获取保险合同规定范围内的赔偿，保险人则有收受保费的权利和提供赔偿的义务。

三、保险的本质及保险与赌博、储蓄的区别

(一) 保险的本质

现代形式的专业保险具有几个共同性质：

(1) 保险以保障经济安定为目的，并以经济损失为前提条件。

(2) 保险是以多数经营单位的互助共计关系为必要条件的。

(3) 保险的分担金(即保费)是能够科学合理(即用概率论和大数法则)计算出来的。

这些共性简单来说是保险对社会经济的保障，是保险的本质体现。

保险的本质，即多数单位或个人为了保障其经济生活的安定，在参与平均分担少数成员因偶发的特定危险事故所致损失的补偿过程中形成的互助共济价值形式的分配关系。简言之，保险的本质是指在参与平均分担损失补偿的单位或个人之间形成的一种分配关系。

保险是一种社会化安排，是面临风险的人们通过保险人组织起来，从而使个人风险得以转移、分散，由保险人组织保险基金，集中承担。若少数被保险人发生损失，则可以从保险基金中获得补偿。换句话说，一人损失，大家分摊，即"人人为我，我为人人"。可见，保险本质上是一种互助行为。

(二) 保险与赌博的区别

表面上看，保险与赌博存在许多相似之处，如都是以随机事件为基础，都可能以较小的支出获得较大的回报，但事实上，二者存在本质的区别。

从参与者对风险的态度看，投保人属于风险厌恶者，理论上，他愿付出比期望损失价值更小的成本(保费)来转移损失的不确定性；而赌博者属于风险爱好者，他愿付出比期望收益值更小的成本(赌本)来获得利益的不确定性。

从经济学角度看，保险是对客观存在的未来风险进行转移，把不确定性损失转变为确定性成本(保费)，是风险管理的有效手段之一。而且，保险提供的补偿以损失发生为前提，补偿金额以损失价值为上限，所以不存在通过保险获利的可能。赌博行为则是主动创造风险，把确定性的成本(赌注)转变为不确定性的收益，除成本外，不承担损失风险。

从社会学角度看，保险体现了人们的互助精神，把原来不稳定的风险转化为稳定的因素，从而保障社会健康发展；而赌博则是一种投机行为，把原本稳定的收入转化为不稳定的风险，只会给社会、家庭带来不稳定因素。

(三) 保险与储蓄的区别

保险和储蓄都是人们应付未来不确定性风险的一种管理手段，目的都在于保障未来正常的生产、生活。所不同的是，储蓄是将风险留给自己，依靠个人积累来对付未来风险。它无需任何代价，也可能陷入保障不足的窘境。而保险是将所面对的风险用转移的方法，靠集体的财力对付风险带来的损失，提供了足够的保障。但同时，保险需付出一定代价，即保费；而银行储蓄不需支出，到期获得本金和利息。可见，保险与储蓄各有其特点。现在，随着保险业的发展，出现了许多具有储蓄性质的险种，如两全人寿保险，无论被保险人于保险期内残废，或是生存至保险期满，保险人都将给付保险金。

第二节　保险的基本要素及性质

一、保险的基本要素

保险要素指构成保险关系的主要因素。构成保险的基本要素有：保险人、投保人、被保险人、保险标的及可保风险。

(一) 保险人

根据《中华人民共和国保险法》规定，保险人又称"承保人"，是指与投保人订立保险合同，并承担赔偿或者给付保险金责任的保险公司。保险人的权利是按照合同规定向投保人收取保险费(简称保费)；义务是对合同约定的可能发生的事故因其发生所造成的财产损失承担赔偿保险金的责任，或者当被保险人死亡、伤残、疾病或者达到约定的年龄、期限时承担赔偿或给付保险金的责任。

(二) 投保人

所谓投保人，又称要保人，是指与保险人订立保险合同，并按照保险合同负有支付保险费义务的人。投保人是任何保险合同不可或缺的当事人之一，它既可以是自然人也可以是法人。

投保人应当具备以下三个条件：

第一，投保人必须具有相应的权利能力和行为能力，否则所订立的保险合同不发生法律效力。

第二，投保人对保险标的必须具有保险利益，即对保险标的具有法律上承认的利益，否则投保人不能与保险人订立保险合同，若保险人在不知情的情况下与不具有保险利益的投保人签订了保险合同，该保险合同无效。

第三，投保人应承担支付保险费的义务，不论投保人为自己利益还是为他人利益订立保险合同，均应承担支付保险费的义务。

投保人或受益人的权利是当约定的风险事故发生后，可以向保险人要求赔偿或给付保险金；投保人的义务是按照合同约定的限期和数额向保险人支付保险费并履行合同规定的其他义务。

(三) 被保险人

被保险人是指其财产或者人身受保险合同保障，享有保险金请求权的人。

被保险人必须具备下列条件：

第一，其财产或人身受保险合同保障。

第二，享有赔偿请求权。

在财产保险中，投保人可以与被保险人是同一人。如果投保人与被保险人不是同一人，则财产保险的被保险人必须是保险财产的所有人，或者是财产的经营管理人，或者是与财产有直接利害关系的人，否则不能成为财产保险的被保险人。

在人身保险中，被保险人可以是投保人本人。如果投保人与被保险人不是同一人，则投保人与被保险人存在行政隶属关系或雇佣关系，或者投保人与被保险人存在债权和债务关系，或者投保人与被保险人存在法律认可的继承、赡养、抚养或监护关系，或者投保人与被保险人存在赠与关系，或者投保人是被保险人的配偶、父母、子女或法律所认可的其他人。

(四) 保险标的

保险标的，即保险的对象，也叫保险标的物，是指保险人对其承担保险责任的各类危险载体。它是保险利益的载体。保险标的具有重要的意义：决定保险业务的种类；判断投保人是否对其具有可保利益；根据保险标的的实际价值或者存在状况确定保险金额；根据保险标的的危险程度厘定保险费率；根据保险标的的损失程度计算赔付数额；根据保险标的所在确定诉讼管辖范围等。

(五) 可保风险

可保风险是保险人可以接受承保的风险，即符合承保人承保条件的特定风险。尽管保险是人们处理风险的一种方式，它能为人们在遭受损失时提供经济补偿，但并不是所有破坏物质财富或威胁人身安全的风险，保险人都承保。

二、保险性质学说

(一) 损失说

损失说是以处理损失作为保险核心内容的一种学说。

(1) 损失赔偿说。损失赔偿说的代表人物是英国学者马歇尔(Marshall)和德国学者马修斯(Masius)。该学说认为保险是一种损失赔偿合同。该学说排除人身保险，当被保险人的财产发生损失时，便可获得合同项下约定的赔偿金额。

(2) 损失分担说。损失分担说的代表人物是德国学者瓦格纳(Wagner)。该学说强调的是在损失赔偿中，多数人互相合作、共同分担损失，并以此来解释各种保险现象。该学说着眼于事后损失处理。

(3) 风险转嫁说。风险转嫁说的代表人物是美国学者威力特(Willett)和许布纳(Huebner)。该学说是从风险处理的角度来阐述保险本质的，认为保险是一个转嫁机制，个人或企业可借此以支付一定的代价为条件将日常生活和经济活动中可能遭遇的各种风险转嫁出去。

(4) 人格保险说。人格保险说认为人的生命与财产价值一样可以用货币来衡量，认为人类体内所具有的经济性的各种精神与力量可以产生金钱价值，如健康、技能、经验、判断力、创造力等。因此，人寿保险既然以保障生命价值的丧失为目的，就可以与财产保险理论相提并论。

(二) 非损失说

非损失说是不以处理损失作为保险核心内容的学说。

(1) 技术说。技术说的代表人物为意大利学者维万特(Vivante)。该学说强调保险的计算基础，特别是保险在技术方面的特性。其理论依据是：保险基金的建立和保险费收取的标准，是通过计算损失的概率来确定的。该学说认为保险是将处于同等可能发生机会的同类风险下的所有个人或单位集中起来，测出事故发生的概率，根据概率计算保险费率，当偶然事件发生时，支付一定的保险金额。

(2) 欲望满足说。欲望满足说又称需要说，其代表人物为意大利学者戈比(Gobbi)和德国学者马内斯(Manes)。该学说的核心是以保险能够满足经济需要和金钱欲望来解释保险的性质，认为投保人缴付少量保费，而在发生灾害事故后获得部分或全部的损失补偿。由于保费缴付与赔偿金额严重不等，因此以满足人们的经济需要和金钱欲望。

(3) 共同准备财产说。共同准备财产说认为，保险是为了保障社会经济生活的稳定，将多数经济单位集合起来根据大数法则所建立的共同准备财产制度。

(4) 相互金融说。相互金融说的代表人物是日本学者米谷隆三和酒井正三郎。该学说认为保险只不过是一种互相合作基础上的金融机构，与银行和信用社一样，都起着融通资金的作用。

(三) 二元说

二元说，又称为择一说。该学说的代表人物是德国学者埃伦伯格(Ehrenberg)和英国学者巴倍基。该学说认为，财产保险与人身保险具有不同的性质，应将财产保险与人身保险分别定义：财产保险合同是以损失赔偿为目的的合同；人身保险合同是以给付一定金额为目的的合同。此种见解为许多国家的保险法所采用。

三、保险的性质

(1) 互助性。就行为性质而言，保险是一种经济互助行为，即通过保险人用多数投保人缴纳的保险费建立的保险基金，对少数受到损失的被保险人提供补偿或给付得以体现。其基本职能之一就是分摊损失，即在一定条件下由多数单位和个人所不能承担的自然灾害或意外事故导致的风险。它体现了"一人为众，众人为一"的思想。

(2) 经济性。保险是一种经济保障活动，是一个国家整个国民经济活动的一个重要的组成部分。保险经营具有商品属性，保险费率就是保险商品的价格。保险体现了一种等价交换的经济关系。

(3) 法律性。保险是以合同的形式，将风险从被保险人转移给保险人的。所以，从法律角度看，保险是一种合同法律行为，体现的是一种民事法律关系。

(4) 科学性。保险是通过对有可能发生的不确定性事件借助大数法则进行数理预测并以此为依据而收取保险费的,其科学性是现代保险产生和发展的基础。

(5) 服务性。保险活动既存在于流通和消费领域,并且在生产、流通和消费领域中进行分配和再分配活动,为社会提供服务。

第三节　保险的职能

保险的职能是指保险内在的固有功能,它是由保险的本质和内容决定的。国内外的保险理论界和实务界对保险的职能存在不同的认识。但是,一般认为,保险具有分摊损失、补偿损失以及防灾防损和融通资金的职能。其中,分摊损失和补偿损失是保险的基本职能,防灾防损和融通资金是保险的派生职能。

一、保险的基本职能

(一) 分摊损失职能

保险是一种转移风险的方法,这种方法是建立在灾害事故发生的偶然性和必然性基础上的。保险把集中在某一单位或个人(被保险人)身上的、因偶发灾害事故或人身伤亡事件所致的经济损失,通过收取保险费的办法平均分摊给所有被保险人,这就是保险的分摊损失的职能。

对个体来说,灾害事故的发生是偶然的和不确定的,但对于面临相同危险的群体来说,灾害事故的发生却是必然的和确定的,这使得保险可以作为一种分摊损失的方法。这种分摊损失建立在危险事故发生的偶然性和必然性这一矛盾对立统一的基础上。

投保人愿意以缴付小额确定的保险费来换取对大额不确定损失的补偿,而保险人通过向众多的投保人收取保险费来分摊被保险人中少数不幸成员遭受的损失,将相对少数成员的损失转嫁由所有投保成员共同来承担。

(二) 补偿损失职能

保险的补偿损失职能是指在特定的风险损失发生时,在保险的有效期和保险合同约定的责任范围以及保险金额内,按照实际的损失金额给予赔付。这种赔付使得已经存在的社会财富因为灾害事故所导致的实际损失在价值上得到补偿,在使用价值上得到恢复,从而使社会再生产过程得到延续。

按照保险合同对遭受灾害事故损失的单位和个人进行经济补偿是保险的目的,分摊损失是经济补偿的一种手段,没有分摊损失就无法进行保险补偿。这两者是相互依存的。保险的产生和发展都是为了满足补偿灾害事故损失的需要,积累资金并不是保险的目的,而是保险赔偿和给付的条件。补偿损失是保险的核心职能。分摊损失和补偿损失这两个保险的基本职能是分别从手段和目的两个不同的角度对保险过程考察的结果。

补偿损失职能是就财产保险和责任保险而言的,而对人身保险来说,因为人的生命价值的特殊性而不能以货币来表示人身保险的返还性和非补偿性,所以人身保险的基本职能是给付保险金。补偿损失或给付保险金职能的行使在不同的险种中有不同的方式:在财产保险中体现为补偿被保险人因灾害事故造成的经济损失;在责任保险中体现为补偿被保人依法应负担的对第三方的经济赔偿；在人身保险中体现为对被保险人或其指定的受益人支付约定的保险金。

二、保险的派生职能

随着社会生产力的发展和经济制度的变迁，在保险的基本职能的基础上又派生了一些新的职能，并不断完善。保险的派生职能有两大项：防灾防损职能和融通资金职能。

(一) 防灾防损职能

保险的防灾防损职能是指保险人介入防灾防损活动，防止灾害事故的发生和防止损失的扩大，提高社会的防灾防损水平，发挥保险防灾防损的社会职能。这一职能体现了保险双方的共同利益。在处理风险时，风险发生前的预防、风险事故发生时的施救和损失发生后的补偿是几个紧密联系的环节。做好保险事故的预防就能减轻后两者的损失或偿付。这是最重要的一环。当前防灾防损是社会共同的任务，社会上有不少专职的防灾防损部门，如公安消防、交通安全、防震、防汛、防洪等部门。

保险公司参与防灾防损工作是由保险经营的特点决定的，保险公司所经营业务的性质决定了它是与风险事故打交道的特殊企业，保险公司所有业务的展开，都是围绕风险事故而逐渐展开或派生出去的，从风险分析、费率制定、承保核保、风险检查一直到理赔勘察等环节无不是和风险事故联系在一起的。对于一家有一定经营时间的保险公司来说，其掌握了大量的社会财富的分布状况和各种有关风险事故损失的统计资料，不仅对风险事故发生的原因作了深入的研究和分析，而且在积极参与各类风险事故的防灾防损工作中也积累了丰富的经验，为做好防灾防损这项具有重大社会责任的工作提供了扎实的基础。

从被保险人的角度看，显然也是极不愿意灾害事故发生的。因为一旦发生了灾害事故，保险人首先要勘察该灾害事故是否属于保险事故，只有属于保险事故，保险人才会履行保险责任。而即使属于保险事故，对灾害事故所造成的损失，保险人根据保险合同有关免额条款的规定，应由被保险人自己负担部分的损失额，保险人是不负责赔偿的。这样从保险人那里所能得到的补偿款也往往小于被保险人所遭受的损失，更何况因受损财产无法使用而产生时间上的损失就更难得到弥补了。所以，保险人也有做好标的物的防灾防损的内在动力。

(二) 融通资金职能

保险的融通资金职能是指保险人把聚集起来的保险基金中暂时闲置不用的部分用于投资或融资，目的是使资金保值增值，增强保险人的偿付能力。由于保险费是预付的，保险赔偿或给付责任要在整个保险期内履行，加上损失发生与赔付之间存在间隔、历年赔付率变动、巨灾损失发生的可能性等因素，保险公司要提留各种准备金。因此，保险费的缴纳与保险金的补偿和给付之间所具有的时间差为保险公司运用资金提供了可能。保险公司的资金来源主要是资本金、总准备金或公积金、各种准备金及未分配盈余。

运用暂时闲置的大量准备金是保险资金流动的重要环节，投资能增加收益和增强赔付能力，使保险资金流动进入良性循环。所以，保险人为了使保险经营稳定，必须壮大保险基金，这也要求保险人对保险资金进行运用。事实证明，保险业务越是发展，投资职能越显得重要。投资业务和承保业务是保险公司发展的两个必不可少的轮子，缺少了哪一个轮子，保险公司都无法健康发展。

投资在保险经营中有很重要的地位。多年来，美国财产和意外保险业经常发生承保亏损，然而，投资收入弥补了承保损失，使财产和意外保险业保持盈利。美国人寿保险公司的巨额资产绝大部分用于各种投资，它既是美国金融市场资金的重要来源，也是人寿保险公司收入和利润的重要来源。一些大保险公司都下设投资公司或集团，将投资作为保险经营的主要业务之一。投资集团为本公司以及外界提供广泛的投资和资产管理业务，包括股票、债券、抵押贷款、房地产和共同基金的投资和管理。

保险的投资职能是派生职能，保险基金首先要承担补偿职能，所以保险基金的运用首先要考虑保险的偿付能力，在资金运用方面要坚持安全性、盈利性、流动性、多样性和社会性的投资原则。我国的投资原则主要考虑安全性、盈利性、流动性。国际上保险公司的投资领域主要是购买债券、股票、不动产，用于贷款和银行存款。目前我国保险公司的投资渠道主要有银行存款、股票、债券、证券投资基金份额、不动产和国务院允许的其他资金运用形式。

本 章 小 结

本章主要介绍了保险的基本概念、基本要素、性质和职能。

保险的基本概念可以分别从广义和狭义两个方面去理解，而其中所包含的内在实质是由法律和经济构成的。

在了解保险性质之前必须要知道保险的基本要素。保险的性质主要有五项，即互助性、经济性、法律性、科学性和服务性。

保险有四项主要职能：分摊损失和补偿损失两项基本职能；防灾防损和融通资金两项派生职能。

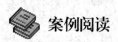 案例阅读

借款人死亡，保险赔吗？

2015 年 1 月 19 日，梁某因向 A 农村信用社借款，投保了 B 保险公司借款人意外伤害险。该保险单载明：投保人、被保险人梁某；第一受益人为贷款发放金融机构 A 信用社；第二受益人法定；保险金额 30000 元。保险期间自 2015 年 1 月 21 日 0 时至 2016 年 1 月 15 日 24 时。投保人已经申明：本保险单各项内容属实，保险人已就本合同相关事宜进行告知，本人已仔细阅读保险条款(特别是责任免除等黑体字部分内容)，并对保险公司就本保险合同的告知内容和提示完全理解；本人自愿申请投保本保险，同意以此作为订立正式保险合同的依据，并自愿指定本保险合同相关的贷款金融机构作为本保险合同的第一受益人。梁某在该申明处签名。2015 年 7 月 26 日，梁某于某宾馆内突发意识丧失，经医院初步诊断为猝死。

2016 年 2 月 25 日，A 信用社因上述借款未到期偿还，将梁某配偶许某等人告上法庭，要求偿还贷款本金及利息。经该院调解，双方达成以下协议：一、许某应偿还原告借款本金 3 万元及其利息，上述款项该被告于 2016 年 5 月 30 日前偿还原告债权费用 2310 元；自 2016 年 6 月起每月底偿还原告 3000 元，优先抵扣本金直至本息还清为止(利息数额以原告

银行还贷系统确定的数字为准），其他部分案外人对上述欠款承担连带偿还责任；二、A信用社放弃借款人意外伤害保险单中的第一受益人的权利，由梁某法定继承人向相应的B保险公司主张权利。

后梁某法定继承人向B保险公司主张第一受益人权利时，B公司认为，梁某死因为猝死，不属于借款人意外伤害险的承保范围，遂拒绝赔偿保险金。后梁某母亲刘某、配偶许某等人将B保险公司告上法庭。经一审法院审理后，判决驳回诉讼请求。刘某、许某不服提起上诉，二审法院经审理后，认为一审法院对于涉案事故是否属于保险理赔范围认定错误，但处理结果并无不当。最终判决驳回上诉，维持原判。

 问题

结合本案例与同学进行分析和讨论，看看本案列的最终处理给我们以怎样的启示。

复习思考题

一、名词解释

保险 投保人 被保险人 保险标的 分摊损失职能 补偿损失职能 融通资金职能

二、单项选择题

1. 保险具有( )性。

A. 互助性 B. 经济性和法律性 C. 科学性和服务性 D. 以上都对

2. 保险充分体现的了"一人为众，众人为一"的思想。这说明，保险具有( )。

A. 经济性 B. 互助性 C. 科学性 D. 商品性

3. 保险的保障功能，在财产险中体现为( )。

A. 补偿损失职能 B. 分摊损失职能 C. 防灾防损职能 D. 融通资金职能

三、判断题(正确的打√，错误的打×)

1. 保险以保障经济安定为目的，并以经济损失为前提条件。( )

2. 保险和储蓄的相同点在于都是把风险留给自己。( )

3. 保险的职能决定了保险的本质。( )

4. 分摊损失是经济补偿的一种手段，没有分摊损失就无法进行保险补偿。( )

四．简答题

1. 保险是怎样分摊损失的？

2. 在了解了保险标的的前提下，如何理解保险的概念？

3. 保险都有哪些基本职能？

五、分析思考题

比较并评论"损失说""非损失说"和"二元说"。

第三章　保险的产生与发展

【学习目标】

掌握目前的主要险种；了解中国保险业的发展情况。

案例导入 →

龙门农场遭遇冻灾，阳光农险赔款 2202.68 万元

2018 年 9 月 9 日凌晨，黑龙江省龙门农场出现强冷空气，气温骤降，最低气温–1.3℃，持续 8 小时的低温带来的霜冻，致使龙门农场的大豆和玉米受灾严重，产量大幅降低。此次冻灾造成龙门农场投保的大豆、玉米总成灾面积 110 553.74 亩，受灾农户 1740 户次，赔款金额共计 2202.68 万元。

黑龙江省龙门农场位于五大连池市境内，黑河地区中部，地处小兴安岭南麓的龙门河畔，农场耕地总面积 23.6 万亩。2018 年初，该农场在阳光农业相互保险公司投保了 15.60 万亩的大豆种植业保险和 3.66 万亩的玉米种植业保险，总保额 7921.95 万元。灾害发生后，阳光农业相互保险公司龙门保险社的理赔人员和管理区协保员及时赶到事故现场，依据保险公司理赔实施细则，对受灾地块进行全面查勘。由于此次霜冻灾害造成的受灾面积大，受灾农户多，为了准确、合理、实事求是地完成损失查勘任务，管理区人员和保险公司双方一同记录受灾标的地号、面积，待作物成熟、脱水后进行实地测产，再确定最终损失程度。对于受灾情况复杂的标的，保险公司还进行了二次查勘。在农场及管理区的配合下，保险公司及时、准确地掌握了一手材料与数据，迅速地完成现场查勘工作。

当冻灾发生后，阳光农险第一时间启动突发灾害应急预案，各级部门行动起来，在极短的时间内深入受灾现场，通过科技手段，及时、快速、准确地对受灾农户的损失进行查勘理赔，尽量减少冻灾对受灾农户造成的经济损失，为受灾地区和农户快速恢复生产生活提供了保障，充分体现了国家政策性农业保险在减轻自然灾害损失和帮助被保险人在恢复正常生产生活方面发挥的重大社会功能。

第一节　保险思想的萌芽及其原始形态

谋求经济生活的安定是人类与生俱来的本性，保险思想的萌生也与这一需要有关。自有人类社会以来，各种自然灾害、意外事故就时常威胁着人类的生存与发展，为了寻求防灾避祸、安居乐业之道，在古代社会里就萌生了对付各种自然灾害、意外事故的保险思想和一些原始形态的保险做法，这在中外历史上都有记载。

一、古代西方保险思想的萌芽

原始的保险思想的萌芽,在西方出现较早,其发展是与古代社会文明发展水平和对外贸易活动相适应的,因此多产生于贸易繁荣的国度,如古巴比伦、古埃及、古罗马、古希腊等文明古国。正如英国学者托兰纳瓦在《保险起源及早期历史》一书中所指出的,"保险思想发源于古巴比伦,后来传至腓尼基,再传入希腊。"

保险的历史可以追溯到公元前 3000 年以前。在古巴比伦时代,幼发拉底河流域的巴比伦商人经常雇佣推销员到外国从事货物贸易活动,为保证货物的安全,商人们往往将推销员的家人作为信用担保。当这个推销员航行归来时,商人和推销员可以各自获得销售利润的一半;如果推销员未归,或者回来时既无货物也无利润,就认为推销员存在欺诈行为,将其家人扣为奴隶。但由于当时盗贼横行,许多诚实可靠的推销员在遭到抢劫后也必须要面临家破人亡的命运。为了改变这种状况,双方达成一种协议,即推销员如果能证明货物确实遭到抢劫而本人并无过失,则可免除其责任。这种做法长期为巴比伦地区所运用。在公元前 2250 年左右,巴比伦的《汉谟拉比法典》就认可这样的规定。该法典还沿用了一种习惯做法:沙漠商队运输货物途中,若马匹死亡、货物被劫或发生其他损失,经宣誓并无纵容或过失后,可免除其个人的责任而由商队全体给予补偿。这种做法后来传到了腓尼基和其他商业发达地区并增加了内容,使其通用于航海过程中的货物损失。这种规定,在一定意义上说,已具有海上运输货物保险的雏形。

在古埃及,在横越沙漠的犹太商队之间,对丢失骆驼的损失采用互助共济的方式进行补偿。在修建金字塔过程中,石匠中流行一种自发的互助基金组织,他们用资源参加者交来的互助金,支付死亡会员的丧葬费用。

在古罗马的历史上,也有过丧葬互助会的组织,这种互助形式类似于现代养老保险,其中记载较详细的是拉奴维姆丧葬互助会。该互助会的会员要交付会费,当会员死亡时,由丧葬互助会支付焚尸柴火和建造坟墓的费用。后来,这种善后处理的内容进一步扩展到对死亡会员的遗属给付救济金。在古罗马还出现过类似这种丧葬互助会的士兵组织,用收集会费的方式集资。当士兵调职时,该组织给付旅费;当士兵终止服役时,退还本金;当士兵阵亡后,对其家人进行抚恤。

在古希腊,曾盛行过一种团体,组织有相同政治、哲学观点或宗教信仰的人或同一行业的工匠入会,每月交付一定的会费,当入会者遭遇意外事故或自然灾害造成经济损失时,由该团体给予补救。

到了中世纪,欧洲各国城市中陆续出现了各种行会组织,这些行会组织具有互助性质,其共同出资救济的互助范围包括死亡、疾病、伤残、年老、火灾、盗窃、沉船、监禁、诉讼等不幸的人身和财产损失事故,但互助救济活动只是行会众多活动中的一种。

二、古代中国保险思想的萌芽

人类在改造自然、征服自然的成长历史中,为了抵御自然灾害和意外事故,除利用自己已掌握的生产技能进行预防外,还通过建立经济后备的形式,防止风险对社会经济生活所造成的损失。当社会生产力有了提高、社会产品有了剩余的时候,便产生了最早的保险思想。

我国是最早发明并运用风险分散这一保险基本原理的国家。远在公元前三四千年，古代中国商人即能应用保险基本原理，从事货物水运。当时扬子江上的帆船商人，刻意不将个人全部货物集放于一船，以此来分散风险。

粮食是人类生活的支柱。"积谷防饥"是我国古代主要的以粮食形态建立的后备制度，即粮食的仓储制度。中国古代的仓储制度主要有：常平仓、义仓、广惠仓。

(一) 常平仓

汉代时建立常平仓，即在丰收年景粮食价格较低时，国家以高于市场价格的价格大量收购粮食入库，以免谷贱伤农；而在歉收年景，国家以低于市场价格的价格大量抛售，以平抑粮食价格。同时，常平仓的粮食又可备贩。这样，常平仓在功能和作用上，不仅有了社会保障和救济的性质，而且起到了平抑市场价格、保证农民收入稳定的作用。在汉以后各朝各代中，建立常平仓是最常见的形式。但是常平仓的缺陷也十分明显，它的资金来源于官府的财政收入。当财政收入难以维系时，常平仓的作用就大打折扣了。

(二) 义仓

义仓也源于汉代，发展成熟于北齐，兴盛于隋唐，为隋唐两代于地方上所设立的公共储粮备荒的粮仓。因通常委里社中社司管理，故又名"社仓"。隋开皇三年长孙平被征拜为度支尚书，他见天下多罹水旱，百姓不给，奏令民间每秋家出粟麦一石以下，贫富差等，处之闾乡，以备凶年，名曰义仓。义仓与常平仓的不同之处在于，常平仓通常是运用官府的资金进行粮食和实物的囤积、买卖、救济；而义仓则是在官府的组织下，按人头和田亩抽取费用，后来逐渐发展为民间自愿缴纳，自行管理。义仓制度在我国持续了大约 1200 年，是在当时的社会条件下，由政府号召、民间自办的后备仓储，具有相互保险的雏形。

(三) 广惠仓

广惠仓也是我国古代一种实物形式的仓储制度，发展较晚。宋仁宗嘉祐二年，经枢密使奏请设立，将每年征收上来的税米部分贮藏于仓，以备平时扶助老、幼、贫、病、残者。广惠仓与义仓的不同在于它是由官府赋税出资的，与常平仓的不同在于广惠仓主要用于平时扶助老、幼、贫、病等。

以上主要介绍了以官府为核心的各种仓储制度的历史，它带有社会保险和社会保障的性质。由此可以看出，我国古代是以官方的方式实施保险制度的，而且以社会救济为主，与西方的以民间互助为主，以规避贸易活动中的风险为主要目的的保险方式是两种发展模式。这种差别可能与我国地域辽阔，贸易活动可以在自给自足的小农经济基础上进行有关；而早期的欧洲各国由于地域狭小，从而注重互通有无的贸易。古代中国统治者以农为本的思想导致了农业仓储制度的发达，而与之形成鲜明对比的是民间和商业保险发展的缓慢状况一直持续到近代西方保险制度引入我国。

中国古代商业保险的萌芽主要集中于货物运输方面，不论是盐运的做法，还是镖局的存在，均是如此。这种早期的保险形态与中国封建时代商品经济极不发达和货物运输风险集中紧密相关。其基本做法依据的是风险分散、共同承担或实行约定的损失赔偿责任制，体现了经济补偿的作用和基本的保险原理。

第二节   近现代保险的起源与发展

在中世纪的欧洲，各国城市中出现了以行业为核心的各种专业行会。成立这些行会的目的和活动范围尽管不一致，但或多或少都具有在本行内相互救助的性质。它们所进行的互助行为，是现代海上保险、火灾保险、人身保险及其他专业损害保险的萌芽。

一、海上保险的起源与发展

近代商业保险是从海上保险开始的。14世纪末、15世纪初，欧洲地中海沿岸的一些国家通过海上贸易不断向外扩张，为进一步促进商品交换和海运事业的发展，海上保险业务也随之发展。

对于海上保险的起源，大体上有两种说法，其一是共同海损说，其二是冒险借贷说。两种说法中，比较趋向一致性的是后者，即冒险借贷说。

所谓冒险借贷，实为互为条件的一种消费借贷。其具体做法是，船东和船主以船舶、货物为抵押，向金融业者融通资金，如果船舶、货物在航海中遇难，就按照损失的程度，免除债务的一部分或全部；如果航海平安无事，则应将本利一并归还。当时，海上航行相当危险，债权人风险很大，因而，这种借贷的利息很高，少则为本金的1/4，多则竟达本金的1/3。其中，除正常利息外，高出一般利息的部分叫"溢价"。"溢价"的作用就是为补偿出借人承担航程安全的代价，这一代价，实质上就是最早形式的海上保险费。

由于冒险借贷利息过高，曾为教会所禁止。于是，冒险借贷制度后来转化为无偿借贷制度(又称假装借贷)。这种所谓的"无偿借贷"，并非现代意义的无偿借贷关系。它指的是，在航海之前由"资本主"以借款人的名义，假装向"贸易商"借款。如果船货安全到达目的地，则借款人不负返还的义务；如果船货中途损失，则借款人有偿还的义务。双方签订的"借款"契约中没有利息的内容，"贸易商"在契约之外，向"资本主"交付一笔"危险负担费"。这种借贷关系与冒险借贷相反，但与现代保险制度较为接近。在这里，"资本主"就相当于保险人，而"贸易商"就相当于被保险人。无偿借贷契约最早见于1347年10月23日热那亚的公证书。

其后，无偿借贷又变为"空买卖契约"(又称"假装买卖契约")。"贸易商"与"资本主"签订契约，假装建立商业上的一种买卖行为，条件与"无偿借贷"相同。在航海过程中，如果船货平安无事，则买卖契约无效；如果中途发生危险，则买卖契约成立，由"资本主"支付一定的金额。"贸易商"所得的这部分金额，实与现代的保险金相当。至于危险负担费(相当于现代的保险费)，则于订立契约时以定金的名义由"贸易商"付给"资本主"。空买卖契约的最早记录，于1370年7月12日热那亚的公证书中亦可见，但多数学者认为，由空买卖契约发展为纯粹的海上保险契约，应该是1380年比萨货物保单。

一般认为，近现代保险制度始于14世纪，其发祥地为当时海上贸易最为发达的包括伦巴第地区的意大利北部地中海沿岸各城市。这一地区，特别是热那亚、佛罗伦萨、比萨和威尼斯等，都是海上交通的要冲。因为海上运输的风险极大，因此，作为交通要冲，当时海上贸易最发达的地中海沿岸各城市能成为近现代保险制度的发祥地，这是很自然的。

(一) 海上保险起源于意大利

意大利是海上保险的发源地。早在 11 世纪末叶,十字军东征以后,意大利商人就控制了东方和西欧的中介贸易。在经济繁荣的意大利北部城市特别是热那亚、佛罗伦萨、比萨和威尼斯等地,由于其地理位置是海上交通的要冲,这些地方已经出现类似现代形式的海上保险。那里的商人和高利贷者将他们的贸易、汇兑票据与保险的习惯做法带到他们所到之处,足迹遍及欧洲。许多意大利伦巴第商人在英国伦敦同犹太人一样从事海上贸易、金融和保险业务,并且按照商业惯例仲裁保险纠纷,逐渐形成了公平合理的海商法条文,后来成为西方商法的基础。自从 1290 年犹太人被驱赶出英国后,伦敦的金融保险事业就操纵在伦巴第人手中。在伦敦至今仍是英国保险中心的伦巴街由此得名。英文中的"保险单"(Policy)一词也源于意大利语"Polizza"。

大约在 14 世纪,海上保险开始在西欧各地的商人中间流行,逐渐形成了保险的商业化和专业化。1310 年,在荷兰的布鲁日成立了保险商会,协调海上保险的承保条件和费率。1347 年 10 月 23 日,热那亚商人乔治·勒克维伦开出了迄今为止世界上发现最早的保险单,它承保"圣·克勒拉"号船舶从热那亚至马乔卡的航程保险。1397 年,在佛罗伦萨出现了具有现代特征的保险单形式。

(二) 海上保险形成于英国

17 世纪中叶,英国逐步发展成为具有世界贸易和航运业垄断优势的殖民帝国,这给英国商人开展世界上的海上保险业务提供了有利条件。1720 年,经英国女王特许,按照公司组织、创立了伦敦保险公司和英国皇家交易保险公司,专营海上保险,规定其他公司或合伙组织不得经营海上保险业务。18 世纪后期,英国成为世界海上保险的中心,占据了海上保险的统治地位。英国对海上保险的贡献主要有两方面:一方面制订海上通用保单,提供全球航运资料并成为世界保险中心;另一方面开始编制了海上保险法典,在此基础上,英国国会于 1906 年通过了《海上保险法》,这部法典将多年来所遵循的海上保险的做法、惯例、案例和解释等用成文形式固定下来,这个法典的原则至今仍为许多国家采纳或仿效,在世界保险立法方面有相当大的影响。

在英国以及世界海上保险史上,劳合社占有重要地位。17 世纪中后期,横跨泰晤士河的伦敦已成为一个规模很大的商埠。河畔开有许多咖啡馆,1683 年英国人爱德华·劳埃德开的咖啡馆就是其中之一。在其附近有海关、海军部等与航海贸易有关的单位,这里成为商人、高利贷者、经纪人、船东和海员经常会晤的场所。他们经常对船舶出海的命运进行猜测、打赌,进而产生了对船只和货物的保险交易。当时的海上保险交易只是列明保险的船舶和货物以及保险金额,由咖啡馆里的承保人接受保险份额并署名。为了招揽顾客,1696 年,劳埃德还把顾客感兴趣的船舶航行和海事消息编成一张小报——《劳埃德新闻》,定期发行,后来又改名为《劳合动态》发行,使劳埃德咖啡馆成为航运消息的传播中心。劳埃德死于 1713 年,随着咖啡馆的不断发展,他后来成为海洋运输保险业中的名人。1769 年,劳埃德咖啡馆的顾客们组成了海上保险团体;1774 年,劳合社诞生,成为当时英国海上保险的中心;1871 年,劳合社向政府申请注册,经议会通过法案承认劳合社正式成为一个具有法人资格的社团组织;1911 年的法令允许其成员经营一切保险业务。

(三) 海上保险在美国的发展

美国保险业的发展主要始于殖民地独立之后。在此前,多数保险业务是由外国保险人来经营的。1792 年,北美保险公司成立,带动了海上保险和火灾保险公司的发展。两年后,该公司成为美国第一家承保人寿保险的商业公司。到 1800 年,美国已有 30 家保险公司成立。第二次世界大战后,美国保险业进入迅猛发展阶段,仅仅用了 20 年的时间,市场规模就跃居世界首位。美国保险业的发展得益于经济增长、市场创新、科技进步等多种内外部环境因素,并形成了一系列明显的特征。

二、火灾保险的起源与发展

火灾保险起源于 1118 年冰岛设立的 Hrepps 社,该社对火灾及家畜死亡损失负赔偿责任。17 世纪初,德国盛行互助性质的火灾救灾协会制度。1676 年,第一家公营保险公司——汉堡火灾保险局,由几个协会合并宣告成立。但真正意义上的火灾保险是在伦敦大火之后发展起来的。1666 年 9 月 2 日,伦敦城被大火整整烧了五天,市内 448 亩的地域中 373 亩成为瓦砾,占伦敦面积的 83.26%,13200 户住宅被毁,财产损失 1200 多万英镑,20 多万人流离失所、无家可归。灾后的幸存者非常渴望能有一种可靠的保障,来对火灾所造成的损失提供补偿,因此火灾保险对人们来说已显得十分必要。在这种状况下,聪明的牙医巴蓬 1667 年独资设立营业处,办理住宅火险,1680 年他同另外三人集资 4 万英镑成立火灾保险营业所,1705 年更名为菲尼克斯,即凤凰火灾保险公司。在巴蓬的主顾中,相当一部分是伦敦大火后重建家园的人们。巴蓬的火灾保险公司根据房屋租金计算保险费,并且规定木结构的房屋比砖瓦结构的房屋保费增加一倍。这种依房屋危险情况分类保险的方法是现代火险差别费率的起源。火灾保险成为现代保险,在时间上与海上保险差不多。1710 年,波凡创立了伦敦保险人公司,后改称太阳保险公司,接受不动产以外的动产保险,营业范围遍及全国。

三、人身保险的起源与发展

人身保险起源于海上保险。15 世纪后期欧洲的奴隶贩子把运往美洲的非洲奴隶当做货物进行投保,后来船上的船员也可投保,如遇到意外伤害,由保险人给予经济补偿,这应该是人身保险的早期形式。

17 世纪中叶,意大利银行家洛伦佐·佟蒂设计了“联合养老保险法”(简称“佟蒂法”),并于 1689 年正式实行。佟蒂法规定每人缴纳一部分资金,筹集起总额 140 万法郎的资金,保险期满后,规定每年对全体认购人支付总资金的 10%,并按年龄把认购人分成若干群体,对年龄高些的,分息就多些。“佟蒂法”的特点就是把利息付给该群体的生存者,如该群体成员全部死亡,则停止给付。

英国著名的数学家、天文学家埃蒙德·哈雷,在 1693 年以西里西亚的布雷斯劳市的市民死亡统计为基础,编制了第一张生命表——哈雷生命表,精确表示了每个年龄的死亡率,提供了寿险计算的依据。18 世纪四五十年代,辛普森根据哈雷生命表,做成依死亡率增加而递增的费率表。之后,陶德森依照年龄差等计算保费,并提出了“均衡保险费”的理论,从而促进了人身保险的发展。1762 年成立的伦敦公平保险社才是真正根据保险技术基础而设立的人身保险组织。

四、责任保险的起源与发展

责任保险是对无辜受害人的一种经济保障。尽管现代保险已经有 300 多年的历史,但责任保险的兴起却只是近 100 年的事。1855 年,英国铁路乘客保险公司首次向铁路部门提供铁路承运人责任保障,开了责任保险的先河;1870 年,建筑工程公众责任保险问世;1875 年,马车第三者责任保险开始出现;1880 年,出现雇主责任保险;1885 年,世界上第一张职业责任保单——药剂师过失责任保险单由英国北方意外保险公司签发;1895 年,汽车第三者责任险问世;1900 年,责任保险扩大到产品责任,承保的是酒商因啤酒含砷而引起的民事赔偿责任。进入 20 世纪,责任保险迅速兴起和发展,大部分的资本主义国家都把很多的公众责任以法律规定形式强制投保。第二次世界大战后,责任保险的种类越来越多,如产品责任保险以及各种职业过失责任保险层出不穷,这些在发达的资本主义国家已成为制造商和自由职业者不可缺少的保险。

五、再保险的起源与发展

现代保险制度从海上保险开始,随着海上保险的发展,产生了对再保险的需求,最早的海上再保险可追溯到 1370 年。当时,一位叫格斯特·克鲁丽杰的保险人,承保自意大利那亚到荷兰斯卢丝之间的航程,并将其中的一段经凯的斯至斯卢丝之间的航程责任转让给其他保险人,这是再保险的开始。17 世纪初,英国皇家保险交易所和劳合社开始经营再保险业务。1681 年,法国国王路易十六曾公布法令,规定“保险人可以将自己承保的保险业务向他人进行再保险”。18 世纪,荷兰鹿特丹的保险公司 1720 年将承保到西印度的海上保险向伦敦市场再保险;丹麦的皇家特许海上保险公司 1726 年成立,从事再保险业务;德国 1731 年汉堡法令允许经营再保险业务;1737 年西班牙贝尔堡法律和 1750 年瑞典的保险法律都有类似的规定。随着保险形式多样化和保险公司之间的竞争加剧,逐渐出现了专业再保险公司,推动了再保险的发展。

第三节　世界保险业的发展现状与趋势

一、世界保险业的发展现状

(一) 从保费收入来看

据瑞士再保险公司的 Sigma 杂志 2004 年第 3 期的资料统计,2003 年全世界保费收入为 29 406.7 亿美元。其中,工业化国家占全世界市场份额的 89.32%,其中,美国占 35.89%,日本占 16.28%;新兴市场国家和地区占 10.68%。中国在 88 个国家和地区中,排列第 11 位,占 1.6%。2002 年保费收入最多的是美国,为 10 554.98 亿美元;其次是日本,为 4788.65 亿美元;此后依次是英国(2467.33 亿美元)、德国(1078.11 亿美元)、法国(1636.79 亿美元)、意大利(1117.61 亿美元)、韩国(597.58 亿美元)、加拿大(591.44 亿美元)、荷兰(502.66 亿美元)和西班牙(470.14 亿美元)。

(二) 从保险深度来看

保险深度是保费收入占国内生产总值的比重。它反映了一个国家的保险业在整个国民经济中的地位。其计算公式为

$$保险深度 = \frac{保费收入}{国内生产总值}$$

2003 年全球平均的保险深度为 8.06%，居全球前 10 名的国家或地区依次为：南非(15.88%)、英国(13.37%)、瑞士(12.74%)、日本(10.81%)、比利时(11.61%)、中国台湾地区(11.31%)、巴巴多斯(11.29%)、荷兰(9.77%)、韩国(9.63%)、美国(9.61%)。中国则在 88 个国家和地区中为第 44 位，保险深度为 3.33%。

(三) 从保险密度来看

保险密度是指按全国人口计算的平均保费额。它反映一国国民受到保险保障的平均程度。其计算公式为

$$保险密度 = \frac{保费收入}{人口总数}$$

据瑞士再保险公司的 Sigma 杂志 2004 年第 8 期资料统计，以各国 2003 年保险密度比较，瑞士以 5660.3 美元的保险密度名列榜首，紧随其后的是英国，保险密度为 4058.5 美元。2003 年全球保险密度为 469.6 美元，其中，工业化国家为 2763.5 美元，新兴市场国家为 58.7 美元。大多数工业化国家的保险密度平均水平在 1100 美元～3700 美元之间，而发展中国家的平均水平较低。中国保险密度增长较快，但水平仍然较低，位于第 71 位，为 36.3 美元。

二、世界保险业发展的趋势

(一) 经营主体数量不断增多

19 世纪初的风险管理与保险技术还不成熟，保险业与银行业、证券业及其他金融业还没有形成独立的产业，更没有形成整个金融业各市场间的互动，全世界保险公司的数量总共才有 30 家(英国 14 家，美国 5 家，德国和丹麦各 3 家，奥匈帝国、荷兰和瑞士各 1 家)。19 世纪中叶，全世界保险公司有 306 家。19 世纪末，全世界保险公司有 1272 家。到 1910 年，全世界保险公司有 2450 家。而到 2003 年，全世界保险公司已有 9046 家。截至 2006 年年底，保险公司在美国已有 5800 家，英国有 827 家，新加坡有 140 家，中国香港地区是 288 家，而中国大陆地区共有保险机构 98 家。目前，我国共有 117 家保险公司，其中寿险公司 60 家，财险公司 52 家，养老保险公司 5 家。显然，与发达国家相比，我国保险机构的竞争力还存在较大差距。这也说明社会经济越发展，社会文明程度越高，保险越繁荣。因此，保险市场主体的数量在保险业还不是很发达和完善的阶段是与工业化程度和社会经济发展状况相一致的。

然而，从 20 世纪后半叶以来，伴随着保险业组织结构的演化，世界保险发展格局也发生了变化。首先，随着发展中国家保险市场主体数量的不断增多，产业集中度却在缓慢下降。这与发达国家保险业组织结构类型与组织机构数量缓慢下降、产业集中度不断上升的趋势恰好相反。另外，由于网络卫星通信科技的进步、扁平化组织结构的出现、矩阵化和委托代理等经营管理技术的采用，以及金融混业经营趋势背景下的创新，推动了保险业组

织结构的变化。例如：1996 年，全世界共约有 9680 家保险公司，其中寿险公司约 3217 家，非寿险公司约 5263 家，再保险公司约 1200 余家；到 2000 年，全世界共约有 9150 家保险公司，其中，寿险公司约 2891 家，非寿险公司约 5053 家，再保险公司约 1194 家。到 2003 年，全世界共约有 9046 家保险公司，其中，寿险公司约 2798 家，非寿险公司约 5039 家，再保险公司约 1191 家；显然，这些变化使世界保险业的组织机构数量不是增加，而是略微减少。这是发达国家保险业经营主体数量略有下降和发展中国家保险主体数量增长共同作用的结果。表 3-1 列举了 2003 年世界各地区(国家)保险业发展的具体情况。

表 3-1　2003 年世界各地区(国家)保险业发展情况

地区或国家	美洲	北美	拉丁美洲	欧洲	西欧	中欧中东	亚洲	日本	南亚东亚	中亚中东	非洲	大洋洲
增长速度/%	8.5	8.7	4.4	3.7	3.7	2.5	2.5	-1.4	13.9	9	7.7	-0.8
市场份额/%	39.3	37.9	1.4	34.8	33.6	1.2	23.3	16.3	6.6	0.42	1.1	1.5
保险深度/%	8.52	9.4	2.5	7.9	8.5	3.1	7.5	10.8	4.9	1.65	4.1	7.7
保险密度/(H$/P)	13.5	34.6	78.3	12.5	20.9	1.03	1.8	37.7	0.58	0.44	0.36	14.5
非寿险保费/B$	636.7	610.9	25.8	437.5	414.1	23.4	163.4	97.5	57.3	8.7	8.8	21.8
寿险保费/B$	516.5	501.2	15.4	505.8	497.7	8.1	475.2	354.6	117	3.7	17.8	20.8

注：H$/P 为每人百美元；B$为十亿美元。

(二) 非均衡增长格局加剧

目前，世界保险业已发展演化成由北美、欧盟、亚洲日韩为中心的三足鼎立之势。到 2003 年，这三大保险中心的人口仅为全世界的 15%，保险资源有限，但其保险业务却控制了全球的 80% 以上，保费收入占据了全球的 90.97%，市场占有率达到 90% 以上。而亚洲、拉丁美洲和中东欧等地的发展中国家和地区，虽然拥有世界 84.8% 的人口，保险资源丰富，但其保险业务在全球的比例还不到 20%，保费还不到 9%，在国际保险市场的占有率还不到 10%。另外，2003 年世界平均保险密度是 8.06%，保险深度是 469.6 美元，其中欧洲分别是 7.98%，1251.8 美元；亚洲是 7.51%，183.4 美元；北美是 9.4%，3464.3 美元；南美是 2.45%，78.3 美元；非洲是 4.09%，36.4 美元。另外，全球保险业务结构也不平衡。寿险业增长由快趋缓，并逐年下降，出现负增长；而非寿险业则呈稳定正增长。如世界寿险业务，由 1999 年的 60.8% 下降到 2003 年的 56.9%，年增长率由 6.9% 下降到-0.8%；非寿险业务则由 1999 年的 39.2% 上升到 2003 年的 48.2%，年增长率由 1.2% 上升到 6.0%。

可见，世界保险业不仅保险资源分布不均衡、业务结构不平衡，而且发展也不平衡。世界保险业仍然集中在欧洲、北美、亚洲日韩等发达的工业化国家，而发展中国家在世界保险市场所占的份额很少，在全球保险业发展进程中所处的地位微乎其微，与世界平均水平相比仍有很大差距，与西方发达国家相比则差得更远，这更加剧了世界保险业增长和竞争上的不平衡。

(三) 组织结构形态变化巨大

随着第二次世界大战后世界经济一体化和金融自由化趋势加快，欧盟在 20 世纪 80 年代末首先打破了金融分业经营的界限，即使监管较严格的国家或地区，也能通过前沿保险人(比如当地的专业自保公司)以经营再保险业务的方式突破制度壁垒，渗透到当地市场拓展业务。美国《金融服务法》(1999 年)允许了混业经营。日本新《保险业法》拉开了金融改革的序幕。这些变革与创新为世界保险业内部、保险业与金融业之间的保险机构通过组织结构创新提升竞争力，实现混业经营和收入多元化创造了制度环境。其次，发达国家保险市场已趋饱和，保险资源有限，市场竞争激烈，而发展中国家保险业发展落后，保险资源开发利用率很低，为发达国家对发展中国家保险资源与市场的渗透性争夺提供了现实条件。另外，全球计算机网络和卫星通信技术的广泛应用为保险组织结构创新提供了技术支持。在这些内外因素的合力下，保险产业组织结构变得极不稳定，刺激了保险组织结构的多元化演化，保险产业组织形态结构层出不穷。而相互保险公司的股份化与保险公司上市已成为保险组织结构演化的主流趋势。表 3-2 列举了亚洲非寿险上市公司与非上市公司的比较(非相互化趋势)。

表 3-2　亚洲非寿险上市公司与非上市公司的比较

项　目	上市公司	非上市公司
公司数量(占总数的百分比)	51%(49%)	49%(51%)
保费(占总数的百分比)	82%(57%)	18%(43%)
赔付率	58.2%(69.5%)	59.3%(60.5%)
综合比率	96.8%(97.9%)	103.2%(104.5%)
边际收益	−0.6%(5.0%)	4.4%(5.0%)
股票投资(占总资产的百分比)	25.6%(4.6%)	10.3%(10.3%)
个人险的保费(占总保费的百分比)	29.3%(34.4%)	42.4%(44.5%)
业务集中度	100.9(95.8)	107.7(127.2)
保费盈余比	1.4(3.7)	2.8(1.1)

注：括号中数字不包括日本和没有上市公司的国家。赔付率和综合比率被保费加权平均；边际收益表示税前利润占直接保费收入的比率；业务集中度表示指数，业务组合的集中度越高，其值越高。

组织结构演化使大量不同特点和优势的专业化经营或集团化模式下的兼业经营、混业经营的保险组织结构形式不断增多，世界保险业的整体素质不断增强，整个产业的竞争力进一步得到提升。为实现地区性互补、业务性互补和产品的交叉销售，充分实现规模经济和范围经济，引发了 20 世纪 90 年代以来金融保险的世界并购浪潮。

由于并购整合能大大提升保险机构综合分散与化解风险的能力，提高争夺顾客与排挤竞争对手的能力，扩大市场占有率的能力和实现收益多元化的能力，因此，以并购为特征的瓜分世界保险资源和市场的竞争日益激烈。尽管大多数并购案短期内并未能实现预定的财务目标，甚至是降低了股票市值，但这种赔钱还要做的事反而形成了世界性浪潮，其根本原因就在于结构优化产生的结构效应可实现保险公司产权结构的多元化、治理结构的规范化、组织架构的科学化、经营和收入结构的综合化，进而形成长远而持续的发展与竞争力。

(四) 保险创新已成保险业增长和发展的重要动力

世界保险业面临的风险日趋严峻，天灾人祸导致的巨灾损失一直是困扰保险业的大敌，传统风险管理与保险技术已无法满足保险理论所要求的保险条件，除了将这类风险列入除外责任别无他法。由此导致赔付率过高和管理成本太大，既抑制了保险供给又限制了需求，也无法吸引商业保险资本进入，市场必然缺乏效率和活力，不利于保险发展水平的提高，也加重了政府的财政负担。然而，近20年来，随着风险管理与保险技术、组织制度、经营理念、文化意识等的不断创新，一些处于引领世界保险产业龙头地位的保险区域，在国际竞争力方面有较强的优势，整合世界金融保险资源能力较强，已经突破传统风险管理与保险技术和方法，创新出了各种功能和形态的金融衍生工具，能够在国际货币市场、国际资本市场、国际离岸金融中心和国际汇率市场等国际金融市场间纵横驰骋，将承揽聚集的保险风险和汇拢的保险资金在更广阔的空间范围里稀释和运作，极大地降低了保险的经营成本，有效地刺激了商业保险的介入，增强了分散风险的能力，使保险业的发展空间得到巨大拓展。比如农业巨灾债券和农业气象指数保险合同，能将农业风险与资本市场结合起来，在资本市场上分散和化解农业风险损失，并推动了世界保险市场的联合，以增强其在全球范围内分散风险的能力。同时，全球多层次社会保障模式的确立和社会保障私有化的改革路径，使商业保险成为了发挥社会保障职能的重要补充，也在深度和广度上激活了强烈的内在需求。

因此，保险创新将是整合现有保险资源，拓展新的保险资源，形成新的业务发展空间和新的利润增长点的关键。风险管理技术创新和风险转移方式的变化使保险的承保能力大大提升，保险创新已成为世界保险业增长和发展的重要动力。

(五) 资金运用已成保险业的重要内容

投资收益在保险经济活动价值链中占据着日益重要的地位，而资产管理在现代保险业也扮演着十分重要的角色。由于金融混业经营趋势的出现，银行、保险、证券业的界限越来越模糊，分红和投资连接产品的出现，使保险产品更多地具有了投资理财产品的属性，保险公司短期内积聚资金的能力迅速提高，可用资金规模快速增长，保险资金运用的重要性和迫切性更为突出。同时，由于竞争加剧，一些保险公司出于争夺市场和资金的需要，不惜低价销售产品，有些产品的价格甚至低于成本，很多国家保险业呈现出承保利润为负和主业亏损的局面。

在近30年来的金融创新背景下，保险承保业务利润连续下降，几乎是依靠保险资金运用业务的收益填补承保业务的亏损来发展(参见表3-3和表3-4)。当然，这种主业亏损靠投资收益弥补的局面，如果持续时间较短，则只是保险市场的周期性波动，市场机制的调节作用会使其自动恢复均衡；但如果演化成保险市场的普遍现象或长期行为，则会对整个行业的生存和发展构成潜在威胁。这种情况在经济高涨、股市债市繁荣的环境下，确实可以取得高额投资回报，在以投资收益弥补承保亏损后，仍能保持公司整体盈利。如表3-3和表3-4所示，主要保险市场在20世纪90年代后半期的情况即是如此。但在经济不景气、股市债市下跌、股票严重缩水的情况下，会导致保险公司的资本大幅缩水，偿付能力和承保能力急剧下降，严重时可能导致保险公司破产，引起整个行业的较大震荡。20世纪90年代末，日本几家大型寿险公司破产倒闭，即是由股市下跌引发投资失败，最终导致偿付能力不足所致。

可以想象，如果没有世界资本市场的不断发展和完善，以及与保险市场互动形成的良好保险资金运用环境，保险业的经营将难以为继。这种演化趋势导致了保险产品从形态结构到功能的全面创新，也推动了单一的保险保障本质向保险保障本质、经济本质与社会本质并重的转化。显然，为保证公司的偿付能力，客观上对保险资金运用的收益性提出了更高的要求，保险资金运用业务与承保业务已是现代保险协调健康发展不可偏废的两个轮子。

进一步看，随着金融业市场间的互动，保险资金运用范围遍布全球，形式和渠道也因国情而多样化。如表 3-5 所示，一些发达国家的保险公司既是保险公司，又是金融资产管理公司，掌握着庞大的金融资产，投资活动无所不包，如购买股票、国债、金融债、企业债，设立投资基金，投资地产、期货、外汇等。目前，全球的保险公司管理着世界 40% 的投资资产，而海外保险公司的资金运用率为 90% 以上。即使世界保险业最发达的美国，保险业(寿险)的利润基本来源于自身资产的投资收益和非自身资产的管理收入。

表 3-3 20 世纪 90 年代后期非寿险业承保结果和投资收益情况

国家	美国	加拿大	英国	德国	法国	意大利	日本
年份	1996~2000	1996~2000	1996~1999	1995~1999	1995~1999	1995~1999	1995~1999
费用率	77.5	73.4	75.4	70.5	84.5	85.7	56.7
赔付率	27.4	32	32.5	25.3	22.5	27.1	35.7
承保结果	−6.5	−5.7	−7.9	1.5	−8.3	−14.1	3.3
投资收益	7.0	8.3	9	7.2	5.8	7.8	2.9
资产杠杆比率	268	199.4	273.3	217.3	265.3	202	435.1
净投资结果	18.8	16.5	15.7	15.7	15.4	15.8	12.4
税前利润率	12.2	11.7	10.5	10.5	5.7	3.1	3.9

注：美、加、英的赔付率、费用率、综合赔付率为扣除再保险的净值；德、法、意、日为向再保险转分前的直接业务。

表 3-4 美国 20 世纪 90 年代后期非寿险业赔付和收益情况表

年份	1994	1995	1996	1997	1998	1999
业务综合赔付率/(%)	108.4	106.4	105.8	101.6	105.6	107.9
承保损失	222	177	167	158	168	234
投资收益	337	368	380	415	399	386
最终经营收益	116	195	208	355	234	139

表 3-5 2002 年部分国家保险资金运用情况比较　　　　　　(单位：%)

国家	房地产	抵押贷款	股票	债券	贷款	其他投资
美国	1.97	8.63	10.6	69.78	4.02	5
加拿大	4.84	4.55	9.92	53.5	23.06	4.12
澳大利亚	4.96	0.44	27.89	25.4	5.21	36.11
英国	6.97	0.3	60.28	28.62	1.15	2.85
德国	9.46	2.1	21.08	61.12	2.72	5.62
法国	4.47	10.99	6.59	13.8	49.37	14.77
意大利	10.06	1.75	15.24	70.78	—	2.18
日本	5.4	3.66	24.73	23.88	30.78	11.56
韩国	8.02	0.22	13.48	14.08	45.47	18.75

尽管在所有的投资渠道中，股票市场的平均投资回报最高，但各国保险公司都比较谨慎，因制度不同而又有差异。美国寿险公司并未大量投资于股市，2001 年股票在普通账户

中所占比例很小,只占投资资产的 4%。寿险公司的资金大部分被用于购买固定利率证券或发放固定利率贷款,固定利率产品在投资资产中的比例高达 85%以上,不动产投资比例很小,只占 1%～2%,其余为其他投资资产。相比而言,欧洲国家保险公司在股票市场的投资比例较大,其中以英国最高,法国相对较低。美国投资债券的比重一直在 70%左右;而英国投资股市的比重一直在 50%左右,债券投资只占 20%左右;日本投资股票的比重一直在 20%左右,债券投资比重也是 20%。可见,发达国家在保险投资实践中的差异,形成了不同的保险投资模式,如美国保险投资结构以债券为主,而英国保险投资结构则以股票为主。显然,尽管发达国家的保险公司非常重视股票市场的投资,但各国根据自己的国情又制定了不同的保险资金投资管理制度,保险资金的投资分布也就不完全一样。

美国是 20 世纪以来保险业的一流强国。特别是二战之后,美国保险业的发展更为迅速。在 1975 年之前,其保费收入一直占全世界的一半以上,各项保险指标均居世界首位。2007年,美国拥有各种保险公司 5000 多家,保费收入仍占世界市场的 30.28%,保险密度为 4087美元,保险深度达 8.9%。美国不但保险企业众多,市场规模巨大,保险技术先进,而且市场秩序井然,业务一直以平均高于国民经济的增速稳步发展。以保费收入为例,1959 年仅为 300.28 亿美元,到 2007 年则剧增至 12 296.68 亿美元,45 年间增长了 41 倍。

保险业发展迅速,在国际金融业和世界经济发展中的地位不断提升。1970 年以后,随着国际金融业的快速发展,金融行业在世界各国经济发展中的地位与作用快速提升。如美国、英国、日本、加拿大和法国等七国集团(G—7)金融资产总值占同期 GDP 的比例从 1970年的 399%增加到 1998 年的 791%,金融中介债券总额占同期 GDP 的比例从 1970 年的 35%增加到 1998 年的 44%。在这一发展过程中,保险业发展更为迅速,在国际金融业中的地位快速提升:1970 年以来,国际金融业资产结构的重要变化是银行资产占金融业资产的比重逐步下降,保险和其他非银行金融机构资产占金融资产的比例大幅度提高。如七国集团银行债权占 GDP 的比例从 1970 年的 69%下降到 1998 年的 53%,非银行金融机构债权占GDP 的比重从 1970 年的 31%提高到 1998 年的 47%。其中,美国、英国和日本的银行占比分别从 58%、58%和 45%左右下降为 21%、46%和 32%左右,非银行金融机构的占比分别从 31%、28%和 10%左右增长为 46%、40%和 19%左右。在非银行金融机构快速发展的同时,保险业的发展又快于其他非银行金融机构,保险公司成为金融业日益重要的机构投资者。如在经合组织(OECD)国家保险公司的资产总额从 1990 年不到 6 万亿美元增长到 1999年的 12 万亿美元,非银行金融机构的金融资产构成中,增长快于养老基金公司和共同基金公司的资产总额。从金融资产的平均增长率来看,1990～1998 年期间经合组织国家的保险公司在金融资产总额较大、金融资产平均增长率较高(8%～13%)的基础上,仍保持了年均近 10%的增长速度。同期,在七国集团中,保险公司所控制的金融资产年均增长率基本保持在 9%左右,与养老基金公司接近,低于共同基金公司。

根据瑞士再保险公司的研究,2008 年全世界保费规模(寿险和非寿险)为 42 700 亿美元,其中欧洲占 41%,北美洲占 32%,亚洲比 2007 年上升一个百分点,占比 22%,排名第三。在保费构成上,全球保费中寿险和非寿险分别占 58.3%(24 900 亿美元)和 41.7%(17 790 亿美元)。亚洲市场的保费构成则有些不同,其中寿险保费在保费构成中占较大比重,达到75%。出现这种情况的主要原因是日本市场的影响。日本保险市场的规模占整个亚洲市场的一半以上,而日本保险市场主要以寿险为主,寿险保费占到其总保费的 80%。

1980 年～2009 年，全球寿险维持高增长，复合增长率达 10%。全球保险业格局发生较大变化，但分布仍处于不均衡状态，寿险业务仍集中于北美、西欧、日本，2008 年占全球保费的 82%。美、日等国寿险保费都曾维持 40 余年高增长，尤其是日本，1950 年～1970年寿险契约增长 141 倍，年平均增长率达 27.6%；1970 年～1990 年，寿险契约增长 20.5倍，平均增长率 16%。美、日寿险的发展道路虽不相同，经济发展水平较高无疑是其寿险业共同发展的主要原因之一。

第四节 我国保险业的产生和发展

一、我国保险业的产生

我国保险业最初是由洋务派创建的。1872 年，洋务派在"先富而后能强"的呼声中，采取"官督商办"的经营方式，在上海创办了第一家国家经营的中国招商局，从事航运业。1885 年，为了适应保险业务的需要，保险招商局改组为独立的"仁和"、"济和"两家保险公司。1887 年，"仁和"、"济和"又合并组成了"仁济和保险公司"。

到 20 世纪 30 年代前后，各类性质的保险公司应运而生。保险事业本身所具有的社会功能和巨大利润，极大地刺激了中国民族保险业的发展。中国官僚资本开办的保险公司，由国民党政府直接控制下的中央分行、中国银行、交通银行、中国农业银行、中央信贷局、邮政储金汇业局和中央合作金库等投资。

1938 年 11 月，上海市保险业业余联谊会的《保联月刊》正式创刊。各类保险公司的建立，为中国后来保险业的发展奠定了一定的物质基础。

1939 年，中央信托局保险部为配合抗日战争开办的战时陆地兵险和战时运输兵险两项特殊险种，是中国人在保险史上的创举。

1951 年 9 月，中国保险公司旗下的中国人寿保险公司由人民政府接管，它被改造为中国人民保险公司领导下的一个专业公司，拥有资本二千多万元。

二、我国保险业的发展

由于我国长期商品经济不发达，导致保险起步较晚，我国现代保险业的发展大致可以分为旧中国保险业和新中国保险业两个阶段。

(一) 旧中国保险业

近代中国保险业是随着帝国主义势力的入侵而传入的。1805 年，英国保险商出于殖民目的向亚洲扩张，在广州开设了第一家保险机构，成立"谏当保安行"或"广州保险会社"，主要经营海上保险业务，1841 年总公司迁往中国香港。1835 年，英商又在香港设立保安保险公司(即裕仁保险公司)，并在广州设立了分支机构。其后，英国的"太阳保险公司"和"巴勒保险公司"均在上海设立了分公司。1887 年，"怡和洋行"在上海设立了保险部。到 20 世纪前，旧中国已形成了以上海为中心、以英商为主的外商保险公司垄断中国保险市场的局面。

1865 年 5 月 25 日，上海华商义和公司保险行成立，这是我国第一家民族保险企业，打破了外国保险公司对我国保险市场垄断的局面,标志着我国民族保险业的起步。1875 年 12 月,李鸿章授意中国轮船招商局集资 20 万两白银在上海创办了我国第一家规模较大的船舶保险公司——保险招商局。1876 年,在保险招商局开办一年业务的基础上,又集股本 25 万两设立了仁和保险公司;1885 年,保险招商局被改组为业务独立的仁和保险公司和济和保险公司,主要承办招商局所有的轮船和货物运输保险业务;1887 年合并为仁济和保险公司,有股本白银 100 万两,其业务范围也从上海转向内地,承办各种水险及火灾保险业务。1905 年,黎元洪等官僚资本自办的"华安合群人寿保险公司"是中国第一家人寿保险公司。其后,我国民族保险业得到了一定的发展。从 1865 年到 1911 年,华商保险公司已有 45 家,其中上海 37 家,其他城市 8 家。1907 年,上海有 9 家华商保险公司组成历史上第一家中国人自己的保险同业公会组织——华商火险工会,用以抗衡洋商的"上海火险工会"。1912 年~1925 年成立的保险公司有 39 家,其中经营寿险的 19 家。在此期间,民族保险企业的数量有了很大的增加。20 世纪二三十年代,有 30 多家民资保险公司宣告成立,至 1935 年增至 48 家。据统计,到 1949 年 5 月,上海约有中外保险公司 400 家,其中华商保险公司 126 家。

　　与此同时,再保险业务也得到了一定的发展。1933 年 6 月,在上海成立了唯一经营再保险业务的"华商联合保险股份有限公司"。第一家由华商组成的华商联合保险股份有限公司开始再保险业务。抗日战争期间,由于和外商的分保关系中断,又不愿意与日本的保险公司合作,我国民族保险公司先后成立了久联、太平、大上海、中保、华商联合等分保集团。抗日战争胜利后,民族再保险业务主要有"中央信托局"、"中国再保险公司"、"华商联合保险公司"等,但总的来说,再保险业务基本上由外商垄断,民族保险公司的再保险业务自留额低,保费大量外流。

　　随着保险业务的发展,关于保险方面的法律也得到了一定的发展。1929 年 12 月 30 日,国民党政府公布了《保险法》,但由于种种原因未能实施。1935 年 5 月 10 日,国民党政府公布了《简易人寿保险法》。其后,1937 年 1 月 11 日,国民党政府公布了修订后的《保险法》、《保险业法》、《保险业法施行法》,除《简易人寿保险法》,其他法规均未得到实施。

　　1949 年 10 月 1 日前,我国保险业的基本特征是保险市场基本被外国保险公司垄断,保险业起伏较大,未形成完整的市场体系和保险监管体系。外国保险公司通过组织洋商保险同业公会,垄断了保险规章、条款以及费率等的制定,民族资本的保险公司虽然也组织了华商同业公会,但由于力量弱小,只能处于被支配地位。

(二) 新中国保险业

　　1949 年 10 月,中华人民共和国成立,翻开了新中国保险事业的新篇章。新中国成立的 50 年间,中国保险事业几经波折,经历了四起三落的坎坷历程:从中国人民保险公司成立到 1952 年的大发展;1953 年停办农业保险,整顿城市业务;1954 年恢复农村保险业务,重点发展分散业务;1958 年停办国内业务是二落;1964 年保险升格,大力发展国外业务;1966 年开始由于"文化大革命"几乎停办保险业务;1979 年恢复国内保险业务,我国保险事业进入一个新时期。

　　1949 年 10 月 1 日后,新中国人民政府一方面为了整顿和改造原有保险业及保险市场,接管了官僚资本的保险公司,并批准一部分私营保险公司复业。当时登记复业的有 104 家,其中华商保险公司 43 家,外商保险公司 41 家。1949 年 6 月 20 日,中国保险公司恢复营业,统一办理对外分保。另一方面,1949 年 10 月 20 日经中央人民政府批准成立了中国人民保险公司,这是中华人民共和国成立后设立的第一家全国性国有保险公司,至 1952 年年底已在全国设立了 1300 多个分支机构。1952 年,中国人民保险公司由中国人民银行领导改为财政部领导。至此,我国国营保险公司垄断的独立保险市场开始形成。1958 年年底,全国设有保险机构 600 多个,保险业职工近 5 万人。此后,我国保险业逐步走向成熟和完善,发展情况主要表现在以下几方面:

(1) 保险机构不断增加,逐步形成了多元化竞争格局。1985 年 3 月 3 日,国务院颁布了《保险企业管理暂行条例》,为我国保险市场的新发展创造了所需的法律环境。1986 年,中国人民银行首先批准设立了新疆生产建设兵团农牧业保险公司(2002 年改为中华联合保险公司),专门经营新疆生产建设兵团内不以种植和牧养业为主的保险业务,这预示着中国人民保险公司独家经营的局面从此在我国保险市场上消失。随后,1987 年,中国交通银行及其分支机构开始设立保险部,经营保险业务,1991 年在此基础上组建成立了中国太平洋保险公司,成为第二家全国性综合保险公司。接着,1986 年深圳成立了平安保险公司,并于 1992 年更名为中国平安保险公司,成为第三家全国性综合保险公司。进入 20 世纪 90 年代后,保险市场供给主体发展迅速,大众、华安、新华、泰康、华泰等十多家全国性或区域性保险公司进入保险市场。同时,外资保险公司也逐渐进入我国保险市场。从 1992 年美国友邦保险公司在上海设立分公司以来,已有多家外资保险公司获准在我国营业或筹建营业性机构。截至 2006 年年底,我国保险市场上共有保险公司(包括保险集团公司)98 家、保险资产管理公司 9 家、专业保险中介机构 2110 家。保险公司中,外资公司占了 41 家,并有来自 20 个国家和地区的 133 家外资保险公司在我国设立了 195 家代表处。

(2) 保险中介人制度初步形成。随着保险市场趋于成熟,保险中介人制度也逐步建立。保险代理人、保险经纪人和保险公估人共同组成了保险中介体系。从 1986 年以后,中国保险市场上陆续出现了各种保险中介人。保险代理人是我国保险中介市场出现最早也是发展最快的一种中介人。特别是 1992 年美国友邦寿险营销机制的引入,使我国寿险市场的营销员制(寿险个人代理制)得以迅速发展。1996 年开始,为提高代理人素质,规范代理人行为,保险监督机关组织了"全国代理人资格考试"。此外,我国东南沿海的部分经济发达地区成立了 10 余家地方性的保险经纪公司。英国奇威克保险服务(中国)有限公司是唯一开办业务的外资保险经纪公司。1999 年开始举行全国保险经纪人资格考试为保险经纪人制度的建立和发展准备了条件。另外,保险公估公司、精算师事务所等中介机构也陆续出现,表明我国保险中介机构已具雏形。

(3) 保险业务持续发展,市场规模迅速扩大。随着国民经济的发展,保险市场主体的增加,我国保险业务持续发展。就保险险种来说,包括信用保险和责任保险在内已超过了一千个险种。就其业务发展规模而言,保费收入连年增加,同比增长大多在 20%以上,远远高于国民经济发展的同期速度。保监会统计数据显示,2006 年我国保险行业共实现保费收入 5641.44 亿元,同比增长 14.4%。其中,人身险实现保费收入 4132.01 亿元,同比增长 11.8%;财产险实现保费收入 1509.43 亿元,同比增长 22.7%。截至 2006 年年底,保险公司总资产接近 1.97 万亿元,比年初增加了 2730.7 亿元。

三、我国保险业的发展现状

自 2004 年我国加入 WTO 以后，我国保险业进入全面改革开放的新时期。党中央、国务院丝毫没有放松对保险业发展的重视，在其正确领导下，我国保险业深入贯彻落实科学发展观，取得了长足的发展。

(1) 保险业是国民经济发展最快的行业之一。改革开放初，全国保费收入仅 4.6 亿元，占当年 GDP 总量的 0.113%。2010 年，保费收入达到了 1.45 万亿元，占 GDP 总量的 3.64%，保费收入的国际排名上升到世界第 6 位。2011 年 1～6 月，全国实现保费收入 8056.6 亿元，同比增长 13%。其中，财产险业务保费收入 2359.6 亿元，同比增长 16.9%；人身险业务保费收入 5697 亿元，同比增长 11.4%。保险公司赔付支出 1959 亿元，同比增长 33%。截至 6 月末，保险公司总资产 5.75 万亿元，较年初增长 7.1%。保险业的规模迅速扩大，成为资本市场中举足轻重的重要力量。

(2) 保险市场体系日益成熟与完善，业务结构出现积极变化。改革开放初，我国保险市场由中国人保公司独家经营。十六大以来，相继成立和引进了一批保险公司，保险公司数量也从改革开放初的一枝独秀增加到现在的近 150 家，我国保险市场已形成多种组织形式、多种所有制并存，公平竞争、共同发展的市场格局。从产品结构上看，财产险业务中，在车险业务增速明显放缓的情况下，非车险业务继续保持均衡较快发展态势，其占财产险业务的比重提高了 1.8%。人身险业务中，受结构调整、政策导向变化的影响，万能险和投连险业务占比由 2011 年同期的 10.7% 下降至 0.8%。业务结构的积极变化反映出我国保险市场的进一步成熟。

(3) 保险资金运用逐步实现多元化，资金运作效率不断提高。过去保险业的发展主要依靠承保业务，资金运用渠道限于银行储蓄、购买国债等。近年来，保险资金运用渠道逐渐拓展，投资涉及银行存款、国债、金融债、企业债、股票、基金、公司股权及境外投资等多个领域。截至 2011 年 6 月末，保险公司资金运用余额 5.3 万亿元，较年初增长 12.6%，其中银行存款占 33.5%，债券占 45.8%，证券投资基金和股票投资占 13.2%。2011 年 1～6 月，实现资金运用收益 1031.1 亿元，平均收益率 2.1%，保险资金运用总体上实现了安全性和稳健性的要求。

(4) 保险业国际化水平不断加强，对外开放成果显著。加入 WTO 以后，我国保险市场进入全面开放的新时期。目前，世界上主要跨国保险金融集团和发达国家的保险公司都已进入我国。中国保监会依照 WTO 的有关规则，切实加强和改进保险监管工作，增强监管的透明度、公开性，提高监管效率，为我国保险业的健康发展创造了一个良好的内部和外部环境。同时在坚持"以我为主、安全可控、优势互补、合作共赢、和谐发展"原则的基础上，我国保险业不断注重提高对外开放的质量，切实维护对外开放的安全。在对外开放的过程中，保监会还积极参与国际保险业的重大事务，不断加强与全球其他国家和地区保险监管组织的交流与合作，其国际地位得到了明显的提升。

武汉大学王会民(2011 年)的研究认为，尽管我国保险业发展取得了一定成就，但由于起步晚、基础差，与发达国家相比，与经济社会发展的要求相比，仍存在较大差距，我国保险业依然处于发展的初级阶段。

首先就国内形势而言，我国保险业发展与经济社会发展之间存在着"四个不适应"：一是与国民经济发展整体实力不适应。2010 年，我国 GDP 世界排名第 2 位，但保费收入排名仅第 6 位。保费收入占 GDP 的比重世界平均为 8%，我国仅为 4%。二是与和谐社会建设不适应。我国人均长期寿险保单持有量、医疗费用由商业健康保险承担的比例、财产和责任保险投保率等都远低于世界平均水平，保险作用发挥得还比较有限。三是与人民生活水平不适应。目前保险产品还不丰富，有许多人民群众迫切需要的险种还不能提供，不能有效满足社会多层次的需求。四是与金融体系改革发展的要求不适应。我国保险资产占金融业总资产的比例为 4%左右，而这一比例在发达国家则高达 20%。

其次就国际形势而言，我国保险业也面临着严峻挑战。一方面，国际金融危机导致国内资本市场在一段时期内处于相对低迷的状态，部分参与国际资本运作的金融机构随着环境的恶化可能出现更多的投资损失，与资本市场联系紧密的投连、储金、万能、分红业务面临退保和停止续保的压力；另一方面，当前我国保险业的整体水平与国外相比差距较大。从总体上来说，国外保险公司无论从资金实力、产品开发技术，还是从业务展业方式和管理水平方面都大大强于国内公司，许多国外保险公司的经营历史都在百年以上，资产总额大都在几百亿美元以上。此外，我国保险业的差距还在于缺乏一个完整的代理人、经纪人中介机构体系，各保险公司在保险种类设计、精算水平、核保技术、售后服务等方面也存在不足。

具有雄厚资金实力、先进保险技术和丰富管理经验的外资保险公司与尚不成熟的国内保险公司同台竞争无疑给我国保险业带来竞争压力。在税收方面，外资保险公司享受着"三减两免"的优惠条件；在资金运用方面，外资保险公司的投资可涉足股票、房地产、贷款等，资金运用率普遍在 85%以上。而我国保险公司的保险基金运用渠道相对狭窄。外资保险公司可以凭借其经济实力和低税收的优势，通过降低保险费率、提高保险代理佣金抢占市场。可以预见，随着保险业开放程度的提高，外资保险公司对国内保险市场的冲击必然会升级，并压缩民族保险业的生存空间。

我国保险市场是世界上最大的潜在市场之一，是世界保险市场的重要组成部分，面对强大的外部竞争，我国保险业要生存发展，出路只有一条：加强监管、改革创新，不断推动保险业的市场化进程，积极引导市场这只无形的手把我国保险业推向一个崭新的阶段。

本 章 小 结

本章介绍了保险产生与发展的历史，第一部分是保险思想的萌芽及其原始形态，主要是从古代西方和古代中国两个方面介绍的；第二部分介绍了近现代保险的起源与发展，主要讲述了现代海上保险发源于意大利、形成于英国及在美国得到迅速发展；第三部分主要介绍了世界保险业的发展现状与趋势；第四部分主要讲述了我国保险业的产生和发展。

复 习 思 考 题

一、单项选择题

1. 近代海上保险发源于(   )。

A. 英国　　　　　B. 伦敦　　　　　C. 意大利　　　　D. 中国

2. 在 1963 年，天文学家哈雷编制了第一张(   )，精确地表示了每个年龄的死亡率，为寿险计算提供了依据。

  A. 保险表　　　　B. 费率表　　　　C. 统计表　　　　D. 生命表

3. 被誉为"现代火灾保险之父"的(　　)人尼古拉·巴篷开办了专业承保火灾的营业所。

  A. 法国　　　　B.英国　　　　C. 美国　　　　D. 德国

二、判断题(正确的打√，错误的打×)

1. 人身保险起源火灾保险。(　　)

2. 海上保险起源于英国，并且在英国发展成熟。(　　)

3. 我国保险业最初是由洋务派创建的。(　　)

三、简答题

1. 简述海上保险的起源与发展情况。

2. 试分析我国保险业的发展情况。

3. 试分析世界保险业发展的特点和趋势。

第四章　保险的形态

【学习目标】

重点理解和掌握保险形态分类的方法、原则；了解目前保险业务的四个基本种类及其含义。

案例导入 ➡

2017年5月的一天，王某驾驶摩托车在通州区由东向西行驶时，恰遇张某驾驶大货车由东向北右转弯，王某被撞倒在地，摩托车也被撞坏。交通事故责任认定书认定张某负事故的主要责任，王某负次要责任。事故造成了王某脾破裂和多处骨折，经司法鉴定机构认定：因脾切除术，鉴定为八级伤残；双侧十根肋骨骨折，鉴定为十级伤残等。王某因此次交通事故将张某告上法庭，要求张某赔偿因此次交通事故的医疗费、营养费、误工费、护理费、被扶养人生活费、精神损害抚慰金等共计38万余元。

庭审过程中，法官向张某和保险公司询问大货车的商业险限额，张某的回答令人出乎意料，张某称这辆大货车只投保了交强险，没有投保商业险。张某称其是外地人，来北京务工，平时就跑运输挣点钱，挣得不多就没投保商业险，没想到出了这么大的事故。

经过法庭审理，结合本案案情和双方提交的证据，因保险公司在交强险范围内已经对王某给予了赔偿，最终判决张某支付王某医疗费、住院伙食补助费、营养费、护理费、误工费、精神损害抚慰金等共计30余万元。

近些年来交通事故责任纠纷逐年上升，车险是防范风险、减少损失的有效途径。车主在投保商业险时，一定要从自身经济状况、驾驶水平、风险防控能力等多个方面予以考量，尽可能在自身承受能力范围内多上保险，花小钱防范大风险。

第一节　保险形态分类

一、保险形态分类的意义

保险的定义包括保险的内涵和外延两方面的内容。保险的本质与职能的分析揭示了保险的内涵，反映了保险的经济关系和法律关系。保险形态分类的分析则是为了阐明保险的外延，探讨保险关系的表现及其具体内容。

具体地说，保险形态分类的意义在于：

首先，通过保险形态的分类分析，可以确定保险学的研究范围，了解保险的发展变化及其规律。

其次，保险形态的分类分析可以帮助人们弄清保险各种类别之间的联系与区别，改进保险经营方式，加强保险经营管理，建立健全与保险形态相适应的保险法规和制度，促进保险事业的健康发展。

最后，保险形态分类的分析可以增进社会公众对保险的全面了解，以便根据各自生产和生活风险管理的需要，选择与其需要相适应的保险种类。

二、保险形态分类的方法

(一) 法定分类法

保险形态的法定分类法源于各国的法律，由于各个国家的保险法规对保险分类的规定不同，因而保险形态分类在各个国家也不尽相同。法定分类法的确立是出于国家对保险业进行宏观管理的目的。美国保险法将保险分为财产保险、人身保险和人身意外伤害保险；日本的保险法把保险分为损害保险和人身保险；西欧国家的保险法一般将保险业分为两大类，即寿险和非寿险。按我国《保险法》的分类，商业保险可分为财产保险和人身保险。财产保险主要包括财产损失保险、责任保险、保证保险；人身保险主要包括人寿保险、人身意外伤害保险、健康保险。

(二) 理论分类法

保险形态的理论分类法主要基于对保险总体特征的把握，以及对保险运动规律的探求，这种分类通常反映出理论上的特征，而不同于法定分类和实用分类。为了对种类繁多的险种在总体上归纳其特征，保险理论上将保险按保险标的的分类标准进行了划归；为了客观认识保险的经营方式，保险理论上将保险按经营方式分类标准进行了划归；同样，按实施方式、经营动机等标准对保险形态进行的分类，也可以说是理论上对保险形态的划归。

(三) 实用分类法

保险形态的实用分类法来自于保险公司的业务实践，是保险公司根据自身业务操作的需要对保险业务进行的划归。实用分类法对保险的划归是基于保险公司的经营目的，通过对业务的划归而更好地调整自身的经营，以适应保险需求市场。

由于法定分类、理论分类和实用分类三者各自的目的不同，选择的角度殊异，使得保险形态分类的差异成为必然的现象。然而，不论采用何种分类方法，都要遵循一定的分类原则：

第一，保险形态的分类要体现保险合同的内容。保险合同是保险关系成立的依据和基础，建立在保险合同基础上的有关保险原则、保险关系双方的权利和义务以及由此引申出来的其他规定，都可以作为保险形态分类的依据。

第二，保险形态的分类要与本国的法律规范和经济统计口径相一致。

第三，保险形态的分类要在遵循本国保险业界习惯，突出国内保险特点的基础上，注重与国际保险市场的现行标准相互衔接，以便在保险经营管理、会计核算、信息技术等方面进行比较与借鉴。

第二节　保险形态分类的标准

一、保险经营

以保险经营为标准区分保险形态，具体的划分如下：

(一) 保险经营主体

以保险经营主体为标准，保险形态可以区分为公营保险和民营保险。公营保险又可以分为国家经营的保险和地方政府或自治团体经营的保险，包括国家强制设立的保险机关经营的保险或国家机关提供补助金的保险。民营保险是由私人投资经营的保险，其形式主要有股份保险公司、相互保险公司、保险合作社和个人经营的保险等。

(二) 保险经营性质

以保险经营的性质为标准，保险形态可以区分为营利保险和非营利保险。营利保险又称为商业保险，指保险经营者以盈利为目的而经营的保险。股份公司经营的保险是最常见的一种营利保险。劳合社和个人经营者经营的保险也是营利保险。非营利保险又称为非商业保险，是由政府资助，以保证经济的协调发展和安定社会经济生活为目的而实施的保险，如社会保险、政策保险等；或者是以保证加入保险者的相互利益为目的而办理的保险，如相互保险、合作保险等。经营此种保险的目的不是为了盈利。

二、保险技术

(一) 计算技术

以计算技术在保险经营中的应用程度为标准，保险形态可以分为人寿保险和非人寿保险。前者危险事故的发生较为规则，合同期限较长，数理基数较为精确，计算技术能够在保险经营中得到充分应用；后者则相反。

(二) 风险转嫁方式

保险转移是指通过订立保险合同，将风险转移给保险公司(保险人)。个体在面临风险的时候，可以向保险人交纳一定的保险费，将风险转移。一旦预期风险发生并且造成了损失，则保险人必须在合同规定的责任范围之内进行经济赔偿。

由于保险存在着许多优点，所以通过保险来转移风险是最常见的风险管理方式。需要指出的是，并不是所有的风险都能够通过保险来转移，因此，可保风险必须符合一定的条件。

(三) 业务承保方式

(1) 原保险。原保险是保险人与投保人之间直接签订保险合同而建立保险关系的一种保险。在原保险关系中，保险需求者将其风险转嫁给保险人，当保险标的遭受保险责任范围内的损失时，保险人直接对被保险人承担赔偿责任。

(2) 再保险。再保险也称分保，是保险人在原保险合同的基础上，通过签订分保合同，将其所承保的部分风险和责任向其他保险人进行保险的行为。再保险是保险的一种派生形式。保险是再保险的基础和前提，没有保险，就没有再保险；而再保险是保险的后盾和支柱，没有再保险，保险的发展就会受到限制。两者相辅相成，相互发展。

(3) 复合保险。复合保险是指投保人以可保利益的全部或部分，分别向数个保险人投保同一险种，但保险金额总和不超过保险价值的一种保险。

(4) 重复保险。重复保险是指投保人对同一保险标的、同一保险利益、同一保险事故，在同一保险时期分别向两个或两个以上的保险人订立保险合同，或(且)保险金额总和超过保险价值的保险。重复保险的界定、构成要件和重复保险人责任分配方式的选择对保护被保险人利益和实现保险人之间责任公平具有重要意义。

(5) 共同保险。共同保险是投保人与数个保险人之间就同一保险利益、同一风险共同订立一个保险合同，简称共保。共保按保险标的是否在共保承保人经营区域内划分为同地共保和异地共保。同地共保是指保险标的在共保承保人经营区域内的共保；异地共保是指保险标的在共保承保人经营区域外的共保。

重复保险与共同保险的相同点在于：二者均存在数个保险人。重复保险与共同保险的区别在于：前者的保险金额之和超过保险价值，后者的保险金额之和不超过保险价值；前者存在数个保险合同，后者只有一个保险合同。

(四) 给付形式

(1) 定额保险和损失保险。定额保险是指保险合同当事人事先确定好一定数额的保险金额，在保险事故发生之时或者约定期限届满之时，保险人即按照保险金额给付保险金。

损失保险是指在保险事故发生之时，保险人评估被保险人的损失，在保险金额的限度内给付保险金，用以弥补被保险人的实际损失。保险人给付的保险金，一方面必须在保险金额的限度之内，另一方面也必须在被保险人的实际损失限度之内。

(2) 现金保险和实物保险。现金保险是一种特殊的财产保险，用于承保被保险人存放在保险柜中的现金由于火灾、雷电、爆炸、风暴、洪水等意外事故或自然灾害造成的被保险现金的损失。

当被保险人因保险事故发生而遭受损失时，保险人以实物方式进行补偿的保险，被称为实物保险。

三、保险政策

(一) 自愿保险和法定保险

自愿保险也称任意保险，是指保险双方当事人通过签订保险合同，或是需要保险保障的人自愿组合、实施的一种保险。自愿保险的保险关系，是当事人之间自由决定、彼此合意后所成立的合同关系。投保人可以自行决定是否投保、向谁投保、中途退保等，也可以自由选择保障范围、保障程度和保险期限等。保险人也可以根据情况自愿决定是否承保、怎样承保，并且自由选择保险标的，选择设定投保条件等。

法定保险，又称强制保险，指根据国家的有关法律法规，某些特殊的群体或行业，不管当事人愿意与否，都必须参加规定的保险。比如，世界各国一般都将机动车第三者责任保险规定为强制保险的险种。由于强制保险某种意义上表现为国家对个人意愿的干预，所以强制保险的范围是受严格限制的。我国《保险法》规定，除法律、行政法规规定必须保险的以外，保险公司和其他任何单位不得强制他人订立保险合同。

(二) 商业保险和社会保险

商业保险是指通过订立保险合同运营，以营利为目的的保险形式，由专门的保险企业经营。商业保险关系是由当事人自愿缔结的合同关系，投保人根据合同约定，向保险公司支付保险费；保险公司根据合同约定的可能发生的事故因其发生所造成的财产损失承担赔偿保险金责任，或者当被保险人死亡、伤残、疾病或达到约定的年龄、期限时承担给付保险金责任。

社会保险是指收取保险费，形成社会保险基金，用来对其中因年老、疾病、生育、伤残、死亡和失业而导致丧失劳动能力或失去工作机会的成员提供基本生活保障的一种社会保障制度。社会保险也是一种为丧失劳动能力、暂时失去劳动岗位或因健康原因造成损失的人口提供收入或补偿的一种经济制度。社会保险计划由政府举办，强制某一群体将其收入的一部分作为社会保险税(费)形成社会保险基金，在满足一定条件的情况下，被保险人可从基金获得固定的收入或损失的补偿，它是一种再分配制度，它的目标是保证物质及劳动力的再生产和社会的稳定。社会保险的主要项目包括养老社会保险、医疗社会保险、失业保险、工伤保险、生育保险等等。

(三) 普通保险和政策保险

普通保险是基于个人或经济单位风险保障的需要，经过自由选择而形成保险关系的一种保险。普通保险的保险关系形成不含有执行特定的国家政策的成分。

政策保险是指政府由于某项特定政策的目的以商业保险的一般做法而举办的保险。例如，为辅助农牧、渔业增产增收的种植业保险；为促进出口贸易的出口信用保险。政策保险通常由国家设立专门机构或者委托官方或半官方的保险公司具体承办。例如，我国的出口信用保险是由中国出口信用保险公司承办的。

四、立法形式

(一) 财产保险和人身保险

财产保险(或损失保险)是指投保人根据合同约定，向保险人交付保险费，保险人按保险合同的约定对所承保的财产及其有关利益因自然灾害或意外事故造成的损失承担赔偿责任的保险。财产保险，包括财产保险、农业保险、责任保险、保证保险、信用保险等以财产或利益为保险标的的各种保险。

人身保险是指以人的寿命和身体为保险标的的保险。当人们遭受不幸事故或因疾病、年老以致丧失工作能力、伤残、死亡或年老退休时，根据保险合同的约定，保险人对被保险人或受益人给付保险金或年金，以解决其因病、残、老、死所造成的经济困难。

(二) 意外保险和健康保险

意外保险即人身意外保险，又称为意外或伤害保险，是指投保人向保险公司交纳一定金额的保费，当被保险人在保险期限内遭受意外伤害，并以此为直接原因造成死亡或残废时，保险公司按照保险合同的约定向被保险人或受益人支付一定数量保险金的保险。

健康保险是以被保险人的身体为保险标的，使被保险人在疾病或意外事故所致伤害时发生的费用或损失获得补偿的一种保险。

五、经济因素

(一) 企业保险和个人保险

从保险费承担者的角度看，保险可分为企业保险和个人保险。企业保险对企业所提供的保障，主要为对抗因企业所属主要部门或专门技术人员因身故或离职无法执行任务以致造成的企业损失，并为稳固企业的财务基础，以建立良好的信誉关系。而且，当企业所有人(主要股东或合伙人)中有人死亡时，提供一具体可行的财务计划，借以收回该股东或合伙人的权益。

个人保险则以个人和家庭为保障主体。

(二) 团体保险及其与个人保险的区别

团体保险是由保险公司用一份保险合同为团体内的许多成员提供保险保障的一种保险业务。在团体保险中，符合上述条件的"团体"为投保人，团体内的成员为被保险人，保险公司签发一张总保单给投保人，为其成员因疾病、伤残、死亡以及离职退休等提供补助医疗费用、给付抚恤金和养老保障计划。

个人保险与团体保险的区别：对保险人来说，个人保险的风险选择对象基于个人；而团体保险以团体的选择代替个人的选择，不需要团体成员体检或提供任何可保证明，保险人就予以承保。对于个人保险，保险人事先拟定合同的主要内容，投保人只能表示同意或不同意；对于团体保险，特别是当投保单位是较大规模的团体时，投保人可以就保单条款的设计和保险内容的制定与保险人进行协商。个人保险采用一张独立的保单约定投保人和保险人之间的权利和义务；在团体保险中，无论被保险人有多少，都只用一张总的保单提供保障证明，而给每个被保险人只发放一张保险凭证。

(三) 收入保险、财产保险和费用保险

收入保险指以因意外伤害、疾病导致收入中断或减少为给付保险金条件的保险，具体是指当被保险人由于疾病或意外伤害导致残疾，丧失劳动能力不能工作以致失去收入或减少收入时，由保险人在一定期限内分期给付保险金的一种健康保险。

财产保险业务包括财产损失保险、责任保险、信用保险等保险业务。可保财产包括物质形态和非物质形态的财产及其有关利益。以物质形态的财产及其相关利益作为保险标的的，通常称为财产损失保险。

费用保险是指承保因无法预测的异常支出造成的财产和收入上的损失。这种未来费用仅限于临时生活费、残余整理费等保险事故发生后的间接费用。

第三节　保险业务的种类

从保险的分类中可以看到，保险险种名目繁多，分类也没有绝对的标准。但从整体上

看，保险的标的无非两种，一种是经济生活的主体，即人身；另一种是经济生活的客体，即财产。所以，传统上保险业务通常区分为财产保险和人身保险。随着社会关系不断变化和保险经营技术不断改进，责任保险和再保险日益受到重视，并从传统保险业务中分离出来，成为独立的保险业务种类。所以，现代保险业的框架主要由财产保险、人身保险、责任保险、信用保证保险四大部分构成。

一、财产保险

财产保险包括财产损失保险、责任保险、信用保险等保险业务。可保财产包括物质形态和非物质形态的财产及其有关利益。以物质形态的财产及其相关利益作为保险标的的，通常称为财产损失保险。例如，飞机、卫星、电厂、大型工程、汽车、船舶、厂房、设备以及家庭财产保险等。以非物质形态的财产及其相关利益作为保险标的的，通常是指各种责任保险、信用保险等。例如，公众责任、产品责任、雇主责任、职业责任、出口信用保险、投资风险保险等。但是，并非所有的财产及其相关利益都可以作为财产保险的保险标的。只有根据法律规定，符合财产保险合同要求的财产及其相关利益，才能成为财产保险的保险标的。

(一) 海上保险

海上保险是以海上财产，如船舶、货物以及与之有关的利益(如租金、运费等)作为保险标的的保险。海上保险是对自然灾害或其他意外事故造成海上运输损失的一种补偿方法。保险方与被保险方订立保险契约，根据契约被保险方应付一定费用给承保方，发生损失后则可得到承保方的补偿。

海上保险主要有五种。

(1) 船舶保险。它以船舶为保险标的，当船舶在航行或其他作业中受到损失时，予以补偿，包括船舶定期保险、航程保险、费用保险、修船保险、造船保险、停航保险等。

(2) 运费保险。它以运费为保险标的，只按航程保险，通常以全损为投保条件。海损后船舶所有人无法收回的运费由保险人补偿。

(3) 保障赔偿责任保险。它是船舶所有人之间相互保障的一种保险形式，主要承保保险单不予承保的责任险，对船舶所有人在营运过程中因各种事故引起的损失、费用、罚款等均予保险。

(4) 海洋运输货物保险。它以海运货物为保险标的，主要有平安险，负责赔偿因自然灾害发生意外事故造成保险货物的全部损失；水渍险，除负责平安险的全部责任外，还负责因自然灾害发生意外事故所造成的部分损失；一切险，负责保险条件中规定的除外责任以外的一切外来原因所造成的意外损失。

(5) 石油开发保险。它以承保海上石油开发全过程风险为标的，属于专业性的综合保险。此种保险的保险期很长，因开发周期的原因，可达十余年。

(二) 火灾保险

火灾保险简称火险，是指以存放在固定场所并处于相对静止状态的财产物资为保险标的，由保险人承担保险财产遭受保险事故损失的经济赔偿责任的一种财产保险。火灾保险是一种传统的保险业务，与其他保险业务相比，有如下独立的特征，无法用其他保险险种替代：

(1) 保险标的存在于陆地，相对静止。

(2) 保险标的存放地址不得随意变动，变动则影响保险合同效力。

(3) 可保风险非常广泛，包括各种自然灾害和多种意外事故。

(4) 存在多种附加险，如附加利润损失保险和附加盗窃风险保险等，覆盖了大部分可保风险。

(三) 机动车辆保险

机动车辆保险是以机动车辆本身及其第三者责任等为保险标的的一种运输工具保险。其保险客户，主要是拥有各种机动交通工具的法人团体和个人；其保险标的，主要是各种类型的汽车，但也包括电车、电瓶车等专用车辆及摩托车等。机动车辆是指汽车、电车、电瓶车、摩托车、拖拉机、各种专用机械车、特种车。2012 年 3 月份，中国保监会先后发布了《关于加强机动车辆商业保险条款费率管理的通知》和《机动车辆商业保险示范条款》，推动了车辆保险的改革。

(四) 航空保险

航空保险是赔偿由飞行事故造成经济损失的保险业务。经营航空运输或其他航空业务的企业或个人向保险公司支付一定数额的保险费，即可在保险期内发生飞行事故遭受损失时得到经济赔偿。机票中的保险先由保险公司赔付给航空公司，再由航空公司赔付给旅客。航意险则由旅客直接持保单到保险公司索赔。对每一位旅客来说，是否购买航意险完全是自愿的。

(五) 工程保险

工程保险是指以各种工程项目为主要承保对象的一种财产保险。一般而言，传统的工程保险仅指建筑工程保险和安装工程保险，但进入 20 世纪后，各种科技工程发展迅速，亦成为工程保险市场日益重要的业务来源。工程保险的意义在于，一方面，它有利于保护建筑主或项目所有人的利益；另一方面，也是完善工程承包责任制并有效协调各方利益关系的必要手段。

(六) 农业保险

农业保险是指专为农业生产者在从事种植业和养殖业生产过程中，对遭受自然灾害和意外事故所造成的经济损失提供保障的一种保险。农业保险是市场经济国家扶持农业发展的通行做法。通过政策性农业保险，可以在世贸组织规则允许的范围内，代替直接补贴对我国农业实施合理有效的保护，减轻加入世贸组织带来的冲击，减少自然灾害对农业生产的影响，稳定农民收入，促进农业和农村经济的发展。在我国，农业保险又是解决"三农"问题的重要组成部分。

二、人身保险

人身保险是以人的寿命和身体为保险标的的保险。当人们遭受不幸事故或因疾病、年老以致丧失工作能力、伤残、死亡或年老退休时，根据保险合同的约定，保险人对被保险人或受益人给付保险金或年金，以解决其因病、残、老、死所造成的经济困难。

(一) 人寿保险

人寿保险是人身保险的一种。和所有保险业务一样，被保险人将风险转嫁给保险人，接受保险人的条款并支付保险费。与其他保险不同的是，人寿保险转嫁的是被保险人的生存或者死亡的风险。人寿保险可以分为以下几类：

(1) 定期人寿保险。定期人寿保险是指如果被保险人在保单规定的期间发生死亡，身故受益人有权领取保险金，如果在保险期间内被保险人未死亡，保险人无须支付保险金也不返还保险费，简称"定期寿险"。该保险大都是对被保险人在短期内从事较危险的工作提供保障。

(2) 终身人寿保险。终身人寿保险是一种不定期的死亡保险，简称"终身寿险"。保险责任从保险合同生效后一直到被保险人死亡之时为止。由于人的死亡是必然的，因而终身保险的保险金最终必然要支付给被保险人。由于终身保险保险期长，故其费率高于定期保险，并有储蓄的功能。

(3) 生存保险。生存保险是指被保险人必须生存到保单规定的保险期满时才能够领取保险金；若被保险人在保险期间死亡，则不能主张收回保险金，亦不能收回已交保险费。

(4) 生死两全保险。生死两全保险是定期人寿保险与生存保险两类保险的结合。生死两全保险是指被保险人在保险合同约定的期间里假设身故，身故受益人则领取保险合同约定的身故保险金；被保险人继续生存至保险合同约定的保险期期满，则投保人领取保险合同约定的保险期满金的人寿保险。这类保险是目前市场上最常见的商业人寿保险。

(二) 健康保险

健康保险是以被保险人的身体为保险标的，使被保险人在疾病或意外事故所致伤害时发生的费用或损失获得补偿的一种保险。它有两层含义：

(1) 承保的危险有疾病和意外伤害事故两种。

(2) 承保的危险是因疾病(包括生育)导致的医疗费用的开支损失和因疾病或意外伤害致残导致的正常收入的损失。

(三) 意外伤害保险

意外伤害保险是指以意外伤害而致身故或残疾为给付保险金条件的人身保险。意外伤害保险中所称意外伤害是指，在被保险人没有预见到或违背被保险人意愿的情况下，突然发生的外来致害物对被保险人的身体明显、剧烈的侵害的客观事实。意外伤害保险有三层含义：

(1) 必须有客观的意外事故发生，且事故原因是意外的、偶然的、不可预见的。

(2) 被保险人必须因客观事故造成人身死亡或残废的结果。

(3) 意外事故的发生和被保险人遭受人身伤亡的结果，两者之间有着内在的、必然的联系。

三、责任保险

责任保险是指以保险客户的法律赔偿风险为承保对象的一类保险。按业务内容，责任保险可分为公众责任保险、产品责任保险、雇主责任保险、职业责任保险和第三者责任保险五类业务。

(一) 公众责任保险

公众责任保险主要承保被保险人在其经营的地域范围内从事生产、经营或其他活动时，因发生意外事故而造成他人(第三者)人身伤亡和财产损失，依法应由被保险人承担的经济赔偿责任。公众责任保险正是为适应上述风险的需要而产生的。企事业单位、社会团体、个体工商户、其他经济组织及自然人均可为其经营的工厂、办公楼、旅馆、住宅、商店、医院、学校、影剧院、展览馆等各种公众活动的场所投保该险种。

公众责任保险包括餐饮业综合保险、火灾公众责任保险、物业责任保险等等。如果消费者在商场或餐馆等场所发生了意外事故，且责任在商场或餐馆，则投保了公众责任险的商场或餐馆就可以先赔钱给消费者，再找保险公司索赔。

这类险种最终目的是使第三方受害人获得及时有效的经济补偿，因此具有很强的公益性。如旅行社等投保了相关责任保险后，旅客在旅途中发生人伤物损的，即可获得保险公司的赔偿。在发达国家，责任保险在财产保险业中所占的比重目前高达 30%以上，如美国为 45%，而我国仅为 4%左右。随着各项保护公民生命财产权益不受侵犯的法律责任制度的健全完善，以及公民维权意识不断增强，我国责任保险已具备了大力发展的条件。

(二) 产品责任保险

产品责任保险是承保被保险人生产的产品因存在缺陷，造成使用、消费该产品的人或第三者的人身伤害、疾病、死亡或财产损失，依法应由被保险人承担的经济赔偿责任。产品责任保险的保险责任是本保险有效期内，由于被保险人所生产、出售的产品或商品在承保区域内发生事故，造成使用、消费或操作该产品或商品的人或其他任何人的人身伤害、疾病、死亡或财产损失，依法应由被保险人负责时，保险人根据保险合同的规定，在约定的赔偿限额内负责赔偿。对被保险人应付索赔人的诉讼费用以及经保险人书面同意负责的诉讼及其他费用，保险人亦负责赔偿，但费用与责任赔偿金额之和以保险合同明细表中列明的责任限额为限。

(三) 雇主责任保险

雇主责任保险是指被保险人所雇佣的员工在受雇过程中从事与保险单所载明的与被保险人业务有关的工作而遭受意外或患与业务有关的国家规定的职业性疾病，所致伤、残或死亡，被保险人根据《中华人民共和国劳动法》及劳动合同应承担的医药费用及经济赔偿责任，包括应支出的诉讼费用，由保险人在规定的赔偿限额内负责赔偿的一种保险。

(四) 职业责任保险

职业责任保险是以各种专业技术人员在其从事专业技术性工作时，因工作上的疏忽或过失，造成第三人人身损害或财产损失，依法需要由其承担的经济赔偿责任为保险标的的保险。目前国内外办理较为普遍的有医生、药剂师、会计师、律师、设计师、工程师、保险代理人及经纪人等的责任保险。

(五) 第三者责任保险

第三者责任保险是指保险车辆因意外事故致使第三者遭受人身伤亡或财产的直接损

失，保险人依照保险合同的规定给予赔偿。第三者责任保险实施强制保险。在一些保险险种里面，将某些第三者受到保险车辆事故损害造成的损失作为除外责任对待，即便这些受害人是第三者，即便受到交通事故的损害，即便被保险人应该为此承担民事责任，保险公司也不承担这部分的保险赔偿责任。例如，在第三者责任保险中，对私家车、个人承包车辆而言，如果造成了被保险人家庭成员人身或者财产损失，或者身在保险车辆内部无论何人的人身财产损失等，都不在保险赔偿范围内。

四、信用保证保险

信用保证保险是一种以经济合同所制定的有形财产或预期应得的经济利益为保险标的的保险。信用保证保险是一种担保性质的保险。信用保证保险是权利人要求保险人担保对方信用的一种保险。信用保证保险的投保人为信用关系中的权利人，尤其保证他人的信用。

保证保险虽具担保性质，但对狭义的保证保险和信用保险而言，担保的对象却不同，两者是有区别的。凡被保证人根据权利人的要求，要求保险人承担自己(被保险人)信用的保险，属狭义的保证保险；凡权利人要求保险人担保对方(被保证人)信用的保险，属信用保险，权利人也即被保险人。

信用保证保险是指在约定的保险事故发生时，被保险人需在约定的条件和程序成立时方能获得赔偿的一种保险方式，其主体包括投保人、被保险人和保险人。投保人和被保险人就是贷款合同的借款方和贷款方，保险人是依据保险法取得经营保证保险业务的商业保险公司。信用保证保险常见的有诚实保证保险和消费贷款保证保险。保证保险的内容主要由投保人交纳保险费的义务和保险人承担保险责任构成。保证保险的性质属于保险，而不是保证。在保证保险中，保险责任是保险人的主要责任，只要发生了合同约定的保险事由，保险人即应承担保险责任，这种责任因在合同有效期内未发生保险事由而消灭。

本 章 小 结

对保险形态分类进行分析的目的在于阐明保险的外延，探讨保险关系的表现及其具体内容。保险形态的分类依据有法定分类法、理论分类法和实用分类法。不同的历史时期有不同的分类标准。目前市场上保险业务的种类主要有：财产保险、责任保险、人身保险和信用保证保险。

 案例阅读

2018 年 7 月，在浙江海盐县某单位上班的贺某购置了一辆价值 12 万余元的普通轿车，并在一家保险公司投保了交强险、机动车综合商业保险，其中交强险财产损失赔偿限额(责任限额)2000 元，商业险(含车损险)12.5 万元、第三者责任险 100 万元、车上人员责任险 4 万元等，且均约定使用性质为非营业用车。同时，在综合商业险合同中还明确，被保险机动车被转让、改装、加装或改变使用性质等，被保险人、受让人未及时通知保险人，且因此导致被保险机动车危险程度增加的，出险时保险人不负责赔偿。

2018 年 11 月 6 日傍晚，贺某在乍嘉苏高速至海盐枢纽段行驶途中，因操作不当，致上述车辆与中央金属隔离带发生碰撞后侧翻,造成李某等四位乘车人受伤,车辆受损及部分路产受损,交警部门认定贺某承担此次事故全部责任,贺某支出拖车费 800 元、吊车费 2600 元,赔偿路产损失 1.5 万余元及李某等人的医疗费、误工费。之后,保险公司出具拒赔通知书,理由是上述车辆从事营运活动。

法院查明,贺某在 2018 年 8 月将购买的被保险车辆通过"滴滴出行"软件注册为滴滴车主,在"顺风车"平台上数次发布出行行程接受订单搭载乘客,并按该软件自动计算的金额收取乘客费用,上述事故也是在接受李某等四人订单后在行驶途中发生的。

法院一审认为,保险公司按约定应在交强险财产损失赔偿限额内赔偿贺某 2000 元,因贺某将被保险车辆用于营运,擅自改变了该车的使用性质,使保险标的危险程度增加,又未通知保险人,且在此次营运过程中因操作不当发生交通事故,对此,保险公司有权拒绝赔偿,故依法判决保险公司不承担该交通事故商业险赔偿责任。宣判后,贺某不服提出上诉,被上级法院驳回。

案例分析:

该案的焦点就是贺某所称"顺风车"是否从事营运活动。目前,网约车有"专车"与"顺风车"两种形式。如果是购买私家车后专门从事网约车业务,以营利为目的的使用保险车辆的"专车",原则上应认定为改变了车辆实际用途,从事营运活动。该类专车活动,与投保时告知的非营运个人使用具有本质区别,而且实际上也加大了被保险车辆的危险程度,如未及时告知保险人,保险人有权拒绝赔偿。而顺风车应是一种顺路合乘行为,是在车辆自用的基础上顺路搭乘出行线路相同之人,由合乘人合理分摊出行必要费用的活动,网约顺风车是私家车主事先通过网络平台发布行程信息,召集路线相同的其他人合乘的行为。因此,典型的网约顺风车并不具有营运性质,事故风险也不会显著增加。

该案中,按照常理出车时间是节假日而不属于工作日,亦不属于一般上下班时间,收费也具有营业运输性质,从出行目的、行驶路线、出行频率、费用分摊等事实可判断,贺某的行为不符合网约顺风车的典型特征,性质上应属导致保险标的危险程度显著增加的营运行为。因改变车辆使用性质,投保人应及时通知保险人,保险人可按合同约定增加保险费或解除合同,增加保险费后,保险公司即可按约定理赔;解除合同的,保险人应将已收的保险费,按约定扣除至解除日应收的部分后,退还投保人。该案中贺某未及时通知保险人,应适用保险人法定免赔情形。

 问题

试结合本案例分析在日常生活中,如果我们要购买保险产品,应该注意哪些事项?怎样购买才不会出现上述案例中产生的问题?

复习思考题

一、名词解释

原保险　　复合保险　　自愿保险　　法定保险　　商业保险　　社会保险

二、单项选择题

1. 保险形态分类的方法有(　　)。

A. 法定分类法　　B. 理论分类法　　C. 实用分类法　　D. 以上都有

2. 农业保险属于(　　)。

A. 商业保险　　　B. 人身保险　　　C. 财产保险　　　D. 政策性保险

3. 投保人以保险利益的全部或部分，分别向数个保险人投保相同种类保险，签订数个保险合同，其保险金额总和不超过保险价值的一种保险是(　　)。

A. 再保险　　　　B. 重复保险　　　C. 复合保险　　　D. 共同保险

4. 保险人与投保人之间直接签订保险合同而建立保险关系的一种保险是(　　)。

A. 原保险　　　　B. 重复保险　　　C. 复合保险　　　　D. 共同保险

三、判断题(正确的打√，错误的打×)

1. 以保险经营的性质为标准，保险形态可以区分为公营保险和民营保险。(　　)

2. 再保险是保险人在原保险合同的基础上，通过签订分保合同，将其所承保的部分风险和责任向其他保险人进行保险的行为。(　　)

3. 信用保证保险是一种担保性质的保险。(　　)

四、简答题

1. 保险形态分类有什么意义？保险形态分类的一般方法有哪些？

2. 保险形态分类可以依据哪些标准？

3. 保险业务的种类一般有哪些？

4. 责任保险和信用证保险有哪些异同？

第五章　保险合同(上)

【学习目标】

　　理解保险合同的概念与形式；了解保险合同的分类；理解保险合同的特征；明确保险合同的当事人和关系人；掌握保险合同的基本条款。

案例导人 ➡

保险金由谁领取，保险金作为遗产应如何给付分配？

　　张先生于 2009 年 8 月 10 日向某保险公司为自己投保"重大疾病保险"，重大疾病保额 10 万元，身故保险责任仅为退还保险费，保单身故受益人指定为其儿子张校。2011 年 8 月 5 日，被保险人张先生突发胸痛，20 分钟后送到广州市某医院就诊，1 小时后院方宣告抢救无效死亡。该院急诊科出具了诊断证明书，诊断为：心源性猝死；急性心肌梗死。同时该院医务科开具了居民医学死亡证明，死亡原因为"猝死"。

　　张先生现有家庭成员包括：母亲吴氏，妻子张太，儿子张校(未成年)，女儿张花(已成年)，哥哥张大，妹妹张五。在张先生身故 10 日后，其母亲吴氏也身故。2012 年 5 月，张先生妻子向保险公司申请理赔。

　　法院判决：

　　本案例保险理赔金额最终分配比例如下：妻子张太 1/4，儿子张校 1/4+1/24，女儿张花 1/4+1/24，哥哥张大 1/12，妹妹张五 1/12，合计 100%。

　　律师解析：

　　本案张先生身患重大疾病于 2011 年 8 月 5 日身故，在其患疾符合重大疾病保险责任的前提下，张先生本应在确诊患重大疾病之日起生存期间由其本人向保险公司申请重大疾病保险理赔金。保险本质上是一种生存给付，目的是及时给付被保险人以作医疗之急用，但张先生死亡后其妻子才向保险公司申请理赔，且本案保单约定被保险人身故后保险责任仅为退还保险费，其妻子虽然在张先生死亡后申请理赔，但其目的显然还是要申请重大疾病保险理赔金，即保险金额 10 万元。由于保单仅指定了身故受益人为儿子张校，因此可以认为张先生的重大疾病保险金没有指定受益人，根据《保险法》相关规定，被保险人死亡后，遇有没有指定受益人，或者受益人指定无法确定的，保险金可作为被保险人的遗产，由保险人向被保险人的继承人履行给付保险金的义务。现重大疾病理赔金性质上便成了被保险人张先生的遗产，这笔遗产不能由保单身故受益人领取，只能由张先生的继承人按照《继承法》继承。

　　首先，根据《继承法》第十条规定，遗产按照下列顺序继承，第一顺序：配偶、子女、父母，第二顺序：兄弟姐妹、祖父母、外祖父母。本案张先生的第一顺序继承人为母亲吴氏、妻子张太、儿子张校、女儿张花。同时根据《继承法》第十三条规定，同一顺序继承人继承遗产的份额，一般应当均等。所以，母亲吴氏、妻子张太、儿子张校、女儿张花作为第一顺序继承人可分别继承重大疾病保险理赔金的1/4。

其次，在张先生身故10日后，其母亲吴氏也身故。母亲吴氏继承了被保险人张先生的1/4保额后身故，这笔金额又成为了母亲吴氏的遗产。同样根据《继承法》第十条及第十三条规定，吴氏遗产的第一顺序继承人为被保险人张先生、张大和张五，被保险人张先生、张大和张五各继承母亲吴氏遗产的1/3，即重大疾病保险理赔金额的1/12(1/4 × 1/3)。

最后，因被保险人张先生已于母亲吴氏身故前死亡，则张先生获得的母亲吴氏的遗产，即1/12保险金额应进一步分配。依据《继承法》第十一条规定，被继承人的子女先于被继承人死亡的，由被继承人的子女的晚辈直系血亲代位继承。代位继承人一般只能继承他的父亲或者母亲有权继承的遗产份额。本案被继承人母亲吴氏的儿子被保险人张先生先于其死亡，则目前1/12保险金额应由被保险人张先生的直系血亲代位继承，即应由被保险人张先生的儿子张校和女儿张花代位继承，具体代位继承金额平均分配，即每人分得重大疾病保险理赔金的1/24(1/12 × 1/2)。

(案例来源：https://www.fabao365.com)

第一节　保险合同概述

一、保险合同的定义

保险合同(Insurance Contract)又称保险契约，是保险关系双方当事人为实现经济保障目的，明确双方权利义务的一种具有法律约束力的书面协议。保险合同是产生保险关系的基本依据。根据我国《保险法》第十条的规定，保险合同是投保人与保险人约定保险权利义务关系的协议。该规定解释了保险合同的基本内涵，即根据当事人双方的约定，投保人支付保险费给保险人，保险人在保险标的发生约定事故时承担经济损失补偿责任，或者当约定事件发生时承担给付保险金义务。

二、保险合同的特征

(一) 保险合同的双务性

保险合同的双务性特征是指保险双方当事人相互承担义务并享有权利。一般的经济合同均为双务性合同，保险合同也不例外。保险合同的双务性特征主要表现在投保人按照合同约定负有交付保险费的义务；而保险人则负有当发生保险事故或者出现合同约定情况时进行赔偿给付的义务。

(二) 保险合同的有偿性

保险合同的有偿性是指参加保险合同的一方当事人要享有权利就必须承担义务。在保险合同中，投保人支付保费；保险人承担某种危险。如果在保险期限内未发生保险事故，则投保人所支付的保费并不能获得相应的回报；如果在保险期限内发生保险事故并造成了经济损失，则保险人付出的保险赔偿金将高于保险费。

(三) 保险合同的射幸性

根据民法理论，双务性合同分为实定合同和射幸合同。所谓射幸合同，是指合同双方当事人以不确定的实践为基础来取得利益或者在一方遭受损失时另一方进行赔偿而达成的协议。保险合同的当事人双方在签订保险合同时，对合同履行的效果不确定，因为双方均无法得知将来保险事故是否会发生。如果不发生，保险人将只收取保险费，而不承担赔偿或给付的义务。

(四) 保险合同的附和性

附和合同又称为标准合同或者格式合同，是指合同的条款先由当事人的一方拟定，另一方只有接受或者不接受该条款的选择，但不能够对条款进行修改或者变更。保险合同的条款事先由保险人拟定后，经监管机构审批。投保人往往不熟悉保险业务，很难对保险条款提出异议。投保人购买保险要么附和保险人的合同，要么拒绝购买该保险，一般没有修改合同内容的权利。即使需要变更某项内容也只能采纳保险人事先准备好的附加条款，因此保险合同属于附和合同。

(五) 保险合同的诺成性

所谓诺成性合同，是指当事人一方的意思表示一旦为对方同意即能产生法律效果的合同，其特点是当事人双方意思表示一致时合同即告成立。我国《保险法》规定，投保人提出保险要求，经保险人同意承保，保险合同成立。因此，保险合同属于诺成性合同。

(六) 保险合同的要式性

保险合同的订立要依法律规定的特殊形式进行，订立的方式多种多样。在保险实务中，保险合同一般以书面形式订立，其书面形式主要表现为保险单、其他保险凭证及当事人协商同意的书面形式。

(七) 保险合同的最大诚信性

任何合同的订立，都应以合同当事人的诚信为基础。

三、保险合同的种类

(一) 补偿性保险合同与给付性保险合同

按照合同的性质分类，保险合同可以分为补偿性保险合同与给付性保险合同。

(1) 补偿性保险合同。补偿性保险合同是指保险人的责任以补偿被保险人的经济损失为限，并不得超过保险金额的合同。各类财产保险合同和人身保险中的医疗费用保险合同都属于补偿性保险合同。

(2) 给付性保险合同。给付性保险合同是指保险金额由双方事先约定，在保险事故发生或约定的期限届满时，保险人按合同规定标准金额给付的合同。各类寿险合同都属于给付性保险合同。

(二) 定值保险合同与不定值保险合同

在各类财产保险合同中，依据保险价值在订立合同时是否确定，将保险合同分为定值保险合同与不定值保险合同。

(1) 定值保险合同。定值保险合同是指在订立保险合同时，投保人和保险人既已确定保险标的的保险价值，并将其载明于合同中的保险合同。农作物保险合同，货物运输保险合同，以字画、古玩等为保险标的的财产保险合同都属于定值保险合同。

(2) 不定值保险合同。不定值保险合同是指投保人和保险人在订立保险合同时不预先约定保险标的价值，仅载明保险金额作为保险事故发生后赔偿最高限额的保险合同。大多数财产保险合同均采用不定值保险合同的形式。

(三) 单一风险合同、综合风险合同与一切险合同

按照承担风险责任的方式分类，保险合同可以分为单一风险合同、综合风险合同与一切险合同。

(1) 单一风险合同。单一风险合同是指只承保一种风险责任的保险合同。

(2) 综合风险合同。综合风险合同是指承保两种以上的多种特定风险责任的保险合同。

(3) 一切险合同。一切险合同是指保险人承保的风险是合同中列明的除不保风险之外的一切风险的保险合同。

(四) 足额保险合同、不足额保险合同与超额保险合同

根据保险金额与出险时价值的对比关系，保险合同可分为三种不同的类型。

(1) 足额保险合同。足额保险合同是指保险金额等于保险事故发生时的保险价值的保险合同。

(2) 不足额保险合同。不足额保险合同是指保险金额小于保险事故发生时的保险价值的保险合同。

(3) 超额保险合同。超额保险合同是指保险金额大于保险事故发生时的保险价值的保险合同。

(五) 财产保险合同与人身保险合同

按照保险标的分类，保险合同可分为财产保险合同与人身保险合同。

(1) 财产保险合同。财产保险合同是指以财产及有关的经济利益为保险标的的保险合同。财产保险合同可分为财产损失保险合同、责任保险合同和信用保险合同。

(2) 人身保险合同。人身保险合同是指是以人的寿命和身体为保险标的的保险合同。人身保险合同可分为人寿保险合同、人身意外伤害保险合同和健康保险合同。

(六) 原保险合同与再保险合同

按照保险合同当事人分类，保险合同可分为原保险合同与再保险合同。

(1) 原保险合同。原保险合同是指保险人与投保人直接订立的保险合同，合同保障的对象是被保险人。

(2) 再保险合同。再保险合同是指保险人为了将其所承担的保险责任转移给其他的保险人而订立的保险合同，合同直接保障的对象是原保险合同的保险人。

典型案例

人身保险不适用损失补偿原则

案例简介：

2005 年 1 月 25 日，原告冯跃顺与被告光大永明签订个人意外伤害保险合同。2005 年 6 月，原告因交通事故受到意外伤害，经住院治疗，花费各项治疗费用共计 7200 元。原告就此向被告申请保险理赔，被告以原告没有提交交通事故调解书及相关原始发票，且原告已接受交通事故肇事司机赔偿为由，拒绝赔偿原告保险金。

原告认为，根据公安交通管理部门的规定，交通事故调解书并不发放给原告，原告无法提供；被告以原告提交相关原始发票等单据的原件作为保险理赔的前提条件没有法律依据，原告已经向被告充分证明了涉案交通事故的相关事实，且原告最初曾持全部原始单据向被告理赔，但被告提出"应先由肇事司机赔偿后再进行保险理赔"。而原告从肇事司机处获得赔偿后，被告又以此为由拒赔，显然缺乏诚信。原告与被告之间订立的个人意外伤害保险合同中并没有载明"被保险人由于第三者伤害，依法应由第三者承担赔偿责任时，保险人免责"的内容，故被告应当依照保险合同进行保险理赔。被告此举违反了《中华人民共和国保险法》(以下简称保险法)第六十八条的规定，请求依法判令被告赔偿原告医疗费 5000 元。

裁判结果：

原告冯跃顺与被告光大永明之间签订的个人意外伤害保险合同合法有效，应受国家法律保护。冯跃顺因涉案交通事故受伤后，在已经获得交通事故肇事司机赔偿损失的情况下，仍然可以再向光大永明主张保险理赔，光大永明应当给予保险理赔。

首先，被告光大永明承保、原告冯跃顺投保的"永宁康顺综合个人意外伤害保险(精英计划)"属于人身保险，不属于财产保险的性质。

人身保险，是指以人的生命或身体为保险标的，当被保险人在保险期限内发生死亡、伤残、疾病、年老等事故或生存至保险期满时，由保险人给付保险金的保险。财产保险，是指以财产及其有关利益为保险标的，当被保险人的财产及其有关利益因发生保险责任范围内的灾害事故而遭受经济损失时由保险人给予补偿的保险。意外伤害保险，是指当被保险人由于遭受意外伤害时，保险人给予保险金的保险。意外伤害保险具有一些类似于财产保险的特点，例如意外伤害造成医疗费用的支出是一种经济损失，这种损失的数额可以确定，等等。但是，意外伤害保险从根本上讲是基于人身发生意外伤害而形成的保险，不能仅因涉及财产损失而将其归属于财产性质的保险。保险法第九十二条第二款规定："人身保险业务，包括人寿保险、健康保险、意外伤害保险等保险业务。"该条款非常明确地把意外伤害保险划分在人身保险中。因此，意外伤害保险应属于人身保险范畴。被告光大永明将涉案个人意外伤害保险归属于财产保险，并无法律上的依据。

其次，作为人身保险的个人意外伤害保险不适用损失补偿原则。原告冯跃顺因涉案交通事故受伤后，在已经获得交通事故肇事司机赔偿损失的情况下，可以再向被告光大永明主张保险理赔，光大永明应依照保险合同给予保险理赔。

意外伤害保险的被保险人或受益人依保险合同取得赔偿系基于保险合同关系，这与意外伤害保险的被保险人作为受害人，因侵害人的过错获取赔偿属于不同的法律关系。因此，保险人不能以实施致害行为的第三人已经向被保险人、受益人给予赔偿为由拒绝保险理赔。交通事故损害赔偿义务人黄宝岐对原告冯跃顺所支付的赔偿，是基于侵权行为的发生而产生的侵权责任赔偿，被告光大永明不得因此拒绝向冯跃顺履行保险赔偿的合同义务。本案是基于冯跃顺与光大永明签订的个人意外伤害保险合同所发生的纠纷，涉案交通事故属于该险种保险条款所规定的保险事故，光大永明对此也不存异议，故光大永明应承担相应的保险责任，给付冯跃顺保险金。

典型意义：

根据保险法第九十二条第二款的规定，意外伤害保险属于人身保险，不适用财产保险中的"损失补偿原则"。被保险人或者受益人从实施致害行为的第三者处获得侵权赔偿后，仍然可以向保险人主张保险理赔，保险人不得以被保险人或者受益人已经获得侵权赔偿为由拒绝履行保险理赔责任。

（案例来源：中国裁判文书网）

问题

想想还有哪些原则只适用于财产保险，而不适用于人身保险。

四、保险合同的形式

保险合同一般采用书面形式，并载明当事人双方约定的合同内容。保险合同的表现形式主要有投保单、保单、保险凭证、暂保单和批单。

(一) 投保单

投保单又称要保单，是投保人向保险人申请订立保险合同的书面文件，是投保人进行保险要约的书面形式，由投保人如实填写。在投保单中列明了订立保险合同所必需的项目，供保险人考虑是否接受承保。投保单是保险人赖以承保的依据，如果投保人填写不实，将影响保险合同的效力，当保险事故发生时，投保人或被保险人的索赔要求有可能得不到满足。其内容一般包括投保人和被保险人的地址、保险标的及其坐落地点、投保险别、保险金额、保险期间、保险费率等，但因险种而异。

(二) 保单

保单是保险人和投保人之间订立的正式保险合同的书面文件，一般由保险人签发给投保人。保单将保险合同的全部内容详尽列明，包括双方当事人的权利义务以及应承担的风险责任。保单的主要结构包括：保险项目、保险责任、责任免除及附注条件等。保单的正面一般采用表格方式，其填写内容包括：投保人、被保险人、保险标的的详细说明；其背面是保险条款，具体包括：保险人和被保险人的权利和义务、保险责任、责任免除、保险期限、保费与退费、索赔与理赔、争议处理等。保单是保险合同双方当事人确定权利义务以及在保险事故发生后被保险人索赔、保险人理赔的主要依据。

(三) 保险凭证

保险凭证又称小保单，是保险人签发给投保人的证明保险合同已经订立的书面文件。其所列的项目与保单完全相同，并声明以某种保单所载明的条款为准，但是不载明保险条款，实质上是一种简化的保单，与保单具有同等的法律效力。如果保险凭证尚未列有的内容，则应以同类保单载明的详细内容为准；如果保单与保险凭证的内容有抵触或保险凭证另有特约条款，则应以保险凭证为准。

(四) 暂保单

暂保单是在保单或保险凭证未出具之前，保险人或保险代理人向投保人签发的临时保险凭证，亦称临时保单，其作用是证明保险人已同意投保。暂保单的内容比较简单，仅载明与保险人已商定的重要项目，如保险标的、保险金额、保险费率、承保险种、被保险人的姓名、缔约双方当事人的权利义务及保单以外的特别保险条件等。暂保单具有证明保险人已同意投保的效力。

出具暂保单一般有以下情况：

第一，保险代理人在争取到保险业务，但未向保险人办妥保单手续前，可先出具暂保单，以作为保障的证明。

第二，保险公司的分支机构在接受投保人的要约后，但尚未获得上级保险公司或保险总公司的批准前，可先出具暂保单，以作为保障的证明。

第三，保险人和投保人在洽谈或续订保险合同时，订约双方当事人已就主要条款达成协议，但尚有一些条件需进一步商讨，在未完全谈妥前可先出具暂保单，以作为保障的证明。

第四，保单是出口贸易结汇的必备文件之一。

(五) 批单

批单是保险人应投保人或被保险人的要求出具的修订或更改保单内容的证明文件。批单通常在两种情况下使用：一是对已印制好的标准保单所做的部分修正，这种修正并不改变保单的基本保险条件，只是缩小或扩大保险责任范围；二是在保险合同订立后的有效期内，对某些保险项目进行更改和调整。保险合同订立后，在有效期内双方当事人都有权通过协议更改和修正保险合同的内容。如果投保人需要更改保险合同的内容，须向保险人提出申请，经保险人同意后出具批单。批单可在原保单或保险凭证上批注，也可另外出具一张变更合同内容的附贴便条。凡经批改过的内容，以批单为准；多次批改，应以最后批改为准。批单一经签发，就自动成为保单的一个重要组成部分。

第二节　保险合同的要素

一、保险合同的当事人

保险合同的主体是保险合同的参加者，是在保险合同中享有权利并承担相应义务的人。保险合同的主体包括保险合同的当事人和关系人。保险合同的当事人包括保险人和投保人，保险人是与投保人订立保险合同并承担赔偿或者给付保险金责任的保险公司。

(一) 保险人

保险人(又称"承保人")是指经营保险业务，与投保人订立保险合同，享有收取保险费的权利，并对被保险人承担损失赔偿或给付保险金义务的保险合同的一方当事人。对于保险人在法律上的资格，各国保险法都有严格规定。一般来说，保险人经营保险业务必须经过国家有关部门审查认可。

2009 年修订的《中华人民共和国保险法》第十条明确规定："保险人是指与投保人订立保险合同，并按照合同约定承担赔偿或者给付保险金责任的保险公司。"第七十条、第九十一条，又从保险公司的组织形式、设立条件与程序、保险公司的变更、保险公司的经营、保险公司的整顿、接管与破产六个方面对保险公司作了具体规定。在国际上，保险公司的组织形式主要是股份有限公司和相互保险公司。

(二) 投保人

投保人(又称"要保人")是与保险人订立保险合同并负有交付保险费义务的保险合同的另一方当事人。《中华人民共和国保险法》第十条规定："投保人是指与保险人订立保险合同，并按照保险合同约定负有支付保险费义务的人。"就法律规定而言，投保人可以是法人，也可以是自然人，但必须具有民事行为能力；就经济条件而言，投保人必须具有交付保险费的能力；就特殊条件而言，投保人应当对保险标的具有保险利益。

根据《中华人民共和国民法通则》的有关规定，不同投保人的民事行为能力有不同的具体规定，就自然人而言，必须年满 18 岁或年满 16 岁但以自己的劳动收入为主要生活来源，并且无精神性疾病；就法人而言，必须依法成立，有必要的财产或经费、名称、组织机构和场所，并能独立承担民事责任。

二、保险合同的关系人

(一)被保险人

被保险人是受保险合同保障，且有权按照保险合同规定向保险人请求赔偿或给付保险金的人。《中华人民共和国保险法》第十二条规定："被保险人是指其财产或者人身受保险合同保障，享有保险金请求权的人。"

1. 被保险人的资格

一般来说，在财产保险合同中，被保险人的资格没有严格的限制，自然人和法人都可以作为被保险人；而在人身保险合同中，法人不能作为被保险人，只有自然人而且只能是有生命的自然人才能成为人身保险合同的被保险人。在以死亡为给付保险金条件的保险合同中，无民事行为能力的人不得成为被保险人，但父母为其未成年的子女投保时除外，只是最高保险金额通常有限定。

2. 被保险人与投保人的关系

在保险合同中，被保险人与投保人的关系，通常有两种情况：一是当投保人为自己的利益投保时，投保人和被保险人同为一人，此时的被保险人可以视同保险合同的当事人；二是当投保人为他人的利益投保时，投保人与被保险人分属两人，此时的被保险人即为这里所说的保险合同的关系人。

3. 被保险人的数量

同一保险合同中被保险人可以是一人，也可以是数人，无论是一人还是数人，被保险人都应载明于保险合同中。如果被保险人已经确定，应将其姓名或单位在合同中载明；如果被保险人是可变的，则需要在合同中增加一项变更被保险人的条款。当约定的条件满足时，补充的对象自动取得被保险人的地位。

4. 各类保险的被保险人

在财产保险中，被保险人是保险财产的权利主体；在人身保险中，被保险人既是受保险合同保障的人，也是保险事故发生的主体；在责任保险中，被保险人是对他人财产毁损或人身伤害依照法律、契约或道义负有经济赔偿责任的人；在信用(保证)保险中，被保险人是因他人失信而有可能遭受经济损失的人，或者是因自身失信可能导致他人损失的人。

(二) 受益人

受益人一般属于人身保险范畴的特定关系人，即人身保险合同中由被保险人或投保人指定，当保险合同规定的条件实现时有权领取保险金的人。2009 年修订的《中华人民共和国保险法》第十八条规定："受益人是指人身保险合同中由被保险人或者投保人指定的享有保险金请求权的人，投保人、被保险人可以为受益人。"第三十九条又规定："投保人指定受益人时须经被保险人同意。"

(1) 受益人的资格并无特别限制。自然人、法人及其他任何合法的经济组织都可作为受益人；自然人中无民事行为能力、限制民事行为能力的人，甚至活体胎儿等均可被指定为受益人；投保人、被保险人本人也可以作为受益人。

(2) 受益人是人身保险合同中的重要主体之一。在人身保险合同中，受益人有着独特的法律地位，除保险合同约定的事件发生后，受益人需及时通知保险人之外，不承担其他任何义务。

(3) 受益人的受益权是通过指定产生的。受益人取得受益权的唯一方式是被保险人或投保人通过保险合同指定。受益人中途也可以变更，但若是投保人指定或变更受益人，必须征得被保险人的同意。

在保险实务中，受益人在保险合同中有已确定和未确定两种情况。已确定受益人是指被保险人或投保人已经指定受益人，这时受益人领取保险金的权利受到法律保护，保险金不能视为已死去的被保险人的遗产，受益人以外的任何人无权分享，也不得用于清偿死者生前的债务。未确定受益人又有两种情况：一是被保险人或投保人未指定受益人；二是受益人先于被保险人死亡、受益人依法丧失受益权、受益人放弃受益权，而且没有其他受益人。在受益人未确定的情况下，被保险人的法定继承人就视同受益人，保险金应视为死者的遗产，由保险人向被保险人的法定继承人履行给付保险金的义务。

在财产保险合同中，由于保险赔偿金的受领者多为被保险人本人，所以在合同中一般没有受益人的规定。

(三) 保险合同的辅助人

保险公司的辅助人包括保险代理人、保险经纪人和保险公估人。

(1) 保险代理人。保险代理人是根据保险代理合同或授权书，向保险人收取保险代理手续费，并以保险人的名义代为办理保险业务的人。

(2) 保险经纪人。保险经纪人是基于投保人的利益，为投保人与保险人订立保险合同提供中介服务并依法收取佣金的单位。

(3) 保险公估人。保险公估人又称保险公证人，是站在第三者的立场依法为保险合同当事人办理保险标的的查勘、鉴定、估损及理赔款项清算业务，并给予证明的人。

三、保险合同的客体

客体是指在民事法律关系中主体享受权利和履行义务时共同指向的对象。客体在一般合同中称为标的，即物、行为、智力成果等。保险合同虽属民事法律关系范畴，但它的客体不是保险标的本身，而是投保人对保险标的所具有的法律上承认的利益，即保险利益。

根据《中华人民共和国保险法》第十二条规定："人身保险的投保人在保险合同订立时，对被保险人应当具有保险利益。财产保险的被保险人在保险事故发生时，对保险标的应当具有保险利益。人身保险是以人的寿命和身体为保险标的的保险。财产保险是以财产及其有关利益为保险标的的保险。"因此，投保人必须凭借保险利益投保，而保险人必须凭借投保人对保险标的的保险利益才可以接受投保人的投保申请，并以保险利益作为保险金额的确定依据和赔偿依据。保险合同成立后，若因某种原因保险利益消失，保险合同也随之失效。所以，保险利益是保险合同的客体，是保险合同成立的要素之一，如果缺少了这一要素，保险合同就不能成立。

保险标的是保险利益的载体，保险标的是投保人申请投保的财产及其有关利益或者人的寿命和身体，是确定保险合同关系和保险责任的依据。在不同的保险合同中，保险人对保险标的的范围都有明确规定，即哪些可以承保，哪些不予承保，哪些一定条件下可以特约承保等。因为不同的保险标的能体现不同的保险利益，而且，保险合同双方当事人订约的目的是为了实现保险保障，合同双方当事人共同关心的也是基于保险标的的保险利益，所以，在保险合同中，客体是保险利益，而保险标的则是保险利益的载体。

四、保险合同的内容

保险条款是记载保险合同内容的条文、款目，是保险合同双方享受权利与承担义务的主要依据，一般事先印制在保险单上。

(一) 一般的保险合同基本条款

保险合同的基本条款是指保险人事先拟定并印就在保险单上的有关保险合同双方当事人权利和义务的基本事项。基本条款构成保险合同的基本内容，是投保人与保险人签订保险合同的依据，不能随投保人的意愿而变更。

1. 保险合同当事人和关系人的名称和住所

关于保险人、投保人、被保险人和受益人基本情况的条款，其名称和住所必须在保险合同中详加记载，以便保险合同订立后，能有效行使权利和履行义务。因为在保险合同订立后，凡有对保险费的请求支付、风险增加的告知、风险发生原因的调查、保险金的给付等，都会涉及当事人和关系人的姓名及住所事项，同时也涉及发生争议时的诉讼管辖和涉外争议的法律适用等问题。在保险合同中应载明名称、住所一般是对投保人、被保险人和受益人而言的，保险人的名称、住所已在保险单上印就。

2. 保险标的

明确了保险标的，有利于判断投保人对保险标的是否具有保险利益，所以，保险合同必须载明保险标的。财产保险合同中的保险标的是指物、责任、信用；人身保险合同中的保险标的是指被保险人的寿命和身体。

3. 保险责任和责任免除

保险责任是指在保险合同中载明的对于保险标的在约定的保险事故发生时，保险人应承担的经济赔偿和给付保险金的责任，一般都在保险条款中予以列举。保险责任明确的是，哪些风险的实际发生造成了被保险人的经济损失或人身伤亡，保险人应承担赔偿或给付责任。保险责任通常包括基本责任和特约责任。

责任免除是对保险人承担责任的限制，即指保险人不负赔偿和给付责任的范围。责任免除明确的是哪些风险事故的发生造成的财产损失或人身伤亡与保险人的赔付责任无关，主要包括法定和约定的责任免除条件。责任免除一般分为四种类型：

(1) 不承保的风险，如现行企业财产基本险中，保险人对地震引起的保险财产损失不承担赔偿责任。

(2) 不承担赔偿责任的损失，即损失免除，如正常维修、保养引起的费用及间接损失，保险人不承担赔偿责任。

(3) 不承保的标的，包括绝对不保的标的(如土地、矿藏等)和可特约承保的标的(如金银、珠宝等)。

(4) 投保人或被保险人未履行合同规定义务的责任免除。

4. 保险期间和保险责任开始时间

保险期间是指保险合同的有效期间，即保险人为被保险人提供保险保障的起讫时间。保险期间一般按自然日期计算，也可按一个运行期、一个工程期或一个生长期计算。保险期间是计算保险费的依据，也是保险人履行保险责任的基本依据之一。

保险责任开始时间是指保险人开始承担保险责任的起点时间，通常以某年、某月、某日、某时表示。《中华人民共和国保险法》第十四条规定："保险合同成立后，投保人按照约定交付保险费；保险人按照约定的时间开始承担保险责任。"按法律规定，保险责任开始的时间由双方在保险合同中约定。在保险实务中，保险责任的开始时间可能与保险期间一致，也可能不一致。如寿险合同中大多规定有观察期，保险人承担保险责任的时间自观察期结束后开始。

5. 保险价值

保险价值是指保险合同双方当事人订立保险合同时作为确定保险金额基础的保险标的的价值，即投保人对保险标的所享有的保险利益用货币估计的价值额。在财产保险中，一般情况下，保险价值就是保险标的的实际价值；在人身保险中，由于人的生命难以用客观的价值标准来衡量，所以不存在保险价值的问题，发生保险事故时，以双方当事人约定的最高限额核定给付标准。

6. 保险金额

保险金额是保险人计算保险费的依据，也是保险人承担赔偿或者给付保险金责任的最高限额。在不同的保险合同中，保险金额的确定方法有所不同。在财产保险中，保险金额要根据保险价值来确定；在责任保险和信用保险中，一般由保险双方当事人在签订保险合同时依据保险标的的具体情况商定一个最高赔偿限额，还有些责任保险在投保时并不确定保险金额；在人身保险中，由于人的生命价值难以用货币来衡量，所以不能依据人的生命价值确定保险金额，而是根据被保险人的经济保障需要与投保人支付保险费的能力，由保险双方当事人协商确定保险金额。需要注意的是，保险金额只是保险人负责赔偿或给付的最高限额，保险人实际赔偿或给付的保险金数额只能小于或等于保险金额，而不能大于保险金额。

7. 保险费以及支付办法

保险费是指投保人支付的作为保险人承担保险责任的代价。交纳保险费是投保人的基本义务。保险合同中必须规定保险费的交纳办法及交纳时间。财产保险一般为订约时一次付清保险费；长期寿险既可以订约时一次趸交保险费，也可以订约时先付第一期保险费，在订约后的双方约定的期间内采用定期交付定额或递增、递减保险费等办法。

投保人支付保险费的多少是由保险金额的大小和保险费率的高低以及保险期限等因素决定的。保险费率是指保险人在一定时期按一定保险金额收取保险费的比例，通常用百分率或千分率来表示。保险费率一般由纯费率和附加费率两部分组成。纯费率也称"净费率"，是保险费率的基本部分。对于纯费率，在财产保险中，主要是依据保险金额损失率(损失赔偿金额与保险金额的比例)来确定的；在长期寿险中，则是根据人的预定死亡(生存)率和预定利率等因素来确定的。附加费率是指一定时期内保险人业务经营费用和预定利润的总数同保险金额的比率。

8. 保险金赔偿或给付办法

保险金赔偿或给付办法即保险赔付的具体规定，是保险人在保险标的遭遇保险事故，致使被保险人经济损失或人身伤亡时，依据法定或约定的方式、标准或数额向被保险人或其受益人支付保险金的方法。它是实现保险经济补偿和给付职能的体现，也是保险人的最基本义务。它在财产保险中表现为支付赔款，在人寿保险中表现为给付保险金。

9. 违约责任和争议处理

违约责任是指保险合同当事人因其过错致使合同不能履行或不能完全履行，即违反保险合同规定的义务而应承担的责任。保险合同作为最大诚信合同，违约责任、条款在其中的作用更加重要，因此，在保险合同中必须予以载明。

争议处理条款是指用以解决保险合同纠纷适用的条款。争议处理的方式一般有协商、仲裁、诉讼等。

10. 订立合同的年、月、日

订立合同的年、月、日，通常是指合同的生效时间，以此确定投保人是否有保险利益、保险费的交付期等。在特定情况下，订立合同的年、月、日，对核实赔案事实真相可以起到关键作用。

(二) 附加条款

附加条款是指保险合同双方当事人在基本条款的基础上，根据需要另行约定或附加的、用以扩大或限制基本条款中所规定的权利和义务的补充条款。附加条款通常也由保险人事先印就一定的格式，待保险人与投保人特别约定填好后附贴在保险单上，故又称附贴条款。

在保险实务中，一般把基本条款规定的保险人承担的责任称为基本险；附加条款所规定的保险人所承担的责任称为附加险。投保人不能单独投保附加险，而必须在投保基本险的基础上才能投保附加险。

(三) 保证条款

保证条款是指保险人要求被保险人必须履行某项义务的内容。保证条款一般由法律规定或同业协会规定，是投保人或被保险人必须遵守的条款。如果投保人或被保险人违反了保证条款，保险人有权利解除合同或拒绝赔偿。

在这里所说的与保险合同有关的保证条款，是指为使保险合同中与保险标的有关的事项得到更充分地保障，避免因保险而产生消极因素，而在保险合同中所规定的当事人双方必须遵守的义务。

保证条款一般包括：

(1) 关于加强防灾的规定。

(2) 关于积极施救、抢救，以及减少物资损失的规定。

(3) 事故发生后，被保险人应尽快通知保险人的规定。

(4) 关于第三者责任追偿的规定。

本 章 小 结

本章分为两部分，第一部分主要介绍了保险合同的概念、种类、特性以及形式。简而言之，保险合同是联系保险人与投保人及被保险人之间权利义务的纽带，保险合同是保险关系建立的基础、履行的依据，具有双务性、射幸性、附和性等。保险合同的形式主要有投保单、暂保单等。第二部分主要介绍了保险合同的要素，包括其主体、客体和内容。保险合同主体包括当事人和关系人。保险合同的客体是依附在保险标的上的可保利益。保险合同的内容即保险关系人之间的权利和义务。

复 习 思 考 题

一、名词解释

保险合同　　保险金额　　保险价值　　给付性合同　　补偿性合同　　保险人投保人　　被保险人　　受益人　　保险责任　　保险期间　　责任免除。

二、单项选择题

1. 根据(　　)的不同，保险合同可以分为财产保险合同与人身保险合同。

A. 保险标的的价值　　　　　　　　B. 保险标的

C. 保险风险　　　　　　　　　　　D. 保险当事人

2. 下列属于保险合同当事人的是(　　)。

A. 受益人　　　　B. 保险代理人　　　　C. 投保人　　　　D. 保险经纪人

3. 当受益人先于被保险人死亡时，保险金由(　　)领取。

A. 投保人　　　　　　　　　　　　B. 被保险人

C. 受益人　　　　　　　　　　　　D. 被保险人的法定继承人

4. 保险代理属于(　　)。

A. 委托代理　　　B. 法定代理　　　C. 指定代理　　　D. 推定代理

5. 保险人与投保人订立保险合同的正式凭证为(　　)。

A. 保险凭证　　　　　B. 暂保单　　　　C. 保险单　　　　D. 投保单

6. (　　)是指保险合同当事人中至少有一方并不必然履行金钱给付义务。

A. 有偿性　　　　　　B. 附和性　　　　C. 双务性　　　　D. 射幸性

7. 在定值保险合同中，若保险标的因保险事故导致全损，保险人赔偿的标准是(　　)。

A. 保险合同订立时标的的市场价值　　　B. 保险事故发生时标的的市场价值

C. 保险事故发生时标的的重置价值　　　D. 保险合同中载明的保险标的的价值

8. 按保险标的的价值在订立合同时是否确定，保险合同可分为(　　)。

A. 定值保险合同与不定值保险合同　　　B. 定值保险合同与补偿保险合同

C. 足额保险合同与非足额保险合同　　　D. 定额保险合同与不定额保险合同

三、简答题

1. 保险合同有哪些种类？

2. 保险合同有哪些主要特征？对于保险合同属于要式合同还是非要式合同，你有什么看法？为什么？

3. 保险合同的主体和客体分别指什么？

4. 保险合同的内容由哪几部分组成？

5. 保险合同有哪些存在形式？各种形式分别适用于什么情况？

6. 保险合同的当事人，关系人和辅助人主要包括哪些？试简述三者之间的关系。

四、案例分析

刘某为其妻魏某投保了一份人寿保险，保险金额为 8 万元，由魏某指定刘某为受益人。

1. 半年后刘某与妻子离婚，离婚次日魏某意外死亡。对保险公司给付的 8 万元，若：

(1) 魏某生前欠其好友王某 5 万元，因此王某要求从保险金中支取 5 万元。你认为这种说法正确吗？为什么？

(2) 魏某的父母提出，魏某已与刘某离婚而不具有保险利益，因此保险金应由他们以继承人的身份作为遗产领取。你认为这种说法正确吗？为什么？

2. 刘某与魏某因车祸同时死亡，分不清先后顺序，针对魏某的身故保险金，刘某的父母和魏某的父母分别向保险公司索赔，保险公司应如何处理？

第六章　保险合同(下)

【学习目标】

区分保险合同的订立与生效；掌握保险合同的履行及变更；了解保险合同争议处理的解释原则和解决方式。

案例导入 ➡

保险公司以"保单未生效"拒赔　法院：保险合同应视为即时生效

2013 年 1 月 14 日，郭先生驾驶朋友杨小姐新买的一辆轻型专项作业车去曲靖落牌。当天下午，郭先生分别在中国人寿财产保险股份有限公司曲靖支公司(简称曲靖保险公司)、中国人寿财产保险股份有限公司沾益支公司(简称沾益保险公司)投保了交强险和第三者责任险。当日 16 时 01 分，郭先生拿到保单。据保单显示：保险时间自 2013 年 1 月 15 日 0 时起至 2014 年 1 月 15 日 24 时止，第三者责任保险额 10 万元。然而，让人想不到的是，当日 20 时 25 分，返回昆明的郭先生驾车行驶至昆明市西山区万达广场附近时，恰遇环卫工人路春兰在此路段清扫路面。由于郭先生避让不及，所驾车头部与路春兰身体相撞，致路春兰受重伤，郭先生的车辆也部分损坏。

2013 年 2 月 27 日，昆明市公安局交警七大队作出《道路交通事故认定书》。事故书载明：郭先生驾驶机动车行经限速路段时，未减速且未靠右侧机动车道行驶，是造成事故的主要原因，路春兰未经许可在机动车道内占用道路清扫路面也是造成此次事故的原因之一，据此，认定郭先生承担事故主要责任，路春兰承担次要责任。

在此次事故中，路春兰全身多处骨折，经司法鉴定：8 级伤残一处，9 级伤残一处，10 级伤残两处。只医疗费车主杨小姐就垫付了 10 万余元，期间，杨小姐多次与保险公司联系，但保险公司以"保险合同到 1 月 15 日凌晨才能生效，事故发生在 1 月 14 日 20 时左右，距保险生效还有近 4 小时，不在理赔范围"为由拒赔。无奈之下，路春兰以交通事故责任纠纷，把郭先生、杨小姐及上述保险公司一并诉至昆明市西山区法院，索赔 23 万余元。

一审：未对格式条款进行说明是否应担责，在"保险空档期"保险公司到底应不应该承担义务，成了各方当事人争议较大的问题。

一审法院审理认为，本案争议的主要焦点，是涉案车辆投保保险的交强险合同和商业险合同何时生效。

法院认为，就该问题，投保人和保险人可对保险合同生效时间进行约定，但被告曲靖保险公司及沾益保险公司在与投保人订立保险合同时，并未就保险合同生效时间的相关事项向投保人进行协商和说明。生效时间是保险合同格式条款的重要部分。《保险法》第十七条："保险合同，采用保险人提供的格式条款的，保险人向投保人提供的投保单应当附格式条款，保险人应当向投保人说明合同的内容。对保险合同中免除保险人责任的条款，保险人在订立合同时应当在投保单、保险单或者其他保险凭证上作出足以引起投保人注意的提示，并对该条款的内容以书面或者口头形式向投保人作出明确说明；未作提示或者明确说明的，该条款不产生效力。"根据这一规定，本案涉及的两份保险合同的生效时间条款不产生效力，两份保险合同应视为即时生效。

法院判决：① 由曲靖保险公司在交强险范围内赔偿路春兰损失 12 万元；② 由沾益保险公司在商业险范围内赔偿路春兰 79730.4 元；③ 由郭先生赔偿路春兰鉴定费 960 元。判决后，沾益保险公司不服判决，提起上诉。

二审：保险公司主动撤诉。

二审法庭上，沾益保险公司的代理人认为，合同是双方真实意见的表达，应受法律保护。"起止时间在合同上有明确约定。"该代理人称，投保人交款、签字、领取合同，就意味投保人认可合同，而保险公司也已做到合同内容的告知义务。该代理人表示，郭先生是一位有 7 年驾龄的人员，他未选择即时生效条款，这是他的权利，保险公司无权干涉。因此，一审法院认定事实不清、适用法律不当，要求法院撤销一审法院判决中的第二项，并予以改判。

对此，郭先生及杨小姐的代理人师伟则称，保监委早有文件规定，合同签订完毕就即时生效，保险公司应该遵照执行，并告知投保人。师伟表示，本案保险公司的代办员不仅没有保险代办资质，也没有向投保人尽到对保单何时生效等内容的告知义务。"因此，保险公司以此为由，不承担赔偿责任是不合理的。"师伟说。法庭辩论结束，由于沾益保险公司的代理人要求调解解决，法庭宣布休庭让双方私下调解。据悉，二审法庭作出终审裁定：准许保险公司撤诉，双方均按一审判决执行。

"次日零时生效"这几乎已成为一种"行业惯例"。不过，保监委早在 2009 年就曾向各保险公司发文要求：各保险公司可在交强险承保中灵活处理，在保单特别约定栏目中，写明或加盖"即时生效"等字样。2010 年，保监委在一份批复中也提出：投保人在投保时可以提出"即时生效"要求。

本案中，保险公司没有证据证明其已就保险期间可选择这一事宜向投保人作了充分的说明，并就此在与之协商的情况下，使用保险期间自"次日零时起算"这一格式条款，因而该条款应属无效。

如果在签订保险合同时，保险公司既没有对"次日凌晨生效"向投保人进行解释，也未提醒投保人应注意该条款，则出于保护投保人、规范保险公司操作、提升社会对脱保现象防范的目的，法庭一般会要求保险公司承担一定的责任。

第一节　保险合同的订立与生效

一、保险合同的订立

保险合同的订立是指保险人与投保人在平等自愿的基础上就保险合同的主要条款经过协商最终达成协议的法律行为。与订立其他合同一样，保险合同的订立也要经过要约、承诺两个步骤。

要约(又称"订约提议"):一方当事人就订立合同的主要条款,向另一方提出订约建议的明确的意思表示。

保险合同通常采用格式合同,保险合同的订立通常是由投保人提出要约(即投保人填写投保单),向保险人提出保险要求。一个有效的要约应具备三个条件:

(1) 须明确表示订约愿望。

(2) 须具备合同的主要内容。

(3) 在其有效期内对要约人具有约束力。

承诺(又称"接受提议"):当事人一方表示接受要约人提出的订立合同的建议,完全同意要约内容的意思表示。承诺有效应具备三个条件:

(1) 不附带任何条件,即承诺是无条件的。

(2) 须由受约人或其合法代理人做出。

(3) 须在要约的有效期内做出。

合同经当事人一方做出承诺,即告成立。

保险合同的成立即投保人与保险人就合同的条款达成协议。投保人提出保险要求,经保险人同意承保,保险合同成立。保险单或者其他保险凭证应当载明当事人双方约定的合同内容。当事人也可以约定采用其他书面形式载明合同内容。

二、保险合同的生效

依法成立的保险合同条款对合同当事人产生约束力。依法成立的保险合同,自成立时生效。投保人和保险人可以对合同的效力约定附加条件或者附加期限。

我国保险实务中普遍推行的"零时起保制",是指:保险合同的生效时间是合同成立的次日零时或约定的未来某一日的零时。

合同成立并不等同于合同生效。在合同成立以后并不立即生效的情况下,保险人的责任是:保险合同成立后但尚未生效前发生保险事故的,保险人不承担保险责任;保险合同生效后发生保险事故的,保险人应按约定承担保险责任。

(一) 保险合同的有效

保险合同有效是指保险合同由当事人双方依法订立,并受国家法律保护。保险合同有效与保险合同生效在保险业务中有所不同。在我国,只要保险合同具备民法通则规定的民事法律有效要件,即当事人有相应的行为能力、意思表示真实、不违反法律或者社会公共利益,就可以认定其有效。保险合同的生效则要求合同所附条件成立,如交纳保险费或满足其他约定条件。因此,保险合同有效是保险合同生效的前提条件。保险合同有效,只要所附条件成立,保险合同就生效;保险合同无效,即使所附条件成立,保险合同也不生效。

按照保险合同订立的一般原则,保险合同的有效条件包括:

(1) 合同主体必须具有保险合同的主体资格。在保险合同中,保险人、投保人、被保险人、受益人都必须具备法律所规定的主体资格,否则会引起保险合同全部无效或部分无效。

(2) 主体合意,即签订保险合同的当事人双方要合意,而且合意是当事人双方必须具有主体资格基础上的合意,是建立在最大诚信基础上的合意。任何一方对他方的限制和强迫命令，都可使合同无效。

(3) 客体合法，即投保人对于投保的标的所具有的保险利益必须符合法律规定，符合社会公共利益要求，能够在法律上有所主张，为法律所保护；否则，保险合同无效。

(4) 合同内容合法，是指保险合同的内容不得与法律和行政法规的强制性或禁止性规定相抵触，也不能滥用授权性或任意性规定达到规避法律法规的目的。

(二) 无效保险合同的分类和原因

1. 无效保险合同的分类

按照无效的原因进行划分，无效保险合同可分为如下几类：

(1) 约定无效与法定无效。根据不同的原因来划分，无效保险合同有约定无效和法定无效两种。约定无效由合同的当事人任意约定，只要约定的理由出现，合同就无效。法定无效有法律明文规定，符合下列情况之一的，保险合同无效：① 合同是代理他人订立而不作声明；② 恶意的重复保险；③ 投保人对保险标的不具可保利益；④ 人身保险中未经被保险人同意的死亡保险；⑤ 人身保险中被保险人的真实年龄已超过保险人所规定的年龄限额；⑥ 人身保险中，体检是由他人冒名替代者。

(2) 全部无效与部分无效。根据不同的范围来划分，无效保险合同有全部无效和部分无效两种。全部无效是指保险合同全部不发生效力；部分无效是指保险合同中仅有一部分无效，其余部分仍然有效。如善意的超额保险，保险金额超过保险价值的部分无效，但在保险价值以内的有效。

(3) 自始无效与失效。根据时间来划分，无效保险合同有自始无效与失效两种。自始无效是指合同自成立起就不具备生效的条件，从一开始就不生效；失效是指合同成立后，因某种原因而导致合同无效。如被保险人对保险标的失去可保利益，保险合同即失去效力。失效不需要当事人做出表示，只要失效的原因出现，合同即失去效力。

2. 保险合同无效的原因和表现

保险合同无效的原因和表现主要有以下几种情况：

(1) 主体不合格的保险合同。主体不合格的保险合同主要表现为投保人不具有缔结合同的行为能力，如投保人为无民事行为能力人。如果是无民事行为能力人订立的保险合同，应认定为无效。从保险合同的另一方当事人方面来说，保险人必须是依法成立的经营保险业务的商业保险公司。其他单位和个人订立的商业保险合同，应为无效合同。

(2) 内容不合法的保险合同。内容不合法的保险合同是合同内容与法律、行政法规的强制性规定相冲突而导致无效的保险合同。根据我国目前的法律法规，内容不合法的保险合同主要包括：① 一方以欺诈、胁迫的手段订立的损害国家利益的保险合同；② 恶意串通，损害国家、集体或者第三者利益的保险合同；③ 以合法形式掩盖非法目的的保险合同；④ 损害社会公共利益的保险合同；⑤ 投保人对保险标的无保险利益订立的保险合同；⑥ 保险金额超过保险价值的财产保险合同；⑦ 未经被保险人书面同意并认可保险金额订立的以死亡为给付保险金条件的人身保险合同；⑧ 父母以外的人为无民事行为能力人订立的人身保险合同等。

(3) 形式不合法的保险合同。保险合同应当采用书面形式订立。如果保险合同采用口头形式，原则上应认定为不成立或无效。

因保险合同的无效而导致的法律后果可以类推适用合同法的相关规定。我国《合同法》第五十六条规定:"无效的合同或者被撤销的合同自始没有法律约束力。"第五十八条规定:"合同无效或被撤销后,因该合同取得的财产应予以返还;不能返还或者没有必要返还的,应当折价补偿。有过错的一方应当赔偿对方因此受到的损失,双方都有过错的,应当各自承担相应的责任。"第五十九条规定:"当事人恶意串通的,损害国家、集体、或者第三人利益的,因此取得的财产归国家所有或者返还给集体、第三人。"根据《合同法》的这些规定,保险合同的无效导致以下法律后果。

保险合同无效的,如发生保险合同约定的保险事故且保险人不存在任何过错,保险人不承担保险责任。

保险合同被确认无效的,当事人因为无效合同取得的财产应当返还给受损失的一方。如果投保人已经交付保险费,保险人已经给付保险金,应当以民法的不当得利的规定,投保人和保险人均负返还的责任。但这只是一般原则,如果当事人有过错,还要负担损害赔偿的责任。

如果保险法或保险合同对其有特别规定的,应当依其规定办理。如保险人没有过错而可以主张保险合同无效的,保险人可以对他方请求偿还费用,其已收取的保险费无需返还。如台湾保险法规定,因恶意的复保险无效的,保险人不必返还保险费。投保人明知危险已经消灭的,仍然与保险人订立保险合同的,保险人主张保险合同无效的,不必返还保险费。反之,如投保人没有过错,保险人不得对该投保人请求保险费及偿还费而可以主张保险合同无效,其已经收取的保险费应予以返还。如日本商法第 643 条规定:"保险契约全部或部分无效时,如投保人或被保险人系出于善意且无重大过失时,则可以请求保险人返还全部或部分保险费。"这些都应当是我国保险立法要加以规定的。有学者针对因恶意复保险和危险不存在的无效保险合同的立法指出,因投保人的故意行为而进行复保险、明知危险不存在却投保而导致合同无效的,保险人不必返还保险费。

典型案例

解新兴于 1996 年 1 月 9 日购买了型号为 BJ2020SG 的新吉普车一辆,价值人民币 52 000元,并领取了北京市公安局交通管理局颁发的有效期至同年 1 月 12 日止的车辆移动通行证。1 月 11 日,解新兴与海淀保险公司签订一份机动车辆保险合同,解新兴投保的险种为车辆损失险(保险金额 57 000 元)、第三者责任险(赔偿限额 5 万元)和附加险。解新兴投保上述三项保险共交纳保险费人民币 2361 元。保险合同中明确载明解新兴所投保车辆的型号、发动机号、车架号。在保险合同背后排印了《机动车辆保险条款》,该条款第二十九条内容为"保险车辆必须有交通管理部门核发的行驶证和号牌,并经检验合格,否则本保险单无效"。1月 12 日,解新兴交纳了车辆购置附加费人民币 4444.40 元,并到北京市公安交通管理局海淀交通大队领取了机动车呈领牌照审批表。1 月 14 日晚,解新兴将车辆停放在其所住楼下,15 日晨发现车辆被窃,即向公安机关及海淀保险公司报案,同时向海淀保险公司提出索赔要求。4 月 17 日,海淀保险公司以解新兴所购车辆在未经检验合格,未领取交通管理部门核发的行驶证及号牌的情况下,发生全车失窃,依据《机动车辆保险条款》第二十九条的规定,以该保险合同无效为由,作出了机动车保险拒赔报告书。

案例分析：

(1) 保险合同是否生效。

围绕合同是否生效，有两种意见。一是认为解新兴在购车后，虽然填写了保单，交纳了保费，但未领取交管部门核发的行驶证及号牌，依保单后登载的《机动车保险条款》第二十九条规定"保险车辆必须有交通管理部门核发的行驶证和号牌，并经检验合格，否则本保单无效"的条款，认定双方保险合同尚未生效。二是认为双方签订了合同，约定了保期，支付了保金，海淀保险公司在明知解新兴手续不全的情况下依然与其签订保险合同，且未对第二十九条作特别约定，应视为海淀保险公司对此条款的放弃，保险合同应自签订之日起生效。

保险合同是投保人与保险人约定权利义务关系的协议，是双方当事人约定一方在发生保险事故造成损害时，或者在约定的其他条件具备时给付约定保险金额，他方支付保险费的合同。依《保险法》第十二条"投保人提出保险要求，经保险人同意承保，并就合同条款达成协议，保险合同成立"。《保险法》第十三条规定"保险合同成立后，投保人按照约定交付保险费，保险人按照约定的时间开始承担保险责任"。本案中，双方签订了保单，解新兴亦支付了保费，合同应当生效，保期应依保单约定自 1996 年 1 月 12 日起至 1997 年 1 月 11 日止。在此期间内产生的投保范围内的损失，保险方应予赔付。在本案保单中，仅载明"本公司按承保险别，依照本保险单中载明的机动车辆保险条款和附加险条款以及其他特别约定，承担被保险人下列车辆的保险责任"。但在特别约定中，未就《机动车辆保险条款》第二十九条作出说明，加之海淀保险公司明知解新兴所投保车辆无交管部门核发的行驶证及号牌，亦未经检验合格，仍与其签订保险合同，视为海淀保险公司放弃此条款亦无不可。故笔者认为，此案中保险合同合法有效。

(2) 投保单所涉及的《机动车辆保险条款》第二十九条的效力如何认定。

本案所涉及的保险合同系一份附生效条件的保险合同，其中《机动车辆保险条款》第二十九条即为所附条件。依该条款规定，只有在被保车辆领取交管部门核发的行驶证及号牌，并经检验合格后，保单才发生法律效力，但该条款的效力如何认定呢？依《保险法》规定，投保人和保险人订立保险合同应当遵循公平互利、协商一致、自愿订立的原则。但在实践中，因保险具有较强的专业性，合同条款一般由保险方事先单独拟定，投保人因缺乏专业知识及法律意识，也不可能对由保险方单独拟定的保险条款进行更正，都是无条件地签字。况且由于保险方的优势地位，即使投保方提出特别要求，通常情况下也不会被保险方所接受。故保险合同实为一种附和合同，其条款应视为格式条款。针对格式条款订立的合同，在《合同法》实施前无专门规定，但其无协商性及不可更改性决定了接受方只能在接受或不接受间作出选择，接受则合同成立，不接受则合同不成立。本案中，由于个人拥有车辆及驾驶车辆可能遭受的风险，必然要求他接受这一合同，也意味着他必须遵守合同中的全部条款。正因为此，作为判定合同条款的保险方，在制作条款上必须要遵循公平原则，对于免除其责任或限制投保人的条款应予特别说明，并采用足以引起对方注意的方式提请对方注意。这与新颁布的《合同法》中的规定也是相符的，其目的均是为了公平。

《机动车辆保险条款》第二十九条的规定是否公平呢？从签订车辆保险合同的过程看，解新兴与保险公司签订了合同，交付了保费，在取得保单后，才能持保单、购车发票等手续去办号牌。在此期间，解新兴若发生了任何交通事故或车辆损失，保险公司均可以第二十九条为由认定合同无效，以逃避赔付责任。若此期间未发生情况，号牌及行驶证亦办下来，检验合格，则合同生效，保险公司开始承担约定的责任。但这里出现了一个问题，解新兴所交保费是在号牌申请下来前，保期是一年，从合同订立，保费交纳日起算，依第二十九条此时保险合同尚未生效，保险公司不承担赔付责任，保险公司却收取了这一期间的保费，这样的条款能算公平吗？显而易见，是不公平的。《民法通则》第四条规定："民事活动应遵循自愿、公平、等价有偿诚实信用的原则。"《保险法》亦规定了公平原则，该条款严重违背了公平原则，系保险人利用自己的优势地位订立的不平等条款，应属无效，保险公司以此条作为抗辩的理由是不成立的。

　　法院以保险公司明知解新兴所投保车辆没有交管部门核发的行驶证及号牌，亦未检验合格，却与其签了保险合同，收取了保费，约定了保险合同生效及截止日期，且未对第二十九条作特别约定为由，认为保险公司的行为应视为其对第四条的放弃。从本案中看，这样认定并无不可。但若保险公司就此条款将其列在特别条款中，作为投保人的合法权益则无法得到保护。事实上，保险公司已从该案败诉中认识到了这一点，将第二十九条(新的机动车辆保险条款中是第三十一条)的内容列入保单的特别约定中。故本案若以公平原则来处理，则对于投保方正当权益的维护更完善。

第二节　保险合同的履行

一、投保人应履行的义务

(一) 如实告知义务

　　订立保险合同，保险人就保险标的或者被保险人的有关情况提出询问的，投保人应当如实告知。这说明我国对投保人告知义务的履行实行"询问告知"原则，即投保人只需对保险人所询问的问题做如实回答，而对询问以外的问题投保人无须告知，不能视为违反告知义务。

(二) 交纳保险费义务

　　交纳保险费是投保人的最基本的义务，通常也是保险合同生效的必要条件。我国《保险法》要求投保人在保险合同成立后，按照约定一次性或分期交付保险费。如果投保人未能依照合同规定履行交纳保险费的义务，法律后果：

　　第一，在约定保费按时交纳为保险合同生效要件的场合，保险合同不生效。

　　第二，在财产保险合同中，保险人可以请求投保人交纳保险费及迟延利息，也可以终止保险合同。

　　第三，在人身保险合同中，如果投保人未按约定期限(包括宽限期在内)交纳保费，保险人可进行催告，投保人则应在一定期限内交纳保险费，否则保险合同自动中止。

(三) 防灾防损义务

　　保险合同订立后，财产保险合同的投保人、被保险人应当遵守国家有关消防、安全、生产操作、劳动保护等方面的规定，维护保险标的的安全。

保险人有权对保险标的的安全工作进行检查，经被保险人同意，可以对保险标的采取安全防范措施。投保人、被保险人未按约定维护保险标的安全的，保险人有权要求增加保险费或解除保险合同。

(四) 保险事故发生后及时通知义务

(1) "危险增加"的通知义务。"危险增加"指在订立保险合同时，当事人双方未曾估计到的保险事故危险程度的增加。在保险人接到"危险增加"的通知，或虽未接到通知但已经知晓的情况下，应在一定期限内做出增加保费或解除合同的意思表示。如果不做任何表示，则可视为默认，以后不得再主张提高费率或解除保险合同。

(2) 保险事故发生的通知义务。在保险事故发生后，被保险人应将保险事故的发生及时告知保险人，以利于后期保险理赔的取证、判定等。

(五) 损失施救义务

保险事故发生时，被保险人有责任尽力采取必要的合理的措施，进行损失的施救，防止或减少损失。《保险法》第四十一条第一款规定："保险事故发生时，被保险人有责任尽力采取必要的措施，防止或者减少损失。"为鼓励投保人、被保险人积极履行施救义务，《保险法》第四十一条还规定："被保险人为防止或者减少保险标的的损失所支付的必要的、合理的费用，由保险人承担。"

(六) 提供单证义务

保险事故发生后，向保险人提供单证是投保人、被保险人或受益人的一项法定义务。向保险人索赔应当提供的单证，是指与确认保险事故的性质、原因、损失程度等有关的证明和材料，包括保险单、批单、检验报告、证明材料等。提出财产保险合同、人身保险合同的保险金请求均应履行该项义务。

(七) 协助追偿义务

在财产保险中由于第三人行为造成保险事故发生时，被保险人应当保留对保险事故责任方请求赔偿的权利，并协助保险人行使代位求偿权；被保险人应向保险人提供代位求偿所需的文件及其所知道的有关情况。

二、保险人应履行的义务

(一) 承担赔偿或给付保险金义务

承担赔偿或给付保险金是保险人最基本的义务。

(二) 说明合同内容义务

《保险法》第十六条规定："订立保险合同，保险人应当向投保人说明保险合同的条款内容，并可以就保险标的或者被保险人的有关情况提出询问，投保人应当如实告知。"保险人承担条款说明义务的原因是：保险人因其从事保险业经营而熟悉保险业务，精通保险合同条款；保险合同条款大都由保险人订立，而投保人则常常受到专业知识的限制，对保险业务和保险合同条款大多不甚熟悉，加之对合同条款内容的理解亦可能存在偏差、误解，均可能导致被保险人、受益人在保险事故或事件发生后，得不到预期的保险保障。

(三) 及时签单义务

保险合同成立后，保险人应当及时向投保人签发保险单或者其他保险凭证，并在保险单或者其他保险凭证中载明当事人双方约定的合同内容。保险合同成立后，及时签发保险单证是保险人的法定义务。保险单证(即保险单或者其他保险凭证)是保险合同成立的证明，也是履行保险合同的依据。

(四) 为投保人或被保险人保密义务

保险人或者再保险接受人在办理保险业务中，对投保人、被保险人或者再保险分出人的业务和财产情况，负有保密的义务，这是一项法定义务。

三、影响保险合同效力的主要因素

保险合同的特点之一就是最大诚信，以下几项均是为了使保险的最大诚信原则得以贯彻和实施。

(一) 告知

告知指投保人在签订保险合同前或签订保险合同时，向保险人所作的口头的或书面的陈述。告知分为确认告知和承诺告知。确认告知指投保人向保险人告知已经存在的事实与情况，又称为事实的告知；承诺告知指投保人向保险人告知预料将来存在的事实或情况，又称为企图的告知。

如果投保人或被保险人所告知的重要事实有误，保险人可据此宣告合同无效。重要事实指保险人在考虑他是否与投保人订立合同，或者应基于何种条件与之订立合同时，那些足以对其决断产生影响的事实。

(二) 保证

保证指投保人在签订保险合同时向保险人保证做或不做某一事情，或者保证某种状态存在或不存在。投保人的保证是保险人承保的一个先决条件。在有些情况下，如果投保人不做保证，则保险人可能不予承保，或将提高费率。保证分为明示保证和默示保证。

明示保证应以书面的形式或以特约条款的形式附加于保单之内。

默示保证在保单上虽然没有文字记载，但从习惯或社会公认的角度看，被保险人应当保证对某种事情的行为或不行为。

(三) 隐瞒

由于保险合同是最大诚信合同，这就要求投保人在投保时必须将其所知而保险人所不知的所有重要事实都告诉保险人。告知不实即为误告；不予告知就是隐瞒。

(四) 弃权与禁止反言

前述的保证和告知等因素多约束被保险人，弃权与禁止反言的规则则多用来约束保险人。

弃权指合同的一方自愿放弃其在保险合同中可以主张的权利。禁止反言指合同的一方既已放弃其在合同中的某种权利，日后就不能再向另一方主张已放弃的权利。

第三节　保险合同的变更与终止

一、保险合同的变更

保险合同的变更是指保险合同没有履行或没有完全履行之前，当事人根据情况变化，按照法律规定的条件和程序，对保险合同的某些条款或事项进行修改或补充。

保险合同的变更主要包括保险合同主体的变更和内容的变更。

(一) 保险合同主体的变更

保险合同主体的变更包括：保险人以及投保人、被保险人、受益人的变更。

投保人的变更属于合同的转让或者保险单的转让，如在转移财产所有权或者经营管理权的同时将保险合同一并转让给新的财产受让人。《保险法》第三十三条规定，保险标的的转让应当通知保险人，保险人同意继续承保后，依法变更合同。

被保险人的变更只能发生在财产保险合同中。在人身保险合同中，保险标的即被保险人的生命或身体，这是保险关系确立的基础，是不能变更的。在财产保险合同中，保单的转让往往因保险标的的所有权发生转移(包括买卖、让与和继承)而发生。关于保单转让的程序，有两种通行的做法：一种是转让必须得到保险人的同意；另一种是允许保单随着保险标的的转让而自动转移，不需征得保险人的同意。

受益人的变更根据《保险法》第六十二条规定，被保险人或者投保人可以变更受益人并书面通知保险人。保险人收到变更受益人的书面通知后，应当在保险单上批注。投保人变更受益人时，须经被保险人同意。

(二) 保险合同内容的变更

保险合同内容的变更主要是由投保方原因引起的，具体包括：

(1) 由保险标的的数量、价值增减而引起的保险金额的增减。

(2) 由保险标的的种类、存放地点、占用性质、航程和航期等的变更引起风险程度的变化，从而导致保险费率的调整。

(3) 保险期限的变更。

(4) 人寿保险合同中被保险人职业、居住地点的变化等。

(三) 保险合同变更的程序与形式

(1) 保险合同变更必须经过一定的程序才可以完成。在原保险合同的基础上，投保人及时提出变更保险合同事项的要求，保险人审核并按规定增减保险费，最后签发书面单证，变更完成。

(2) 保险合同的变更必须采用书面形式，对原保单进行批注。

二、保险合同的终止

(一) 合同的解除

保险合同的解除是指当事人基于合同成立后所发生的情况，使合同无效的一种单独的行为，即当事人一方行使解除权(或法律赋予，或合同中约定)，使合同的一切效果消失并回复到合同订立前的状态。

合同的解除与合同的无效是不同的。前者是行使解除权而效力溯及既往；后者则是根本不发生效力。解除权有时效规定，可因时效而丧失解除权；而无效合同则并不会因时效而成为有效合同。

在实践中，保险合同的解除分为法定解除、约定解除和任意解除三种。法定解除是指保险合同生效后，没有履行或没有完全履行前，当事人在法律规定的解除条件出现时，行使解除权从而使合同关系消灭。约定解除又称协议解除，是指双方当事人可以约定解除合同的条件，一旦出现了所约定的条件，一方或双方即有权利解除保险合同。任意解除是指法律规定双方当事人都有权根据自己的意愿解除合同。

我国《保险法》规定，投保人或被保险人有下述行为之一者，可以构成保险人解除保险合同的条件：

(1) 投保人故意隐瞒事实，不履行如实告知义务的，或者因重大过失未履行如实告知义务，足以影响保险人决定是否同意承保或者提高保险费率的。

(2) 被保险人或受益人在未发生保险事故的情况下，谎称发生了保险事故，向保险人提出赔偿或者给付保险金的请求的。

(3) 投保人、被保险人故意制造保险事故的。

(4) 投保人、被保险人未按照约定履行其对保险标的安全应尽的责任的。

(5) 在合同有效期内，保险标的的危险程度增加，被保险人未及时通知保险人的。

(6) 投保人申报的被保险人年龄不真实并且其真实年龄不符合合同约定的年龄限制的(但合同成立后逾两年的除外)。

(7) 自合同效力中止之日起两年内双方未达成协议的。

(二) 合同的复效

保险合同的复效，又称为保险合同的恢复，是指已经中止的保险合同，因符合一定的条件，按一定的程序恢复合同效力。保险合同中止后，投保人应与保险人达成协议，在补交保险费后，恢复保险合同的效力；否则，保险人可以解除保险合同。

根据《保险法》第五十八条的规定，人身保险合同的复效应当符合如下条件：

(1) 保险合同中止后的两年内，可以恢复保险合同的效力。根据《保险法》第五十九条的规定，保险合同自中止之日起两年内没有复效的，保险人有权解除合同。由此，在保险合同中止之日起两年内，保险人不得解除保险合同，保险人应当根据投保人的请求，与投保人协商保险合同复效的条件并达成协议。但是自保险合同效力中止之日起两年内，双方没有达成复效协议的，保险人有权解除保险合同。

(2) 被保险人应当符合保险人的承保条件。《保险法》中规定只有人身保险合同才能够复效。保险合同中止期间，被保险人必须符合保险人所规定的承保条件，人身保险合同方具备复效的前提。

(3) 保险人与投保人就保险合同的复效达成协议。投保人补交保险费后，保险合同的效力恢复。保险合同的复效应由投保人提出复效请求，经保险人同意并达成书面协议，投保人对保险合同中止前未缴纳的保险费补交后，保险合同方能复效。

(三) 保险合同的中止

保险合同的中止，是指在人身保险合同的有效期间内，因发生法定情形而使合同的效力暂时停止。保险合同中止的法律效果是，在保险合同的中止期间，保险人不承担保险合同约定的保险责任。保险合同的中止并不从根本上消灭保险人的保险责任，因为依一定程序可以使其效力得以恢复。根据《保险法》第五十八条规定，在人身保险合同中，合同约定分期支付保险费，投保人支付首期保险费后，除合同另有约定外，投保人超过规定期限 60 日未支付当期保险费的，合同效力中止。

人身保险合同的宽限期，是指在人身保险合同中，有分期给付保险费的情况下，保险人在投保人缴付了首期保险费后，对于续期保险费到期时没有缴纳的投保人，给予一定期限的展延，由投保人在展延期限内补交续期保险费。在宽限期内，保险合同继续有效，保险人对发生在期内的保险事故应当承担保险责任，但应从给付保险金款额中扣除所欠保险费。宽限期分为约定宽限期和法定宽限期。前者是由保险合同当事人在合同中约定的；后者是按保险法规定，自保险费到期日起 60 日。投保人在宽限期内仍未缴纳续期保险费时，保险人可以中止保险合同或由保险人按约定条件减少保险金额。但是在我国台湾地区保险法中，法定宽限期的起始时间为保险人催告且送达投保人后 30 日。

(四) 保险合同的终止

保险合同的终止是指当事人之间由合同所确定的权利义务由于法律规定的原因出现而不复存在。导致保险合同终止的原因主要包括期限届满、合同解除、合同违约失效、合同履行以及保险标的灭失或被保险人死亡等等。

(1) 合同因期限届满而终止。保险合同关系是一种债权债务关系。任何债权债务都是有时间性的。保险合同订立后，如果合同的有效期已届满，即使未发生保险事故，保险人的保险责任也自然终止。这是保险合同终止的最普遍和最基本的原因。

(2) 合同因解除而终止。合同解除是另一种较为常见的保险合同终止的原因。在实践中，保险合同的解除主要包括法定解除和约定解除两种。法定解除是指法律规定的原因出现时，保险合同的当事人一方依法行使解除权，解除已经生效的保险合同关系。保险人行使法定解除权的情形包括：投保人故意隐瞒事实，不履行如实告知义务，或者因过失未履行如实告知义务，并足以影响保险人的承保决定；被保险人或者受益人谎称发生保险事故，并提出赔偿或给付保险金请求；投保人、被保险人或受益人故意制造保险事故；投保人或被保险人未按照约定履行其对保险标的安全应尽的责任；被保险人未按照合同约定履行危险增加通知义务；在人身保险中，投保人申报的被保险人年龄不真实且真实年龄不符合合同约定的年龄限制，合同成立未超过两年；在人身保险中，合同效力中止起两年内双方未达成协议等等。

(3) 合同因违约失效而终止。因被保险人的某些违约行为，保险人有权使合同无效。例如，如果投保人不能如期(包括宽限期在内)缴纳保费，则保险人可以使正在生效的寿险合同中途失效。当然，在一定条件下，中途失效的寿险合同经被保险人履约并为保险人所接受，还可以恢复效力。但是，财产保险合同因不能如期缴纳保费而被终止合同的，则不能恢复合同效力。

(4) 合同因履行而终止。保险事故发生后，保险人完成全部保险金额的赔偿或给付义务之后，保险责任即告终止。例如，终身保险中的被保险人死亡，保险人给付受益人死亡保险金后，合同终止；在财产保险中，被保险财产被火灾焚毁，被保险人获得全部保险赔偿后，合同即告终止。

(5) 合同因保险标的灭失或被保险人死亡而终止。在财产保险中，保险标的由于承保风险以外的原因而全部灭失，投保人丧失了保险利益，保险合同自行终止；在人身保险中，如果被保险人不是由于保险人责任范围内的原因而死亡，保险合同也自行终止。

第四节　保险合同的解释原则与争议处理

一、保险合同的解释原则

合同解释是指当合同条款的意思发生歧义时，法院或者仲裁机构按照一定的方法和规则对其作出的确定性判断。《合同法》第一百二十五条规定："当事人对合同条款的理解有争议的，应当按照合同所使用的词句、合同的有关条款、合同的目的、交易习惯以及诚实信用原则，确定该条款的真实意思。合同文本采用两种以上文字订立并约定具有同等效力的，对各文本使用的词句推定具有相同含义。各文本使用的词句不一致的，应当根据合同的目的予以解释。"保险合同应遵循合同的解释原则有以下几种。

(一) 文义解释原则

文义解释是按保险条款文字的通常含义解释，即保险合同中用词应按通用文字含义并结合上下文来解释。保险合同中的专业术语应按该行业通用的文字含义解释，同一合同出现的同一词其含义应该一致。当合同的某些内容产生争议而条款文字表达又很明确时，首先应按照条款文义进行解释，切不能主观臆测、牵强附会。如中国人民保险公司的家庭财产保险条款中承保危险之一"火灾"，是指在时间或空间上失去控制的燃烧所造成的灾害。构成火灾责任必须同时具备以下三个条件：有燃烧现象，即有热有光有火焰；偶然、意外发生的燃烧；燃烧失去控制并有蔓延扩大的趋势。而有的被保险人把平时用熨斗熨衣造成焦煳变质等损失也列为火灾事故要求赔偿。显然，按文义解释原则，就可以作出明确的判断。

(二) 意图解释原则

意图解释即以当时订立保险合同的真实意图来解释合同。意图解释只适用于文义不清、用词混乱和含糊的情况。如果文字准确，意义毫不含糊，就应照字面意义解释。在实际工作中，应尽量避免使用意图解释，以防止意图解释过程中可能发生的主观性和片面性。

(三) 利于非起草人原则

《合同法》第四十一条规定："对格式条款的理解发生争议的，应当按照通常理解予以解释。对格式条款有两种以上解释的，应当作出不利于提供格式条款一方的解释。"由于多数保险合同的条款是由保险人事先拟定的，保险人在拟订保险条款时，对其自身利益应当是进行了充分的考虑，而投保人只能同意或不同意接受保险条款，一般不能对条款进行修改。所以，对保险合同发生争议时，人民法院或者仲裁机关应当作出有利于非起草人(投保人、被保险人或者受益人)的解释，以示公平。只有当保险合同条款模棱两可、语义含混不清或一词多义，而当事人的意图又无法判明时，才能采用该解释原则。所以，《保险法》第三十条规定：“对于保险合同的条款，保险人与投保人、被保险人或者受益人有争议时，人民法院或者仲裁机关应当作出有利于被保险人和受益人的解释。”

(四) 尊重保险惯例原则

保险业务有其特殊性，是一种专业性极强的业务。在长期的业务经营活动中，保险业产生了许多专业用语和行业习惯用语，这些用语的含义常常有别于一般的生活用语，并为世界各国保险经营者所接受和承认，成为国际保险市场上的通行用语。为此，在解释保险合同时，对某些条款所用词句，不仅要考虑该词句的一般含义，而且要考虑其在保险合同中的特殊含义。

(五) 补充解释原则

补充解释原则指当保险合同条款约定内容有遗漏或不完整时，借助商业习惯、国际惯例、公平原则等对保险合同的内容进行务实、合理的补充解释，以便合同的继续执行。

(六) 效力从优原则

效力从优原则的意思是保险合同的当事人在合同中所约定的事项出现相互冲突的情况时，为了尊重保险合同当事人的真实意图，法律规定其中某一些约定的效力优于其他的一些约定。在具体的实践中，这一原则主要表现为以下几个方面：

第一，当口头约定与书面约定不一致时，由于书面约定更能体现当事人的意图，所以书面约定优于口头约定。

第二，当保险单上的约定与投保单等保险合同的其他文件上的约定不一致时，由于保险单是保险合同的正式文件，而且相对于其他文件而言，保险单是最后完成的，更能体现当事人的真实意图，所以保险单的效力优于其他文件。

第三，当保险合同的特约条款与一般条款出现不一致时，由于特约条款是当事人对一般条款的补充，更能体现当事人的真实意图，所以特约条款优于一般条款。

第四，当保险合同的内容以不同形式记载(如除了印就的保险单外，还有加贴印就的条款、出立的批单、以手写或打印的方式在保险单上批注等)时，如果不同形式的条文在内容上出现相互冲突，根据其具有真实性程度的大小，后加的条款优于原有的条款，手写的条款优于打字的条款，打字的条款优于贴上的附加条款，贴上的附加条款优于保险单原有的条款。

二、保险合同争议的处理方式

(一) 协商

协商是指合同双方在自愿、互谅、实事求是的基础上，对出现的争议直接沟通，友好磋商，消除纠纷，求大同存小异，对所争议问题达成一致意见，自行解决争议的办法。

协商解决争议不仅可以节约时间、节约费用，更重要的是可以在协商过程中，增进彼此了解，强化双方互相信任，有利于圆满解决纠纷，并继续执行合同。

(二) 调解

调解是指在合同管理机关或法院的参与下，通过说服教育，使双方自愿达成协议，平息争端。调解解决争议必须查清纠纷的事实，分清是非责任，这是达成合理调解协议的前提。调解必须遵循法律、政策与自愿原则。只有依法调解，才能保证调解工作的顺利进行。如果一方当事人不愿意调解，就不能进行调解。如调解不成立或调解后又反悔，可以申请仲裁或直接向法院起诉。

(三) 仲裁

仲裁指由仲裁机构的仲裁员对当事人双方发生的争执、纠纷进行居中调解，并做出裁决。仲裁做出的裁决，由国家规定的合同管理机关制作仲裁决定书。申请仲裁必须以双方自愿基础上达成的仲裁协议为前提。仲裁协议可以是订立保险合同时列明的仲裁条款，也可以是在争议发生前、发生时或发生后达成的仲裁协议。

仲裁机构主要是指依法设立的仲裁委员会，它是独立于国家行政机关的民间团体，而且不实行级别管辖和地域管辖。仲裁委员会由争议双方当事人协议选定，不受级别管辖和地域管辖的限制。仲裁裁决具有法律效力，当事人必须执行。仲裁实行"一裁终局"的制度，即裁决书做出之日即发生法律效力，一方不履行仲裁裁决的，另一方当事人可以根据民事诉讼的有关规定向法院申请执行仲裁裁决。当事人就同一纠纷不得向同一仲裁委员会或其他仲裁委员会再次提出仲裁申请，也不得向法院提起诉讼，仲裁委员会和法院也不予受理，除非申请撤销原仲裁裁决。

(四) 诉讼

诉讼是指保险合同当事人的任何一方按法律程序，通过法院对另一方当事人提出权益主张，由人民法院依法定程序解决争议、进行裁决的一种方式。这是解决争议最激烈的方式。

本 章 小 结

保险合同的成立须经过要约和承诺两个步骤。保险合同的存续期间，其主体、内容等也可能发生变更，从而使合同的效力也随之发生变更，导致合同无效、解除等。另外，保险合同也可能因为期限届满、解除、违约失效、履行合同等原因而终止。保险合同的解释原则有文义解释原则、意图解释原则、利于非起草人原则、尊重惯例原则、补充解释原则和效力从优原则等。保险合同争议的解决方式主要有协商、调解、仲裁和诉讼等。

复 习 思 考 题

一、名词解释

要约　　承诺　　保险合同的成立　　保险合同的生效　　零时起保制　　协助追偿
弃权　　禁止反言　　保险合同解除　　保险合同无效　　文义解释原则　　效力从优原则

二、单项选择题

1. 人身保险合同的生效条件是(　　)。

A. 投保人交付首期保险费　　　　B. 投保人交付末期保险费

C. 投保人和保险人签订合同　　　　D. 人身保险合同经保险公司批准

2. 投保人指定或变更受益人须经过(　　)同意。

A. 保险人　　　B. 被保险人　　　C. 原先指定的受益人　　　D. 变更的受益人

3. 分期支付保险费的保险合同,投保人在支付了首期保险费后,未按约定或法定期限支付当期保险费的,合同效力中止。合同效力中止之后(　　)内双方未就恢复效力达成协议的,保险人有权解除保险合同。

A. 1 年　　　　B. 2 年　　　　C. 3 年　　　　　　　D. 5 年

4. 保险合同有效与保险合同生效的关系是(　　)。

A. 前者是后者的前提条件　　　　B. 后者是前者的前提条件

C. 二者互为前提条件　　　　　　D. 二者并无实质关系

5. 在人身保险合同中,投保人、被保险人或受益人故意制造保险事故且投保人已交纳 2 年以上保险费的(　　)。

A. 保险人无权解除保险合同

B. 保险人有权解除保险合同,但应在扣除手续费后退还保险费

C. 保险人有权解除保险合同,并向受益人退还全额保险费

D. 保险人有权解除保险合同,但应退还保险单的现金价值

6. 保险人无权行使财产保险合同解约权的情形是(　　)。

A. 投保标的危险程度增加

B. 投保人未履行对标的的安全应尽的义务

C. 被保险人诈赔

D. 货物运输保险标的的转让

三、简答题

1. 保险合同的成立和生效有什么区别?

2. 保险合同的无效和失效有什么区别?对于无效保险合同应该如何处理?

3. 保险合同在哪些情况下可以解除?保险合同的解除和终止有什么区别?

4. 保险合同的解释原则有哪些?

5. 保险合同的争议处理方式有哪些?

6. 无效保险合同的分类主要有哪些?保险合同无效的原因各是什么?

四、案例分析题

2011 年 5 月,陈先生投保了生死两全人寿保险,投保时,考虑大儿子家庭生活困难,便指定其为受益人。2015 年年初,陈先生患癌症住院,大儿子只是偶尔去医院看望父亲,而小儿子日夜在医院护理,陈先生知道自己将不久于人世,考虑到小儿子对自己很好,于是立下遗嘱指定保险受益人为小儿子。陈先生去世后,两个儿子因 10 万元赔偿金的归属问题发生了争执。小儿子认为保险合同虽明确哥哥是父亲指定的唯一身故受益人,但父亲临终前已立遗嘱将受益人变更为自己,因此自己才是合法的受益人。保险公司将赔偿金支付给了大儿子,小儿子不服,将保险公司起诉到法院。法院经审理,驳回了小儿子的诉讼请求。

请根据学习的理论知识对此案例进行分析。

第七章　保险的基本原则

【学习目标】

掌握保险的基本原则；利用保险的基本原则正确分析和解释保险理论和实务中遇到的各种问题。

案例导入 ➡

某纸品加工企业投保财产险，保险金额为 480 万元，其中，厂房及附属建筑 300 万元、机器设备 80 万元、存货 100 万元。在保险期间发生台风事故，造成附属建筑——简易房屋顶被吹坏，设备、存货均有不同程度损失，受灾后被保险人向保险公司提出索赔。经现场查看、清点损失，保险双方签订损失确认书，核定损失为设备维修保养费 1.2 万元、存货损失费 6.5 万元、简易房维修费 9 万元。

保险理赔人员审核索赔资料时发现，被保险人的房屋建筑系租用他人房屋，根据被保险人提供的租赁合同中相关条文显示，承租人不承担因不可抗力造成的损失。基于此，对房屋的损失形成两种不同的意见：一是认为被保险人是房屋的使用人，使用人对保险标的同样具有保险利益，在发生损失后，应当得到赔偿，如果不能及时得到补偿，将影响到生产，其损失是显而易见的；二是认为被保险人虽然是房屋使用人，其对房屋确实有保险利益，但其保险利益是建立在对损失负有责任时其保险利益才存在，但在对损失不承担责任时将不存在保险利益。

根据《保险法》第十二条的规定："投保人对保险标的应当具有保险利益。不具有保险利益的，保险合同无效。"《合同法》第二百二十二条规定："承租人应当妥善保管租赁物，因保管不善造成租赁物毁损、灭失的，应当承担损害赔偿责任。"被保险人所拥有的保险利益也基于对租赁物具有保证其完好状态的义务。如无需承担该义务，则对被保险人而言在事故中就没有受到损失，也就丧失了对租赁物的保险利益，即无损失无保险。

本案中，承租人不承担因不可抗力造成的损失。本案中的台风事故属于不可抗力，所以说，根据租赁合同的约定，承租人将不承担台风事故对房屋造成的损失，被保险人对房屋损失无保险利益，保险公司对房屋的损失不予赔偿。

(资料来源：http://www.chinarm.cn/Insurance)

第一节　最大诚信原则

一、概述

(一) 最大诚信原则的基本含义

最大诚信原则的基本含义为：保险双方在签订和履行保险合同时，必须以最大的诚意，履行自己应尽的义务，互不欺骗和隐瞒，恪守合同的认定与承诺，依法向对方提供足以影响对方做出订约与履约决定的全部实质性重要事实；否则，保险合同无效。

(二) 规定最大诚信原则的原因

保险活动中对当事人诚信的要求要比一般民事活动更为严格，要求当事人具有"最大诚信"，这主要是因为信息的不对称性和保险合同的特殊性。

1. 信息的不对称性

与一般金融活动中的信息不对称相同，保险经营活动也具有自身的信息不对称性。对于保险人而言，投保人转嫁的风险性质与大小直接决定着其能否承保与如何承保。由于保险标的是广泛且复杂的，而且保险过程中，保险标的自始至终都处于投保人的控制之下，保险人对保险标的知之甚少，只能通过投保人的告知与陈述来决定是否承保，故要求投保人遵守最大诚信原则，尽量对保险标的的有关信息进行披露。而对于投保人而言，由于保险合同的专业性和复杂性，一般的投保人难以理解和掌握，且该合同属于附加合同，合同内容一般由保险人来制定，投保人只能同意或不同意，或以附加条款的形式接受，保费、承保条件、赔偿方式是否合理等在一定程度上是由保险人决定的，所以保险人必须遵守最大诚信原则，如实承保，不得损害投保人的利益。

2. 保险合同的特殊性

保险合同是一种射幸性合同，即一方是否履行义务有赖于偶然事件出现的一种合同。我们知道，保险事故的发生是不确定的，而一旦发生保险事故，被保险人所获得的保险金将远远超过其支付的保费。因此，如果投保人有不诚实的行为，将使保险人支付的赔款大大增加，严重时将造成保险公司经营困难，最终影响广大投保人的利益，故要求投保人基于最大诚信原则依法履行其告知义务。

二、最大诚信原则的具体内容

最大诚信原则实行的根本目的就是为了维护保险双方当事人的合法利益，因此保险双方当事人都应该认真遵守这一原则。对投保人或被保险人而言，遵守该原则体现在如实告知和履行保证上；而对于保险人而言，遵守这一原则除了告知和保证义务外，还主要体现在弃权和禁止抗辩上。具体内容如下：

(一) 告知

告知是指投保人在订立保险合同时，应当将与保险标的有关的重要事实如实向保险人陈述，以便让保险人判断是否接受承保或以什么条件承保。告知从理论上分为广义告知和狭义告知两种。广义告知是指保险合同订立时，投保方必须就保险标的的危险状态等有关事项向保险人进行口头或书面陈述，以及合同订立后，保险标的的危险变更、增加或事故发生的通知；而狭义告知仅指投保方对保险合同成立时就保险标的的有关事项向保险人进行口头或书面陈述。事实上，保险实务中所称的告知，一般是指狭义的告知，本书中所述的告知亦指狭义的告知。本书中包括口头和书面的陈述。

1. 告知的内容

在保险合同订立时，投保人应将那些足以影响保险人决定是否承保和确定费率的重要事实如实告知保险人，如人身保险中被保险人的年龄、既往病史、家族遗传史、职业等如实告知保险人；财产保险中保险标的的价值、品质、风险状况等如实告知保险人。

保险人告知的内容主要有两方面：一是保险合同订立时要主动向投保人说明保险合同条款内容，对于责任免除条款还要明确说明；二是保险人对于不属于保险赔偿(给付)义务的索赔请求，应当向被保险人或受益人发出拒绝赔偿或拒绝给付保险金通知书来履行其告知义务。

2. 告知的形式

告知的形式国际上主要有两种：即无限告知和询问回答告知。

(1) 无限告知，即法律或保险人对告知的内容没有明确规定，投保方需主动将保险标的的状况及有关重要事实如实告知保险人。

(2) 询问回答告知，又称主观告知，指投保方只对保险人询问的问题如实告知，对询问以外的问题投保方无需告知。

早期保险活动中的告知均为无限告知，但是随着保险技术水平的提高，目前世界上许多国家(包括我国在内)均采用询问回答告知的方式。我国《保险法》第十七条规定："订立保险合同，保险人应当向投保人说明保险合同的条款内容，并可以就保险标的或者被保险人的有关情况提出询问，投保人应当如实告知。"

典型案例

带病投保 15 天后死亡，保险公司是否应承担责任？

2018 年 1 月 30 日，李某在某银行贷款时，被推荐购买借款人人身意外伤害保险附加借款人疾病身故及全残保险。在银行工作人员的指导下，由李某妻子操作，在李某手机上安装了 APP，购买了某保险公司的产品，约定银行为第一受益人。2018 年 2 月 14 日，李某因肝硬化抢救无效死亡。2 月 23 日其家属向保险公司提交了死亡证明等相关资料。保险公司调查后发现，自 2015 年开始李某因脂肪肝、糖尿病等病因定期在某医院就诊，从 2015 年至 2018 年，因上述病症已经发现累计住院 5 次。3 月 29 日保险公司以李某带病投保故意未履行如实告知义务为由拒绝赔偿。几经协商无果后，李某家属一纸诉状将保险公司告上法庭，要求按照保险合同将保险金支付给第一受益人银行。

争议焦点：

李某带病投保，保险公司是否应该承担保险责任？

法理分析：

李某带病投保无法否认。本案是通过手机完成投保的。按照投保流程，首先注册，填写投保人、被保险人、受益人等信息，然后投保页面会弹出以下提示内容：您是否患有以下疾病，如肝硬化、糖尿病等。如果投保人点击"是"，那么系统到此终结，表明投保人不能投保该保险。只有点击"否"，才能进行下一步操作。在本案中，李某的妻子明知其丈夫患有肝硬化、糖尿病等严重疾病，仍然点击"否"。故意隐瞒了病情，未履行如实告知义务。庭审时，李某妻子称是自己操作手机为丈夫投保的，丈夫不知情。在本案中，李某妻子代为投保的行为构成委托代理。李某与其妻子同在现场，且同意妻子代为进行投保，行为的法律后果应由李某承担，李某妻子作为配偶的一方对李某的身体状况是非常清楚的，在进入 APP 进行投保时，对于系统弹出的如实告知界面，为达到投保的目的未进行如实告知的行为，确属"故意"隐瞒，欺诈投保的事实是无法否认的。

(二) 保证

所谓保证，是指保险人在签发保险单或承担保险责任之前要求投保人或被保险人对某一事项的作为或不作为、某种事态的存在或不存在作出的承诺或确认。保证的目的在于控制风险，确保保险标的及其周围环境处于良好的状态中。

1. 按照保险事项是否已存在分类

按照保险事项是否已存在，保证可分为确认保证和承诺保证。

(1) 确认保证。确认保证是指投保人或被保险人对过去或投保当时的事实作出如实的陈述，而不是对该事实以后的发展情况作出保证。

(2) 承诺保证。承诺保证是指投保人对将来某一事项的作为或不作为的保证，即对该事项今后的发展作保证。如投保家庭财产保险时，投保人或被保险人保证不在家中放置危险物品。

2. 按照保险事项存在的形式分类

按照保险事项存在的形式，保证可分为明示保证和默示保证。

(1) 明示保证。明示保证是指以文字或书面的形式载明于保险合同中，成为保险合同的条款。例如，我国《机动车辆保险条款》规定："被保险人必须对保险车辆妥善保管、使用、保养，使之处于正常技术状态。"这条规定即为明示保证。明示保证是保证的重要表现形式。

(2) 默示保证。默示保证是指并未在保单中明确载明，但订约双方在订约时都清楚的保证。默示保证无须合同中文字的表述，一般是国际惯例所通行的准则、习惯或社会公认的在保险实践中应遵守的规则。默示保证的内容通常是以往法庭判决的结果，或是保险实践经验的总结。默示保证在海上保险中运用比较多。

此处需分清保证与告知的区别。保证与告知的区别在于，告知强调的是诚实，对有关保险标的的重要事实如实申报；而保证则强调守信，恪守诺言，言行一致，承诺的事项与事实一致。所以，保证对投保人或被保险人的要求比告知更为严格。此外，告知的目的在于使保险人能够正确估计其所承担的危险；而保证则在于控制危险，减少危险事故的发生。

(三) 弃权

弃权是指保险人放弃因投保人或被保险人违反告知义务或保证条款而产生的解约权或抗辩权。保险人一旦弃权，则不得重新主张该项权利。

保险人弃权一般因为保险人单方面的言辞或行为而发生效力。构成保险人的弃权必须具备两个条件：首先，保险人必须知道投保人或被保险人有违反告知义务或保证条款的情形，因而享有合同解除权或抗辩权；其次，保险人必须有弃权的意思表示，包括明示表示和默示表示。如保险人知道投保人或被保险人有违背约定义务的情形，而仍然做出如下行为的，通常被视为默示弃权：

(1) 投保人未按期缴纳保险费，或违背其他约定的义务，保险人原本有权解除合同，但却在已知该种情形下仍然收受投保人逾期交付的保险费，则证明保险人有继续维持合同的意思表示，因此，其本应享有的合同解除权或抗辩权视为放弃。

(2) 被保险人违反防灾减损义务，保险人可以解除保险合同，但在已知该事实的情况下并没有解除保险合同，而是指示被保险人采取必要的防灾减损措施，该行为可视为保险人放弃合同解除权。

(3) 投保人、被保险人或受益人在保险事故发生时，应于约定或法定的时间内通知保险人，但投保人、被保险人或受益人逾期通知而保险人仍接受，可视为保险人对逾期通知抗辩权的放弃。

(4) 在保险合同有效期限内，保险标的危险增加，保险人有权解除合同或者请求增加保险费，当保险人请求增加保险费或者继续收取保险费时，则视为保险人放弃合同的解除权。

(四) 禁止反言

禁止反言又称禁止抗辩，是指保险人明知有影响保险合同效力的因素或者事实存在，却以其言辞或行为误导不知情的投保人或被保险人相信保险合同无瑕疵，则保险人不得再以该因素或者事实的存在对保险合同的效力提出抗辩，即禁止保险人反言。禁止反言以欺诈或者致人误解的行为为基础，本质上属于侵权行为。

保险人有如下情形之一的，在诉讼中将被禁止反言：

(1) 保险人明知订立的保险合同有违背条件、无效、失效或其他可解除的原因，仍然向投保人签发保险单，并收取保险费。

(2) 保险代理人就投保申请书及保险单上的条款作错误的解释，使投保人或被保险人信以为真而进行投保。

(3) 保险代理人代替投保人填写投保申请书时，为使投保申请内容易被保险人接受，故意将不实的事项填入投保申请书，或隐瞒某些事项，而投保人在保险单上签名时不知其虚伪。

(4) 保险人或其代理人表示已按照被保险人的请求完成应当由保险人完成的某一行为，而事实上并未实施，如保险单的批注、同意等，致使投保人或被保险人相信业已完成。

值得注意的是，弃权与禁止反言在人寿保险中有特殊的时间规定，规定保险方只能在合同订立之后一定期限(一般为两年)内以被保险方告知不实或隐瞒为由解除合同，如果超过规定期限没有解除合同，则视为保险人已经放弃这一权力，不得再以此理由解除合同。

三、违反最大诚信原则的法律后果

(一) 违反告知义务的法律后果

在保险实务中，投保人或被保险人违反告知义务的情形主要有：

(1) 由于疏忽而未告知，或者对重要事实误认为不重要而未告知。

(2) 误告，指由于对重要事实认识的局限，包括不知道、了解不全面或不准确而导致误告，但并非故意欺骗。

(3) 隐瞒，即明知某些事实会影响保险人承保的决定或承保的条件而故意不告知。

(4) 欺诈，即怀有不良的企图，捏造事实，故意作不实告知。

各国法律原则上都规定，只要投保人或被保险人违反告知义务，保险人有权解除合同，不承担赔偿责任。我国《保险法》与此相关的规定包括：

(1) 关于解除保险合同的规定：第十七条第二款、第二十八条第一款。

(2) 关于不承担赔偿或给付保险金责任的规定：第十七条第三款、第二十八条第三款、第三十七条第二款。

(3) 关于退还保险费或按比例减少保险金的规定：第十七条第四款、第五十四条。

(二) 违反保证义务的法律后果

由于保险约定保证的事项均为重要事项，是订立保险合同的条件和基础，因而各国立法对投保人或被保险人遵守保证事项的要求极为严格，凡是投保人或被保险人违反保证，不论其是否有过失，亦不论是否对保险人造成损害，保险人均有权解除合同，不予承担责任。

典型案例

拒赔车险案，保险人缘何败诉?

原告高某于 1998 年 7 月 6 日与被告 L 保险支公司订立了一份《机动车辆保险合同》。保险标的为原告的奔驰 SEL600 轿车，险种为车辆损失险、第三者责任险及车上责任险、玻璃破碎险、盗抢险等附加险，保险金额总计 220 万元，其中车辆损失险为 130 万元。高某向保险公司支付保费 29 140 元。1999 年 5 月 14 日晚 9 时许，原告驾驶承保车辆发生事故，汽车坠入山洞并起火烧毁。原告在返回公司后报案。被告和 L 市公安局在次日上午进行了现场勘察。原告于 1999 年 8 月 6 日提出索赔，保险公司以"不属于保险责任"为理由拒赔。被保险人遂提起诉讼。

被告认为：第一，原告以 8 万元购买的奔驰轿车却投保 130 万元的车辆损失险，为未履行如实告知的义务，故意隐瞒事实；第二，原告没有履行法定程序向公安交通部门和消防部门报案；第三，L 市科技咨询中心鉴定"该车起火不是由于车辆驶出公路沿山体坡道行驶时发生的碰撞引起的"。因此，原告认为被告欺诈骗赔。

法院同意被告的意见，认为原告违反了最大诚信原则，未能及时报案，事后拒绝向被告提供该车的实际价值，原告不能举出汽车起火的直接证据，并根据被告的鉴定，判决原告败诉，被告胜诉。

原告不服上诉。L 省高院将此案发回重审。

重审时，法院认为：第一，保险合同中约定了承保车辆的可保价值为 130 万元，保险金额也是 130 万元，为"定额保险"；第二，L 市科技咨询中心的经营和业务范围不包括鉴定职能，其结论不予采用；第三，"被告提出的原告骗保问题"证据不足。因此，判决原告胜诉，被告败诉。

案例分析：

本案所涉及的法律原则有两点：

(1) 确定保险欺诈的标准和证据原则

保险欺诈和保险欺诈罪不同，前者属于民事纠纷；后者则属于刑事犯罪。因此，它们适用不同的证据原则。作为民事诉讼的保险欺诈，只要证据占优就可能打赢官司，而确定保险欺诈罪的证据必须确凿，不存在任何合理的疑问。

在上述案例中，要想确定被保险人投保骗赔，保险人必须证明被保险人出于欺诈的动机投保和存在故意造成损失的欺诈行为。诉讼中，保险人恰恰没能证明这两点。首先，被保险人为 8 万元购买的轿车投保 130 万元的车辆损失险确实使人产生疑问，但保险人仅仅以此作为存在欺诈动机的理由是不充分的。如果被保险人接受他人馈赠的汽车，是否就不能购买保险呢？其次，保险人提供的鉴定指出"该车起火不是由于车辆驶出公路沿山体坡道行驶时发生的碰撞引起的"，但该鉴定并未得出汽车起火是由于被保险人纵火造成的结论。

在民事诉讼中，谁主张谁举证。在保险中，火灾是属于结果的承保危险。在发生属于结果的承保危险时，被保险人只需要证明发生了这种结果，而保险人在引用除外责任拒赔时负有首先举证的责任。因此，一审认为"原告不能举出汽车起火的直接证据"的理由不能成立。只有当保险人证明汽车起火是由于被保险人纵火造成的时候，被保险人才负有证明自己并未纵火的责任。

(2) 对保险中最大诚信原则的理解。

保险合同是最大诚信合同，被保险人和保险人均应履行如实告知的义务，虽然如实告知的责任主要是落在被保险人一方。由于承保技术的进步和保险公司经济实力的增强，现代各国保险法都不同程度地放宽了被保险人严格履行如实告知的义务。例如，被保险人故意不告知可以成为保险人解除保险合同的理由，不过保险人负有证明被保险人故意不告知的举证责任。保险人为了加重被保险人的责任，减轻自己的负担，最简便的方法就是增加询问的内容，因为凡是询问的都是重要的事实。在这个案例中，在被保险人投保时，如果保险人询问了汽车的购买价格，被保险人没有如实回答就可能构成不实陈述，进而成为保险人解除保险合同的理由；相反，如果保险人认为汽车的购买价格属于重要事实，是保险人承保的基础，那么，保险人不去询问这样的重要事实，就构成了保险人自己的疏忽或错误，以保险人的疏忽或错误作为拒绝赔偿被保险人的理由显然是不公平的。此外，如果保险人认为汽车的购买价格属于重要事实，被保险人的不告知可以作为拒赔的理由，而又有意不去询问，那么，保险人的最大诚信又何在呢？

与此相关的另外一个问题是汽车保单为不定值保单，保险人的最高赔偿限额之一是承保汽车的实际现金价值。实际现金价值的定义是汽车的重置成本减去折旧。无论新车或旧车，其市场价格是保险人已知或应知的事实，在一般情况下是被保险人无须告知的事实。

案例引申：

在这个案例中，被保险人在投保和索赔中存在着许多疑点，被保险人有明显的骗赔动机，事故现场又没有明显的意外事故痕迹，保险人却打输了官司。这种情况在目前不是个别现象。随着保险业的快速发展，保险欺诈有增无减。从保险人的角度看，我们应该研究和注意哪些问题呢？

第一，必须提高承保技术并科学地订立保险合同。此案例中，如果在被保险人投保时保险人询问了投保车辆的购买价格，核实了车辆的实际车况，了解了投保人当时的经济状况，认为投保人有骗赔的可能，则保险人有权决定只接受第三者责任险而拒绝承保车辆损失险；或者将询问的内容书面记录于投保书中，并将投保书合并构成保险合同的一部分。另外，在这个案例中，即使 L 市科技咨询中心可以进行某种技术鉴定，其鉴定结果也不一定能够构成法庭所接受的证据。在一般情况下，交通事故的证据应该由国家的交通执法部门出具。对于损失金额的确定，则可以由保险合同双方当事人在合同中约定。

第二，理赔必须技术化，诉讼必须重证据。在处理保险理赔案中，必须重视科学分析与取证和举证。假如在这个案例中，保险人能够证明承保汽车中没有汽车钥匙，进而证明被保险人不可能是驾车冲下山崖的；车的油箱如果在尾部，车没有翻滚并只有前部发生碰撞，油箱不可能起火；油箱起火是由外部引燃的；承保汽车前门关闭，后门敞开，而从事故发生到车辆起火被保险人不可能有足够的时间从后门逃生；虽然山崖很陡峭，车辆呈90度角直立，但被保险人毫发无伤或方向盘和仪表盘无任何血迹，等等。有了以上证据，保险人显然就有了占优势的证据。保险人还应该学会充分利用专家证词，因为欺诈骗赔通常都是经过诈骗者精心策划的，但仍然会留下蛛丝马迹，这就需要刑事侦查方面的专家和各种技术专家提供旁证。有时，旁证和间接证据与直接证据同样重要。保险公司也应该拥有自己的法庭科学专家，或者与法庭科学研究机构刑事侦查研究单位进行合作。

第三，保险的发展有赖于保险社会环境的改善。保险公司在对付保险骗赔时，除了加强制度内的研究，还必须注意对制度外问题的研究。例如，地方保护主义、司法腐败、社会黑恶势力等。

问题

从保险人的败诉结果你体会到了什么样的道理？

第二节　保险利益原则

一、概述

(一) 保险利益原则的含义

保险利益又称为可保利益，是指投保人或被保险人对保险标的所具有的法律上认可的、经济上的利害关系，即投保人或被保险人因保险标的的损害或丧失而遭受的经济上的损失。保险利益体现了投保人或被保险人与保险标的之间存在的利害关系，倘若保险标的安全，投保人或被保险人可以从中获益；倘若保险标的受损，投保人或被保险人必然会蒙受经济损失。

保险利益原则是指在签订保险合同时或履行保险合同过程中，保险人和被保险人对保险标的必须具有保险标的的规定。

(二) 保险利益成立的条件

1. 必须是法律认可的利益

只有在法律上可以主张的合法利益才能受到国家法律的保护，因此，保险利益必须是符合法律规定的、为法律所认可并受到法律保护的利益，因违反法律规定或损害社会公共利益而产生的利益，不能作为保险利益。

2. 必须是经济上的利益

由于保险保障是通过货币形式的经济补偿或给付来实现的，如果投保人或被保险人的利益不能用货币来反映，则保险人的承保和补偿就难以进行。因此，投保人对保险标的的保险利益在数量上应该可以用货币来计量，无法用货币计量的利益不能成为可保利益。由于人身无价，一般情况下，人身保险合同的保险利益有一定的特殊性，人身保险的保险利益不纯粹以经济上的利益为限。

3. 必须是确定的利益

保险利益必须是投保人对保险标的在客观上或事实上已经存在或可以确定的利益。这种利益是可以用货币形式估价的，而且是客观存在的利益，不是当事人主观臆断的利益。这种客观存在的确定利益包括现有利益和期待利益。现有利益是指在客观上或事实上已经存在的经济利益；期待利益是指在客观上或事实上尚未存在，但根据法律、法规、有效合同的约定等可以确定在将来某一时期内将会产生的经济利益。

二、保险利益的意义

在保险理论与实务中，坚持保险利益原则的意义在于以下三点：

(一) 规定保险保障的最高限度

保险作为一种经济补偿制度，其宗旨是补偿被保险人因保险标的出险所遭受的经济损失，但不允许被保险人通过保险而获得额外的收益。所以，为了使被保险人既能够得到足够的、充分的补偿，又不会由于保险而获得额外的补偿，就必须以投保人或被保险人在保险标的上所具有的经济利益，即保险利益作为保险保障的最高限度。投保人依据保险利益确定保险金额，而保险人在保险利益的限度内支付保险赔款或保险金，这样就可以实现在被保险人得到充分补偿的前提下，有效避免被保险人不当得利。所以说，保险利益为投保人取得保险保障和保险人的保险补偿提供了客观的依据；否则，保险保障和保险赔偿就无法可依、无章可循，从而也可能使被保险人通过保险而获取额外的收益。

(二) 防止道德危险的发生

保险赔偿或保险金的给付以保险标的遭受损失或保险事件的发生为前提条件，如果投保人或被保险人对保险标的无保险利益，那么该标的受损，对他来说不仅没有遭受损失，相反还可以获得保险赔款，这样就可能诱发投保人或被保险人为谋取保险赔款而故意破坏保险标的的道德危险。反之，如果有保险利益存在，即投保人或被保险人在保险标的上具有经济利益，这种经济利益因保险标的的受损而受损，因保险标的的存在而继续享有，这样投保人或被保险人就会关心保险标的的安危，认真做好防损防险工作，使其避免遭受损失。

(三) 区别保险与赌博的标准

就单个保险合同来说，保险和赌博同样决定于偶然事件的发生而获得货币收入或遭受货币损失。所以，从表面上看，保险同赌博相似，都具有射幸因素，但是，从实质上看，两者毫无共同之处。保险是基于人类互助共济的精神，千家万户帮一家，通过保险补偿被保险人由于保险危险所造成的经济损失，从而保障社会再生产的顺利进行，保障人民生活的安定。而赌博是基于个人的私利，以图不劳而获，是一种损人利己的行为，与保险"互助共济"的精神是格格不入的。所以，为了使保险区别于赌博，并使其不成为赌博，要求投保人对保险标的必须具有保险利益，被保险人只有在经济受损的情况下，才能得到补偿，从而实现保险补偿损失的目的。如果保险不以保险利益存在为前提，则将与赌博无异。

三、保险利益原则在财产保险与人身保险应用上的区别

由于财产保险与人身保险的保险标的的性质不同，因而在保险合同的订立和履行过程中对保险利益原则的应用也不尽相同，其区别主要体现在：

(一) 保险利益的来源不同

保险利益体现的是投保人或被保险人与保险标的之间的经济利益关系，这种经济利益关系在财产保险中来源于投保人对保险标的的所拥有的各种权利。这些权利具体包括：财产所有权，财产经营权、使用权，财产继承权、保管权，财产抵押权、留置权。而人身保险的保险利益来源于投保人与被保险人之间所具有的各种利害关系，具体包括：人身关系、亲属关系、雇佣关系、债权债务关系。

(二) 对保险利益时效的要求不同

财产保险不仅要求投保人在投保时对保险标的具有保险利益，而且要求保险利益在保险有效期内始终存在，特别在发生保险事故时，被保险人对保险标的的必须具有保险利益。但根据国际惯例，在海上保险中对保险利益的要求有所例外，即不要求投保人在订立保险合同时具有保险利益，只要求被保险人在保险标的的遭受损失时，必须具有保险利益，否则就不能取得保险赔偿。

人身保险则着重强调投保人在订立保险合同时对被保险人必须具有保险利益，保险合同生效后，就不再追究投保人对被保险人的保险利益问题，法律允许人身保险合同的保险利益发生变化，合同的效力仍然保持。

(三) 确定保险利益价值的依据不同

财产保险保险利益价值的确定是依据保险标的的实际价值，也就是说，保险标的的实际价值即为投保人对保险标的的所具有的保险利益的价值。投保人只能根据保险标的的实际价值投保，在保险标的的实际价值的限度内确定保险金额，如果保险金额超过保险标的的实际价值，超过部分无效。

人身保险由于保险标的是人的生命或身体，是无法估价的，因而其保险利益也无法以货币计量。所以，人身保险金额的确定依据是被保险人的需要与支付保险费的能力。

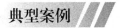

典型案例

没有保险利益，合同岂能生效

案情介绍：

A(男)与 B(女)为大学同学，在读期间两人确立了恋爱关系。毕业之后两人分配工作到了不同的地方，但仍然书信往来，不改初衷。

A 的生日快要到了，为了给他一个惊喜，B 悄悄为 A 投保了一份人寿保单，准备作为生日礼物送给他。谁知天有不测风云，当 A 从外地匆匆赶往 B 所在的城市时，却遭遇了翻

车事故，A当场死亡。B悲痛之余想到了自己为A投保的保单，于是向保险公司请求支付死亡保险金2万元。保险公司在核保时，得知A这份人寿保单是在本人不知情的情况下，由B私自购买的。于是，保险公司便以B没有保险利益为由，拒绝给付保险金。B因此将保险公司告上法庭。判决结果：法院最终支持了保险公司的主张。

分析与结论：

保险利益又称可保利益。我国的《保险法》第十二条规定："投保人对保险标的应当具有保险利益，投保人对保险标的不具有保险利益的，保险合同无效。"保险利益是指投保人对保险标的具有的法律上承认的利益。保险利益体现了投保人和保险标的之间的利害关系，投保人因保险标的发生保险事故而受经济损失。如果没有这种关系的存在，谁都能为毫无关系的人或财产去投保，并以自己作为受益人，这会产生极大的道德风险。为了规避这种风险对保险原则的背离，保险就必须建立在可保利益原则之上。我国《保险法》第五十三条对人身保险的保险利益人范围作出了规定："投保人对下列人员具有保险利益：① 本人；② 配偶、子女、父母；③ 前项以外与投保人有抚养、赡养或者扶养关系的家庭其他成员、近亲属，此外，被保险人同意投保人为其订立合同的，视为投保人对被保险人具有保险利益。"此案中，B和A仅仅是恋爱关系，B对A并无当然法律上认可的保险利益。如果B在投保时征得A的同意，那么，这就符合第③款的规定，B对A的保险利益获得法律支持，保险公司就没有理由拒绝给付死亡保险金了。

本例思考：

保险利益原则是保险的基本原则之一，是保险存在的基石。在保险合同中坚持保险利益原则是保险长期发展的结果。其核心在于保证投保人对于保险标的具有切身的利益，而且必须是法律上认可的利益，只有这样，才能有效地防范保单背后潜藏的道德风险。

在保险实务中，由于投保人对保险标的不具有保险利益而引发的保险纠纷还是屡见不鲜的。但大多数个案产生的原因多源自投保人对该原则的理解不清，结果在程序上处理不当，从而产生纠纷。这就要求保险人及其代理人在拓展业务和签发保单时仔细地对该原则进行解释说明。另外，投保人也不应该有任何投机取巧的心理，违反保险利益原则的结果便是保单的无效。

 问题

在保险案件处理中，如何认定投保人或者被保险人的保险利益？

第三节　损失赔偿原则

一、损失赔偿原则的含义

损失赔偿原则是指保险合同生效后，当保险标的发生保险责任范围内的损失时，通过保险赔偿，使被保险人恢复到受灾前的经济原状，但不能因损失而获得额外收益。

损失赔偿原则体现了保险的宗旨，即确保被保险人通过保险可以获得经济保障，同时又要防止被保险人利用保险从中牟利，从而保证保险事业健康、有序地发展。损失赔偿原则主要适用于财产保险以及其他补偿性保险合同。

二、损失赔偿原则的基本内容

(一) 损失赔偿原则的限制条件

1. 以实际损失为限

在补偿性保险合同中，保险标的遭受损失后，保险赔偿以被保险人所遭受的实际损失为限，全部损失全部赔偿，部分损失部分赔偿。例如，某幢建筑物按实际价值 1000 万元投保，因火灾遭受全损，损失当时市场房价跌落，该建筑物的市价为 800 万元，则保险人只能按市价，即按实际损失赔偿被保险人 800 万元。

2. 以保险金额为限

保险金额是指保险人承担赔偿或给付保险金责任的最高限额。赔偿金额只应低于或等于保险金额而不应高于保险金额。即使发生通货膨胀，仍以保险金额为限。因为保险金额是以保险人已收取的保费为条件确定的保险最高责任限额，超过这个限额，将使保险人处于不平等的地位。如上例，假设损失当时市场房价上涨，该建筑物的市价是 1200 万元，这时虽然被保险人的实际损失是 1200 万元，但由于保险金额是 1000 万元，所以，保险人只能以保险金额为限，赔付 1000 万元。

3. 以保险利益为限

保险人的赔偿以被保险人所具有的保险利益为前提条件和最高限额，被保险人所得的赔偿以其对受损标的的保险利益为最高限额。财产保险中，如果保险标的在受损时财产权益已转让，则被保险人对已转让的财产损失无索赔权。例如，在抵押贷款中，借款人为取得 60 万元贷款而将价值 100 万元的房子抵押给贷款人，贷款人为保证贷款的安全，将抵押品——房子投保财产保险，由于贷款人对该房子只有 60 万元的保险利益，所以，当房子遭受损失时，保险人只能根据保险利益最多赔偿被保险人 60 万元。

(二) 损失赔偿的方式

损失赔偿方式是损失赔偿原则的具体应用。财产保险的损失赔偿方式主要有两种：

1. 第一损失赔偿方式

第一损失赔偿方式即在保险金额限度内，按照实际损失赔偿，其计算公式为

$$赔偿金额 = 损失金额 \quad (当损失金额 \leqslant 保险金额时)$$
$$赔偿金额 = 保险金额 \quad (当损失金额 > 保险金额时)$$

此方法把保险财产的价值分为两个部分，第一部分是保险金额以内的部分，这部分已投保，保险人对其承担损失赔偿责任；第二部分是超过保险金额的部分，这部分由于未投保，因而保险人不承担损失赔偿责任。由于保险人只对第一部分的损失承担赔偿责任，故称为第一损失赔偿方式。

2. 比例计算赔偿方式

比例计算赔偿方式是按保障程度，即保险金额与损失当时保险财产的实际价值的比例计算赔偿金额，其计算公式为

$$赔偿金额 = 损失金额 \times \frac{保险金额}{损失当时保险财产的实际价值}$$

采用比例计算赔偿方式,保障程度越高,即保险金额越接近保险财产的实际价值,赔偿金额也就越接近损失金额。如果保障程度是100%,赔偿金额就等于损失金额。所以,被保险人若想得到足额的赔偿,就必须按财产的实际价值足额投保。

(三) 损失赔偿原则的特例

1. 不适用于人身保险

人身保险是以人的生命和身体为保险标的的一种保险,而人的生命和身体是不能简单地用货币衡量其价值的,其可保利益也是无法估价的。被保险人发生伤残、死亡等事件,对其本人及家庭所带来的经济损失和精神上的痛苦是钱无法弥补的,保险金只能在一定程度上缓解被保险人及其家庭由于保险事故的发生所带来的经济困难,所以人身保险不是补偿性合同,而是给付性合同。人身保险的保险金额是根据被保险人的需求和支付保费的能力制定的,当保险事故发生时,保险人按双方事先约定的金额给付,所以,损失赔偿原则不适用于人身保险。

2. 定值保险

所谓定值保险,是指保险合同双方当事人在订立保险合同时,约定保险标的的价值,并以此确定为保险金额,视为足额保险。当保险事故发生时,保险人不论损失保险标的的当时的市价如何,即不论保险标的的实际价值大于或小于保险金额,均按损失程度十足赔付,其计算公式为

$$保险赔款 = 保险金额 \times 损失程度(\%)$$

在这种情况下,保险赔款可能超过实际损失,如市价跌落,则保险金额可能大于保险标的的实际价值,因此,定值保险是损失赔偿原则的特例。海洋运输货物保险通常采用定值保险的方式,因为运输货物出险地点不固定,各地的市价也不一样,如果按照损失当时的市价确定损失,不仅比较麻烦,而且容易引起纠纷,故采用定值保险的方式。

3. 重置价值保险

所谓重置价值保险,是指以被保险人重置或重建保险标的所需费用或成本确定保险金额的保险。一般财产保险是按保险标的的实际价值投保的,发生损失时,按实际损失赔付,使受损的财产恢复到原来的状态,由此恢复被保险人失去的经济利益。但是,由于通货膨胀、物价上涨等因素,有些财产(如建筑物或机器设备)即使按实际价值足额投保,保险赔款也不足以对受损财产进行重置或重建。为了满足被保险人对受损的财产进行重置或重建的需要,保险人允许投保人按超过保险标的实际价值的重置或重建价值投保,发生损失时,按重置费用或成本赔付。这样就可能出现保险赔款大于实际损失的情况,所以,重置价值保险也是损失赔偿原则的特例。

三、损失赔偿原则的派生原则

(一) 代位追偿原则

1. 代位追偿原则的含义

代位追偿原则是指保险人依照法律或保险合同约定,对被保险人所遭受的损失进行赔偿后,依法取得向对财产损失负有责任的第三者进行追偿的权利或取得被保险人对保险标的的所有权。代位追偿原则适用于财产保险合同,而不适用于人身保险合同。因为人身价

值是无法以货币形式来衡量的，不存在额外收益问题。

2. 代位追偿原则的主要内容

代位追偿原则主要包括权利代位和物上代位。

1) 权利代位

权利代位即追偿权的代位，是指在财产保险中，保险标的由于第三者责任导致保险损失，保险人向被保险人支付保险赔款后，依法取得对第三者的索赔权。

代位追偿权的产生必须满足以下三个条件：第一，损失事故发生的原因及受损的标的，都属于保险责任范围；第二，保险事故的发生是由第三者的责任造成的，肇事方依法应对被保险人承担民事损失赔偿责任，这样被保险人才有权向第三者请求赔偿，并在取得保险赔款后将向第三者请求赔偿权转移给保险人，由保险人代位追偿；第三，保险人按合同的规定对被保险人履行赔偿义务之后，才有权取得代位追偿权。

保险代位追偿的对象为对保险事故的发生和保险标的的损失负有民事赔偿责任的第三者。第三者可以是法人，也可以是自然人。前面提到过，第三者不包括保险人，也不包括被保险人的家庭成员和组成人员。在以下几种情况下，保险人可以取得对第三者的代位追偿权。

第一，第三者对被保险人的侵权行为导致保险标的遭受保险损失，依法应承担损失赔偿责任。侵权行为是指"因作为或不作为而不法侵害他人财产或人身权利的行为。"侵权行为是一种民事责任，而民事责任是以经济利益为特点的，致害人要对受害人的损失给予赔偿，所以第三者应对其侵权行为而导致的保险标的的损失承担赔偿责任。

第二，第三者不履行合同规定的义务，造成保险标的的损失，按照合同规定，第三者应对保险标的的损失承担赔偿责任。

第三，第三者由不当得利行为造成保险标的的损失，依法应承担赔偿责任。

第四，其他依据法律规定，第三者应承担的赔偿责任。

权利的取得方式一般有两种：一是法定方式，即权利的取得无需经过任何人的确认；二是约定方式，即权利的取得必须经过当事人的磋商、确认。

2) 物上代位

物上代位是指保险标的遭受保险责任范围内的损失，保险人按保险金额全数赔付后，依法取得该项标的的所有权。

物上代位通常产生于对保险标的作推定全损的情况下。由于推定全损是保险标的并未完全损毁或灭失，即还有残值，而失踪可能是被他人非法占有，并非物质上的灭失，日后或许能够得到归还，所以保险人在按全损支付保险赔款后，理应取得保险标的的所有权，否则被保险人就可能因此而获得额外的收益。

保险人物上代位权的取得是通过委付。所谓委付，是指保险标的发生推定全损时，投保人或被保险人将保险标的的一切权益转移给保险人，而请求保险人按保险金额全数赔付的行为。委付是一种放弃物权的法律行为，在海上保险中经常采用。委付的成立必须具备一定的条件：

(1) 委付必须由被保险人向保险人提出。

(2) 委付应就保险标的的全部提出。

(3) 委付不得附有条件。

(4) 委付必须经过保险人的同意。

典型案例

当事人已达成和解，保险人仍有权追偿

2014 年 7 月 8 日 14 时 47 分许，刘甲在未取得机动车驾驶证的情况下驾驶车辆(该车辆车主是刘乙)沿学府路由西向东行驶至柳和街口处时，与李某驾驶的由南向北的电动自行车相撞，后刘甲驶入对面车道又与张某驾驶的由东向西的公交车相撞，造成车辆损坏、刘甲受伤、李某死亡的交通事故。发生事故后，刘甲离开现场。该事故经交警部门认定，刘甲负事故的全部责任。事故发生后，死者家属起诉车辆投保的某保险公司。法院判决某保险公司在交强险范围内赔偿死者家属损失 11 万元，刘甲赔偿 45 万余元，刘乙因将车提供给无驾驶资格的刘甲使用，存在过错，承担连带赔偿责任。2015 年 12 月 24 日，保险公司赔偿给死者家属 11 万元。

另查明，2016 年 11 月 18 日，经法院主持调解，刘乙与死者家属达成和解协议，赔偿死者家属 20 万元，死者家属不再追究刘乙任何责任。保险公司向法院提起诉讼，请求判令被告刘乙连带赔偿原告保险公司垫付的交强险赔偿款 11 万元，另外承担本案诉讼费用。

被告刘乙辩称，在法院的调解下与死者家属达成协议，已经赔偿了 20 万元，不应承担其他赔偿责任。

争议焦点：被告刘乙在法院的调解下，与死者家属达成协议，已经赔偿了 20 万元，是否应承担其他赔偿责任。

对此焦点问题，存在两种截然不同的观点：一种观点认为，被告刘乙在法院的调解下，与死者家属达成协议，已经赔偿了 20 万元，保险公司无权追偿；另一种观点则认为，刘乙与死者家属在判决后达成的履行协议，与本案原告向其行使追偿权没有关系，并不矛盾，被告刘乙仍应对保险公司承担赔偿责任。

法理评析：

我们认为刘乙与死者家属在判决后达成的履行协议，与本案原告向其行使追偿权没有关系，并不矛盾。即同意第二种观点。

1. 关于保险人代位求偿权的界定

《保险法》第六十条第一款规定，因第三者对保险标的的损害而造成保险事故的，保险人自向被保险人赔偿保险金之日起，在赔偿金额范围内代位行使被保险人对第三者请求赔偿的权利。据此规定，保险人代位求偿权，是指由于第三者的原因，导致保险标的物发生保险责任范围内的损失，保险人向被保险人赔付后，可以代位行使被保险人对第三者的赔偿损失请求权。代位求偿权之诉则是保险人履行或者部分履行支付保险金义务后，依法以自己名义向第三者，即侵权义务人起诉进行追偿的诉讼。保险人保险代位求偿权制度的主要功能在于防止因被保险人双重获益而导致对财产保险损失补偿原则的违反。

2. 保险人代位求偿权的范围即保险人代位求偿权的对象及数额

根据上述规定和定义，保险代位求偿权的行使一般应当具备以下要件：

(1) 因第三者对保险标的的损害造成保险事故，被保险人对第三者享有赔偿请求权。

(2) 保险人已经向被保险人支付保险赔偿金。

(3) 保险人代位求偿的金额以保险人对被保险人赔付金额为限。

(4) 第三者不得具有特殊身份。《保险法》第六十二条规定，除被保险人的家庭成员或者其组成人员故意造成本法第六十条第一款规定的保险事故外，保险人不得对被保险人的家庭成员或者其组成人员行使代位请求赔偿的权利。

在本案中，原告作为保险人已经实际承担了保险责任，且被告刘乙对保险事故应当承担赔偿责任。据此，本案保险人追偿的对象应当为本案保险事故的责任方，既包括直接责任人刘甲，也包括将车辆借给无驾驶证的责任人刘甲使用的车辆所有人刘乙，且被告刘乙对保险事故负有赔偿责任已经法院的判决予以认定。赔偿金额应当是保险人对保险事故受害人的赔偿金额。

3. 本案不具有排除代位求偿权的事由

(1) 《最高人民法院关于适用＜中华人民共和国保险法＞若干问题的解释》(四)(以下简称《司法解释四》)第八条规定，投保人和被保险人为不同主体，因投保人对保险标的的损害而造成保险事故，保险人依法主张代为行使被保险人对投保人的请求赔偿权利的，人民法院应予支持，但法律另有规定或者保险合同另有约定的除外。

本案中，投保人与被保险人为不同主体，投保人对本案保险事故负有责任且法律和保险合同无特别约定，据此，保险人在交通事故第三者责任强制保险限额内承担赔偿责任后有权向被告刘乙追偿。

(2) 《司法解释四》第九条第一款规定，在保险人以第三者为被告提起的代位求偿权之诉中，第三者以保险人在保险合同订立前已放弃对其请求赔偿的权利为由进行抗辩的，人民法院认定上述放弃行为合法有效，保险人就相应部分主张行使代位求偿权的，人民法院不予支持。

本案原告作为保险人未以任何形式放弃代位求偿权，且被告刘乙与受害人家属达成的赔偿协议与本案保险人无关。

4. 被告刘乙与受害人家属达成的和解协议的法律效果

正如第一种观点所言，被告刘乙已经在法院的调解下，与死者家属达成协议，已经赔偿了 20 万元。保险公司无权追偿。看似符合常理，但在我国法律上如何界定该和解协议的法律效果呢？换言之，侵权人刘乙依据该和解协议是否可以免除向保险人的赔偿责任呢？

根据《保险法》第六十条、第六十一条之规定，保险人的代位权成立于保险合同订立时，自保险人给付保险赔偿金之日起，保险人的代位求偿权转化为既得权，其行使不受被保险人行为的影响，被保险人放弃对第三人的损害赔偿请求权，对保险人的代位权不发生任何效力。在保险事故发生后，若保险人已经向被保险人给付赔偿金的，被保险人未经保险人同意，放弃对第三人的损害赔偿请求权，该行为无效。在这种情况下，保险人仍然可以对第三人行使代位权，第三人不得以被保险人放弃损害赔偿请求权为由，对抗保险人的代位求偿权。

至于本案，2015 年 12 月 24 日原告给付受害人家属赔偿金，其对被告刘乙的代位求偿权即已成为现实，此后 2016 年 11 月 18 日，被告刘乙与受害人家属达成和解协议，以免除被告刘乙的赔偿责任。此和解协议未经保险人，即本案原告同意，对原告行使代位求偿权不具有任何影响。换言之，在本案被告刘乙与受害人家属达成和解协议的情况下，原告继续行使代位求偿权不会违反损失补偿原则。

综上所述，本案原告作为保险人已经依法在交通事故第三者责任强制保险限额内承担了赔偿责任，且不存在放弃代位求偿权的情形，依法有权请求被告刘乙赔偿其在责任限额内支付的保险赔偿金。

 问题

试分析本案中物上代位原则在具体实践中是如何运用的。

(二) 重复保险的分摊原则

1. 重复保险分摊原则的含义

重复保险的分摊原则也是补偿性原则的一个派生原则。重复保险是指投保人对同一保险标的、同一保险利益、同一保险事故分别向两个或两个以上的保险人订立保险合同，并且其保险金额的总和超过保险价值的保险。重复保险的分摊原则是指重复保险的各保险人应该分摊被保险人的损失。因为根据补偿性原则，被保险人不能从损失补偿中获利。也就是说，被保险人所能够获得的最高赔偿金额不能超过保险价值。为了防止被保险人获得双份或者多份赔款，通常要采取重复保险的分摊原则，在各保险人之间分摊损失。

2. 重复保险的分摊方式

重复保险的分摊赔偿方式主要有比例责任分摊、限额责任分摊和顺序责任分摊三种方式。

(1) 比例责任分摊：各保险人按其承保的保险金额占总保险金额的比例来分摊损失并支付赔款。计算公式为：各保险人承担的赔款 = 损失金额 ×(该保险人的保险金额/各保险人的总保险金额)。例如，甲保险公司的保险金额为 20 万元，乙保险公司的保险金额为 40 万元，而损失金额为 30 万元，则：甲保险公司赔偿 30 万元 ×[20 万元/(40 万元 + 20 万元)]，即 10 万元；乙保险公司赔偿 30 万元 ×[40 万元/(40 万元 + 20 万元)]，即 20 万元。

(2) 限额责任分摊：各家保险公司的分摊不以其保险金额为基础，而是在假设没有重复保险的情况下自己单独应承担的赔偿责任限额占各家保险公司赔偿责任限额之和的比例来分摊损失金额。计算公式为：各保险人承担的赔款 = 损失金额×(该保险人的赔偿限额/各保险人的总赔偿限额)。例如，甲保险公司的保险金额为 20 万元，乙保险公司的保险金额为 40 万元，损失金额为 30 万元。如果没有重复保险，甲公司应赔偿 20 万元，乙公司应赔偿 30 万元，而在责任限额分摊方式中，甲保险公司应该赔偿 30 万元 × [20 万元/(20 万元 + 30 万元)]，即 12 万元；乙保险公司应该赔偿 30 万元 ×[30 万元/(20 万元 + 30 万元)]，即 18 万元。

(3) 顺序责任分摊：各保险公司按出单时间顺序赔偿，先出单的公司先在其保险金额限度内负责赔偿，后出单的公司在损失额超出前一家公司的保险金额时，在自身保险金额限度内赔偿超出的部分。例如，甲保险公司的保险金额为 20 万元，乙保险公司的保险金额为 40 万元，而损失金额为 30 万元。假设甲保险公司先出单，而乙保险公司后出单，则按照保险公司的出单顺序，甲保险公司应当先于乙保险公司进行赔偿。因此甲保险公司赔偿 20 万元，余下的 10 万元由乙保险公司负责赔偿。

在保险实务中，各国采用较多的是比例责任分摊和限额责任分摊方式，因为顺序责任分摊方式下各保险公司承担的责任有失公平。我国规定采用比例责任分摊方式赔偿。我国

《保险法》规定："重复保险的保险金额总和超过保险价值的，各保险人的赔偿金额的总和不得超过保险价值。除合同另有规定外，各保险人按照其保险金额与保险金额总和的比例承担赔偿责任。"

第四节 近 因 原 则

一、近因原则的含义

损失有可能是由几个原因或一连串原因造成的，那么，哪个原因是出险的真正原因呢？近因原则就是判断风险事故与保险标的损失之间的因果关系，从而确定保险赔偿责任的一项基本原则。长期以来它是保险实务中理赔案时所遵循的重要原则之一。

近因是指在风险和损失之间导致损失的最直接、最有效、起决定作用的原因，而不是指时间上或空间上最接近的原因。近因原则的基本含义是：在风险与保险标的损失关系中，如果近因属于被保风险，保险人承担赔偿责任；但是如果近因属于除外风险或未保风险，则保险人不承担赔偿责任。

二、近因的认定与保险责任的确定

(一) 认定近因的基本方法

认定近因的关键是确定风险因素与损失之间的关系，我们可以判断最初时间与最终损失之间是否具有逻辑关系。也就是说，如果我们从最初事件出发，按逻辑推理能得到所发生的最终损失，那么最初事件就是最后一个事件的近因。比如火灾烧毁了房屋，房屋的一段墙壁倒塌，压坏了另一所房屋，并导致这所房屋倒塌。那么房屋倒塌的近因就是火灾。我们也可以从损失开始往前推并追溯到最初事件，只要没有中断，那么最初事件就是近因。

(二) 近因的认定与保险责任的确定

1. 单一原因情况下的近因认定

若保险标的的损失由单一原因所致，那么该原因就是近因。若该项近因属于被保风险，保险人应承担损失赔偿责任；若该项近因属未保风险或除外责任，则保险人不承担损失赔偿责任。例如，某人投保了企业财产险，地震引起房屋倒塌，使机器设备受损，若此险种列明地震为不保风险，则保险人不予赔偿；若地震列为保险风险，则保险人承担赔偿责任。

2. 多种原因同时并存时的近因认定

多种原因同时导致损失，即各原因的发生无先后之分，且对损害结果的形成都有直接与实质的影响效果，那么原则上它们都是损失的近因。至于是否承担保险责任，可分为两种情况：

(1) 多种原因均属保险风险，保险人负责赔偿全部损失。例如，暴雨和洪水均属于保险责任，两者同时造成家庭财产损失，保险人负责赔偿全部损失。

(2) 多种原因中，既有被保风险，又有除外风险，保险人的责任视损害的可分性如何而定。如果损害是可以划分的，保险人就只负责被保风险所致的损失部分的赔偿；如果损害难以划分，则保险人按比例赔付或与被保险人协商赔付。

3. 多种原因连续发生时的近因认定

多种原因连续发生，持续不断，且具有前因后果的关系，即若损失是由两个以上的原因所造成的，且各原因之间的因果关系未中断，那么最先发生并造成一连串事故的原因为近因。如果该近因为保险责任，保险人应负责赔偿损失，反之不负责赔偿。具体分析如下：

(1) 连续发生的原因都是被保风险，保险人赔偿全部损失。例如，财产保险中，地震、火灾都属于保险责任，如对地震引起火灾，火灾导致财产损失这样一个因果关系过程，保险人应赔偿全部损失。

(2) 连续发生的原因中含有除外风险或未保风险，具体情况如下：一是若前因是被保风险，后因是除外风险或未保风险，且后因是前因的必然结果，保险人对损失负全部责任；二是前因是除外风险或未保风险，后因是承保风险，后因是前因的必然结果，保险人对损失不负责任。

4. 多项原因间断发生时的近因认定

在一连串连续发生的原因中，有一项新的独立的原因介入，导致损失。若新的独立的原因为被保风险，保险责任由保险人承担；反之，保险人不承担损失赔偿或给付责任。

典型案例

驾驶员疏忽导致乘客意外受伤，保险公司是否应该赔偿？

案情介绍：

2015 年 7 月 16 日上午 10 点多钟，原告李女士乘坐被告李某驾驶的湘**8476 中型普通客车行驶至邵阳县谷州地段时，被告李某听到有人喊掉行李了，就停车要售票员下车去看，车上就有很多人站起来看，被告李某从车反光镜看确实掉了行李在马路上，当时原告李女士怕掉的行李是她的，就想去看，于是走到车门边，但被告李某想关门开车，然后掉头去捡行李，关门时正好夹住原告李女士，导致原告李女士摔下车受伤。该事故经交警部门认定，被告李某负全部责任，原告没有责任。原告伤后被送至邵阳市中心医院住院治疗 37 天，医疗费用 49 000 元，被告李某只支付了 44 500 元，原告的伤经鉴定为 10 级伤残，原告向人民法院提起诉讼，请求依法判决被告赔偿原告医疗费、住院伙食补助费、误工费、护理费、营养费、残疾赔偿金、精神损害抚慰金、交通费、法医鉴定费、后续医疗费等共计 52 703 元，由被告财保邵阳支公司(中国人民财产保险股份有限公司邵阳支分公司)在保险限额范围内承担责任。

本案争议点：

原告李女士希望余下的后续损失(护理、误工、营养费等)由另一被告财保邵阳支公司承担，而财保邵阳支公司认为该起事故通过交警的责任认定，证实投保人有故意或重大过失，符合《道路客运承运人责任保险》所属的免责条款，故主张不负责赔偿。那保险公司到底该不该履行承运人责任保险中，被保人对第三者造成损害的理赔责任呢？

法院观点：

被告李某需对李女士的全部损失予以赔偿。而根据保险法的第六十五条，保险人对责任保险的被保险人给第三者造成的损害，可以依照法律的规定或者合同的约定，直接向该第三者赔偿保险金；责任保险的被保险人给第三者造成损害，被保险人对第三者应负的赔偿责任确定的，根据被保险人的请求，保险人应当直接向该第三者赔偿保险金。被保险人怠于请求的，第三者有权就其应获赔偿部分直接向保险人请求赔偿保险金。根据保险法的近因原则，保险人仅对其承保范围内的对保险事故的发生起主导、支配和决定作用的原因所引起的损失承担保险责任，而对承保范围外的其他原因造成的损失不负保险责任。本案中，原告李女士受到损害的直接原因是被直接摔出车外与地面相撞受伤(而原因是因为李某疏忽关门所致，所以李某的疏忽驾驶为本次事件的近因)，亦即事故发生时，李女士尚属于本车车上人员，适用道路客运承运人责任保险。被告财保邵阳支公司辩称投保人有故意或重大过失，不负责赔偿，本案中，不予支持，故被告中国人民财产保险股份有限公司邵阳市分公司在本判决发生法律效力之日起十日内赔付原告李女士医疗费、住院伙食补助费、营养费、后续医疗费。

法院裁决：

被告中国人民财产保险股份有限公司邵阳市支公司在本判决发生法律效力之日起十日内赔付原告李女士医疗费、住院伙食补助费、营养费、后续医疗费等 35 152 元(不含被告李某已支付的 44 500 元)；被告李某在本判决发生法律效力之日起三日内赔付原告李女士精神损害抚慰金 2000 元。

(案例来源：https://zhuanlan.zhihu.com)

问题

试结合近因原则分析在实践中如何认定风险事件的近因。

本 章 小 结

最大诚信原则的基本内容包括告知、保证、弃权与禁止反言。在保险合同中适用最大诚信原则有其特殊的原因。违反最大诚信原则，后果严重时就会使保险合同失效。

保险利益又称可保利益。保险利益需满足一定的条件。保险利益原则的意义在于：便于衡量损失；减少道德风险；防止赌博。保险利益原则在财产保险和人身保险上的运用是有区别的。

损失赔偿原则应该以实际损失为限，以保险金额为限，以保险利益为限。损失赔偿有两种方式：第一损失赔偿方式和比例计算赔偿方式。定值保险、重置价值保险和人身保险不适用损失赔偿原则。损失赔偿原则有两大派生原则，分别是代位追偿原则和重复保险的分摊原则。代位追偿原则又包括权利代位和物上代位两种。重复保险的分摊原则有三种分摊方式：比例责任分摊、限额责任分摊和顺序责任分摊。其中前两种较为常用。

近因原则使用的关键在于认定近因，而认定近因的关键又在于确定分析因素与损失之间的关系，我们可以通过判断最初事件与最终损失之间是否具有逻辑关系来找出近因。在保险理赔中，对于引起保险标的损失的原因，可以分为以下几种情况来认定近因、确定保险责任：单一原因情况下的近因认定；多种原因同时并存时的近因认定；多种原因连续发生时的近因认定和多项原因间断发生时的近因认定。

案例阅读

2003 年 7 月,某市纺织有限公司将固定资产和存货按账面价值在保险公司投保企业财产一切险。9 月 16 日,安装工人在成品库安装吊筋,并在仓库顶部钻孔,钻孔时引发风管顶部火灾,消防官兵用消防水枪喷射灭火,将火扑灭。在位于起火点 6 米处,存放有 2 台异纤探测仪,救火时因受到消防水的殃及而受损。

经核查被保险人的财务账和承包设备明细账,设备投保标的中包括 3 台青花机生产线,并没有单独承保异纤探测仪。异纤探测仪仅仅是清花机生产线上的辅助设备。出险时,3 台清花机生产线在一层清花机车间完好无损。

被保险人认为 3 台清花机生产线按账面投保,原来的异纤探测仪理应是保险标的的一部分,并对换下的 2 台异纤探测仪按全部损失 128 万元提出索赔。

经查,2003 年 5 月被保险人为更换 2 台新进口的异纤探测仪将旧型号设备从清花机生产线上拆卸后转入棉纱成品仓库。投保时没有单独说明异纤探测仪的置换情况,也没有增保。由于新的异纤探测仪是用于替换设备并构成清花机设备的一部分,也就是保险标的的一部分,因此,旧的异纤探测仪成为闲置的账外物资,不再是保险标的的一部分。

保险公司理赔专家认为,承保标的为 3 台清花机生产线,而更换下来的异纤探测仪已不再是清花机的一部分,因此对其损失不予赔偿。

从本案例中我们得出结论:

(1) 闲置设备的处理。同一保险事故中,同样是闲置设备,可能出现不同的处理结果,关键在于判别闲置设备是否为保险标的。

(2) 保险标的范围的核定。若主机为保险标的,那么主机使用的附属设备或部件称为主机的一部分,自然是保险标的的一部分。置换下来的旧的附属设备已经与主机分离,不再是主机的一部分,所以不是保险标的的一部分。

(3) 准确区分事故损失和非事故损失。除非是报废或者损坏设备,否则,尽管闲置,但并不能降低被保险人对保险标的的应尽的义务。

(资料来源: http://wenku.baidu.com)

 问题

结合保险的几个基本原则分析在风险事件发生以后应该如何判断是否属于保险承保范围内的风险。

复 习 思 考 题

一、名词解释

最大诚信原则　　告知　　保证　　弃权　　禁止反言　　保险利益原则　　损失赔偿原则　　代位追偿原则　　权利代位　　物上代位　　重复保险分摊原则　　近因原则

二、简答题

1. 何谓最大诚信原则? 主要内容有哪些?

2. 请解释弃权和禁止反言的含义。

3. 何谓保险利益原则？为什么保险合同的成立必须具有保险利益存在？

4. 保险利益应该满足哪些条件？

5. 损失赔偿原则对人身保险来说是否适用？说明原因。

6. 物上代位和权力代位两者的联系和区别有哪些？

7. 重复保险的分摊方式有哪几种？各种分摊方式的具体计算方法如何？

8. 请解释近因原则的含义和意义。在实务中应该如何运用近因原则？

三、案例分析

1. 以下几种情况是否属于重复保险，为什么？

(1) 某人将其家庭财产 100 万元向 A 保险公司投保了火灾险，随后又向 B 保险公司投保盗窃险。

(2) 某人以其房产 100 万元作为抵押向银行取得 50 万元贷款，随后该人和银行各自对该房产投保了 100 万元和 50 万元财产损失险。

(3) 某人先向 A 保险公司以本人为被保险人投保了 50 万元人寿险，随后又向 B 保险公司同样投保了 50 万元人寿险。

2. 有一批货物出口，货主以定值保险的方式投保了货物运输保险，按投保时的实际价值与保险人约定保险价值为 24 万元，保险金额也为 24 万元，之后货物在运输途中发生保险事故，出险时当地完好市价为 20 万元。问：

(1) 如果货物全损，保险人如何赔偿，赔款为多少？

(2) 如果部分损失，损失程度为 80%，则保险人应如何赔偿，赔款为多少？

第八章　保险业务流程(上)

【学习目标】

掌握保险承保的主要内容和程序；掌握保险核保的内容、方法以及意义；掌握寿险和财产保险核保的不同；掌握续保的概念及续保与复效的区别。

案例导入 ➡

"火眼金睛"查获酒驾调包骗赔案

2018 年 7 月 21 日凌晨 2 点 17 分，司机朱某向 95518 报案，称其驾驶一辆轿车在行驶过程中，因车速太快，来不及刹车，撞上路边石墩、岗亭、护栏、路灯杆，造成灯柱撞断，摄像头、花坛撞坏，车子受损严重。桐乡人保财险(中国人民财产保险股份有限公司桐乡支公司)理赔查勘员接到 95518 指令后，随即联系司机朱某，并赶赴现场查勘。在现场，理赔查勘员发现现场仅朱某一人，未看到车主(被保险人)陈某，并且查勘现场车辆碰撞痕迹清晰，受损严重，驾驶员朱某身上无酒气，排除朱某酒驾可能。查勘员在做询问笔录时，司机朱某自称是被保险人陈某的朋友，开陈某车出来兜风，没曾想在路上出了车祸。

虽然从朱某的陈述中看不出什么问题，但在询问事发经过，特别是问到一些具体的细节时，朱某脸上流露出一些不自然的表情，回答问题也是漏洞百出。查勘员观察该路段夜间空无一人，路灯明亮，判断"如果正常驾驶基本不存在严重碰撞后果"。查勘员不禁心生疑问。

为进一步了解事情原委，查勘员辗转联系到凤凰湖当晚执勤保安，询问事情经过，保安回忆当时听到巨响后，明确看到除事故车外，有另外一辆车快速开走。根据查勘员的自身经验，初步判断肇事司机很可能另有其人。理赔查勘员告知客户因损失过大，需要交警协助出具交警单，于是帮客户报警，并观察驾驶员的反应。在交警到场后，查勘员把自己的疑虑告诉了交警，经过交警现场调查，驾驶员朱某感到事情的严重性，主动交代驾驶员陈某酒后驾驶让其顶包的事实。次日，交警部门依法传唤肇事驾驶员，在证据面前，肇事驾驶员承认了酒驾肇事后企图调包骗赔的违法行为，并接受相应处罚。

针对这起酒驾调包逃逸案件，公安部门依法对相关当事人进行了处罚。同时，桐乡人保财险也按照保险条款的相关规定，对本起交通事故造成的所有损失不予理赔。

(资料来源：http://www.sinoins.com)

第一节　保险承保

一、保险承保的定义

承保是指保险合同的签订过程，即投保人和保险人双方通过协商，对保险合同的内容取得意见一致的过程。承保环节是保险合同双方就保险条款进行实质性谈判的阶段，承保质量的高低直接影响到保险企业的生存与发展，是保险经营的一个重要环节，要约、承诺、核查、订费都属于承保的业务环节。

二、保险承保的主要内容

(一) 审核投保申请

1. 审核投保人的资格

审核投保人的资格即审核投保人是否具有民事权利能力和民事行为能力及对标的物是否具有保险利益。

2. 审核保险标的

审核保险标的即对照投保单或其他资料核查保险标的的使用性质、结构性能、所处环境、防灾设施、安全管理等情况。

3. 审核保险费率

一般而言，寿险和非寿险面临的风险基本相同，因此可对不同风险分类，制定不同的费率，在一定范围使用。但是，有些保险业务的风险情况不固定，承保的每笔业务都需要保险人根据以往的经验，结合风险的特性，制定单独的费率。

(二) 控制保险责任

1. 控制逆选择

所谓逆选择，是指那些有较大风险的投保人试图以平均的保险费率购买保险。保险人可以对这些不符合承保条件者不予承保，或者有条件地承保。

2. 控制保险责任

一般来说，对于常规风险，保险人通常按照基本条款予以承保，对于一些具有特殊风险的保险标的，保险人需要与投保人充分协商保险条件、免赔数额、责任免除和附加条款等内容后特约承保。

3. 控制人为风险

(1) 道德风险。道德风险是指投保人由于丧失道德观念或者遇到财务上的困难之后，以不诚实或故意欺诈的行为促使保险事故发生，以便从保险中获得额外利益的风险因素。保险人可以通过将保险金额控制在适当额度内以控制道德风险。

(2) 心理风险。心理风险是指由于人们的粗心大意和袖手旁观，以致增加了风险事故发生的机会并扩大损失程度的风险因素。保险人在承保时常采用的控制手段包括：实行限额承保和规定免赔额(率)。

(3) 法律风险。法律风险主要表现有：主管当局强制保险人使用一种过低的保险费标准；要求保险人提供责任范围广的保险；限制保险人使用可撤销保险单和不予续保的权利；法院往往作出有利于被保险人的判决等等。保险人通常迫于法律的要求和社会舆论的压力接受承保。

三、保险承保的主要程序

(一) 核保

核保是保险公司业务经营过程中的一个重要环节。在投保人填写投保单之后，保险公司的技术人员要对投保人的保险申请进行风险评估，作出是否接受这一风险的决定，并在接受风险的基础上制定承保的条件，包括使用的条款和附加条款，确定费率及免赔额。关于保险核保我们会在本章第二节中进行详细讲解。

(二) 做出承保决策

保险承保人员对通过一定途径收集的核保信息资料加以整理，并对这些信息经过承保选择和承保控制之后，可做出以下承保决策：

(1) 正常承保。对于属于标准风险类别的保险标的，保险公司按标准费率予以承保。

(2) 优惠承保。对于属于优质风险类别的保险标的，保险公司按低于标准费率的优惠费率予以承保。

(3) 有条件地承保。对于低于正常承保标准但又不构成拒保条件的保险标的，保险公司通过增加限制性条件或加收附加保费的方式予以承保。

(4) 拒保。如果投保人的投保条件明显低于保险人的承保标准，保险人就会拒绝承保。对于拒绝承保的保险标的，要及时向投保人发出拒保通知。

(三) 缮制单证

对于同意承保的投保申请，要求签单人员缮制保险单或保险凭证，并及时送达投保人手中。单证采用计算机统一打印，要求做到内容完整、数字准确、不错、不漏、无涂改。保单上注明缮制日期、保单号码，并在保单的正副本上加盖公、私章。如有附加条款，将其粘贴在保单的正本背面，加盖骑缝章。同时，要开具"交纳保费通知书"，并将其与保单的正、副本一起送复核员复核。

(四) 复核签章

任何保险单均应按承保权限规定由有关负责人复核签发。复核签章是承保工作的一道重要程序，也是确保承保质量的关键环节。复核时要审查单证是否齐全，内容是否完整、符合要求，字迹是否清楚，保险费计算是否正确等，力求准确无误。保单经复核无误后必须加盖公章，并由负责人及复核员签章，然后交由内勤人员清分发送。

(五) 收取保费

交付保险费是投保人的基本义务，向投保人及时足额收取保险费是保险承保中的重要环节。为了防止保险事故发生后的纠纷，在签订保险合同中要对保险费交纳的相关事宜予以明确，包括保险费交纳的金额及交付时间以及未按时交费的责任。对于非寿险合同，合同中会特别约定并明确告知：如果投保人不能按时交纳保险费，保险合同将不生效，发生事故后保险人不承担赔偿责任；如果不足额交纳保险费，保险人将有限定地(如按照实交保费与应付保费的比例)承担保险责任。

此外，值得注意的是承保并不等于保单生效。判断保险合同是否生效并不能仅以缴费、承保为标准，而要结合保险条款中关于生效要件的具体规定加以判断，承保仅是保险合同成立的标志，而并不能决定合同是否生效，只有当约定的条件全部成立以后，合同才正式生效，保险人才开始承担合同中相应的保险责任。

第二节 保险核保

保险核保是指保险公司在全面掌握保险标的的信息并且核实准确之后，对可保风险进行评判与分类，进而决定是否承保、以什么样的条件承保的过程。核保的主要目标是在辨别保险标的的危险程度的基础上，据此对保险标的进行分类，按不同标准进行承保，制定费率，从而保证承保业务的质量。核保工作的好坏直接关系到保险合同能否顺利履行，关系到保险公司的承保盈亏和财务稳定。因此，严格规范的核保工作是衡量保险公司经营管理水平高低的重要标志。

一、保险核保的信息来源

(1) 投保人填写的投保单。投保单是核保的第一手资料，也是最原始的保险记录。保险人可以从投保单的填写事项中获得信息，以对风险进行选择。

(2) 销售人员和投保人提供的情况。对于投保单上未能反映的保险标的物和被保险人的情况，也可以进一步向销售人员和投保人了解。

(3) 通过实际查勘获取的信息。除了审核投保单以及向销售人员和投保人直接了解情况外，保险人还要对保险标的、被保险人面临的风险情况进行查勘，称之为核保查勘。核保查勘可由保险人自己进行，有时也会委托专门机构和人员以适当方式进行。

二、核保的意义

(1) 防止逆选择，排除经营中的道德风险。虽然最大诚信原则要求投保人在投保时应履行充分告知的义务。但是，事实上始终是投保人比较了解或者可以准确估计标的风险，这样就存在信息的不完整和不精确的问题。保险市场信息问题，可能导致投保人或被保险人的道德风险和逆选择，给保险公司经营带来巨大的潜在的风险。保险公司的核保制度，可以最大限度地解决信息不对称的问题，排除道德风险，防止逆选择。

(2) 确保业务质量，实现经营稳定。由于保险市场竞争日趋激烈，保险公司在扩大业务的同时伴随着经营风险的增大，其主要表现为：一是保险公司的业务员素质不一，素质较低的业务员无法认识和控制承保的质量；二是保险公司为了扩大保险市场的占有率，稳定与保户的业务关系，放松了拓展业务方面的管理；三是保险公司为了拓展新的业务领域，开发了一些不成熟的新险种，签署了一些未经过详细论证的保险协议，增加了风险因素。保险公司应通过建立核保制度，将展业与承保相对分离，实行专业化管理，严格把好承保关。

(3) 扩大保险业务规模，与国际惯例接轨。我国加入 WTO 以后，国外的保险中介机构正逐步进入我国保险市场；同时，我国保险的中介力量也在不断壮大，现已成为推动保险业务的重要力量。在看到保险中介组织对于扩大业务的积极作用的同时，也应注意到其可能带来的负面影响。由于保险中介组织经营目的和价值取向的差异以及人员的良莠不齐，保险公司在充分利用保险中介机构进行业务开展的同时，也应对保险中介组织的业务加强管理，核保制度就是对中介业务质量控制的重要手段，是建立和完善保险中介市场的必要前提条件。

(4) 实现经营目标，确保持续发展。保险公司要在保险市场上争取和赢得主动，就必须确定自己的市场营销方针和政策，包括选择特定的业务和客户作为自己发展的主要对象，确定对各类风险承保的态度，制定承保业务的原则、条款和费率等。而这些市场营销方针和政策实现的主要手段是核保制度，通过核保制度对风险选择和控制的功能，保险公司能够有效地实现其既定的目标，并保持业务的持续发展。

典型案例

吴女士作为投保人于 2008 年 3 月 29 日为其 18 岁的儿子投保了 50 万元的高额寿险，所有的投保单、体检单、高额财务问卷都备齐，初审意见为"建议按标准投保体承保"。复审时核保员发现一个问题：所有的被保险人签名都是其母亲代签的。

《保险法》第五十六条规定，以死亡为给付保险金条件的合同，未经被保险人书面同意并认可保险金额的，合同无效。并规定，父母为其未成年子女投保的人身保险，不受上述限制。此案中被保险人是成年人，投保申请必须由其本人亲自签名。经调查发现，吴女士在业务员的劝说下为其在外国读书的儿子投保高额寿险，并代被保险人签名。由于被保险人无法亲自签名，最终保险公司未接受投保申请。

三、核保的主要内容

核保的主要内容包括：

(1) 投保人资格。主要是认定投保人对保险标的是否拥有保险利益。

(2) 投保人或被保险人的基本情况。

(3) 投保人或被保险人的信誉。投保人与被保险人的信誉是核保工作的重点之一。评估投保人与被保险人信誉的一个重要手段是对其以往的损失和赔付情况进行了解，那些没有合理原因，却经常"跳槽"的被保险人往往存在道德风险。

(4) 保险标的。

(5) 保险金额。保险金额的确定涉及保险公司及被保险人的利益，往往是双方争议的焦点，因此保险金额的确定是保险核保中的一个重要内容。在具体的核保工作中应当根据重置价值确定保险金额。对投保人要求按照低于这一价格投保的，应当尽量劝说并将理赔时可能出现的问题进行说明和解释；对于投保人坚持己见的，应当向投保人说明后果并要求其对于自己的要求进行确认，同时在保险单的批注栏上明确。

(6) 保险费。核保人员对于保险费的审核主要分为费率适用的审核和计算的审核。

(7) 附加条款。主险和标准条款提供的是标的同一风险共性的保障，但是作为风险的个体是有其特性的。一个完善的保险方案不仅解决共性的问题，更重要的是解决个性问题，附加条款适用于风险的个性问题。特殊性往往意味着高风险，所以，在对附加条款的适用问题上更应当注意对风险的特别评估和分析，谨慎接受和制定条件。

四、核保方法

(一) 计算机智能核保和人工核保

计算机技术的飞速发展和广泛应用，给核保工作带来了巨大的变化，尤其是智能化计算机的发展和应用，使得计算机已经完全可以胜任对标准业务的核保工作。在核保过程中应用计算机技术可以大大缓解人工核保的工作压力，提高核保工作的效率和准确性，减少在核保过程中的人为因素。但是，计算机核保不可能解决所有的核保问题，还需要与人工核保的方式相结合。

(二) 集中核保和远程核保

从核保制度的发展过程分析，集中核保的模式代表了核保技术发展的趋势和方向。集中核保可以有效地解决统一标准和业务规范的问题，实现技术和经验最大限度的利用。但是，以往集中核保在实际工作中遇到的困难是经营网点的分散和缺乏便捷、高效的信息传输及反馈渠道。

远程核保就是建立区域性的核保中心，利用互联网等现代通信技术，集中区域内的核保专家对辖区内的所有业务进行集中核保。这种核保方式较以往任何一种核保方式均具有不可比拟的优势，它不仅可以利用核保中心人员技术的优势，还可以利用中心庞大的数据库，实现资源的共享。同时，远程核保还有利于对经营过程中的管理疏漏甚至道德风险实行有效的防范。

(三) 事先核保和事后核保

事先核保是在核保工作中广泛应用的模式，即投保人提出投保申请后，核保人员在接受承保之前对标的的风险进行评估和分析，决定是否接受承保。在决定接受承保的基础上，根据投保人的具体要求确定保险方案费率、保险金额、免赔额等承保条件，包括确定适用的条款、附加条款。

事后核保是在决定承保之后再对标的的风险进行评估和分析，适用于金额较小、风险较低、承保业务技术比较简单的业务。保险公司从人力和经济的角度难以做到事先核保的，可以采用事后核保，所以事后核保是对未进行事先核保的一种补救措施。

五、财产保险的核保要素及风险单位划分

(一) 核保要素

在财产保险核保过程中，需要对有些因素进行重点风险分析和评估，并实地查勘。其中，主要的核保要素有：

(1) 保险标的物所处的环境。保险标的物所处的环境，直接影响其在保险责任有效期间内是否发生保险事故，导致保险标的出现经济损失以及发生几率的高低和损失的程度。

(2) 保险财产的占用性质。查明保险财产的占用性质，可以了解其可能存在的风险；同时要查明建筑物的主体结构及所使用的材料，以确定其危险等级。

(3) 投保标的物的主要风险隐患和关键防护部位及防护措施状况。这是对投保财产自身风险的检验，包括：① 认真检查投保财产可能发生风险损失的风险因素。例如，投保的财产是否属于易燃、易爆品或易受损物品；对温度和湿度的灵敏度如何；机器设备是否超负荷运转；使用的电压是否稳定；建筑物结构状况等。② 对投保财产的关键部位重点检查。例如，建筑物的承重墙体是否牢固；船舶、车辆的发动机的保养是否良好。③ 严格检查投保财产的风险防范情况。例如，有无防火设施、报警系统、排水排风设施；机器有无超载保护、降温保护措施；运输货物的包装是否符合标准；运载方式是否合乎标准等。

(4) 是否有处于危险状态中的财产。正处在危险状态中的财产意味着该项财产必然或

即将发生风险损失，这样的财产保险人不予承保。这是因为保险承保的风险应具有损失发生的不确定性。必然发生的损失，属于不可保风险。如果保险人予以承保，就会造成不合理的损失分布，这对于其他被保险人是不公平的。

(5) 各种安全管理制度的制定和实施情况。健全的安全管理制度是预防、降低风险发生的保证，可减少承保标的的损失，提高承保质量。因此，核保人员应核查投保方的各项安全管理制度，核查其是否有专人负责该制度的执行和管理。如果发现问题，会建议投保人及时解决，并复核其整改效果。倘若保险人多次建议投保方实施安全计划方案，但投保方仍不执行，保险人可调高费率，增加特别条款，甚至拒保。

(6) 被保险人以往的事故记录。这一核保要素主要包括被保险人发生事故的次数、时间、原因、损失及赔偿情况。一般从被保险人过去 3～5 年间的事故记录中可以看出被保险人对保险财产的管理情况，通过分析以往损失原因找出风险所在，督促被保险人改善管理，采取有效措施避免损失。

(7) 被保险人的道德情况。特别是对经营状况较差的企业，保险人要弄清是否存在道德风险。一般可以通过政府有关部门或金融单位了解客户的资信情况，必要时可以建立客户资信档案，以备承保时使用。

(二) 划分风险单位

风险单位是指一次风险事故可能造成保险标的损失的范围。一般地说，风险单位由四项构成条件：一是面临损失的价值；二是引发损失的风险事故；三是财务损失的影响程度；四是遭受损失的法律权益主体。在保险经营中，合理划分风险单位不仅是必要的，而且对于保险公司评估风险、做出承保决策具有重要的意义。在保险实践中，风险单位的划分一般有三种形式。

(1) 按地段划分风险单位。由于保险标的之间在地理位置上相毗连，具有不可分割性，当风险事故发生时，承受损失的机会是相同的，那么这一整片地段就被算成一个风险单位。

(2) 按标的划分风险单位。与其他标的无相毗连关系，风险集中于一体的保险标的。如一架飞机，可以划分为一个风险单位。

(3) 按投保单位划分风险单位。为了简化手续，对于一个投保单位，不需区分险别，只要投保单位将其全部财产足额投保，该单位就为一个风险单位。

六、人寿保险的核保要素及风险类别划分

(一) 核保要素

人寿保险的核保要素一般分为影响死亡率的要素和非影响死亡率的要素。影响死亡率的要素包括年龄、性别、职业、健康状况、体格、习惯、嗜好、居住环境、种族、家族、病史等；非影响死亡率的要素包括保额、险种、交费方式、投保人财务状况、投保人与被保险人及受益人之间的关系等。在寿险核保中重点考虑影响死亡率的要素。

(1) 年龄和性别。年龄是人寿保险核保所要考虑的最重要的因素之一。因为死亡概率一般随着年龄的增加而增加，各种死亡原因在不同年龄段的分布是不一样的，而且不同年龄组各种疾病的发病率也不相同。因此，人寿保险保险金给付的频数与程度有很大的差异。另外，性别对死亡率和疾病种类也有很大影响。有关统计资料表明，女性平均寿命要长于

男性 4~6 年，各国生命表中的死亡概率的计算也充分反映了这一点。因此，性别因素也关系着保险人承担给付义务的不同。

(2) 体格及身体情况。体格是遗传所致的先天性体质与后天各种因素的综合表现。体格包括身高、体重等。经验表明，体重超重会引起生理失调，导致各种疾病的发生。所以，超重会使所有年龄人的死亡率增加，对中年人和老年人尤甚。为此，保险公司可编制一张按照身高、年龄、性别计算的平均体重分布表。体重偏轻一般关系不大，但核保人员应注意对近期体重骤减者要进行调查，以确定是否由疾病引起。除体格以外的身体情况也是核保的重要因素，如神经、消化、心血管、呼吸、泌尿、内分泌系统失常会引起较高的死亡概率。保险人应收集各种疾病引发死亡的统计资料，在不同时期引起死亡的疾病的排列顺序是不同的，目前癌症和心血管疾病是引起死亡的最主要原因。

(3) 个人病史和家族病史。如果被保险人曾患有某种急性或慢性疾病，往往会影响其寿命，所以，在核保中一般除了要求提供自述的病史外，有时还需要医师或医院出具的病情报告。了解家族病史主要是了解家庭成员中有无可能影响后代的遗传性或传染性疾病，如糖尿病、高血压病、精神病、血液病、结核、癌症等。

(4) 职业、习惯嗜好及生存环境。首先，疾病、意外伤害和丧失工作能力的概率在很大程度上受所从事的职业的影响。一些职业具有特殊风险，虽不会影响被保险人死亡概率的变化，但却会严重损害被保险人的健康而导致大量医疗费用的支出，如某些职业病。另外，有些职业会增加死亡概率或意外伤害概率，如高空作业工人、井下作业的矿工及接触有毒物质的工作人员等。其次，如果被保险人有吸烟、酗酒等不良嗜好或从事赛车、跳伞、登山、冲浪等运动或拥有此类业余爱好，核保人可以提高费率承保或列为除外责任，甚至拒绝承保。第三，被保险人的生活环境和工作环境的好坏，对其身体健康和寿命长短也有重要影响。如果被保险人居住在某种传染性疾病高发的地区，他感染这种传染病的可能性就比其他人大得多；如果被保险人的工作地点与居住地点距离很远，其遭受交通事故伤害的可能性也就大许多。

(二) 风险类别划分

核保人员在审核了投保方所有有关的资料并进行体检以后，要根据被保险人的身体状况进行分类。在人寿保险中，由专门人员或指定的医疗机构对被保险人进行体检，实际测定被保险人的身体健康状况。体检后由医生提供的体检报告就是一种核保查勘结果。被保险人是否需要体检，一般是由其年龄和投保金额决定的，投保年龄越大、投保金额越高，体检的必要性就越大。根据体检结果，决定是否承保以及按照什么条件或采用不同费率承保。

(1) 标准风险。属于标准风险类别的人有正常的预期寿命，对他们可以使用标准费率承保。大多数被保险人面临的风险属于这类风险。

(2) 优质风险。属于优质风险类别的人，不仅身体健康，且有良好的家族健康史，无吸烟、酗酒等不良嗜好。对该类被保险人，在基本条件与标准相同的情况下，保险人在承保时可适当给予费率的优惠，即按照低于标准的费率予以承保。

(3) 弱体风险。属于弱体风险类别的人在健康和其他方面存在缺陷，致使他们的预期寿命低于正常的人。对他们应按照高于标准的费率予以承保。

(4) 不可保风险。属于不可保风险的人有极高的死亡概率，以致承保人无法按照正常的大数法则分散风险，只能拒保。

第三节　核保管理

一般而言，保险公司的核保管理有四个主要任务：第一，建立经营目标，以补充或支持公司的总目标；第二，管理人员应当告诉核保人员怎样完成这些特定的目标；第三，管理人员必须定期检查核保人员的工作，以便判断他们是否按照公司制定的核保指南的要求去做，是否满足了核保的目标；第四，核保管理者必须不断地修改核保指南，以适应客观情况的变化。

对于核保管理来说，其任务不仅仅是制定核保指南和检查核保的决策。核保管理工作最重要的方面即将公司的总体目标转化成保单的具体要求和实践。随着内部和外部客观条件的变化，公司也要不断修改自己的核保规则和标准。可以说，核保管理正是实施这些变革的一个重要中介。

一、参与公司管理

在一个保险公司中，高层管理小组通常包括负责核保、市场销售、理赔、财务、精算和其他职能的官员。在这个层次上做出的决策要决定：开发什么新险种；哪些险种应当优先发展；使用什么样的市场销售体系等等。在这里，核保管理人员的主要责任就是将公司的这些总目标变成核保的具体目标和经营实践。

二、安排再保险

关于再保险的内容在本书第十五章中有详细的讲解。

三、制定和实施核保指南

核保管理的第三个职能是制定核保指南。一份好的公司核保指南能够使得核保人员做出最优的决策，并满足公司的核保目标。

核保指南通常需要列出核保人员对每一险种应当考虑的一些因素；与这些因素相关的投保申请者的各种好的和不好的特征；公司对这些投保申请者的态度等等。在这个基础上，核保员对每一份申请做出评价，然后决定怎样处理这些申请，怎样实施这些决定。

在做出了核保管理决定之后，很有必要检查它的结果，以判定其结果是否令人满意。检查形式通常有两种：第一种，各个核保人员是否执行了核保指南。如果没有，这就很难说核保指南是有效的。一般来说，核保管理部门应当定期派遣核保检查小组去各个分公司，以检查核保指南的执行情况。第二种，如果各核保人员的确执行了核保指南，那么，效果怎么样，其结果是否令人满意。

影响公司经营的因素有许多，核保的管理是其中一项很重要的内容。只有实施有效的核保管理，才能够在需要的时候，很迅速地对保单做出修改，以适应客观情况的变动。

四、团体人身保险业务核保管理的探讨

随着市场经济的快速发展与 WTO 政策的放开，我国保险业取得了令人瞩目的成绩，

团体人身保险业务更是从无到有、由小到大，逐步发展成为寿险公司三大主渠道业务之一，但目前团体人身险核保管理工作相对滞后，如何提高团体人身保险核保管理水平，已成为当前团体人身保险业务健康持续发展的重要问题。

(一) 团体人身保险业务承保中存在的主要风险

近几年来，保险市场竞争日趋激烈，各保险公司竞相加大团体人身保险业务的开拓力度，使团体人身保险业务得到了快速发展，但业务的快速发展与恶性竞争使承保风险日益突显。

(1) 承保方案设计不合理风险。一般来说，企业的保险保障需求是多方面和多层次的，为此保险人必须利用多款产品设计综合的承保方案。如果方案不合理，将带来巨大的承保风险，主要表现在以下三个方面：一是个人保额过度集中，不能得到较好地分散；二是保障范围过宽，使赔款大幅上升；三是费率下浮幅度大，致使保费严重不足。这些都会使赔付率攀升，导致团体人身保险业务出现亏损。

(2) 行业风险与职业风险。随着社会的发展，新兴行业与职业层出不穷，潜在的作业风险也各异，如煤炭、化工、建筑、远洋运输等行业风险较大，在保险公司的职业分类表中多属于"拒保职业"；有些企业虽然不属于高风险行业，但可能会有一部分职工的工作环境属于高风险范围，比如野外作业、高温作业、高电压作业等，因其事故发生率较高，容易导致出现大额赔款。

(3) 逆选择风险。逆选择风险主要是指投保人所进行的对其自身有利，对保险人及全体投保者不利的选择。团体人身保险业务的逆选择包括两种情况，一是被保险人的逆选择风险，往往风险大的员工希望参保；二是保单持有人的逆选择风险，也就是说风险较大的团体投保欲望强烈，实务中团体人身险保单持有人的逆选择风险要比单个被保险人的逆选择风险难以预计得多，也难以控制得多。

(二) 团体人身保险核保管理的现状

近几年来，团体人身保险业务得到了快速发展，但团体人身保险客户来自不同的行业，其承保条件(费率、特别约定、除外责任)可以谈判，使团体人身保险的精算、组织架构和销售管理都呈现与个人保险不同的特点，核保管理也较为复杂，主要存在以下几个方面的问题。

(1) 核保人员作业技能欠佳，核保手段落后。团体人身险的基本特点是单笔业务的整体性、成员的低逆选择性、保险需求的个性化和承保条件的可谈判性，风险分析时往往涉及精算、财务、法律法规等知识，这就要求核保人员要具有较高的综合素质；但目前有许多核保人员由于自身素质及实践经验不足，不能灵活地合理地进行风险评估与定价，不能采取相应的风险管控措施，影响了团体人身保险的健康发展。

(2) 信息资料不充分，缺乏经验数据。团体人身保险核保对团体经验数据及既往案例有很强的依赖性，而目前恰恰缺少这些信息的来源渠道，从团体投保来看，很少有单位能提供其往年事故发生的真实情况；各保险公司积累的经验数据较少；目前各保险公司团体人身保险方面的资源没有实现共享，这就导致了即使核保人员考虑到了风险，却由于缺乏量化的经验性数据支持而不能做出恰当的风险处置。

(3) 行政干预现象严重。在团体人身保险业务经营中，管理与发展的矛盾表现得更为突出。对于潜在风险较高的团体人身保险业务，下级公司往往迫于上级公司下达的保费的压力，通过行政干预强行承保，使团体人身险核保的价值得不到体现。

(三) 加强团体人身险核保管理及创新核保手段

国内外团体人身险业务的发展表明团体人身险盈利与否关键在于公司的管理水平，尤其是与处于风险控制核心地位的核保管理水平有关，因此，当前必须创新团体人身险业务的核保手段，有效地提升承保风险管控水平，使保险公司在日趋激烈的市场竞争中实现稳健经营。

(1) 建立培训认证体系，提高核保力量素质。团体人身保险业务对核保人员的综合素质要求比较高，因此需要建立相应的培训与认证体系，做好核保专业力量的培养，同时要将基层公司核保权限与核保人员层级进行挂钩，这样一方面有利于风险额与风险分析能力的匹配，另一方面也有利于体现核保人员的价值。

(2) 制定和落实与团体人身保险业务匹配的核保前置制度，实施差异化核保。团体人身保险客户千差万别，其承保条件(费率、特别约定、除外责任)均可谈判。因此，在前期的客户沟通阶段核保人员就应该介入，核保人员应当制定相应的资料搜集方案，对客户的风险做全面的分析，对报价给出风险提示并提出风险控制建议；当然，可以根据规模、风险程度制定介入的深度，但核保前置必须有一定的强制性，如果等到后续签约阶段再由核保人员审核控制风险，基本上起不到实质性作用。

在实际工作中，保险公司内部不同机构的经营管理水平、业务结构、市场竞争状况及经济文化均有差异，公司在不同时期的经营策略不同，营销人员的素质参差不齐，所以团体人身保险核保制度要有一定的弹性，应针对不同情况实施差异化核保。

(3) 重视经验数据核保。历史经验数据对团体人身险核保来讲其重要性是不言而喻的，所以核保人员必须关注历史数据，要将注意力放在企业整体的历史数据上，如企业历年的赔付率、长期以来人员的流动情况等，而不要将核保精力分散于个别被保险人的健康状况、年龄大小、历年理赔金额等方面。

(4) 建立系统内部分保与再保相结合的承保机制，有效防范巨灾风险。各保险公司及其所辖机构承担赔付风险的能力不同，特别是目前保险公司多实行短期险业务赔付率、手续费与费用率捆绑考核的情况下，一旦发生重大保险事故，就会导致分支机构的经营因巨额赔款而产生大的波动。为防止此种情况发生，保险公司的上级机构应建立内部分保机制，即由上级公司建立保险基金专户，对超过一定额度的赔款，由上级公司分担。当然，对于超过保险公司整体承受能力的高风险业务，仍要通过再保险来转移风险。这样，就可通过建立系统内部分保与再保相结合的承保机制，有效防范巨灾风险。

(5) 充分利用现代信息手段，建立风险分析体系，实行智能化核保。充分利用现代信息工具与统计学方法，对团体人身险核保需考量的所有风险因素进行定量分析，研究出地区、行业、团体人数与参保率、职业、年龄分布、性别比例、保障责任类型、保额、免赔额、赔付比例、既往事故发生率或既往赔付率等要素对团体潜在风险的影响度，建立起一套团体人身保险业务风险分析体系，供核保人员在对团体人身保险进行风险评估或定价时参考使用，从而提高团体人身保险的核保质量与时效。

典型案例

保险代理人代签名，出险后保险赔不赔？

案情介绍：

2015年7月6日，A寿险公司向甲先生出具了《电子投保申请确认书》，要求甲先生告知关于吸烟、饮酒、体重变化、血尿检等信息，由A保险公司业务员乙先生代为勾选，并经甲先生确认。次日，A寿险公司向甲先生出具险种为防癌疾病保险、投保人和被保险人均为甲先生的《保险单》，甲先生已经支付当年及次年保费。2016年12月至2017年4月间，甲先生先后在B医院住院治疗，确诊为癌症并进行化疗等治疗。2017年1月，甲先生向A保险公司申领保险金。当月12日，A保险公司解除了与甲先生的保险合同，被甲先生起诉至法院。

审理中，A保险公司称通过向B医院调取的病历显示：2014年7月至2015年4月间，甲先生先后在B医院住院六次，病历记载其有40年吸烟史(每日两包)、饮酒史(每日半斤)，接受过核磁、X光、超声波、CT等检查，证明甲先生投保时未履行如实告知健康状况义务。但对调取病历时间，A保险公司未作陈述，也未在法院指定的期限内提交相应证据。一审法院归结本案的焦点：① A保险公司是否就健康告知事项向投保人甲先生询问，甲先生是否履行如实告知义务；② A保险公司解除保险合同的行为是否合法有效，是否应当承担给付保险金的责任。

经审理，一审法院判决A保险公司向甲先生支付保险金，并驳回甲先生其他诉讼请求。A保险公司不服一审判决，上诉请求撤销一审判决，改判驳回甲先生的全部诉讼请求，承担一审、二审诉讼费用。二审法院审理查明，载明投保人健康状况等询问问题的《个人业务投保书》等其他文件系电子形式，由保险公司业务员乙某代填。在庭审中，由法院安排，乙先生现场通过电话陈述其与甲先生为亲戚关系，在投保时询问了投保人是否有癌症病史。法院认为，对于保险人未询问的范围和问题，投保人不负有告知义务。对于《个人业务投保书》中载明的健康告知事项与投保人实际健康状况不符的情况，并非由投保人未尽告知义务所致。二审判决如下：驳回上诉，维持原判；一审、二审案件受理费，由A保险公司负担。

(资料来源：http://www.sinoins.com)

 问题

试结合本案分析保险公司如何通过核保等程序来减少自身承担的风险损失。

第四节　续　　保

一、续保的定义

续保是指原保险合同有效期满后，投保人在原有保险合同的基础上向保险人提出续保申请，保险人根据投保人的实际情况，可对原合同条件做适当修改而继续签约承保的行为。续保和保证续保是不一样的，保证续保是指，投保人与保险人在保险合同中约定，在前一保险期间届满后，投保人提出续保申请，保险公司必须按照约定费率和原条款继续承保。

二、续保的优点

不论是对保险人还是投保人来说，续保都有一定的优越性。从保险方来看，续保不仅可以稳定公司的业务量，而且利用与老客户间已建立起来的关系，可以减少许多展业工作量和费用。对投保方来说，通过及时续保，不仅可以从保险人那里得到连续不断的、可靠的保险保障与服务，而且作为公司的老客户，也可以在核保、体检、服务项目及费率等方面得到公司的通融和优惠。通常来说，续保比初次核保的手续和程序都要简便一些。

对于保险人来说，续保应当注意以下问题：第一，及时做好对保险标的的再审核等工作，以避免保期的中断；第二，在保险标的的危险程度增加或减少时，应对费率进行适当的调整；第三，保险人应根据经营和赔付的情况，对承保条件与费率进行适当调整；第四，保险人应考虑通货膨胀因素，使投保金额能够随生活费用指数的变化而做出调整。

三、续保方式

续保方式主要有以下几种：
(1) 另订新的保险契约。
(2) 按原条件订立"续保证明书"。
(3) 将收取续保费的"续保收据"作为续保的凭证，一切条件按原保单办理。

四、续保与复效的区别

复效即保险合同由于投保人主观或客观原因中止后，如果投保人希望恢复合同效力，就应在规定的期间(一般为两年)内补交保费及其他费用，书面提出复效申请。如果符合保险合同规定的重新生效的条件，经过投保人和保险人协商一致，恢复保险合同效力。

续保与复效的区别在于：
(1) 续保是因原保险合同期限届满而终止；而在复效中原合同的期限并未终止，即原合同并未消灭，只是暂时失效而已，满足一定的条件还是可以继续合同的履行。
(2) 续保是订立一个新的合同，只不过延长了合同的履行期限，但在内容上却无太大的变动，本质上续保合同与原合同是两个合同；而复效是并未延长原合同期限，不同之处是对于暂时失效期间效力的恢复。
(3) 续保合同对投保人需要履行与订立原合同时相同的义务，比如如实告知的义务等；而复效合同只要当事人未约定，投保人只要补交保险费和相关费用，就无须再履行如实告知的义务了。
(4) 续保后相关条款的时间区间要重新起算，如不可抗争条款、自杀条款等；而复效是对原合同效力的继续，效力溯及原合同订立之时的状态，所以这些条款的期间并未随着效力中止而中止，期间的计算仍在延续。

本 章 小 结

　　承保是指保险合同的签订过程，即投保人和保险人双方通过协商，对保险合同的内容取得意见一致的过程。承保的程序包括：核保、作出承保决策、缮制单证、复核签章、收取保费。

　　保险核保是指保险公司在全面掌握保险标的的信息并且核实准确之后，对可保风险进行评判与分类，进而决定是否承保、以什么样的条件承保的过程。人寿保险和财产保险的保险要素和风险单位划分是不一样的。

　　续保是指原保险合同有效期满后，投保人在原有保险合同的基础上向保险人提出续保申请，保险人根据投保人的实际情况，可对原合同条件做适当修改而继续签约承保的行为。续保与复效是不一样的，续保和保证续保也是不一样的。

 案例阅读

　　家住新野县城的钱某没有想到，合同中的一个"或"字，使他在向保险公司理赔时，遭到了拒绝，从而引发了一场官司。

　　现年 31 岁的钱某是新野县一名机关干部。2000 年 8 月 1 日，钱某之妻李某经新野县保险公司业务员介绍，为钱某买了一份中国人寿保险公司康宁终身保险。双方约定：被保险人为钱某，年保险费 1320 元，交费期限 20 年，基本保险金额 2 万元；合同有效期内，被保险人在合同生效(或复效)之日起 180 日后初次发生，并经保险人指定或认可的医疗机构确诊患重大疾病的，保险人按基本保额的两倍给付重大疾病保险金；合同同时规定，重大疾病包括癌症。合同中对癌症的释义是：癌症是指组织细胞异常增生且有转移特性的恶性肿瘤或恶性白细胞过多症，经病理检验确定符合国家卫生部"国标疾病伤害及死因分类标准"归属于恶性肿瘤的疾病。

　　合同生效后，钱某之妻李某先后于 2000 年 8 月 31 日、2001 年 9 月 15 日两次向新野县人寿保险公司交纳每期保险费 1320 元。

　　2002 年 8 月，钱某感觉身体不适，遂到新野县人民医院作了检查，被确诊为患了"骨髓增生异常综合征"(简称 MDS)。医生说，患了这种疾病身体极度虚弱，如果不及时治疗，可能最终导致骨髓性白血病，也可能因自身免疫力下降而导致死亡。幸亏钱某发现得早，不过需要经常服药治疗，才能控制病情的继续发展。钱某一家在庆幸之余，不禁为高额的医疗费犯了愁。这时，钱某想到了妻子为自己投保的康宁终身保险，但这种疾病是否属于合同约定的重大疾病，是否能领到重大疾病保险金呢？为弄清这个问题，钱某去咨询医生。医生告诉他，这种疾病就是血液系统的恶性肿瘤，实质上就是癌症。于是，8 月 20 日，钱某向新野县人寿保险公司提出重大疾病理赔申请，要求保险公司支付 4 万元保险金。

　　令钱某意想不到的是，保险公司拒绝批准他的理赔申请，理由是康宁终身保险条款规定，癌症是指组织细胞异常增生，且有转移特性的恶性肿瘤或恶性白细胞过多症。而钱某所患的 MDS 症状是白细胞过少而不是过多，不属于癌症中的"恶性白细胞过多症"，故保险公司不应赔付。钱某随即提出，康宁终身保险条款对癌症释义时的用语为"或"，自己所患的 MDS 是血液系统的恶性肿瘤，虽然不符合释义的后半部分，但却符合前半部分，即"组织细胞异常增生且有转移特性的恶性肿瘤"，应该归类于重大疾病。但保险公司的工作人员却坚持认为，MDS 应同时符合释义条款的前半部分和后半部分，才能构成重大疾病。为弄清自己所患的 MDS，钱某自费购置了许多医学方面的书籍，书中均将 MDS 归属于血液系统的恶性肿瘤项下。此后，钱某又多次和保险公司交涉，最后，新野县人寿保险公司终于同意给付钱某保险金 4 万元。但新野县人寿保险公司的上级机关南阳公司却以不符合重大疾病条件为由拒绝审批，致使钱某的理赔愿望再次落空。

自己明明患了重大疾病，而保险公司却以种种理由推脱责任，无奈，钱某于 2003 年 10 月将新野县人寿保险公司告上法庭，要求被告支付保险金 4 万元及利息。

新野县人民法院审理后认为，原告之妻李某投保康宁终身保险，以原告钱某为被保险人，被告表示接受，双方意思表示真实，且不违背法律、法规规定，保险合同依法成立生效。根据保险合同约定，癌症是指"组织细胞异常增生且有转移特性的恶性肿瘤或恶性白细胞过多症……"该项条款系选择性条款，符合其一即可。原告钱某所患 MDS 虽然白细胞过少，但其提供的证据能够证明 MDS 属于血液系统的恶性肿瘤，而被告却无相反证据证明 MDS 不属于"组织细胞异常增生且有转移特性的恶性肿瘤"，而仅以白细胞过少为由认为不符合癌症的条件，是对该项条款作出了并列性理解，显属不当。因此，被告作为保险合同的实际履行方应当按照合同约定支付基本保额 2 万元两倍的保险金额。本案中，原告于 2002 年 8 月 20 日向被告提出理赔申请，被告应当及时作出属于保险事故的核定，并按规定在与原告达成理赔协议十日内，履行给付保险金义务。因被告未及时履行该项义务，故应自 2002 年 8 月 31 日起赔偿原告的利息损失。依照《保险法》第二十二条、第二十四条、第三十一条之规定，新野县法院作出判决：被告中国人寿保险公司新野县支公司于判决生效后十日内赔付原告钱某保险金 4 万元整，并按中国人民银行同期贷款利率支付原告自 2002 年 8 月 31 日至保险金付清之日止的利息损失。

一审宣判后，原被告双方均未提起上诉，判决已发生法律效力。至发稿时，新野县人寿保险公司已将生效判决履行完毕。

案例分析：

本案是一例较为典型的保险合同赔偿金拒赔案，其争议焦点为保险合同条款如何理解的问题。为解决此问题，我国《保险法》作出了明确的规定。该法第三十一条规定："对于保险合同的条款，保险人与投保人、被保险人或者受益人有争议时，人民法院或仲裁机关应当作出有利于被保险人和受益人的解释。"本案中，当事人钱某与中国人寿保险公司新野县支公司就保险合同中约定癌症的范围，在理解上发生了争议，并引起了诉讼。根据《保险法》的规定，法院作出了有利于被保险人钱某的条款解释是非常正确的。由于保险公司对保险合同条款的片面理解而拒绝支付保险赔偿金的行为，给被保险人钱某造成了经济损失，应当承担赔偿责任。

（资料来源：110 法律咨询网）

问题

试结合本案分析在购买保险的过程中应该注意哪些事项。

复习思考题

一、名词解释

保险承保　　　保险核保　　　续保　　　核保管理　　　复效

二、简答题

1. 保险核保的性质和意义是什么？
2. 保险理赔有哪些基本的原则？
3. 简述保险承保的主要内容。
4. 简述续保与复效的区别。

三、案例分析

被保险人黄某，男，45 岁，于 2007 年 5 月 23 日为自己投保重大疾病保险 10 万元及住院医疗津贴保险三档，健康告知事项正常。2007 年 10 月 24 日被保险人因"慢性乙型肝炎"住院治疗，向保险人申请住院医疗津贴保险金。病历资料显示"既往史"有"鼻咽癌放疗"，理赔人员随即到当地肿瘤医院勘查了解到：被保险人 2002 年 9 月即患有"鼻咽低分化鳞癌"，并定期化疗。2007 年 5 月 3 日 CT 复查显示"右侧鼻咽癌放疗后复发"。但被保险人在投保时未将以上信息告知保险人。

1. 该保险合同是否有效？
2. 如果你是核保员，你会怎么做？

第九章　保险业务流程(下)

【学习目标】

掌握保险索赔的基本原则；理解寿险理赔和非寿险理赔程序的区别；了解保险委付的基本概念和条件等。

案例导入 ➡

半月内投 8 份保险后死亡　　法院认定属于"意外身故"，受益人获 1300 万

2015 年 4 月 20 日，原告王某某在被告保险公司处购买个人人身意外伤害保险等保险产品，并指定本案原告为受益人。2015 年 5 月 28 日，王某某驾驶轿车行至重庆市开县中和镇护国水库路段时，因大雨路滑等原因，轿车驶出道路翻坠于右侧护国水库中，王某某不幸身亡。事故发生后，原告家人要求被告依约赔付保险金遭拒。

庭审中，被告辩称，王某某在 2015 年 4 月 10 日到 2015 年 4 月 25 日期间连续向 7 家保险公司投保意外身故保险，其选择保险产品时均选择意外身故类保险产品，对意外医疗类保险产品或者不投保，或者仅投保几千元，这违反常理，可能涉及骗保行为。同时，王某某投保时，没有向保险公司说明其向其他保险公司投保的事实，其提供信息不真实，欺骗保险公司作出决定，被告有权解除合同。本案系王某某故意违法所致，不属于意外伤害保险的赔偿范围，原告的诉讼请求应驳回。

庭审查明，2015 年 4 月 10 日至 2015 年 4 月 23 日期间，王某某与中国平安人寿保险股份有限公司重庆分公司等 7 家保险公司签订人身保险合同共计 8 份，保险金额高达 1300 万元。王某某身亡事故发生后，保险公司拒绝理赔。经对王某某进行乙醇、毒化、尸表检验，检测结果为未发现饮酒、吸毒驾驶。《道路交通事故认定书》认定，王某某未按操作规范安全驾驶、文明驾驶，是引起事故的直接原因，王某某应承担交通事故全部责任。

争议焦点：

王某某所发生的死亡事件是否属于保险合同约定赔偿的保险事故。

法院认为，王某某在多个被告处投保的主险均为意外伤害险，意外伤害在保险公司的条款释义处均指遭受外来的、突发的、非本意的、非疾病的使身体受到伤害的客观事件。本案中，王某某死亡系交通事故引起，是意外伤害事故，属于保险合同约定的保险事故。其次，《法医学尸表检验报告书》认定王某某死亡系生前溺水所致，而溺水死亡并非因其身体内部原因引起，符合保险合同约定的"非疾病的""外来的"特征。再者，"突发的"是指在极短时间内发生，来不及预防，王某某驾驶车辆驶出道路坠翻水库，符合意外事故的"突发的"特征。此外，被告拒绝赔付的理由主要是怀疑原告存在骗保，但未能提供充分证据证明，依法应当承担举证不能的法律后果。

法院判决:

综上,法院认定王某某死亡属于本案保险合同约定的"意外身故"保险事故,被告应依约支付保险赔偿金。

第一节　保险索赔与理赔概述

一、保险索赔的定义

保险索赔是指被保险人或其受益人在保险标的遭受损失后或保险期满或保险合同约定事项出现时,按保险单有关条款的规定,向保险人要求赔偿或给付保险金的行为。《保险法》第二十二条第一款规定:"保险事故发生后,依保险合同请求保险人赔偿或给付保险金时,投保人、被保险人或受益人应当向保险人提供其所能提供的与确认保险事故的性质、原因、损失程度等有关的证明和资料。"

(一) 保险索赔的前提条件

被保险人或受益人在进行索赔时,必须符合下列条件,保险人才会受理:

(1) 被保险方必须对保险标的具有保险利益,才有资格索赔。

(2) 被保险方必须在损失前的保险期间及索赔时告知一切重要事实,不做虚伪陈述。

(3) 所投保的损失确实已经发生,并且的确使被保险方所蒙受的损失完全是由于投保风险意外发生所造成的,而不是由其本身过失或蓄意引起的。

(4) 必须在保险单上规定的时间内将损失通告保险人。如保单上未做规定,就必须在合理时间内通知保险人,除非保险单上明文载明。

(5) 必须向保险人提供发生保险承保的证据,并说明损失的详细情节。

(6) 索赔必须符合法律规定。

(7) 索赔金额必须合理。

(二) 投保人向保险人索赔时应提供的单证

投保人向保险公司索赔时应提供如下单证:

(1) 出险通知书。

(2) 损失清单。

(3) 保险单。

(4) 事故原因、性质、发生时间地点等证明材料,包括事故报告、有关部门证明、现场勘察报告、受损财产照片等。

(5) 被保险财产损失(或人身保险伤害)程度证明材料,包括检验报告、费用账单等。

二、保险理赔

保险理赔是指保险人在保险标的发生风险事故后,对被保险人提出的索赔请求进行处理的行为。保险理赔的作用如下:

第一,保险理赔能使保险的基本职能得到实现。

第二，保险理赔能及时恢复被保险人的生产，安定其生活，促进社会生产顺利进行与社会生活的安定，提高保险的社会效益。

第三，保险理赔还可以发现和检验展业承保工作的质量。

保险理赔人员作为专门从事保险理赔工作的人员可以分为两种类型：一是保险公司的专职核赔人员；二是保险代理人。前者直接根据被保险人的索赔要求处理保险公司的理赔事务；后者则接受保险公司的委托从事理赔工作。

(一) 保险理赔的原则

(1) 重合同、守信用的原则。

(2) 实事求是的原则。被保险人或受益人提出的索赔案、案发原因错综复杂，会产生赔与不赔、赔多与赔少的问题，保险人既要严格按照合同条款办事，又不能违背条款规定，还应合情合理、实事求是地对不同案情的具体情况进行具体分析，灵活处理赔案。

(3) 主动、迅速、准确、合理的原则。保险人在理赔时，应主动了解受灾受损情况，及时赶赴现场查勘，分清责任，准确定损，迅速而合情合理地赔偿损失。

(二) 保险理赔的一般程序

(1) 损失通知。

(2) 审核保险责任。

① 险单是否仍有效力；

② 损失是否由所承保的风险所引起；

③ 损失的财产是否为保险财产；

④ 损失是否发生在保单所载明的地点；

⑤ 损失是否发生在保险单的有效期内；

⑥ 请求赔偿的人是否有权提出索赔；

⑦ 索赔是否有欺诈。

(3) 进行损失调查。

① 分析损失原因；

② 确定损害程度；

③ 认定求偿权利。

(4) 赔偿或给付保险金。

(5) 损余处理。

(6) 代位求偿。

下面我们具体以交通事故的理赔流程为例，来进一步说明保险理赔的基本流程：

(1) 出示保险单证。

(2) 出示行驶证。

(3) 出示驾驶证。

(4) 出示被保险人身份证。

(5) 出示保险单。

(6) 填写出险报案表。

(7) 详细填写出险经过。

(8) 详细填写报案人、驾驶员和联系电话。

(9) 检查车辆外观，拍照定损。

(10) 理赔员带领车主进行车辆外观检查。

(11) 根据车主填写的报案内容拍照核损。

(12) 理赔员提醒车主车辆上有无贵重物品。

(13) 交付维修站修理。

(14) 理赔员开具任务委托单，确定维修项目及维修时间。

(15) 车主签字认可。

(16) 车主将车辆交于维修站维修。

以上是车主和保险公司理赔员必须要做的。事实胜于雄辩，车主一定要注意做好前期工作，避免事后理赔时被动。

车主要及时与保险公司沟通。车主要积极协助保险公司完成对车辆查勘、照相以及定损等必要工作；结案前应向交管部门了解事故中自己应负多大的责任、损失多少和伤者的赔偿费用等情况，然后再向保险公司询问哪些情况能赔，哪些情况不能赔，尽量减少损失。同时，车主在找救援公司拖车以及找修理厂修车时，关于价格问题要与保险公司及时沟通，避免救援公司或者修理厂的开价与保险公司的赔偿价格相差太大。对于定损时没有发现的车辆损失，应及时通知保险公司，由保险公司进行二次查勘定损，这笔额外的损失就不用车主自己掏钱了。因为保险事故受损或造成第三者财产损坏，应当尽量修复。修理前被保险人须会同保险公司检验，确定修理项目、修理方式及修理费用。若车主自行修理，保险公司会重新核定甚至拒绝赔偿。车辆修复以后，在支付修理费用和办理领车手续前务必对修理质量进行查验。

第二节　理赔的程序

对于寿险和非寿险，理赔的程序都如前一节所提到的，一般都要经历损失通知、审核保险责任、进行损失调查、赔偿或给付保险金、损余处理、代位求偿，但是在具体实施的过程中又有许多的不同之处，下面我们一一介绍。

一、寿险理赔的程序

(一) 接案

接案是指发生保险事故后，保险人接受客户的报案和索赔申请的过程，即损失通知。这一过程包括报案和索赔申请两个环节。

1. 报案

报案是指保险事故发生后，投保人或被保险人、受益人通知保险人发生保险事故的行为。我国《保险法》第二十一条规定："投保人、被保险人或者受益人知道保险事故发生后，应当及时通知保险人。故意或者因重大过失未及时通知，致使保险事故的性质、原因、损失程度等难以确定的，保险人对无法确定的部分，不承担赔偿或者给付保险金的责任，但保险人通过其他途径已经及时知道或者应当及时知道保险事故发生的除外。"接案人员对报案人提供的信息应做好报案登记，准确记录报案时间，引导和询问报案人，尽可能掌握必要的信息。

2. 索赔申请

索赔是指保险事故发生后，被保险人或受益人依据保险合同向保险人请求赔偿损失或给付保险金的行为。客户报案只是履行将保险事故及时通知保险公司的一项义务，但并不等同于保险索赔。报案是投保人、被保险人或受益人的义务，索赔是保险事故发生后被保险人或受益人的权利。

(1) 对索赔申请人资格的要求。索赔申请人是对保险金具有请求权的人，如被保险人、受益人。

(2) 索赔时效。保险事故发生后，被保险人或受益人，必须在规定的时间内向保险人请求赔偿或给付保险金，这一期间称为索赔时效期间。在索赔时效期间内，被保险人或受益人享有向保险人索赔的权利。超过索赔时效期间以后，被保险人或受益人向保险人索赔的权利丧失，保险人对索赔不再受理。

(3) 索赔的举证责任。索赔的举证责任指索赔权利人向保险人索赔时应承担的提供证据的义务，证明保险事故已经发生，保险人应当承担赔偿或给付保险金的责任。

(二) 立案

立案是指保险公司核赔部门受理客户的索赔申请，进行登记和编号，使案件进入正式的处理阶段的过程。

1. 索赔资料的提交

申请人按一定的格式要求填写《索赔申请书》，并提交相应的证明和资料给保险公司；如果申请人不能亲自到保险公司办理，而是委托他人代为办理，受托人还应提交申请人签署的《理赔授权委托书》。

2. 索赔资料受理

保险公司的受理人员在审核材料后，在一式两联的《理赔资料受理凭证》上注明已接收的证明和资料，注明受理时间并签名，一联留存公司，一联交申请人存执，以作为日后受理索赔申请的凭据；受理人如发现证明材料不齐，应向申请人说明原因，并通知其尽快补齐证明材料。

3. 立案条件

对要进行立案处理的索赔申请，必须符合如下条件：保险合同责任范围内的保险事故已经发生；保险事故在保险合同有效期内发生；在《保险法》规定的时效内提出索赔申请；提供的索赔资料齐备。

4. 立案处理

对经审核符合立案条件的索赔申请，保险公司的受理人员进行立案登记，并生成赔案编号，记录立案时间、经办人等情况，然后将所有资料按一定顺序存放在案卷内，移交到下一步工作环节。

(三) 初审

初审是指核赔人员对索赔申请案件的性质、合同的有效性初步审查的过程。初审的要点如下所述：

　　1. 出险时保险合同是否有效

　　初审人员根据保险合同、最近一次交费凭证或交费记录等材料，判断申请索赔的保险合同在出险时是否有效，特别注意出险日期前后，保险合同是否有复效或其他变动的处理。

　　2. 出险事故的性质

　　初审人员还应该审核出险事故是否在保险责任条款约定的事故范围之内，或者出险事故是否属于保险合同责任免除条款或是否符合约定的免责规定。

　　3. 申请人所提供的证明材料是否完整、有效

　　首先，根据客户的索赔申请和事故材料，判断出险事故索赔申请的类型，例如医疗给付、残疾给付等；其次，检查证明材料是否为相应事故类型所需的各种证明材料；第三，检查证明材料的效力是否合法、真实、有效，材料是否完整，是否为相应的机关或部门(如公安、医院等)所出具。

　　4. 出险事故是否需要理赔调查

　　初审人员根据索赔提供的证明材料以及案件的性质、案情的状况等信息判断该案件是否需要进一步理赔调查，并依据判断结果分别做出相应处理。初审人员对需要调查的案件提出调查重点、调查要求，交由调查人员进行调查；待调查人员提交调查报告后，再提出初审意见，对不需要调查的案件，提出初审意见后，将案件移交理算人员作理赔计算的处理。

(四) 调查

　　核赔调查在核赔处理中占有重要的位置，对核赔处理结果有决定性的影响。调查就是对客观事实进行核实和查证的过程，核赔调查时需要注意以下几个方面：

　　(1) 调查必须本着实事求是的原则。

　　(2) 调查应力求迅速、准确、及时、全面。

　　(3) 调查人员在查勘过程中禁止就理赔事项做出任何形式的承诺。

　　(4) 调查应遵循回避原则。

　　(5) 调查完毕应及时撰写调查报告，真实、客观地反映调查情况。

(五) 核定

　　这里的核定含义是对索赔案件做出给付、拒付、豁免处理和对给付保险金额进行计算的过程。理赔人员对案卷进行理算前，应审核案卷所附资料是否足以做出正确的给付、拒付处理，如资料不完整，应及时通知补齐相关资料；对资料尚有疑义的案件，需通知调查人员进一步调查核实。理赔人员根据保险合同以及类别的划分进行理赔计算，缮制《理赔计算书》和《理赔案件处理呈批表》。具体地说，核定的内容包括以下 4 点：

　　1. 给付理赔计算

　　对于正常给付的索赔案件的处理，应根据保险合同的内容、险种、给付责任、保额和出险情况等计算出给付的保险金额。例如，身故保险金根据合同中的身故责任进行计算；伤残保险金则根据伤残程度及鉴定结果，按规定比例计算；医疗保险金则根据客户支付的医疗费用进行计算。

2. 拒付

对于拒付的案件，理赔人员作拒付确认，并记录拒付处理意见及原因。对于由此终止的保险合同，应在处理意见中注明，并按条款约定计算应退还保费或现金价值以及补扣款项及金额；对于继续有效的保险合同，应在处理意见中注明，将合同置为继续有效状态。

3. 豁免保费计算

对于应豁免保费的案件，理赔人员应作豁免的确认，同时将合同置于豁免保险费状态。

4. 理赔计算的注意事项

理赔计算的结果直接涉及客户的经济利益，因此必须保证给付保险金额计算的准确无误；同时，理赔计算中涉及补扣款的项目，需一并计算。在理赔计算时，应扣款的项目包括：在宽限期内出险，应扣除欠交保险费；客户有借款及应收利息，应扣除借款及利息；有预付赔款应将预付赔款金额扣除；其他应扣除的项目。应补款项目包括：预交保险费；未领取满期保险金；未领取红利、利差等其他应补款项目。

(六) 复核、审批

复核是核赔业务处理中一个具有把关作用的关键环节。通过复核，能够发现业务处理过程中的疏忽和错误并及时予以纠正；同时，复核对核赔人员也具有监督和约束的作用，防止核赔人员个人因素对核赔结果的影响，保证核赔处理的客观性和公正性，从而也是核赔部门内部风险防范的一个重要环节。复核的内容及要点如下：出险人的确认；保险期间的确认；出险事故原因及性质的确认；保险责任的确认；证明材料完整性与有效性的确认；理赔计算准确性与完整性的确认。

审批是根据案件的性质、给付金额、核赔权限以及审批制度对已复核的案件逐级呈报，由有相应审批权限的主管进行审批的环节。对于一些重大、特殊、疑难案件，需成立赔案审查委员会集体对案件进行审理。根据审批的结果，要进行相应的处理，对于批复需重新理赔计算的案件，应退回由理赔计算人员重新理算；对于批复需进一步调查的案件，应通知调查人员继续调查；对于批复同意的案件，则移交下一个结案处理环节。

(七) 结案、归档

首先，结案人员根据理赔案件呈批的结果，缮制《给(拒)付通知书》或《豁免保险通知书》，并寄送申请人。拒付案件应注明拒付原因及保险合同效力终止的原因，如有退费款项，应同时在通知书中予以反映，并注明金额及领款人，提示前来领款；给付案件应注明给付金额、受益人姓名，提示受益人凭相关证件前来办理领款手续。领款人凭《给(拒)付通知书》和相关证件办理领款手续时，保险公司应对领款人的身份进行确认，以保证保险金正确支付给合同规定的受益人。领款人可以通过现金、现金支票、银行转账或其他允许的方式领取应得款项，并由保险公司的财务部门按规定支付相应金额的款项。

其次，结案人员根据保险合同效力是否终止，修改保险合同的状态，并作结案标志。

最后，结案人员将已结案的理赔案件的所有材料按规定的顺序排放，并按业务档案管理的要求进行归档管理，以便将来查阅和使用。

二、非寿险的理赔程序

非寿险理赔的程序主要包括损失通知、审核保险责任、进行损失调查、赔偿保险金、损余处理及代位求偿等步骤。

(一) 损失通知

损失通知是指保险事故发生后，被保险人或受益人应将事故发生的时间、地点、原因及其他有关情况，以最快的方式通知保险人，并提出索赔请求的环节。

1. 损失通知的时间要求

根据险种不同，发出损失通知书有时会有时间要求，例如，被保险人在保险财产遭受保险责任范围内的盗窃损失后，应当在 24 小时内通知保险人，否则保险人有权不予赔偿。此外，有的险种没有明确的时限规定，只要求被保险人在其可能做到的情况下，尽快将事故损失通知保险人，如果被保险人在法律规定或合同约定的索赔时效内未通知保险人，可视为其放弃索赔权利。我国《保险法》第二十六条规定："人寿保险以外的其他保险的被保险人或者受益人，对保险人请求赔偿或者给付保险金的权利，自其知道或者应当知道保险事故发生之日起两年不行使而消灭。"

2. 损失通知的方式

被保险人发出损失通知的方式可以是口头的，也可用函电等其他形式，但随后应及时补发正式书面通知，并提供各种必需的索赔单证，如保险单、账册、发票、出险证明书、损失鉴定书、损失清单、检验报告等。如果损失涉及第三者责任时，被保险人还须出具权益转让书给保险人，由保险人代为行使向第三者责任方追偿的权益。

3. 保险人受理

接受损失通知书意味着保险人受理案件，保险人应立即将保险单与索赔内容详细核对，并及时向主管部门报告，安排现场查勘等事项，然后将受理案件登记编号，正式立案。

(二) 审核保险责任

保险人收到损失通知书后，应立即审核该索赔案件是否属于保险人的责任，审核的内容可包括以下几个方面：

(1) 保险单是否仍有效力。

(2) 损失是否由所承保的风险所引起。

(3) 损失的财产是否为保险财产。

(4) 损失是否发生在保单所载明的地点。保险人承保的损失通常有地点的限制。例如，我国的家庭财产保险条款规定，只对在保单载明地点以内保险财产所遭受的损失，保险人才予以负责赔偿。

(5) 损失是否发生在保险单的有效期内。保险单上均载明了保险合同有效的起讫时间，损失必须在保险合同有效期内发生，保险人才能予以赔偿。例如，我国海洋运输货物保险的保险期限通常是以仓至仓条款来限制的，即保险人承担责任的起讫地点，是从保险单载明的起运地发货人的仓库运输时开始，直到保险单载明的目的地收货人仓库为止，并以货物卸离海轮后满 60 天为最后期限。又如，责任保险中常规定期内发生式或期内索赔式的承保方式。前者是指只要保险事故发生在保险期内，而不论索赔何时提出，保险人均负责赔偿；后者是指不管保险事故发生在何时，只要被保险人在保险期内提出索赔，保险人即负责赔偿。

(6) 请求赔偿的人是否有权提出索赔。要求赔偿的人一般都应是保险单载明的被保险人。因此，保险人在赔偿时，要查明被保险人的身份，以决定其有无领取保险金的资格。

(7) 索赔是否有欺诈。保险索赔的欺诈行为往往较难察觉，保险人在理赔时应注意的问题有：索赔单证真实与否；投保人是否有重复保险的行为，受益人是否故意谋害被保险人；投保日期是否先于保险事故发生的日期；等等。

(三) 进行损失调查

保险人审核保险责任后，应派人到出险现场实际勘查事故情况，以便分析损失原因，确定损失程度。

1. 分析损失原因

在保险事故中，形成损失的原因通常是错综复杂的。例如，船舶发生损失的原因有船舶本身的原因、自然灾害或意外事故的影响等。只有对损失的原因进行具体分析，才能确定其是否属于保险人承保的责任范围。可见，分析损失原因的目的在于保障被保险人的利益，明确保险人的赔偿范围。

2. 确定损失程度

保险人要根据被保险人提出的损失清单逐项加以查证，合理确定损失程度。

3. 认定求偿权利

保险合同中规定的被保险人的义务是保险人承担赔偿责任的前提条件。如果被保险人违背了这些事项，保险人可以此为由不予赔偿。例如，当保险标的的危险增加时，被保险人是否履行了通知义务；保险事故发生后，被保险人是否采取了必要的合理的抢救措施，以防止损失扩大等。这些问题直接影响到被保险人索赔的权利。

(四) 赔偿保险金

保险人对被保险人请求赔偿保险金的要求应按照保险合同的规定办理，如保险合同没有约定，就应按照有关法律的规定办理。若损失属于保险责任范围内，经调查属实并估算赔偿金额后，保险人应立即履行赔偿给付的责任。不过，在财产保险中，保险人也可与被保险人约定其他方式，如恢复原状、修理、重置或以相同实物进行更换等方式。

(五) 损余处理

一般来说，在财产保险中，受损的财产会有一定的残值。如果保险人按全部损失赔偿，其残值应归保险人所有，或是从赔偿金额中扣除残值部分；如果按部分损失赔偿，保险人可将损余财产折价给被保险人以充抵赔偿金额。

(六) 代位求偿

如果保险事故是由第三者的过失或非法行为引起的，第三者对被保险人的损失须负赔偿责任。保险人可按保险合同的约定或法律的规定，先行赔付被保险人，然后被保险人应当将追偿权转让给保险人，并协助保险人向第三者责任方追偿。

第三节　委　付

一、委付的定义

当保险标的发生推定全损时，如被保险人要求保险人按全部损失赔偿，应向保险人委付保险标的。委付(Abandonment)是被保险人让与对货物的权利与义务，而要求全部赔偿的行为。委付是海上保险所独有的具体理赔方式。

二、委付的发生原因

委付的原因有三种说法，即推定全损说、法定原因说和全损说(包括实际全损和推定全损)。我国台湾地区《海商法》第一百四十三条至第一百四十五条直接、明确地规定了三种委付的原因，即船舶委付之原因：船舶被捕获时；船舶不能修缮或修缮费用超过保险金额时；船舶行踪不明已逾两个月时；船舶被扣押已逾两个月仍未放行时(此处所称之扣押，不包括债权人声请法院所为之查封、假扣押及假处分)。货物委付之原因：船舶因遭难或其他事变不能航行已逾两个月而货物尚未交付于收货人、投保人或被保险人时；装运货物之船舶，行踪不明，已逾两个月时；货物因应由保险人负保险责任之损害，其恢复原状及继续或转运至目的地费用总额合并超过到达目的地的价值时。运费委付之原因：运费之委付，得于船舶或货物之委付时为之。据此，有人认为这是委付的法定原因，其实，上述台湾地区《海商法》的规定只是船舶、货物和运费的推定全损的具体情形，可见，推定全损才是委付的真正原因。至于实际全损，其实无所谓委付，保险人均应依约按全损赔偿，因此，全损说其实也就是推定全损说。综上所述，委付的原因是且只能是推定全损。

三、保险委付的条件

委付应当符合以下条件：

(1) 委付必须以保险标的推定全损为条件。因为委付包含着全额赔偿和转移保险标的的一切权利义务双重内容，所以必须在保险标的的推定全损时才能适用。

(2) 委付必须就保险标的的全部提出要求。被保险人要求委付必须是针对推定全损的保险标的的全部，如推定全损的一艘船舶、一批货物，不得仅就保险标的的一部分申请委付，对另一部分不适用委付。如果同一保险单上载有若干种保险标的的，其中之一产生委付原因时，则该种保险标的的适用委付。

(3) 委付必须经保险人承诺才有效。保险人可以接受委付，也可以不接受委付。委付一经保险人接受，不得撤回。

(4) 被保险人必须在法定时间内向保险人提出书面的委付申请。

(5) 被保险人必须将保险标的的一切权利转移给保险人，并且不得附加条件。

四、委付和代位求偿的区别

代位求偿权在我国现行法律中被认为是债权的法定转移，即保险人根据合同对被保险人的损失予以赔偿后，如果第三方根据合同或法律须对该损失承担赔偿责任，被保险人享有的对第三方的请求权(债权)立即自动转移给保险人。《保险法》第四十四条规定："因第三者对保险标的的损害而造成保险事故的，保险人自向被保险人赔偿保险金之日起，在保险金额范围内代位行使被保险人对第三者请求赔偿的权利。"代位求偿和委付存在如下区别：

第一，性质不同。代位求偿权包括两种：一种是权利代位，即追偿权的代位，是债权的法定转移；另一种是物上代位。而委付转移的是保险标的的权利和义务，具有物权的特点，属物上代位的范畴。

第二，前提不同。代位求偿以保险人向被保险人实际支付赔款为前提；而在委付的时候，保险人承受保险标的的权利和义务不以支付赔款为前提，仅需保险人接受委付。

第三，适用范围不同。保险人无论是对部分损失的赔偿还是对全部损失的赔偿均取得代位求偿权；而委付仅适用于推定全损。

第四，保险人的权利不同。保险人行使代位求偿权所获赔偿不得超过其对被保险人的赔偿；而在委付的情况下，保险人可以获得大于其赔偿金额的利益。保险人支付了全损费用后，取得两个权利，一个是保险标的上的利益，另一个是代位求偿权。

第五，被保险人的义务不同。《保险法》规定：被保险人负有不得损害保险人代位求偿权并协助保险人行使代位求偿权的法定义务，且被保险人不履行上述义务其赔偿金将被相应扣减；而在保险人接受委付后，法律并未对被保险人的义务作出规定。

五、保险委付的效力

委付成立后，可委付的保险标的物的权力自委付的条件出现之日起开始转移，保险人对保险标的物的所有权、利益和义务必须同时接受。

本 章 小 结

保险索赔是指被保险人或其受益人在保险标的遭受损失后或保险期满或保险合同约定事项出现时，按保险单有关条款的规定，向保险人要求赔偿或给付保险金的行为。

保险理赔是指保险人在保险标的发生风险事故后，对被保险人提出的索赔请求进行处理的行为。保险理赔要遵守重合同、守信用，主动、迅速、准确、合理，实事求是的原则。

寿险的理赔程序有报案、立案、初审、调查、核定、复核审批、结案归档。

非寿险的理赔程序有损失通知、审核保险责任、进行损失调查、赔偿保险金、损余处理、代位求偿。

委付是指当保险标的发生推定全损时，如被保险人要求保险人按全部损失赔偿，应向保险人委付保险标的。委付与复效是不一样的。

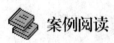 **案例阅读**

续保出险应如何赔付

被保险人管某，男，40 岁，于 2008 年 11 月 3 日向保险公司初次投保短期健康险和个人住院医疗费用保险，至 2009 年 11 月 2 日续保第二保单年度。2009 年 11 月 10 日，管某因"右侧腹股沟斜疝"疾病住院，经手术治疗后痊愈出院，期间共计花费一万余元。同年12 月，被保险人管某向保险公司提出住院医疗费用索赔申请。

理赔员取得住院病历：管某因"发现右腹股沟肿物半年"于 2009 年 11 月 10 日入院，现病史记录 2009 年 5 月 10 日其发现右腹股沟有一肿物(约核桃大小)，而后半年逐渐增大(约拳头大小)，因感患处肿胀、疼痛不适今来就诊。入院诊断为右腹股沟斜疝。

　　理赔员在业务系统中查询知,管某的第二年度续期保费已收,保单为续保有效状态。理赔员将管某本次住院情况与公司核保部门会签。核保部门认为:被保险人管某在第一保单年度出现右腹股沟肿物,但未及时告知保险公司,导致公司在不知情的状况下签发了续保合同,这无疑增大了保险人的承保风险,保险公司有权解除续保合同。理赔员借鉴应用《保险法》(2009 年 10 月 1 日起实施)第二章第三节财产保险合同第五十二条内容之规定,"在合同有效期内,保险标的的危险程度显著增加的,被保险人应当按照合同约定及时通知保险人,保险人可以按照合同约定增加保险费或者解除合同……被保险人未履行前款规定的通知义务的,因保险标的的危险程度显著增加而发生的保险事故,保险人不承担赔偿保险金的责任"。据此,保险公司认定续保的第二期保险合同属无效,故不承担第二保单年度的住院医疗费用保险责任,但可以全额退还其续期保费。

　　接到保险公司的《拒绝给付通知书》后,被保险人管某拒不接受,同时向保险公司表达了三点异议:

　　(1) 虽疾病症状出现在第二保单年度续保生效之前,但若单从保单年度起讫日简单考虑,把保险期间截然分开不作赔付,实质为否定了被保险人所患疾病发生发展的客观连续过程。

　　(2) 对于一年期短期健康险,并未要求客户一定要如实告知上一保单年度身体健康状况。《保险法》第十六条内容强调,"订立保险合同,保险人就保险标的或者被保险人的有关情况提出询问的,投保人应如实告知",由此可知,投保人(被保险人)的告知义务是以保险人在订立合同时的有限询问为前提的,而在续保流程中保险人没有任何形式的询问,依据《保险法》的询问告知精神,投保人无义务进一步告知上一保单年度自身身体健康状况。

　　(3) 客户在上一保单年度出现疾病症状未就诊,可能是医学知识欠缺未意识到疾病严重或是痛苦能够忍受,抑或是工作繁忙等原因。若被保险人在第一保单年度及时就诊,保险公司是要正常赔付的,但待到第二保单年度开始治疗时,保险公司反而认为被保险人所患为续保前症状(疾病)不作赔付,这显然有悖常理。

　　针对被保险人管某的以上三点异议,理赔员认为:条款《个人住院医疗费用保险》是短期健康险,具体承保为一年一年的方式,保险公司不可能把上一保单年度已具有疾病症状而在续保保单年度必然发生的疾病风险进行理赔;续保对客户(被保险人)的优势主要体现在不再设立疾病观察期(初次投保观察期一般为三个月),但续保时被保险人的风险状况还是要重新评估的。

争议焦点:

　　客户在上一保单年度出现的疾病症状没有及时通知保险公司,此是否影响到短期健康险合同的续保以及保险公司是否应承担续保年度保险责任的问题。

　　所谓一年期保险,是指保险期间为一年的保险险种,它与长期险种最大的不同在于每年都需要保险公司重新审核同意后才可以将保险合同继续延续。一年期的险种保险合同,保险公司对被保险人的健康风险仅承担一年的保险责任,一年的保险期间结束后就意味着保险人责任的终止,如若被保险人愿意继续履行该保险合同,则需要保险公司审核同意后方可。所谓续保,实为通过继续签订保险合同使保单继续有效的行为,性质上属于合同到期后继续签订合同,也可以理解为是一份新保险合同的成立,则被保险人依然要履行如实告知义务。《保险法》第二十一条规定:"投保人、被保险人或者受益人知道保险事故发生后，应当及时通知保险人……"目前保险公司在续保工作实务中，约定俗成将续保前询问事宜简化为被保险人在上一保单年度是否出险上。本案被保险人管某的身体健康状况在续保前发生了变化，也就是不同于最初订立保险合同时的风险水平了，这时保险公司需要对其身体状况重新评估才能作出符合实际情况的核保决定，也才是双方的真实意思表达。所以本案被保险人管某应在发现右腹股沟肿物时及时告知保险公司。经与被保险人管某多次沟通，其始终不接受保险公司的拒赔结论。此案件中保险公司承认在续保询问方面存在不足，最后，本案采取"协议给付"，给付被保险人管某50%医疗费用以结案。

问题

试结合本案分析续保过程中需要注意的问题。

复 习 思 考 题

一、名词解释

保险理赔　　　保险索赔　　　委付

二、简答论述

1. 简述寿险和非寿险理赔程序的差异。

2. 保险理赔的原则具体有哪些？

3. 委付的条件是什么？

4. 委付和代位求偿有哪些区别？

三、案例分析

2011年10月，刘先生在某保险公司投保了一份养老年金保险，被保险人为妻子李某，受益人为其子。投保时，因李某出差在外，经保险公司业务人员同意后，由刘某代替妻子李某签署了相关投保单，并按期缴纳了保险费。在随后的电话回访中，李某也确认了投保事实。

2013年6月，李某不幸意外身亡，刘某代理儿子向保险公司提出索赔，要求按照保险合同赔偿身故保险金10万元整，却遭拒绝，理由是被保险人没有在投保单上签字，合同无效。无奈之下，刘某将保险公司诉至法院。

1. 保险公司是否应该赔付？

2. 该案例对保险公司有何启示？

第二篇

商 业 保 险

第十章　财产保险概述

【学习目标】

熟悉财产保险的内容；了解财产损失保险、责任保险、信用保证保险的承保范围和各自的特征；了解财产保险与人身保险的不同。

案例导入 ➡

某纸品加工企业投保财产险，保险金额为 480 万元，其中，厂房及附属建筑 300 万元、机器设备 80 万元、存货 100 万元。在保险期间发生台风事故，造成附属建筑——简易房屋屋顶被吹坏，设备、存货受不同程度损失，受灾后被保险人向保险公司提出索赔。

经现场察看并清点损失，保险双方签订损失确认书，核定损失为设备维修保养费 1.2 万元、存货损失费 6.5 万元、简易房维修费 9 万元。保险理赔人员审核索赔资料时发现，被保险人的房屋建筑系租用他人房屋，根据被保险人提供的租赁合同，相关条文显示承租人不承担因不可抗力造成的损失。基于此，对房屋的损失形成两种不同的意见：一是认为被保险人是房屋的使用人，使用人对保险标的同样具有保险利益，在发生损失后，应当得到赔偿，如果不能及时得到补偿，将影响到生产，其损失是显而易见的；二是认为被保险人虽然是房屋使用人，其对房屋确实有保险利益，但其保险利益是建立在对损失负有责任的基础上的，而此案例中被保险人对损失不承担责任，不存在保险利益，因此不应得到赔偿。

案情分析及结论：

根据《保险法》第十二条规定，"投保人对保险标的应当具有保险利益。不具有保险利益的，保险合同无效。"《合同法》第 222 条规定："承租人应当妥善保管租赁物，因保管不善造成租赁物毁损、灭失的，应当承担损害赔偿责任。"被保险人所拥有的保险利益基于对租赁物具有保证其完好状态的义务，如无需承担该义务，则对被保险人而言在事故中没有受到损失，也就丧失了对租赁物的保险利益，即无损失无保险。本案中的台风事故属于不可抗力，根据租赁合同的约定，承租人不承担台风事故对房屋造成的损失，因此被保险人对房屋损失无保险利益，保险公司对房屋的损失不予赔偿。

本案启迪：

保险理赔过程中，保险利益是否存在，是被保险人是否具有索赔权利的基础，特别是被保险人对保险标的属于共有、抵押、管理、保管、占有、租赁等形式时，其对保险标的的利益常受到保险标的索赔责任大小的影响，有时会出现对整个损失仅具有部分索赔权利的情况。

第一节　财产标的的分类及其特征

广义的财产保险是指投保人根据合同约定，向保险人交付保险金，保险人按保险合同的约定，以物质财产以及有关的经济利益和损害赔偿为保险标的进行赔付的保险。而以物质财产为保险标的的保险则是狭义的财产保险。财产保险，包括财产损失保险、责任保险、信用保证保险等以财产或利益为保险标的的各种保险。

一、财产损失保险

(一) 定义

财产损失保险是狭义的财产保险，是指以各种有形财产及其相关利益为保险标的的财产保险。

财产损失保险的保险标的须是以物质形式存在、可以用货币价值衡量的财产。财产损失是指某一财产的毁损、灭失所导致的财产价值的减少或丧失，包括直接物质损失以及因采取施救措施等引起的必要、合理的费用支出。

(二) 分类

按保险标的的不同，财产损失保险可以分为海上保险、火灾保险、货物运输保险、运输工具保险、工程保险和农业保险。

1. 海上保险

海上保险是以远洋运输的船舶和货物作为保险标的，把船舶在运营过程中、货物在运输过程中可能遭遇到的风险作为保险范围的财产保险。海上保险的保险标的可以分为海上运输船舶和海上运输货物。我国的海上业务，从海运总量看，2004 年船队总运力世界第 4，集装箱船队总量世界第 5；从港口能力看，2004 年港口货物吞吐量和集装箱吞吐量均居世界首位；从对外贸易额看，世界贸易组织公布的数据，2004 年进出口总额达到 11 547 亿美元，居世界第 3 位，但与航运业密切相关的海上保险业务却发展滞后。

2. 火灾保险

火灾保险，简称火险，是指以存放在固定场所并处于相对静止状态的财产物资为保险标的，由保险人承担保险财产遭受保险事故损失的经济赔偿责任的一种财产保险。火灾保险的保险标的只能是存放在固定场所并处于相对静止状态下的各种财产物资。火灾保险是适用范围最广泛的一种保险业务，各种企业、团体及机关单位均可以投保团体火灾保险；所有的城乡居民家庭和个人均可投保家庭财产保险。

3. 货物运输保险

货物运输保险是以运输途中的货物作为保险标的，保险人对由自然灾害和意外事故造成的货物损失负责赔偿的保险。在我国，进出口货物运输最常用的保险条款是 C.I.C.中国保险条款，该条款是由中国人民保险公司制订，中国人民银行及中国保险监督委员会审批颁布。C.I.C.保险条款按运输方式来分，有海洋、陆上、航空和邮包运输保险条款 4 大类；

对某些特殊商品，还配备有海运冷藏货物、陆运冷藏货物、海运散装桐油及活牲畜、家禽的海陆空运输保险条款。以上8种条款，投保人可按需选择投保。

4. 运输工具保险

运输工具保险是以各种运输工具本身(如汽车、飞机、船舶、火车等)和运输工具所引起对第三者依法应负的赔偿责任为保险标的的保险，主要承保各类运输工具遭受自然灾害和意外事故而造成的损失，以及对第三者造成的财产直接损失和人身伤害依法应负的赔偿责任。运输工具保险一般按运输工具不同分为机动车辆保险、飞机保险、船舶保险、其他运输工具保险(包括铁路车辆保险、排筏保险)。

5. 工程保险

工程保险是对建筑工程、安装工程及各种机器设备因自然灾害和意外事故造成物质财产损失和第三者责任进行赔偿的保险。它是以各种工程项目为主要承保对象的保险。工程保险是财产保险的引申和发展，它起源于英国，在第二次世界大战后迅速发展起来，已被公认为保障建筑工程质量和安全最为有效的方式之一。

6. 农业保险

农业保险作为财产保险的有机组成部分，是为农业生产发展服务的一种风险工具。它承保的主要是种植业、养殖业的保险，亦被称为两业保险。农业保险的保险标的是农业种植业中的各种农作物，养殖业中的各种牲畜、家禽。保险人对农作物因水灾、旱灾、台风、霜冻、冰雹、病虫害等自然灾害而导致的减产或绝收承担赔偿责任；对各种牲畜、家禽因疾病或意外事故而死亡或伤残承担赔偿责任。

(三) 特征

1. 保险标的是有形财产

财产损失保险主要以有形的、实际存在的财产及其相关利益作为保险标的，是一般的财产保险。财产损失保险的保险标的须是以物质形式存在、可以用货币价值衡量的财产。财产损失是某一财产的毁损、灭失所导致的财产价值的减少或丧失，包括直接物质损失以及因采取施救措施等引起的必要的、合理的费用支出。

2. 投保人、被保险人与受益人高度一致

在财产保险中，投保人必须对投保标的具有可保利益，在依法订立保险合同后直接转化为被保险人，当保险事故发生后享受赔款的受益人亦是被保险人。

3. 业务经营十分复杂

由于财产损失保险的保险标的种类繁多，需要保险人分门别类地做好风险调研、评估和费率测算等工作，且涉及的技术门类和需要运用的知识多，从而在整体上呈现出复杂性。

4. 防灾防损特别重要

各种财产损失保险不仅需要保前控制风险，而且尤其需要重视保险期间对风险的控制，这样就使防灾防损成为狭义财产保险业务中的重要内容和经营环节。保险公司需要设置防灾防损机构，以专门从事防灾防损工作。

二、责任保险

(一) 定义

责任保险是指保险人承担被保险人因过失造成他人人身伤害或财产损失依法应承担的民事损害赔偿责任的保险,其承保的标的是责任风险。

(二) 分类

责任保险一般情况下分为四类:公众责任保险、产品责任保险、雇主责任保险、职业责任保险。

1. 公众责任保险

公众责任保险,主要是指被保险人在各种固定的场所进行生产、营业或其他活动时,由于意外事件的发生,造成第三者的人身伤害或财产损失的,依法或依合同约定由保险人承担经济赔偿责任的保险。公众责任保险适用范围广泛,又有综合责任保险或普通责任保险之称,主要分为场所责任保险、电梯责任保险、建筑工程第三者责任保险、个人责任保险等。我国开办的公众责任保险主要为场所责任保险,如工厂、商场、办公楼、宾馆、饭店、公共娱乐场所等投保的公众责任保险。

2. 产品责任保险

产品质量责任保险,又称产品责任保险,是指产品的生产者和销售者向保险人支付保险费,在被保险人生产和销售的产品造成产品使用者人身伤亡或者财产损失而应当负损害赔偿责任时,由保险人负责赔偿损失的保险。被保险人因产品责任应当向受害人赔偿损失的,保险人以保险合同约定的保险金额为限给付保险赔偿金;但是,被保险人生产、加工、销售、修理的产品致使产品的使用者发生人身伤亡或财产损失而应当承担的赔偿责任,不包括因产品缺陷造成的受害人的间接损失。此外,被保险人因产品责任诉讼的诉讼费用和保险人同样支付的其他费用,保险人负责赔偿。

3. 雇主责任保险

雇主责任保险,是指根据保险合同约定,被保险人所雇员工期间,雇员受到人身伤害所造成的经济损失由保险人承担赔偿责任的保险。根据中国人民保险公司制定的《雇主责任保险条款》规定:"凡被保险人所雇佣的员工,于本保险有效期内,在受雇过程中(包括上下班途中),从事与保险单所载明的被保险人的业务工作有关的活动而遭受意外或患有与业务有关的国家规定的职业性疾病,致使伤残或死亡,被保险人根据劳动合同和中华人民共和国法律、法规,须承担的医疗费及经济赔偿责任,保险人根据保险单的规定,在约定的赔偿限额内予以赔偿。"依照雇主责任保险合同,被保险人因其雇员受到伤亡而应负的赔偿责任,保险人负责赔偿。

4. 职业责任保险

职业责任保险,是指根据法律规定或合同约定,对于特定行业的人员(如医生、律师、会计师、工程师等)因工作上的疏忽或过失造成契约对方或他人人身伤害或财产损失的,由保险人承担经济赔偿责任的保险。某些行业,如律师事务所、会计师事务所、医院、设计院等,其专业人员因疏忽或过失,可能给当事人或其他人造成人身伤害或财产的巨额损失。这时,单位或其专业人员就难辞其责,并不得不为此承受沉重的经济负担。但是,如果参加了职业责任保险，个人职业的风险就会大大降低，公司的责任也会大大减轻。职业责任事故有时难免会发生，严格的规章制度和高素质的人员是必要的，但是只要投保了职业责任险，工作人员就会有如释重负的感觉。国外开展职业责任保险比较普遍，主要有医生、药剂师、会计师、审计师、律师、设计师、工程师、房地产经纪人、保险经纪机构和代理人、公司董事和高级员工等职业责任保险。目前国内保险公司已开发出多种职业责任保险。

(三) 特征

1. 承保标的

责任保险与财产保险和人身保险不同，责任保险所承保的标的不是有形的，而是被保险人依法应对第三人承担的赔偿责任，是一种赔偿责任的转移。责任保险标的的确定以及范围的划定，也与一般的财产保险不同。保险人只在责任保险合同约定的范围和约定的保险金额内承担保险责任，除外责任保险人不予赔偿。

2. 赔偿限额的确定

由于责任保险标的的特殊性，使其承担责任的最高额度也与一般的财产保险不同。在责任保险中，保险人承担的是被保险人因对第三者造成损害而依法应负的法律责任，由于这种责任是无法预先确定的，所以为了避免在赔偿时被保险人和保险人发生争议，保险人承担保险责任的最高限额是在责任保险单中载明，依据保险条款而确定赔偿的。在实务中，此种赔偿限额在责任保险单中主要以两种方式体现出来：

(1) 约定每次意外事故的赔偿限额，条款根据不同情况以及不同的保险费率，设定有许多级别，如 5 万元、10 万元、20 万元、100 万元等，以供投保人选择。

(2) 约定在保险有效期限内的累计赔偿限额。

不管选择哪种赔偿方式，当事人双方必须明确地在责任保险单中载明。

3. 赔偿金额的确定

责任保险中，当保险责任产生后，被保险人承担的赔偿金额通常是由法院根据责任的大小及受害人的财产或人身的实际损害程度来裁定的，其中对财产损失的赔偿取决于财产的损失程度和市价这两个因素，而对人身伤害的经济补偿部分是有客观依据的，部分具有主观色彩。

4. 替代赔偿责任

在一般的财产保险中，保险人予以补偿的对象是被保险人自身财产遭受的损失；而在责任保险中，保险人补偿的对象是第三人的财产损失或人身伤害，只不过此种损失或伤害是因被保险人的行为所致且依法应由被保险人负责赔偿，但是通过责任保险合同转移给保险人，而保险人可以直接把保险金给予第三者。

我国《保险法》第四十九条第一款规定："保险人对责任保险的被保险人给第三者造成的损害，可以依照法律的规定或者合同的规定，直接向该第三者赔偿保险金。"

三、信用保证保险

(一) 定义

信用保证保险是以各种信用行为为保险标的的保险。当义务人不履约而使权利人遭受损失时，由保险人与投保人订立保险合同，并承担赔偿或者给付保险金的责任。凡保险人应权利人的要求担保义务人信用的保险属于信用保险；凡义务人应权利人的要求向保险人投保自己信用的保险属于保证保险。

(二) 分类

按照投保人的不同，信用保证保险又可分为信用保险和保证保险两种类型。

1. 信用保险

信用保险(Credit Insurance)是指权利人向保险人投保债务人的信用风险的一种保险，是一项企业用于风险管理的保险产品。其主要功能是保障企业应收账款的安全，其原理是把债务人的保证责任转移给保险人，当债务人不能履行其义务时，由保险人承担赔偿责任。

通常情况下，信用保险会在投保企业的欠款遭到延付的情况下，按照事先与企业约定好的赔付比例赔款给企业。引发这种拖延欠款的行为可能是政治风险(包括债务人所在国发生汇兑限制、征收、战争及暴乱等)或者商业风险(包括拖欠、拒收货物、无力偿付债务、破产等)。

2. 保证保险

保证保险是指在约定的保险事故发生时，被保险人需在约定的条件和程序成立时方能获得赔偿的一种保险方式，其主体包括投保人、被保险人和保险人。投保人和被保险人就是贷款合同的借款方和贷款方，保险人是依据保险法取得经营保证保险业务的商业保险公司。保证保险常见的有诚实保证保险和消费贷款保证保险。保证保险的内容主要由投保人交纳保险费的义务和保险人承担保险责任构成。保证保险的性质属于保险，而不是保证。在保证保险中，保险责任是保险人的主要责任，只要发生了合同约定的保险事由，保险人即应承担保险责任，这种责任因在合同有效期内未发生保险事由而消灭。

(三) 特征

1. 承保风险变化莫测

信用保险一般承保商业风险，但政府支持开办的信用保险除承保商业风险外，还承保政治风险。商业风险是指由于债务人本身原因致使债务不能履行或不能如期偿还的风险，包括买方破产、买方拒绝履行合同、买方不按期付款等。在国内贸易和国际贸易中都存在商业风险。政治风险是指由于买方或出口人无法控制的事件而造成的债务不能履行或不能如期偿还的风险，包括外汇兑换困难、买方政府的延期支付、进口或出口许可证限制、战争阻止合同履行以及政府的其他类似行为等。

信用保险承保的风险，无论是商业风险还是政治风险，都具有明显的人为因素。债务人的经营作风极大地影响着损失发生的概率。尤其是出口信用保险，所保障的政治风险一旦发生则波及面广，大多数保险标的将在同一时间发生保险事故，不适用大数法则。因此，保险人在承保时，要调查有关风险的情况，了解各个债务人的特点，分别商定费率以及承保条件。

2. 保险人、被保险人损失共担

信用保险是信用风险管理的一种形式，保险人期望控制风险，但往往只能通过被保险人来实现，所以信用保险中一般规定被保险人应自负一定比例的损失，如政治风险大约在5%～10%之间，商业风险在5%～15%之间。

3. 风险调查困难重重

一般财产保险以实物为保险标的，保险人比较容易确定危险程度，但信用保险以人或企业的信用为保险标的，资信难以调查。尤其是出口信用保险，被保险人的客户跨越国界，更给资信调查增添不少难度。因此，信用保险要求被保险人与保险人共享其掌握的所有有关客户的资信信息。另外，保险人一般还委托专业资信调查机构对国内外的客户资信情况做充分了解。

第二节　财产保险赔偿的基本原则

一、赔偿原则

保险人按照被保险人所遭受的实际损失进行赔偿，被保险人不能通过赔偿而额外获利。

(一) 赔偿原则适用的前提

(1) 在损失发生的时候，被保险人对保险标的具有保险利益，才有可能获得赔偿。

(2) 被保险人所遭受的是保险责任范围内的损失。如果被保险人保险标的的损失的近因不是保险责任范围以内的灾害事故，那就不属于保险责任，保险人将不予赔偿。

(二) 保险人可以选择的赔偿方式

保险人可以选择的赔偿方式包括货币赔偿、置换、恢复原状。

(三) 赔偿原则的运用

保险人和被保险人可以使用免赔条款和共同保险条款(简称共保)来达到降低保费的目的。

1. 免赔

(1) 绝对免赔。绝对免赔指在保险事故发生后，如果损失额小于合同中所规定的起赔限额，被保险人承担全部的损失。

(2) 相对免赔。相对免赔即规定一个免赔率，一旦损失额等于这个免赔率，保险人将支付所有的损失。例如，保单规定，如果损失额不足保险金额的 5%，则被保险人承担所有的损失；如果大于或等于 5%，则保险人支付所有的赔偿金额。

从保险人的角度来看，相对免赔方式具有一种鼓励被保险人提高损失额的倾向，因此，相对免赔在实践中运用的并不普遍，主要用在海洋运输和农作物保险中。

2. 共保

共保指保险人和被保险人共同承担损失份额。这一原则不仅适用于财产保险领域，而且也广泛运用于健康保险领域。

共保的计算公式：

$$赔偿金额 = \frac{实际保险金额}{规定保险金额} \times 损失金额$$

上式中的实际保险金额是指被保险人实际购买的保险金额；规定保险金额是指共同保险条款要求被保险人应当购买的保险金额，它是共同保险条款所规定的百分比与保险事故发生时保险标的的实际价值之乘积。

二、分摊原则

分摊原则是从赔偿原则中分离出来的，是赔偿原则的具体应用。

(一) 重复保险

重复保险是指投保人就同一保险标的、同一保险利益、同一保险事故与两个或两个以上的保险人分别订立保险合同。

(二) 分摊原则的运用

(1) 比例责任：

$$某保险人分摊保险赔款额 = \frac{某保险人承保保险金额}{各保险人承保保险金额总和} \times 损失金额$$

(2) 限额责任：

$$某保险人赔款额 = \frac{某保险人赔款限额}{各保险人赔偿限额总和} \times 损失金额$$

(3) 顺序责任：由先出单的保险公司首先负责赔偿，第二家保险公司只有在第一家承保的限额用完了时，才承担超出的部分。

典型案例

某投保人分别与甲、乙、丙三家保险公司签订了一份火灾保险合同。甲公司承保金额为 15 000 元；乙公司承保金额为 30 000 元；丙公司承保金额为 45 000 元。今发生火灾，损失为 30 000 元。

分析：

甲、乙、丙三家保险公司由三种分摊原则所应支付的赔偿金额为

	甲公司	乙公司	丙公司
比例责任	30 000 × (1/6) = 5000	30 000 × (1/3) = 10 000	30 000 × (1/2) = 15 000
限额责任	30 000 × (1/5) = 6000	30 000 × (2/5) = 12 000	30 000 × (2/5) = 12 000
顺序责任	15 000	15 000	0

保险金额总和：15 000 + 30 000 + 45 000 = 90 000。

赔偿限额总和：15 000 + 30 000 + 30000 = 75 000。

第三节 财产保险的准备金

研究财产保险(非寿险)的费率厘定和准备金提存的学科称为非寿险(财产和意外险)精算学。在 20 世纪七八十年代，对准备金提存需估计损失进展系数。同时，精算师开始在再保险的财务领域提供服务，使用精算方法估计超赔再保险的准备金。我国已于 2004 年 7 月

1 日起实行非寿险精算责任人制度，并开始举行非寿险精算师职业资格考试。

财产保险公司的负债主要由赔款准备金、未到期责任准备金和保险持有人的盈余三大项目组成。保险人收取保费是为了赔付将来可能发生的损失，这就使保险人承担了某种责任或负债。保单持有人的盈余是认可的资产和负债的差额，即保险公司的全部资本和盈余，或称资产负债表的资本净值，起着保护投保人利益的作用。

一、赔款准备金

赔款准备金(Loss Reserves)又称未决赔款准备金，指保险公司在会计年度针对已发生保险事故但尚未理赔者，在会计上须提列准备金，以作为未来赔偿给付之用。赔款准备金包括两种情形：已经提出保险赔偿或者给付请求和已经发生保险事故但尚未提出保险赔偿。

提取未决赔款准备金的目的在于保证保险公司承担将来的赔偿责任或给付责任，切实保护被保险人及其受益人的权益。未决赔款准备金不是保险公司的营业收入而是保险公司的负债。

赔款准备金的估计不能单靠精算师、理算师和会计师套用一些公式来解决，它是一种非常复杂的估算，需要高级管理人员的判断作为补充。估计是否恰当只能由时间来判定，即把赔款准备金与将来的实际赔付额作比较，估计年末赔款准备金要借鉴以往的准备金记录，财务年报中的明细表可以用来评定以往赔款准备金的实绩。

(一) 估计已经提出保险赔偿或者给付请求的赔款准备金方法

已发生已报案赔款准备金评估是财产保险公司准备金评估、费率厘定、满期赔付率计算、财务利润核算等工作的基础。它的准确性直接影响到赔款准备金评估、费率厘定、满期赔付率的准确性及财务报告结果的真实性。因此，已发生已报案未决赔款准备金评估的方法和准确性应引起公司管理部门和监管部门的重视。

下面是 5 种估计这种赔款准备金的方法。

1. 逐案估计法

在理赔过程中，保险公司一般都建立理赔档案，记录有关索赔的事实和数据。理赔人员对已经报告的全部案件进行逐案分析判断，做出每案赔款额的估计数，加上少数尚未报告的赔偿案件的估计金额，然后汇总得出总的未决赔款估计数，然后加以适当修正，这种方法称作逐案估计法(Case By Case Estimating Method)。

这种方法对索赔金额确定、索赔频率较低、个案之间索赔金额差异较大、平均索赔金额难以估算的险种较为适合，如企业财产保险、火灾保险、信用保证保险等。对其他险种，如机动车辆保险和家庭财产保险，该方法就不一定适合。此方法几乎完全凭估算人的主观判断，而事实上任何案件都要有损失理赔人和当事人的磋商，任何悲观和乐观的人为因素都会造成估计偏差。另外，由于还要考虑很多诸如通货膨胀、理赔后果等非人为因素，估计数额也难免有偏差，而且此方法耗时费力工作量大，无法对赔款准备金的未决赔款进行统计。

2. 平均估值法

依据保险公司的历史数据计算出每案赔款额的平均数，再根据对将来赔付金额变动趋势的预测加以修正，这种方法称作平均估值法。

这一方法不依据个人主观判断，适用于索赔案多但索赔金额不大的保险业务，这些待决案件的金额大体相同，或其金额有大体相当的配比率，如汽车车身保险。但平均价值法将赔款的持续时间计算在内，所得的平均赔付额随赔款持续时间的变化而变化，因而此法不适合理赔延迟时间较长的险种。

3. 保费比例法

理赔人员按照本年度保费总收入的一定比例来估算未决赔款，这种方法称作保费比例法。

据了解，目前国内只有个别保险公司采用这一办法，提取比例大概是本年度保费收入的10%左右。保费比例法的优点是简洁、明了，但是这一方法缺少科学依据，可靠性较差。

4. 赔付率法

理赔员用该类保险所假定的赔款率来计算最终赔付数额，未决赔款额是从估计的最终赔付额中扣除已支付的赔款和相关理赔费用而得出的，这种方法称作赔付率法。如汽车车体责任保险，实践中一般用60%的估计赔付率，最终赔付额是满期保费的60%再减去已付的赔款及理赔费用的余额，即为未决赔款准备金。

这种方法简单易行，但假定的赔付率和实际的赔付率可能有较大的出入，此时按该方法计算出的准备金不准确。由于假定的赔付率和实际的赔付率必然有出入，所以该方法无法回避它的自身缺陷。

5. 表式估值法

根据保险中常用的特定的表格来估算一些小概率事件的未决赔款准备金，这种方法称作表式估值法。

这种方法仅适用于赔付额取决于寿命、受益人再婚和其他一些意外和偶然因素引起的索赔，如劳工工伤保险中的长期全部丧失工作能力和遗嘱金给付。因为估计保险金给付期要使用死亡率、发病率和再婚率表，所以这种赔款准备金又称为表式准备金。

(二) 估计已经发生保险事故但尚未提出保险赔偿的赔款准备金方法

已经发生保险事故但尚未提出保险赔偿的赔款准备金简称为 IBNR(Incurred But Not Reported)准备金，是保险公司对已经发生但尚未报告的赔款给付所做的资金准备。在保险公司非寿险业务的各项准备金中，IBNR 准备金没有直接利用的个案信息，因而所涉及的不确定性最高，评估难度最大。它必须同时估计尚未报告的索赔数目和金额，两者不可能使用逐案估计法。

现行《保险公司财务制度》规定，IBNR 准备金的计提不超过当年实际赔款支出额的4%。这一规定包括了三个方面的假设。第一，仅规定了计提 IBNR 赔款准备金的上限，保险公司可以按照低于或等于这个上限来计提该项准备金；第二，计提 IBNR 以当年实际赔款支出为计算基础；第三，计提比率上限为 4%。

一般来说，第三者责任险需要较多的 IBNR 准备金，因为其事故发生与结案之间有一个较长时期。第三者责任包括汽车、工伤、医疗事故、产品、场所和经营等责任。这些第三者责任常涉及人身伤害，又称为长尾巴责任，因此要提取长尾巴准备金。而财产损害即便是第三者责任，只需要较短时期就能确定赔偿金额，它一般不属于长尾巴责任。我国的责任保险业务相比财产保险业务要少得多，而且关于人身伤害损害赔偿的司法制度与美国的差别很大，因此长尾巴责任也很少。而在美国责任保险业务量大，诸如石棉沉着病产品责任一类的长尾巴责任数额巨大，因此重视对 IBNR 准备金的估计和研究。

二、未到期责任准备金

未到期责任准备金指公司一年以内的财产险、意外伤害险、健康险业务按规定从本期保险责任尚未到期，应属于下一年度的部分保险费中提取出来形成的准备金。按照我国保险精算规定：会计年度末未到期责任准备金按照本会计年度自留毛保费的 50%提取。人寿保险业务的未到期责任准备金应当按照有效的人寿保险单的全部净值提取。

根据中国保监会制定的《保险公司非寿险业务准备金管理办法(试行)》，未到期责任准备金计提方法主要有：二十四分之一法(以月为基础计提)；三百六十五分之一法(以天为基础计提)。对于某些特殊险种，根据其风险分布状况可以采用其他更为谨慎、合理的方法。并且规定，未到期责任准备金的提取方法一经确定，不得随意更改。

(一) 二十四分之一法

二十四分之一法的原理即该法以月为基础，又称月平均估算法。这是一种普遍使用的方法。假定月内每天的承保业务量相等，再假设承保的月内有效天数为 15 天，一年分为 24 个半月。对一年期的保单来说，在承保的月末赚得 1/24 保费，23/24 保费则是未到期的责任准备金，以后每个月已赚得的保费是再加 2/24，即 3/24，5/24，7/24，…，23/24。在年末计算未到期责任准备金时，1 月份开出的保单按 1/24 保费提留未到期责任准备金，2 月份开出的保单按 3/24 提留，以此类推，12 月份开出的保单按 23/24 提留。如果保单期为 3 年，在承保的月末赚得 1/72 保费，未到期的责任准备金为 71/72；如果保单期为半年，在承保的月末赚得 1/12 保费，未到期的责任准备金为 11/12。这种方法要比每年按固定比例 50%(即二分之一法)计算未到期责任准备金准确。

类似的方法还有八分之一法，即把一年按季度分为八个半季度，第一个季度末未赚得半个季度即 1/8 保费，7/8 保费则是未到期责任准备金，以后每个季度末已赚得的保费是再增加 2/8，即 3/8、5/8、7/8。在年末计算未到期责任准备金时，第一季度开出的保单按 1/8 保费提留，以此类推，第四个季度开出的保单按 7/8 保费提留。

(二) 三百六十五分之一法

三百六十五分之一法，又称逐日计算法。逐日计算法是根据有效保单的天数计算未到期责任准备金，需要使用计算机。计算公式如下：

(剩余的未到期天数 ÷ 保险期天数) × 有效保单的保费收入

对个人保险来说，这种方法与每月按比例分摊法没有多大区别，因为个人保险在月内的承保业务量比较平均。但对企业保险来说，因保单一般都在月初生效，这种方法将会减少未到期责任准备金。

使用每月按比例分摊法计算未到期责任准备金是假定保费收入、损失赔付和费用开支在保险期内平均分布，但实际情况并非如此。大多数承保费用(佣金、保单出立费用等)在保险单出立时已支出，而保费收入一开始全放入未到期责任准备金，这可能导致保险公司在期初出现承保亏损。但这种亏损仅是会计亏损，而不是先进亏损，原因是过高估计了未到期责任准备金，这多余的部分在年度财务决算时可转入投保人的盈余中。

本 章 小 结

财产保险是指投保人根据合同约定，向保险人交付保险金，保险人按保险合同的约定，以物质财产以及有关的经济利益和损害赔偿为保险标的进行赔付的保险。

财产损失保险是狭义的财产保险，是指以各种有形财产及其相关利益为保险标的的财产保险。财产损失保险的保险标的须是以物质形式存在、可以用货币价值衡量的财产。

责任保险是指保险人承担被保险人因过失造成他人人身伤害或财产损失依法承担的民事损害赔偿责任的保险。其承保的标的是责任风险。

信用保证保险是以各种信用行为为保险标的的保险。当义务人不履约而使权利人遭受损失时，由保险人提供经济赔偿。凡保险人应权利人的要求担保义务人信用的保险属于信用保险；凡义务人应权利人的要求向保险人投保自己信用的保险属于保证保险。

财产保险赔偿的基本原则包括赔偿原则和分摊原则。

赔款准备金又称未决赔款准备金，指保险公司在会计年度针对已发生保险事故但尚未理赔者，保险公司在会计上须提列准备金，以作为未来赔偿给付之用。赔款准备金包括两种情形：已经提出保险赔偿或者给付请求和已经发生保险事故但尚未提出保险赔偿。

 案例阅读

某投保人将价值 80 万元的财产向甲、乙、丙三家保险公司投保同一险种。其中，甲保险单的保险金额为 50 万元，乙保险单的保险金额为 30 万元，丙保险单的保险金额为 20 万元，损失额为 40 万元。问各保险公司应如何赔付。

分析：

在本案例中如果不使用分摊原则，那么甲、乙、丙三家保险公司各自按照不足额保险的比例赔偿方式：

甲保险公司的赔偿金额 = 50 万元/80 万元 × 40 万元 = 25 万元

乙保险公司的赔偿金额 = 30 万元/80 万元 × 40 万元 = 15 万元

丙保险公司的赔偿金额 = 20 万元/80 万元 × 40 万元 = 10 万元

被保险人共获得 50 万元的保险赔款，这显然不符合损失补偿原则的宗旨。

按照比例责任制的分摊方法，即各保险人按各自单独承保的保险金额占总保险金额的比例来分摊保险事故损失，所以：

甲保险公司的赔偿金额 = 50 万元/(50 万元 + 30 万元 + 20 万元) × 40 万元 = 20 万元

乙保险公司的赔偿金额 = 30 万元/(50 万元 + 30 万元 + 20 万元) × 40 万元 = 12 万元

丙保险公司的赔偿金额 = 20 万元/(50 万元 + 30 万元 + 20 万元) × 40 万元 = 8 万元

三家保险公司赔偿的总额正好是 40 万元。

问题

试结合本案分析在重复保险赔付分摊中还可以采取的赔付方式,以及具体的计算方法。

复习思考题

一、名词解释

财产保险　　责任保险　　信用保证保险　　赔款准备金

二、单项选择题

1. 以各种财产物资及相关利益、责任、信用为保险标的的为(　　)。

A. 广义的财产保险　　B. 狭义的财产保险　　C. 人身保险　　D. 健康保险

2. 财产保险的保险标的必须是可以用(　　)衡量价值的财产或利益。

A. 实物　　　　　　　B. 保险费　　　　　　C. 货币　　　　　D. 保险价值

3. 保险标的的损失必须超过保险单规定的金额,保险人才负责赔付其超过的部分,这种免赔额是(　　)。

A. 相对免赔额　　　　B. 绝对免赔额　　　　C. 自然免赔额　　D. 特别免赔额

4. 在重复保险的情况下,我国目前普遍采用的分摊方式是(　　)。

A. 比例责任分摊　　　　　　　　　　　　B. 限额责任分摊

C. 顺序责任分摊　　　　　　　　　　　　D. 平摊方式分摊

三、简答及论述

1. 赔款准备金的提取方法包括哪些?

2. 财产保险包含哪几类? 各类财产保险各有什么特色?

3. 财产保险赔偿的基本原则是什么? 怎么理解?

四、案例分析

某屋主将其所有的一栋房屋投保火险,投保时的市价为 100 万元,保险金额按 100 万元确定。该房屋在保险期满前因发生火灾而被毁。

1. 如果当时市价跌至 90 万元,保险人应赔多少?

2. 如果房屋被毁时,市价涨至 110 万元,保险人应赔多少?

3. 如果在保险事故发生前,屋主已将此屋的一半出售给他人,当时市价跌至 90 万元,保险人应赔多少?

第十一章　财产损失保险

【学习目标】

熟练掌握财产损失保险的内容；了解海上保险、火灾保险、货物运输保险、运输工具保险、工程保险、农业保险的内容及其特征和适用的范围。

案例导入　➡

海上货物运输保险合同保险金应支付给谁

甲公司在非洲国家乙国有一个项目，甲公司成立了乙国分公司负责该项目所有事宜。因项目需要，甲公司在国内采购一批货物，须通过海上运输发送给乙国分公司。甲公司和乙国分公司之间没有就该批货物签订合同，承运人签发的提单上显示的收货人是乙国分公司。甲公司作为投保人就该批货物向保险公司投保海洋运输货物一切险，保险单显示被保险人为甲公司。该批货物从上海装船起运，后船舶在由新加坡港前往德班港的途中不幸遭遇火灾。保险公司推定货物全损而决定赔付后，在赔款支付对象上和甲公司发生分歧。甲公司认为，保单载明的被保险人为甲公司，甲公司享有保险金请求权。但保险公司认为，提单上显示的收货人是乙国分公司。货物装船后，风险已经转移给收货人，所以赔偿款应支付给乙国分公司。经认真展开案件分析、讨论后认为：该赔偿款应支付给甲公司。

案件分析及结论：

保险公司在理赔过程中考虑：① 财产保险合同之保险金请求权，应依法由被保险人享有；② 是否存在保险合同转让的事实；③ 出险时谁对于货物具有保险利益。在本案中，甲公司是保险单载明的被保险人，而乙国分公司是甲公司的分支机构，并非独立法人组织。案涉被保险货物是甲公司买进再发给收货人乙国分公司的，总公司与分公司之间的物资调拨属于内部资源分配和资产划拨经营管理，并非平等市场主体之间的商事交易行为。既然该批货物并未被甲公司通过买卖合同转让给乙国分公司，相关保险合同项下权利和义务自然不会由乙国分公司承继。同时，该批货物只是甲公司交给乙国分公司经营管理的财产，该批货物在海上出险时，甲公司仍然是该批货物的所有权人，承运人完成交付后，转移给收货人乙国分公司的只是对该批货物的经营管理权，因此，在货物出险时合同载明的被保险人甲公司仍对其具有可保利益。

本案启迪：

由于涉及海上运输的国际贸易多为单据交易，即货物尚在运输途中，单据便可转让，运输合同中载明的收货人并不一定就是最终收货人。保险公司关注的，应当是在货物出险时，保险合同载明的被保险人或经合同载明之被保险人背书的运输保险合同受让人是否拥有相应财产保险利益，而不是保险合同订立时运输合同中载明的收货人是谁。

第一节　海　上　保　险

英国《海上保险法》(Marine Insurance Act 1906)第一条对海上保险合同的定义是："海上保险合同是保险人向被保险人承诺，于被保险人受到海上损失，即海事冒险所发生的损失时，应依约定的条款和数额，赔偿被保险人损失的合同。"美国在 1920 年的《海商法》(Merchant Marine Act)中对海上保险所下的定义是："海上保险是被保险人按照约定向保险人支付保险费，保险人按照约定，当被保险人所有处在海上风险中的特定利益受到损失时承担赔偿的合同。"日本《商法》第 815 条、第 816 条规定："海上保险合同是以对航海有关的事故而发生的损失予以补偿为目的。""除本章另有规定或合同另有订立外，保险人应就保险标的在保险期间，因航海有关的事故所发生的一切损失负赔偿之责。"《中华人民共和国海商法》第二百一十六条规定："海上保险合同是指保险人按照约定，对被保险人遭受事故造成保险标的的损失和产生的责任负责赔偿，而由被保险人支付保险费的合同。"

归结上述法律界定，再按照通常认同的说法，海上保险是保险人和被保险人通过协商，对船舶、货物及其他海上标的所可能遭遇的风险进行约定，被保险人在交纳约定的保险费后，保险人承诺一旦上述风险在约定的时间内发生并对被保险人造成损失，保险人将按约定给予被保险人经济补偿的商务活动。海上保险的险种主要有海上运输船舶保险和海上运输货物保险。

一、海上运输船舶保险

海上运输船舶保险以各种类型的船舶作为保险标的，承保船舶在海上航行或停泊期间发生各种保险事故所造成的全部或部分损失以及可能引起的责任赔偿。

(一) 保险责任

我国远洋船舶保险条款的险别分为全损险和一切险，另外还有作为附加险的船舶战争险和罢工险。

1. 全损险保险责任

(1) 自然灾害和意外事故。自然灾害是指来自于自然现象的人力不可抗拒的灾害事故，包括地震、火山爆发、闪电等。而意外事故则是被保险人意料之外的损害事故，专指船舶搁浅、碰撞、触礁、沉没、失踪、火灾、爆炸等。

(2) 来自船舶以外的暴力盗窃或海盗行为。此类海上风险过去被列为战争险的责任范围。随着海上航运的发展和船舶保险提供保险保障的需要，现在国际上各个船舶保险条款均把其列入承保范围，并扩大了风险范围。只要是来自船舶以外的暴力盗窃，不论是否属于海盗行为引起的损失，保险人均予赔偿。

(3) 抛弃货物。抛弃货物是指在被保险船舶遭遇海上危险时，抛弃货物所引起的船舶灭失或损坏，例如因抛货使船舶失去稳定性而倾覆沉没，并构成实际全损或推定全损。

(4) 核装置或核反应堆发生的故障或事故。现代海上航运中，核动力的应用日益广泛，相应地，由此发生故障或事故致使被保险船舶全损的危险必然存在，故已成为船舶保险的保险责任的组成部分。

(5) 船舶机件和船壳的潜在缺陷。由合格的检验人员按照正常的检验方法不能发现的瑕疵即为船舶机件或船壳的潜在缺陷，因此导致被保险船舶的全损，保险人承担保险责任。

(6) 由于有关人员的过错造成被保险船舶的全损，具体包括：装卸或移动货物或燃料时发生的意外事故；船长、船员有意损害被保险人利益的行为；船长、船员或引水员、修船人员及租船人的疏忽行为；任何政府当局为了防止或减轻因承保风险造成被保险船舶损坏引起的污染(如油污风险)所采取的行动等。

2. 一切险保险责任

船舶一切险除承保全损险责任范围内的风险所造成被保险船舶的全部损失外，还负责因这些风险造成的船舶的部分损失，以及碰撞责任、共同海损分摊、救助费用和施救费用。

(1) 全部损失。全部损失包括被保险船舶由于遭受保险事故而造成的实际全损和推定全损。

(2) 部分损失。保险人在保险金额的限度内负责赔偿船舶的部分损失，如果在保险期限内发生多次部分损失，只要每次损失金额不超过保险金额，保险人仍予以赔偿。

(3) 碰撞责任。碰撞责任指保险船舶由于航行疏忽或过失造成与其他船舶碰撞或触碰任何固定的、浮动的物体或其他物体引起的在法律上应负的赔偿责任，但保险人对碰撞所引起的人员伤亡、疾病、清除障碍物、延迟损失或丧失时用的间接费用等不负赔偿责任。我国船舶保险碰撞责任的赔偿以被保险船舶的保险金额为限。

(4) 共同海损和救助费用。保险人负责赔偿被保险船舶的共同海损、救助费用的分摊部分。

(5) 施救费用。施救费用亦称营救费用，是保险货物在遭遇承保的灾害事故时，被保险人或其代理人、雇用人为避免、减少损失采取各种抢救、防护措施时所支付的合理费用。保险人对施救费用的赔偿金额不得超过保险合同所载明的保险金额。保险标的的受损，经被保险人进行施救，花了费用但并未奏效，保险标的仍然全损，保险人对施救费用仍予负责。但保险人对保险标的本身的赔偿和施救费用的责任最多各为一个保额，即两者之和不能超过两个保额。

(6) 其他费用。其他费用包括由于船舶碰撞事故或第三者过失造成被保险船舶受损，被保险人或保险人为此而进行合理诉讼或抗辩所引起的法律诉讼等各种费用，以及为确定保险责任范围的损失而进行检验、查勘等的合理费用，均由保险人负责赔偿。

(二) 除外责任

全损险和一切险的除外责任包括：

(1) 被保险船舶不适航，包括人员配备不当、装备或装载不妥，但以被保险人在船舶开航时，知道或应该知道此种不适航为限。

(2) 被保险人及其代表的疏忽或故意行为。船舶保险的被保险人一般是指船东或经营船舶航运的船公司，包括对船舶实际上有调动和使用权的法人代表。船东的代表主要是指行使船东权利管理船舶以及有权调动船舶的部门。

(3) 被保险人恪尽职责应予发现的正常磨损、锈蚀、腐烂或保养不周，或材料缺陷包括不良状态部件的更换或修理。

(4) 本公司战争险和罢工险条款承保和除外的责任范围。

(三) 保险期限

我国的船舶保险分为定期保险和航程保险。

1. 定期保险

定期保险是以保险单上载明的日期作为保险责任起讫期的保险，期限最长一年。起止时间以保险单上注明的日期为准。保险到期时，如被保险船舶尚在航行中或处于危险中或在港或中途港停靠，经被保险人事先通知保险人并按日比例加付保险费后，本保险继续负责到船舶抵达目的港为止。保险船舶在处于延长时间内发生全损，需加交 6 个月保险费。

2. 航程保险

航程保险是指以船舶自起运港到目的港为保险责任起讫期的保险，按保单订明的航程为准。起止时间按下列规定办理。

(1) 不载货船舶：自起运港解缆或起锚时开始至目的港抛锚或系缆完毕时终止。

(2) 载货船舶：自起运港装货时开始至目的港卸货完毕时终止，但自船舶抵达目的港当日午夜零点起最多不超过 30 天。

二、海上运输货物保险

海上运输货物保险是指保险人对于货物在运输途中因海上自然灾害、意外事故或外来原因而导致的损失承担赔偿责任的一种保险。我国海上运输货物保险的险种分为基本险、附加险和专门险。

(一) 基本险保险责任

1. 基本险的分类

我国海上运输货物保险基本险又称为主险，分为平安险、水渍险和一切险三种。

1) 平安险

平安险只对全部损失和共同海损负赔偿责任，对某些原因造成的部分损失也负赔偿责任。平安险的责任范围为：

(1) 被保险货物在运输途中由于恶劣气候、雷电、海啸、地震、洪水等自然灾害造成整批货物的全部损失或推定全损。

(2) 由于运输工具遭受搁浅、触礁、沉没、互撞、与流冰或其他物体碰撞以及失火、爆炸等意外事故造成货物的全部或部分损失。

(3) 在运输工具已经发生搁浅、触礁、沉没、焚毁意外事故的情况下，货物在此前后又在海上遭受恶劣气候、雷电、海啸等自然灾害所造成的部分损失。

(4) 在装卸或转运时由于一件或数件货物整件落海造成的全部或部分损失。

(5) 被保险人对承保责任内遭受危险的货物采取抢救、防止或减少货损的措施而支付的合理费用，但以不超过该批被救货物的保险金额为限。

(6) 运输工具遭难后，在避难港由于卸货所引起的损失以及在中途港、避难港由于卸货、存仓和运送货物所产生的特别费用。

(7) 共同海员的牺牲、分摊和救助费用。

(8) 运输合同订有"船舶互撞责任"条款，根据该条款规定应由货方偿还船方的损失。

"平安险"是我国保险业沿用已久的名称，原文含义是"单独海损不赔"。从字面意义来看，无论是"平安险"还是"单独海损不赔"都不能准确反映出这个险别的承保责任范围，它仅对由于自然灾害所引起的单独海损不赔偿，而对上述第(2)项指定的意外事故造成的单独海损，第(3)项中的自然灾害与意外事故共有情形下的单独海损负赔偿责任。在三个基本险别中，平安险的承保责任范围最狭窄，多用于大宗、低值的散装或裸装货，如矿石、废金属等。

2) 水渍险

水渍险的承保范围，包括海上风险所造成的一切损失和费用，即在平安险的基础上，加上自然灾害造成的单独海损。水渍险的责任范围为：

(1) 平安险所承保的全部责任。

(2) 被保险货物在运输途中，由于恶劣气候、雷电、海啸、地震、洪水等自然灾害所造成的部分损失。

"水渍险"也是我国的惯称，字面意义为"负单独海损责任"，容易被误解为仅对遭受海水水渍的损失负责或仅对单独海损负责。事实上，与平安险的责任范围相比，水渍险的承保责任范围略有扩大，区别在于水渍险对自然灾害所造成的部分损失也负责赔偿。水渍险不包括锈损、碰损、破碎以及散装货物的部分损失，故常用于不易损坏的货物或生锈并不影响使用价值的货物，如钢管、线材等。

3) 一切险

一切险的承保范围包括水渍险的所有责任，还包括由一般外来风险所造成的损失，即在运输途中由于偷窃、淡水雨淋、短量、玷污、渗漏等外来原因所造成的全部损失或部分损失。

2. 基本险的除外责任

(1) 被保险人的故意行为或过失所造成的损失。保险条款规定："不适航，包括人员配备不当、装备或装载不妥，但以被保险人在船舶开航时，知道或应该知道此种不适航为限。"这样规定的目的是为了促使船方重视船舶的适航性，减少船舶受损的风险。

(2) 被保险人恪尽职责应予发现的被保险船舶的正常磨损、锈蚀、腐烂或保养不周，或材料缺陷包括不良状态部件的更换或修理。由于被保险船舶的正常磨损、锈蚀、腐烂等是船舶正常营运的必然现象，而保养不周是被保险人未恪尽职责，更换或修理被保险船舶是保持船舶适航的必要条件。这些不属海上风险，保险人不承担责任。

(3) 被保险货物的自然损耗、本质缺陷、特性以及市场跌落、运输延迟所引起的损失和费用。

(4) 战争险和罢工险条款规定的责任及其除外责任。空运、陆运、邮运保险的除外责任与海运基本险别的除外责任基本相同。

3. 基本险保险期限

根据保险条款规定，基本险的承保责任的起讫采用国际保险业通用的"仓至仓条款"(W/W Clause)。该条款规定，保险人的保险责任自被保险货物运离保险单所载明的起运地仓库或储存处所开始运输时生效，直至该项货物到达保险单所载明目的地收货人的仓库为止，但最长不超过被保险货物卸离海轮后 60 天。在上述 60 天内如再需转运，则开始转运时保险责任终止。

(二) 附加险

附加险不能单独投保,只能在投保了基本险种的一种之后才能加保。海上运输货物保险的附加险可以分为一般附加险和特殊附加险两类。

1. 一般附加险

一般附加险又称普通附加险,是指承保货物在运输途中由于一般外来原因所致的损失。一般附加险有以下 11 种:偷窃、提货不着险(Theft,Pilferage and Nondelivery,T.P.N.D),淡水雨淋险(Fresh Water and/or Rain Damage),短量险(Risk of Shortage in Weight),渗漏险(Risk of Leakage),混杂玷污险(Risk of Intermixture and Contamination),碰损破碎险(Risk of Clash and Breakage),串味险(Risk of Odour),受潮受热险(Sweating and Heating Risk),钩损险(Hook Damage Risk),包装破裂险(Breakage of Packing Risk),锈损险(Risk of Rust)。

2. 特殊附加险

特殊附加险包括交货不到险(Failure to Deliver Risk)、进口关税险(Import Duty Risk)、舱面险(On Deck Risk)、拒收险(Rejection Risk)、黄曲霉素险(Aflatoxin Risk)、卖方利益险(Seller's Contingent Risk)、出口货物到香港(包括九龙)或澳门存储的火险责任扩展条款(Fire Risk Extention Clause for Storage of Cargo of Destination Hongkong Including Kowloon,or Macao)、罢工险(Strike Risk)、海运战争险(Ocean Marine Cargo War Risk)等。

(三) 专门保险

1. 海上运输冷藏货物保险

1) 承保范围

冷藏货物保险和一般货物保险的险别和承保范围相同,分为冷藏险与冷藏一切险,分别对应水渍险和一切险,所不同的是增加了因冷藏设备故障停止工作连续 24 小时以上导致的货物变质所造成的损失。

2) 保险责任起讫

保险责任自保单所载运输地点的冷藏库将货物装入运输工具时生效,并于下列时刻终止:

(1) 货物到达最后装卸港 30 天内卸离海轮并存入岸上冷藏库后保险继续有效,但以货物全部卸离海轮后起算满 10 天终止。在上述期限内,货物若在非保单载明的目的地出售,保险责任至交货时终止。

(2) 在上述期限内货物一经离开冷库,保险责任即终止。

(3) 若卸离海轮后未立即存入冷藏库,则保险在货物全部卸离海轮时终止。

3) 除外责任

(1) 鲜货在运输途中未存放在有冷藏设备的仓库或运输工具中,或辅助运输工具无保温设备而造成的货物变质。

(2) 保险责任开始时,因货物原来未保持良好状态而引起的货物变质。

2. 海上运输散装桐油险

1) 承保范围

海上运输散装桐油险针对以油轮为运输工具,除了一般货物保险的承保范围外,还

承保:

(1) 桐油数量短少、渗漏的损失。

(2) 桐油玷污或变质的损失。

(3) 被保险人的合理施救费用,但以该批货物的保险金额为限。

2) 保险责任起讫

按仓至仓条款负责,自海轮抵达目的港时起,满 15 天保险责任终止。

3) 除外责任

与海上货物保险基本险除外责任相同。

三、海上保险的发展

1. 海上保险的特点

从承保范围及对象来看,海上保险属于财产保险、运输保险的范畴,但是与一般的财产保险和运输保险相比,它又具有明显的特点:

(1) 海上保险的标的通常与海上航行有关,是参与海上运输这种特定条件下交通的船舶、船上的货物及海上运输交易所发生的费用等。

(2) 海上保险承保的风险除了一般财产保险所能承保的陆上风险(如雷电、恶劣气候、火灾、爆炸等)之外,还有其特有的大量海上环境中的风险(如触礁、搁浅、海水进舱等)。

(3) 海上保险除具有运输保险所有的特点以外,由于海上运输活动涉及的地域范围广,海上保险的当事人可能属于不同的国家,保险合同签订地点与保险事故发生地点不同,海上保险牵涉到国际关系。海上保险属于国际商务活动,受其合同保障,享受保险利益的一方多是国际贸易、远洋运输和海上资源开发的经营者。海上保险合同在订立和履行过程中,除了受本国法律的制约,还要涉及若干国际法规、条例和惯例的适用问题。

2. 海上保险的发展方向

随着时代的发展,为适应海上运输行业的发展,同时保险业的功能不断多样化,现代海上保险正呈现出对最初形式的大举完善。

(1) 既承保财产和利益上的风险,又承保责任方面的风险。最初的海上保险对运输的货物、船舶、运费进行保险,而今其承保范围已经扩展至由海上运输所引发的相关责任。无论是由于运输人员的职责疏忽、操作失当导致的货物或者运输工具损失,还是运输过程中发生碰撞等事故对第三者形成的责任,甚至于建造船舶、海上作业和海上资源开发以及与之相关的财产、责任、利益等,都可以纳入海上保险的可保风险之列。

(2) 既承保海上风险,又承保陆上风险、航空风险。现代海上保险所承保的海上风险已经不仅仅局限于原先海上航运所固有的风险,它还包括发生在与海上航运、贸易相关联的内陆、内河、内湖甚至陆地、航空范围内直至在这些过程中运输工具的一些风险。

(3) 既承保自然灾害、意外事故这类客观风险,又承保外来原因(如偷窃、战争、海盗)这类主观风险。海上灾难(又称海难,指海上偶然发生的事故或灾难,包括恶劣气候、搁浅、触礁、沉没、碰撞、倾覆、海啸等)是海上保险最主要的可保风险,此外,在航海过程中经常发生的火灾、爆炸、偷窃、海盗、抛弃、运输人员的恶意损害等非客观但是容易导致被保险人巨大损失的风险,生锈、玷污、受潮受热、串味等意外风险,以及其他与军事政治、国家法令法规有关的特殊外来风险等,都出现在了现代海上保险的承保范围内。

(4) 既承保航行或运输途中的动态风险，也承保船舶停泊或货物仓储期间的静态风险。基于海上运输多为大型运输，相对于陆上运输，其航行过程之外的装载等其他货物运送程序更为复杂，因此在海上动态航行过程之外的货物装卸、移动，锅炉破裂、尾轴断裂或机器船体等潜在缺陷也在海上保险的承保风险之列。

第二节　火灾保险

火灾保险简称"火险"，是指以存放在固定场所并处于相对静止状态的财产物资为保险标的，由保险人承担保险财产遭受保险事故损失的经济赔偿责任的一种财产保险。早期的火灾保险仅承保火灾，承保的对象亦仅限于不动产。随着社会经济的发展，物质财富不仅种类日益繁杂，而且面临的其他风险亦日渐扩大，因此，火灾保险在不断发展。

一、火灾保险的分类

(一) 团体火灾保险

团体火灾保险是以法人团体的财产物资及有关利益等为保险标的，由保险人承担火灾及有关自然灾害、意外事故损失赔偿责任的财产损失保险。

1. 基本特征

(1) 团体火灾保险的保险标的只能是存放在固定场所的财产物资。

(2) 保险标的是处于相对静止状态下的财产物资。

(3) 保险标的十分复杂。

(4) 以法人团体为投保单位。

2. 团体火灾保险的险种

1) 财产保险基本险

财产保险基本险，是以企事业单位、机关团体等的财产物资为保险标的，由保险人承担被保险人财产所面临的基本风险责任的财产保险，它是团体火灾保险的主要险种之一。

根据我国的财产保险基本险条款，该险种承担的保险责任包括：

(1) 火灾，指在时间或在空间上失去控制的燃烧所造成的灾害。

(2) 雷击，指由雷电造成的灾害，包括直接雷击和感应雷击。

(3) 爆炸，包括物理性爆炸和化学性爆炸。

(4) 飞行物体和空中运行物体的坠落。

(5) 被保险人拥有财产所有权的自用的供电、供水、供气设备因保险事故遭受破坏，引起停电、停水、停气以及造成保险标的的直接损失，保险人亦予以负责。

(6) 必要且合理的施救费用。

除上述责任外，其他均属于财产保险基本险的除外责任。

2) 财产保险综合险

财产保险综合险也是团体火灾保险业务的主要险种之一，它在适用范围、保险对象、保险金额的确定和保险赔偿处理等内容上，与财产保险基本险相同，不同的只是保险责任较财产保险基本险有扩展。

根据财产保险综合险条款规定，保险人承保该种业务时所承担的责任包括：

(1) 火灾、爆炸、雷击。

(2) 暴雨、洪水。

(3) 台风、暴风、龙卷风。

(4) 雪灾、雹灾、冰凌。

(5) 泥石流、崖崩、突发性滑坡、地面突然塌陷。

(6) 飞行物体及其他空中运行物体坠落。

由上可见，财产保险综合险承保的责任范围较财产保险基本险的责任范围要广泛得多，其除外责任即是火灾保险的一切除外责任。

3) 机器损害保险

机器损害保险主要承保工厂、矿山等保险客户的机器本身的损失，保险人对各类安装完毕并已转入运行的机器设备因人为的、意外的或物理性原因造成的物质损失负责。该险种既可单独投保，也可作为财产保险基本险或综合险的附加险投保。

在这种保险下，保险人需要承担的责任为：

(1) 设计、制造或安装错误、铸造或原材料缺陷。

(2) 工人、技术人员的操作错误以及缺乏经验、技术不善、疏忽、过失、恶意行为。

(3) 离心力引起的断裂、电气短路或其他电气原因。

(4) 锅炉缺水、物理性爆炸。

4) 利润损失保险

利润损失保险又称为营业中断保险，它赔偿企业遭受灾害事故并导致正常生产或营业中断造成的利润损失。在国际保险市场上，利润损失保险有使用单独保单承保的。我国保险人一般将利润损失保险作为财产保险的一项附加险承保。

在这种保险下，保险人需要承担的保险责任为：

(1) 保险责任事故引起的利润损失及营业中断期间仍需支付的必要费用等间接损失。

(2) 因其他相关单位(如供应商、销售商等)遭受同样风险使被保险人停业、停产造成的损失。

(二) 家庭财产保险

家庭财产保险是面向城乡居民家庭或个人的火灾保险，保险人在承保家庭财产保险时，其保险标的、承保地址、保险责任等均与团体火灾保险有相通性，在经营原理与程序方面亦具有相通性。

1. 基本特征

(1) 以城乡居民室内的有形财产为保险标的。

(2) 业务分散。

(3) 额小量大。

(4) 风险结构以火灾、盗窃等风险为主。

2. 家庭财产保险的险种

1) 普通家庭财产保险

普通家庭财产保险采取交纳保险费的方式，保险期限为一年，保险费率采用千分率。

从保险人签发保单零时起，到保险期满 24 时止。没有特殊原因，中途不得退保。保险期满后，所交纳的保险费不退还，继续保险需要重新办理保险手续。

2) 家庭财产两全保险

家庭财产两全保险是在普通家庭财产保险的基础上衍生的一种家庭财产保险业务。与普通家庭财产保险相比，不仅具有保险的功能，亦兼具到期还本的功能，即被保险人向保险人交付保险储金，保险人以储金在保险期内所生利息为保险费收入；当保险期满时，无论是否发生过保险事故或是否进行过保险赔偿，其本金均需返还给被保险人。此外，其他内容均与普通家庭财产保险相同。

3) 专项家庭财产保险

根据客户的需要，保险人还通常开办若干专项家庭财产保险，如家用液化气罐保险、家用电器保险、摩托车保险等，投保人可以根据需要选择投保。

二、火灾保险的费率

火灾保险的费率通常以每千元保额为计算单位，费率的表达形式为千分率。

在火灾保险的经营实践中，基于保险标的存放在固定处所，其费率的确定通常需要综合考虑如下因素：

(1) 建筑结构及建筑等级。根据建筑行业的有关规章，其质量与对抗风险能力从高到低，建筑物通常被划分为一等、二等、三等，它是保险人制定火灾保险费率的首要依据。

(2) 占用性质。建筑物的使用性质、用途不同，风险亦不同。

(3) 承保风险的种类及多寡。承保风险的种类愈多，则保险人承担的责任愈大，反之亦然。

(4) 地理位置。由于火灾保险承保的保险标的必须存放在固定处所，该处所的地理位置是否适宜，周围有无特定风险，对保险财产的影响甚大。

(5) 投保人的防灾设备及防灾措施。在同样的条件下，投保人的防灾设备与防灾措施愈健全，则风险愈不易发生，损失愈易控制，保险人对此往往给予相应的费率优惠；反之，则风险会因投保人的防灾不当或忽视防灾而放大，从而导致保险损失的扩大。

此外，对保险人而言，以往承保业务的损失记录亦是确定现时费率的重要参考依据。

第三节　货物运输保险

货物运输保险是以运输途中的货物作为保险标的，保险人对由自然灾害和意外事故造成的货物损失负赔偿责任的保险。在国际上，货物运输保险是随着国际贸易的发展而不断发展并很早走向成熟的险种。因为无论是对内贸易，还是对外贸易，商品使用价值的转移均离不开运输。在运输过程中，货物遭受自然灾害或意外事故的损失总是难免的，而根据各国有关运输法律、法规的规定，承运人仅对因为自己的过错造成的货物损失负责，对于不可抗力造成的货物损失则不负责任。

一、货物运输保险的内容

(一) 货物运输保险的基本特点

1. 被保险人的多变性

承保的运输货物在运送保险期限内可能会经过多次转卖，因此最终保险合同保障的受益人不是保险单注明的被保险人，而是保单持有人(Policy Holders)。

2. 保险利益的转移性

保险标的转移时，保险利益也随之转移。

3. 保险标的的流动性

货物运输保险所承保的标的，通常是具有商品性质的动产。

4. 承保风险的广泛性

货物运输保险承保的风险，包括海上、陆上和空中风险，自然灾害和意外事故风险，动态和静态风险等。

5. 承保价值的定值性

承保货物在各个不同地点可能出现的价格有差异，因此货物的保险金额可由保险双方按约定的保险价值来确定。

6. 保险合同的可转让性

货物运输保险的保险合同通常随着保险标的、保险利益的转移而转移，无须通知保险人，也无须征得保险人的同意。保险单可以用背书或其他习惯方式加以转让。

7. 保险利益的特殊性

货物运输的特殊性决定了货运险通常采用"不论灭失与否条款"，即投保人事先不知情，也没有任何隐瞒，即使在保险合同订立之前或订立之时，保险标的已经灭失，事后发现承保风险造成保险标的的灭失，保险人也同样给予赔偿。

8. 合同解除的严格性

货物运输保险属于航次保险，《保险法》、《海商法》规定，货物运输保险从保险责任开始后，合同当事人不得解除合同。

(二) 保险方式

货物运输保险采用定值保险方式，即确定的保险金额是保险人承担赔偿责任的最后价值，从而避免了受市场价格变动的影响。国内货物运输保险的保险金额的确定依据包括起运地成本价、目的地成本价、目的地市场价等，由被保险人任选一种。涉外货物运输保险的保险金额的确定依据包括离岸价(FOB)、成本加运费价(CFR)、到岸价(CIF)等，由投保人根据贸易合同确定。

(三) 保险费率

货物运输保险费率是指各种运输工具载运货物的保险费率，取决于所保货物在有效期间可能遭受毁损的危险程度。货物运输保险费率的构成及确定因素在国内和国际要分别考虑。

1. 国内货运险的费率构成

(1) 陆运、水运、空运和联运的费率都是基本费率。因为国内货物运输保险不像国际货运险分险别,它只有一种基本责任,故只有一种费率。

(2) 对于特约的经保险公司同意加保的责任,则另行加费。

(3) 陆运费率,分为火车和驿运、汽车两类。

(4) 水运费率,分为江河、沿海两类。江河类内又分为两档:一档为轮船、轮拖铁驳;另一档为木船、水泥船、机帆船、轮拖木驳。

(5) 空运费率不分类,统一采用一个费率标准。

2. 国际货运险的费率构成

(1) 海运险的一般货物费率分为平安险、水渍险和一切险三种。附加险不能单独承保,必须在平安险或水渍险的基础上加保。加保一项附加险除了费率表另有规定外,都参照一切险费率。同一险别,不同洲、国和港口的费率均不同。

(2) 陆运、空运和邮包险费率分为本身险(即陆运、航空运输和邮包险)和一切险两种。附加险的费率标准同海运险一样。

(3) 战争险的费率分为海、陆、空、邮四种。

(4) "指明货物加费费率表"系按货物大类分类,如粮油、土畜、轻工类等。对需加费的货物在商品栏内明确标示,同时在备注栏里注明扣免赔率、附贴条款等有关规定。凡属于指明货物费率表所列的货物,在计算费率时,应算出一般货物费率,然后再加上这项附加费。例如,从海上运往新加坡的坛装榨菜投保一切险,一般货物费率规定为新(新加坡)、马(马来西亚)的费率为1%,指明货物加费土畜类坛装食品为2%,则收费率为1% + 2% = 3%。

二、货物运输保险的险种

(一) 国内的货物运输保险险种

(1) 国内水路货物运输保险:承保沿海、内河水路运输的货物,分基本险和综合险两种。基本险承保货物在运输过程中因遭受自然灾害或意外事故造成的损失;综合险除承保基本险责任外还负责包装破裂、破碎、渗漏、盗窃和雨淋等危险。

(2) 国内铁路货物运输保险:承保标的为国内经铁路运输的货物,分基本险和综合险两种。基本险承保货物在运输过程中因遭受自然灾害或意外事故造成的损失;综合险除承保基本险责任外还负责包装破裂、破碎、渗漏、盗窃、提货不着和雨淋等造成的损失。

(3) 国内公路货物运输保险:保障范围包括自然灾害和意外事故,还综合承保雨淋、破碎、渗漏等危险。

(4) 国内航空货物运输保险:保障范围包括自然灾害和意外事故,还综合承保雨淋、破碎、渗漏、盗窃和提货不着等危险。

(5) 鲜、活易腐货物特约保险。

(6) 国内沿海货物运输舱面特约保险。

(二) 涉外的货物运输保险险种

进出口货物运输保险主要分海洋、陆上、航空、邮包四类。

1. 主要险别

(1) 海洋货物运输保险有：平安险、水渍险、一切险三种。

(2) 陆上货物运输保险有：陆运险和陆运一切险两种。

(3) 航空货物运输保险有：空运险和空运一切险两种。

(4) 邮包保险有：邮包险和邮包一切险两种。

2. 附加险

(1) 一切险范围内的附加险有：偷窃险、提货不着险、淡水雨淋险、短量险等。承保了一切险，对其中任何一种附加险都是负责的。

(2) 特别附加险。不属于一切险范围内的特别附加险主要有：进口关税险、舱面险、卖方利益险、港澳存仓火险、虫损险等。

(3) 特殊附加险，指战争险和罢工险。

第四节　运输工具保险

运输工具保险是专门承保各种机动运输工具，包括机动车辆、船舶、飞机、摩托车等各种以机器为动力的运载工具的一种财产保险。由于各种运输工具在运行过程中会经常遇到各种自然灾害与意外事故，参加保险即成为其拥有者转嫁风险和稳定经营的必要手段。运输工具保险的险种主要有：机动车辆保险、船舶保险、飞机保险。

一、机动车辆保险

机动车辆保险是以机动车辆本身及其第三者责任等为保险标的的一种运输工具保险。其保险客户，主要是拥有各种机动交通工具的法人团体和个人；其保险标的，主要是各种类型的汽车，但也包括电车、电瓶车等专用车辆及摩托车等。机动车辆是指汽车、电车、电瓶车、摩托车、拖拉机、各种专用机械车、特种车。2012 年 3 月，中国保监会先后发布了《关于加强机动车辆商业保险条款费率管理的通知》和《机动车辆商业保险示范条款》，推动了机动车辆保险的改革。我国的机动车辆保险包括基本险和附加险。

(一) 机动车辆保险的基本险

机动车辆基本险分为机动车第三者责任保险和机动车辆损失险。

1. 第三者责任保险

第三者责任保险是承保被保险人或其允许的合格驾驶员在使用被保险车辆时，因发生意外事故而导致的第三者的损害索赔危险的一种保险。第三者是指因被保险机动车发生意外事故遭受人身伤亡或者财产损失的人，但不包括被保险机动车本车上人员、投保人、被保险人和保险人。由于第三者责任保险的主要目的在于维护公众的安全与利益，因此，在实践中通常作为法定保险并强制实施。

(1) 保险责任。第三者责任保险属于责任保险范畴，它承保被保险车辆因意外事故造成第三者的人身伤害或财产损失，依法应由被保险人承担经济赔偿责任的风险。

(2) 除外责任。各种间接损失不在保险人负责的范围。

(3) 责任限额。每次事故的责任限额，由投保人和保险人在签订保险合同时按保险监管部门批准的限额档次协商确定。责任限额分为 5 万元、10 万元、15 万元、20 万元、30 万元、50 万元、100 万元、100 万元以上但不得超过 1000 万元 8 档,可供选择投保。

(4) 保险期限。除另有约定的,保险期限为一年,以保单载明的起讫时间为准。

2. 机动车辆损失险

机动车辆损失险是负责赔偿由于自然灾害和意外事故造成投保车辆本身的损失。它是车辆保险中用途最广泛的险种。无论是小剐小蹭,还是损坏严重,都可以由保险公司来支付修理费用,对于维护车主的利益具有重要作用。

1) 保险责任

保险期间内,被保险人或其允许的合法驾驶人在使用被保险机动车过程中,因下列原因造成被保险机动车的损失,保险人依照保险合同的约定负责赔偿:

(1) 碰撞、倾覆、坠落。

(2) 火灾、爆炸。

(3) 外界物体坠落、倒塌。

(4) 暴风、龙卷风。

(5) 雷击、雹灾、暴雨、洪水、海啸。

(6) 地陷、冰陷、崖崩、雪崩、泥石流、滑坡。

(7) 载运保险车辆的渡船遭受自然灾害(只限于有驾驶人员随车照料者)。

(8) 发生保险事故时,被保险人为防止或者减少保险车辆的损失所支付的必要的、合理的施救费用,最高不超过保险金额。

2) 除外责任

(1) 地震、战争、军事冲突、恐怖活动、暴乱、扣押、罚没、政府征用。

(2) 竞赛、测试、教练,在营业性维修场所修理、养护期间。

(3) 利用被保险车辆从事违法活动。

(4) 驾驶人员饮酒、吸食或注射毒品、被药品麻醉后使用被保险车辆。

(5) 事故发生后,被保险人或其允许的驾驶人在未依法采取措施的情况下驾驶被保险机动车或者遗弃被保险机动车逃离事故现场,或故意破坏、伪造现场及毁灭证据。

(6) 驾驶人员无驾驶证、驾驶证有效期已届满或驾驶车辆与驾驶证准驾车型不相符。

(7) 非被保险人直接允许的驾驶人员使用被保险车辆或者被保险机动车转让他人而未履行通知义务,且因转让导致被保险机动车危险程度显著增加而发生保险事故。

(8) 被保险车辆不具备公安机关交通管理部门核发的行驶证和号牌,或未按规定检验或检验不合格。

(9) 损失免除主要包括自然磨损、锈蚀、故障、因市场价格变动造成的贬值等。

3) 保险金额

保险金额从下列三种方式中确定:

(1) 按投保时被保险机动车的新车购置价格。

(2) 按投保时被保险机动车的实际价值确定,即

$$折旧金额 = 投保时的新车购置价 \times 被保险机动车已经使用月数 \times 0.6\%$$

(3) 投保时在被保险机动车的新车购置价内协商确定。

(二) 附加险

机动车辆的附加险是机动车辆保险的重要组成部分。从我国现行的机动车辆保险条款看，主要有玻璃单独破碎险条款、机动车停驶损失险条款、自燃损失险条款等。

二、船舶保险

船舶保险可以分为广义的和狭义的船舶保险。广义的船舶保险是以船舶及其附属品为保险标的的保险业务。广义的船舶保险根据船舶所处的状态分为船舶营运险、船舶建造险、船舶停航险、船舶修理险、拆船保险和集装箱保险等。狭义的船舶保险是指船舶营运险，其中又可以分为基本险、附加险和特殊附加险三种。下面简单地介绍狭义的船舶保险。

(一) 基本险

基本险又由全损险、一切险组成。

1. 全损险

全损险承担由于下列原因所造成被保险船舶的全损：

(1) 地震、火山爆发、闪电或其他自然灾害。

(2) 搁浅、碰撞、触碰任何固定或浮动物体或其他物体或其他海上灾害。

(3) 火灾或爆炸。

(4) 来自船外的暴力盗窃或海盗行为。

(5) 抛弃货物。

(6) 核装置或核反应堆发生的故障或意外事故。

(7) 装卸或移动货物或燃料时发生的意外事故。

(8) 船舶机件或船壳的潜在缺陷。

(9) 船长、船员恶意损害保险人利益的行为。

(10) 船长、船员和引水员、修船人员及租船人的疏忽行为。

2. 一切险

一切险承保上述原因所造成被保险船舶的全损和部分损失的支出及下列责任和费用：

1) 碰撞责任

(1) 负责因被保险船舶与其他船舶碰撞或触碰任何固定的、浮动的物体或其他物体而引起被保险人应负的法律赔偿责任。

(2) 当被保险船舶与其他船舶碰撞双方均有过失时，除一方或双方船东责任受法律限制外，本条项下的赔偿应按交叉责任的原则计算。当被保险船舶碰撞物体时，亦适用此原则。

(3) 本条项下保险人的责任(包括法律费用)是本保险其他条款项下责任的增加部分，但对每次碰撞所负的责任不得超过船舶的保险金额。

2) 共同海损和救助

(1) 负责赔偿被保险船舶的共同海损、救助、救助费用的分摊部分。被保险船舶若发生共同海损牺牲，被保险人可获得对这种损失的全部赔偿，而无须先行使向其他各方索取分摊额的权利。

(2) 共同海损的理算应按有关合同规定或适用的法律或惯例理算。

(3) 当所有分摊方均为被保险人或当被保险人船舶空载航行并无其他分摊利益方时，共同理算应按《北京理算规则》(第 5 条除外)或明文同意的类似规则办理，如同各分摊方不属同一人一样。该航程应自起运港或起运地至保险船舶抵达除避难港或加油港外的第一个港口为止，若在上述中途港放弃原定航次，则该航次即行终止。

3) 施救

(1) 由于承保风险造成船舶损失或船舶处于危险之中，被保险人为防止或减少根据本保险可以得到赔偿的损失而付出的合理费用，保险人应予以赔付。本条不适用于共同海损、救助或救助费用，也不适用于本保险中另有规定的开支。

(2) 本条项下保险人的赔偿责任在本保险其他条款规定的赔偿责任以外，但不得超过船舶的保险金额。

(二) 附加险

船舶保险的保险金额通常采取一张保险单一个保险金额，但承保船舶本身的损失、碰撞责任和费用损失等较多种损失，从而属于高度综合的险种，附加险不发达。

船舶保险附加险是以承运人在船舶营运中的期得运费损失作为保险标的的保险。期得运费是在货物抵达目的港后由收货人支付给承运人的。如果货物因故不能送达目的港，承运人就收不到运费。为此承运人往往在期得运费的航次中在投保船舶险时一并投保运费附加险。目前我国船舶保险条款中没有运费附加险的规定。实际业务中，我国保险公司参照I.T.C.条款，在承保船舶保险时一并承保在船舶费用险内，而船舶费用险的保险金额不得超过船舶保险金额的 25%，并以全损为限。

(三) 特殊附加险

船舶特殊附加险主要是战争险和罢工险。按国际船舶保险市场的习惯，已投保战争险，再加保罢工险时一般不再加收保险费，所以一般被保险人同时投保战争险和罢工险。

三、飞机保险

飞机保险是指以飞机及其有关责任、利益为保险标的的运输工具保险。它是以飞机为保险标的的，集财产保险和责任保险于一体的综合险种。目前我国国内保险公司承保的国际航线飞机保险，主要包括机身险、第三者责任险、旅客责任保险、承运人对所运货物的责任险。

(一) 机身险

机身险对所保飞机在飞行或滑行中以及在地面，不管任何原因造成飞机及其附件的意外损失或损坏负责赔偿，同时负责因意外事故引起的飞机拆卸、重装和清除机骸的费用。它适用于任何航空公司、飞机拥有者、有利益关系者以及看管、控制飞机的人。机身险的保险金额通常采取不定值方式承保，但也有保险公司对飞机机身采取定值保险的方式，对飞机损失的赔偿是在保险限额内选择现金赔付或置换相同的飞机。

(二) 第三者责任险

第三者责任险对被保险人在使用飞机时，由于飞行或从机上坠人坠物造成第三者(即他人)人身伤亡或财务的损失，应由被保险人负责的经济赔偿责任，也负责赔偿。它实行赔偿限额制。国际航空承运人对乘客的赔偿责任按照国际民航公约的规定执行，国内航空承运人对乘客的赔偿责任一般由所在国家的航空法律来规定。

第五节 工 程 保 险

工程保险是指对建筑工程、安装工程及各种机器设备因自然灾害和意外事故造成物质财产损失和第三者责任进行赔偿的一种财产保险。工程保险的主要险种包括：建筑工程保险、安装工程保险、科技工程保险。

一、建筑工程保险

建筑工程保险承保的是各类建筑工程，即适用于各种民用、工业用和公共事业用的建筑工程，如房屋、道路、桥梁、港口、机场、水坝、道路、娱乐场所、管道以及各种市政工程项目等。

(一) 保险标的和保险金额

建筑工程保险的保险标的的范围广泛，既有物质财产部分，也有第三者责任部分，主要包括以下几个部分：

(1) 部分物质损失。它包括建筑工程本身，工程所有人提供的物料和项目，安装工程项目，建筑用机器、装备及设备，工地内现成的建筑物，场地清理费以及所有人或承包人在工地上的其他财产等七项。每一项均需确定保险金额，七项保险金额之和构成建筑工程险物质损失项目的总保险金额。

(2) 第三者责任。它是指被保险人在工程保险期间，因意外事故造成工地及工地附近的第三者人身伤亡或财产损失依法应负的赔偿责任。保险人对该项责任采用赔偿限额制。

(3) 特种风险赔偿。它是对保单上列明的地震、洪水等特种风险造成的各项物质损失的赔偿。一般而言，保险人为了控制建筑工程中的巨灾风险，通常对保单中列明的特种风险单独规定赔偿限额。无论保险期间发生一次或多次保险事故，保险人的赔偿均不得超过该限额。

(二) 保险责任范围

建筑工程保险的保险责任可以分为物质部分的保险责任和第三者责任两大部分。其中，物质部分的保险责任主要有保险单上列明的各种自然灾害和意外事故，如洪水、风暴、水灾、暴雨、地陷、冰雹、雷电、火灾、爆炸等多项，同时还承保盗窃、工人或技术人员过失等人为风险，并可以在基本保险责任项下附加特别保险条款，以利于被保险人全面转嫁自己的风险。不过，对于错误设计引起的损失、费用或责任，换置、修理或矫正标的本身原材料缺陷或工艺不善所支付的费用，机械或电器装置的损坏或建筑用机器、设备损坏，以及停工引起的损失等，保险人不负责任。被保险人所有或使用的车辆、船舶、飞机、摩托车等交通运输工具，亦需要另行投保相关运输工具保险。

与一般财产保险不同的是，建筑工程保险采用的是工期保险单，即保险责任的起讫通常以建筑工程的开工到竣工为期。

保险人承担的赔偿责任则根据受损项目分项处理，并适用于各项目的保险金额或赔偿限额。如保险损失为第三者引起，适用于权益转让原则，保险人可依法行使代位追偿权。

二、安装工程保险

安装工程保险，是指以各种大型机器、设备的安装工程项目为保险标的的工程保险，保险人承保安装期间因自然灾害或意外事故造成的物质损失及有关法律赔偿责任。

(一) 保险标的和保险金额

安装工程保险的适用范围亦包括安装工程项目的所有人、承包人、分承包人、供货人、制造商等，即上述各方均可成为安装工程保险的投保人，但实际情形往往是一方投保，其他各方可以通过交叉责任条款获得相应的保险保障。

安装工程保险的标的范围很广，但概括起来可分为物质财产本身和第三者责任两类。物质财产本身，包括安装项目、土木建筑工程项目、场地清理费、所有人或承包人在工地上的其他财产等；第三者责任指在保险有效期内，因在工地发生意外事故造成工地及邻近地区的第三者人身伤亡或财产损失，依法应由被保险人承担的民事赔偿责任和因此而支付的诉讼费及经保险人书面同意的其他费用。上述各项保险金额之和即为该安装工程保险的保险金额。

(二) 保险责任范围

安装工程保险物质部分的保险责任除与建筑工程保险有部分相同外一般还有如下内容：安装工程出现的超负荷、碰线、电弧、短路、大气放电及其他电气等引起的事故；安装技术不善引起的事故。"技术不善"是指按照要求安装但没达到规定的技术标准，在试车时往往出现损失。这是安装工程保险的主要责任之一。承保这一责任时，应要求被保险人对安装技术人员进行技术评价，以保证技术人员的技术水平能适应被安装机器设备的要求。

除安装工程保险有关物质部分的基本保险责任外，有时因投保人的某种特别要求或因工程有其特殊性质需要增加额外的风险保障，因而，通常在基本保险责任项下可附加保险责任。

若一项工程中有两个以上被保险人，则为了避免被保险人之间相互追究责任，由被保险人申请，经保险人同意，可加保交叉责任。

(三) 特点

(1) 以安装项目为主要承保对象，其中亦可包括附属建筑项目。

(2) 安装工程的风险分布具有明显的阶段性，即安装工程在试车、考核和保证阶段的风险最集中，造成损失的可能性更大。

(3) 承保风险主要是人为风险，并显具技术色彩。

三、科技工程保险

(一) 海洋石油开发保险

海洋石油开发保险面向的是现代海洋石油工业，它承保从勘探到建成、生产整个开发过程中的风险，海洋石油开发工程的所有人或承包人均可投保该险种。

该险种一般被划分为四个阶段：普查勘探阶段、钻探阶段、建设阶段、生产阶段。每一阶段均有若干具体的险种供投保人选择投保。每一阶段均以工期为保险责任起讫期。当前一阶段完成，并证明有石油或有开采价值时，后一阶段才得以延续，被保险人亦需要投保后一阶段保险。因此，海洋石油开发保险作为一项工程保险业务，是分阶段进行的。

海洋石油开发保险主要的险种有勘探作业工具保险、钻探设备保险、费用保险、责任保险、建筑安装工程保险。它在承保、防损和理赔方面，均与其他工程保险业务具有相通性。

(二) 卫星保险

卫星保险是以卫星为保险标的的科技工程保险，它属于航天工程保险范畴，包括发射前保险、发射保险和寿命保险，主要业务是卫星发射保险，即保险人承保卫星发射阶段的各种风险。卫星保险的投保与承保手续与其他工程保险并无区别。

(三) 核电站保险

核电站保险以核电站及其责任风险为保险对象，是民用核工业发展的必要风险保障措施，也是对其他各种保险均将核风险除外不保的一种补充。

核电站保险的险种主要有财产损毁保险、核电站安装工程保险、核责任保险和核原料运输保险等，其中财产损毁保险与核责任保险是主要业务。

在保险经营方面，保险人一般按照核电站的选址勘测、建设、生产等不同阶段提供相应的保险，从而在总体上仍然具有工期性。当核电站正常运转后，则可以采用定期保险单承保。

第六节 农 业 保 险

农业保险是指专为农业生产者在从事种植业和养殖业生产过程中，对遭受自然灾害和意外事故所造成的经济损失提供保障的一种保险。

一、农业保险及其特征

农业保险作为财产保险的有机组成部分，是为农业生产发展服务的一种风险工具。它承保的主要是种植业、养殖业，亦被称为两业保险。

按照保险责任划分，农业保险可分为单一责任保险、混合责任保险和一切险。其中，单一责任保险一般仅承保一项风险责任，如水灾、火灾等；混合责任保险则采取列举方式明示承保的多项风险责任；一切险也采取列举方式，但实质上除列示的不保责任外均属于可保责任。

农业保险的保险标的是农业种植业中的各种农作物，养殖业中的各种牲畜、家禽。保险人对农作物因水灾、旱灾、台风、霜冻、冰雹、病虫害等自然灾害而导致的减产或绝收承担赔偿责任；对各种牲畜、家禽因疾病或意外事故而死亡或伤残承担赔偿责任。

农业保险所具有的特点，可以概括为以下几个方面：

(1) 农业保险面广量大。

(2) 农业保险受自然风险和经济风险的双重制约。

(3) 农业保险的风险结构具有特殊性。

(4) 高风险与高赔付率并存。

(5) 农业保险需要政府的支持。

农业保险标的的种类繁多,出险责任不易划分,投保人的逆选择严重。

农业保险一般赔付率较高,保险公司经常出现亏损。为了扶持农业保险的发展,不少国家和地区对农业保险均采取由政府补贴的办法。

二、农业保险的主要险种

(一) 种植业保险

种植业保险是指以各种粮食作物、经济作物为主要对象的保险,主要是指农作物保险。农作物保险是以水稻、小麦、大豆、高粱、玉米、棉花、烟叶、茶、桑、麻、甘蔗、药材、烤烟、蔬菜等粮食作物和经济作物为承保对象的保险。它一般又分为生长期农作物保险和收获期农作物保险。

(1) 生长期农作物保险是指对农作物在一定的区域和自然环境中,从播种、出苗、生长至成熟期内的风险提供保障的保险。

(2) 收获期农作物保险,是指对农作物从开始收割起至完成初加工进入仓库的一定时期内的风险提供保障的保险。

(二) 养殖业保险

养殖业保险是指以各种畜禽和水产动物为主要对象的保险,它包括大牲畜保险、家畜家禽保险、水产养殖保险和其他养殖保险。

(三) 林木保险

林木保险是以不同的经济实体所营造的人工林和自然林为承保对象的保险。农业保险的责任有自然灾害及意外事故所致农产品的严重损失。自然灾害主要是洪涝、冰雹、暴风、冻害,意外事故主要是火灾及其他意外事故。

三、农业保险的主要内容

(一) 农业保险的保险金额

由于农业保险的保险标的具有自然再生产与经济再生产相结合、风险大、损失率高的特点,在保险金额的确定方面亦与其他财产保险存在着区别,总的要求是实行低保额制,以利于承保人控制风险。在经营实践中,农业保险主要采取以下方式来确定保险金额:保成本、保产量、估价确定。

(二) 农业保险中需要注意的事项

(1) 审慎选择风险责任。保险人需要根据投保标的的风险状况及公司的承保能力与风险控制能力,确定农业保险险种的承保责任,一般可采取单一责任保单,也可以采取混合责任保单。一切险保单只有在条件成熟情况下才宜采用。通过责任的适度限制,来控制保险风险。

(2) 让被保险方分担相应的责任。农业保险所面临的巨大风险及其生产特性,以及面广量大、不易管理的特点,决定了保险人在承保时必须让被保险人同时分担相应的风险责任，即不能足额承保农业保险业务，以此达到增强被保险人安全管理的责任心的目的，并借此防止道德风险的发生。

(3) 适宜采取统保方式承保。统保是分散农业生产风险和稳定农业保险财务的基本要求。保险人在承保农业保险业务时，适宜采取统保方式承保，即投保人必须将同类标的的全部向保险人投保，有的甚至可以要求多个被保险人同时投保某一险种。

(4) 明确地理位置。无论是种植业保险、养殖业保险，还是林业保险，在保险合同中均须明确其地理位置，这是杜绝理赔中的纠纷，准确判断责任的重要依据。

(5) 争取政府支持。从宏观出发，农业保险特别需要政府的支持，包括争取政府免税政策和财政支持，通过政府的引导来促使更多的农民投保等等。

四、我国的农业保险现状

我国是农业大国，农业、农村和农民问题始终是关系国民经济发展的全局性和根本性问题，其中保证粮食供给一直是农业发展的首要问题。而中国同时又是世界上农业自然灾害最为严重的国家之一，近年来自然灾害呈加重态势，给农业生产、粮食安全、农民增收带来了严峻的挑战。尽管我国政府一直在逐年加大农业支持力度，增加农田水利等农业基础设施投入，但据统计，2000 年~2010 年间，农作物年均受灾面积高达 4600 多万公顷，成灾面积 2500 多万公顷，年均成灾面积占农作物总播种面积的比例达 16%之多。另外，中国地域辽阔，各地地理及自然条件差异很大，全国连年大丰收的同时，每年仍有严重减产的地区——2006 年川渝大旱减产 100 多亿斤；2007 年东北大旱减产 120 多亿斤；2009 年东北及内蒙古大旱减产 160 亿斤；2010 年全国大丰收，却仍有 12 个省份减产。可见，应对农业风险问题是一项长期且艰巨的任务。

尽管短短几年间，我国农业保险取得了巨大的成就，但还有诸多方面有待改进。首先，我国农村地区广、农村人口多、农业生产规模小而散决定了农业保险业务的复杂性和基层保险服务的困难性，在承保和理赔环节多需依靠农业和林业基层管理机构协助开展工作。因此，如何让农民更好地理解保险机制和保险条款，如何完善农业基层服务体系，如何加强和引入新的科技手段以提高承保理赔效率及降低道德风险等问题，是我国农业保险经营主体要进一步思考的问题。我们很高兴地看到有些农业经营主体已经在加强技术应用，比如应用增雨防雹设备进行防灾减损；运用无人机及遥感技术辅助查勘定损；为投保牲畜佩戴耳标、建立档案以利于疫病防控和跟踪承保标的；等等。

再者，我国现有参保品种主要集中在中央财政保费补贴所涵盖的农产品品种，有些高效、高产值品种或项目由于没有财政补贴政策扶持，保险业务推动缓慢。因此，需要通过丰富和完善保险产品以满足多样化的需求，通过产品、服务创新以不断扩大保险产品的覆盖面和地域范围，这才会切实体现农业保险提供保障的特点，并有利于农业保险持续深入展开。

最后，农业生产易受灾、易成灾，随着农业保险的快速发展，农业保险自身累积的风险不断增加，如何科学应用农业生产、气象、自然灾害等各方面数据及精算理论针对不同风险区域确定相应的合理的保险费率，如何积极运用再保险渠道，如何规范设计巨灾风险分散机制等也需要进一步的研究和讨论。事实上，数据与科学精算理论和风险分析工具的应用，也是北美农业保险发展中遵循的最重要的原则和成功的因素之一。

　　我国幅员辽阔，各地情况差异大，保险规模的日益扩大，保险条款的不断调整，覆盖地域不断拓展，这些都是风险评估和管控中的挑战，也凸显了科学的风险评估分析方法及量化模型在农业保险应用中的重要性和必要性。设计合理并符合当地保险产品和农业生产状况的模型，可以在以下几方面为保险经营主体提供帮助：

　　(1) 评估承保区域内不同作物的长期平均损失率，为制定具有市场竞争力并能带来收益的科学保险费率提供参考依据。

　　(2) 识别风险高度相关的作物区域，实现风险分区，支持保费合理性并降低承保结果的波动性。

　　(3) 计算最大可能损失以及超越损失概率曲线，帮助保险公司评估巨灾风险、设计风险分散转移方案。

　　(4) 帮助权衡承保区域及承保作物的风险组合以提高效益，为保险公司制定业务拓展规划提供参考。

　　(5) 评价保险条款变动对承保结果的影响。

　　读者可登录中国保监会网站，参阅《关于加强农业保险理赔管理工作的通知》(2012年1月12日)。

本 章 小 结

　　海上运输船舶保险以各种类型的船舶作为保险标的，承保船舶在海上航行或停泊期间发生各种保险事故所造成的全部或部分损失以及可能引起的责任赔偿。

　　火灾保险简称"火险"，是指以存放在固定场所并处于相对静止状态的财产物资为保险标的，由保险人承担保险财产遭受保险事故损失的经济赔偿责任的一种财产保险。

　　货物运输保险是以运输途中的货物作为保险标的，保险人对由自然灾害和意外事故造成的货物损失负责赔偿责任的保险。

　　运输工具保险是专门承保各种机动运输工具，包括机动车辆、船舶、飞机、摩托车等各种以机器为动力的运载工具的一种财产保险。

　　工程保险是指对建筑工程、安装工程及各种机器设备因自然灾害和意外事故造成物质财产损失和第三者责任进行赔偿的一种财产保险。

　　农业保险是指专为农业生产者在从事种植业和养殖业生产过程中，对遭受自然灾害和意外事故所造成的经济损失提供保障的一种保险。

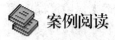 **案例阅读**

　　甲车投保车辆损失险和第三者责任险，乙车只投保第三者责任险。两车发生碰撞事故：甲车车辆损失费2万元，伤一人，人身伤亡补偿费合计9万元；乙车车辆损失费3万元，伤一人，人身伤亡补偿费合计7万元，车上货物损失费5万元。经交通管理部门裁定，甲车负主要责任70%，乙车负次要责任30%。问甲车承保公司和乙车承保公司各承担什么责任。

案例分析：

(1) 因为甲车投保了车辆损失险和第三者责任险，所以甲车承保公司应承担甲车的车辆损失和依法应承担的对第三者的责任(包括乙车损失、人身伤亡补偿和乙车上的货物损失)，而且还要考虑双方的责任比例。

车辆损失险赔款 = 甲车车辆损失费 × 甲车承担事故责任比例 = 2×70% = 1.4 万元

第三者责任险赔款 = (乙车车辆损失费 + 乙车货物损失费 + 乙车人身伤亡补偿费总和)

× 甲车承担事故责任比例

= (3 万元 + 7 万元 + 5 万元)×70% = 10.5 万元

(2) 因为乙车只投保了第三者责任险，所以乙车承保公司只承担对甲车的责任(包括甲车损失和人身伤亡补偿)，还要考虑双方的责任比例。

第三者责任险赔款 = (甲车车辆损失 + 甲车人身伤亡补偿费总和)×乙车承担事故责任比例

= (2 万元 + 9 万元)×30% = 3.3 万元

值得注意的是，本案例只是讲述了车辆损失险和第三者责任险各自承担的责任范围。在实际的赔款计算中还要考虑其他因素，如不足额保险的比例分摊、绝对免赔率、代位求偿权的行使等，因其过于复杂，此处不作阐述。

 问题

试结合本案分析公众责任险的内容及其承保的范围。

复 习 思 考 题

一、名词解释

财产损失保险　　海上保险　　火灾保险　　货物运输保险　　运输工具保险　　工程保险

二、单项选择题

1. 海洋运输货物保险在确定保险期限时使用(　　)。

A. 门至门条款　　　　　B. 港至港条款　　　C. 仓至仓条款　　D. 罐至罐条款

2. 仓至仓条款通常规定，被保险货物在最后卸载港全部卸离海轮后满(　　)，责任终止。

A. 30 天　　　　　　　　B. 60 天　　　　　　C. 120 天　　　　D. 240 天

3. 机动车辆损失保险的保险责任包括(　　)原因导致的被保险机动车的损失和费用。

A. 地震及其次生灾害　　B. 雷击　　　　　　C. 战争　　　　　D. 军事冲突

4. 在保险合同另有约定的情况下，保险标的所有权的转移可以不经过保险人的同意，而由被保险人背书转让，该险种是(　　)。

A. 货物运输保险　　　　B. 火灾保险　　　　C. 汽车保险　　　D. 农业保险

三、简答题

1. 财产损失保险的共同特点是什么？

2. 比较各种运输工具保险业务的异同。

3. 如何确定建筑、安装工程保险的责任范围？

四、案例分析题

张某拥有 50 万元的家庭财产，向保险公司投保家庭财产保险，保险金额为 40 万元。在保险期间王某家中失火。当：

(1) 家庭财产损失 10 万元时，保险公司应赔偿多少？

(2) 家庭财产损失 45 万元时，保险公司应赔偿多少？

第十二章　责　任　保　险

【学习目标】

掌握责任保险的含义、特征、承保与赔偿；了解公众责任保险、产品责任、雇主责任和职业责任的概念、内容和主要险种。

案例导人 ➡

雇主责任险不是员工福利

陈某是一家制造企业的技术员。该企业为所有员工缴纳"五险一金"，并向A保险公司投保了雇主责任险，责任限额为每人20万元，责任期限为1年。投保半年后的一天，陈某在外出为客户提供技术支持时，因车祸意外身亡，交警认定陈某属无责方。陈某家属从工伤保险基金领取了丧葬补助金、供养抚恤金和一次性工亡补助金。在得知该企业另购买了雇主责任险后，陈某家属向企业和保险公司提出了20万元的赔偿申请。保险公司认为：陈某不是保险合同上的被保险人，不享有保险金请求权。保单明确说明：保险责任以陈某生前所在单位依法应尽的赔偿责任为限，该赔偿责任现已由工伤保险基金完全支付，作为被保险人的企业并没有发生实际赔偿费用，因此予以拒赔。陈某家属认为，企业购买的雇主责任险是员工福利的一种，员工因工身故，用人单位负有民事赔偿责任，家属理应获得保险赔偿，遂将该企业和保险公司诉至法院。

经审理，法院认定陈某生前所在单位应承担的民事赔偿责任已尽，保单并无额外赔偿的特别约定，故对陈某家属的请求不予支持。

案件分析及结论：

本案中，陈某生前所在企业所投保的雇主责任险是责任保险的一种。从《保险法》对责任保险的定义可以看出，雇主责任险的投保人和被保险人都是雇主，而非雇员，保险标的是雇主对雇员依法应负的赔偿责任，而非雇员的生命、财产。同时，雇主责任险的被保险人是陈某生前所在单位，只有当该企业在其依法应当承担的民事赔偿责任项下，有实际的赔偿支出发生时，作为被保险人的雇主才能按照其实际支付金额，且最高不超过保险合同责任限额，向保险公司提出理赔申请。并且，因工伤事故遭受人身损害，劳动者或其近亲属在获得依据《工伤保险条例》处理取得的赔偿后，不得向用人单位再次提出民事赔偿责任。因此，对陈某家属的请求不予支持。

本案启迪：

在上述案件中，我们看到，在同雇主责任险的竞合关系中，工伤保险优先启用。但这是否就意味着雇主责任险是没有必要的呢？事实上，大多数的工伤事故并不直接导致死亡。依据《条例》赔偿标准，在员工伤残情况下，用人单位仍旧需要支付伤残就业补助金、工伤医疗补助金等费用，这些都可以在单位所购买的雇主责任保险项下获得保障。另外，市场上有少数雇主责任保险，经由投保人和保险人双方协商，附加有特别约定，允许因工伤亡员工及其家属在得到工伤保险赔偿之外，根据其伤亡程度，享有不超过保单责任限额的双重赔付。因此，雇主责任保险虽然不能等同于员工福利，但却是员工在发生工伤事故后获得有效赔偿的保证。

第一节　责任保险概述

一、责任保险的概念

我国《保险法》第五十条第二款对责任保险的定义是："责任保险是指以被保险人对第三者依法应负的赔偿责任为保险标的的保险。"责任保险是指以被保险人依法应承担的民事损害赔偿责任或经过特别约定的合同责任为承保对象的保险。责任保险的定义至少应包括四个要件：一是必须是被保险人对于第三者的赔偿责任；二是必须是被保险人依法应负的赔偿责任；三是必须是受害的第三者向被保险人提出了赔偿要求；四是必须是保险人承保的赔偿责任。

责任保险属于广义财产保险，是一种无形的、非实体的财产保险。广义的财产保险可包括三类：第一类主要是指狭义财产保险，即对有形财产的灭失损毁负赔偿责任；第二类是对预期利益的丧失负赔偿责任，主要包括利润损失保险和信用保险等；第三类是对因事故导致他人人身伤亡或财产损失负赔偿责任，这就是责任保险。责任保险适用于广义财产保险的一般经营理论，但又具有自己的独特内容和经营特点，从而是一类可以独成体系的保险业务。

对投保人而言，一旦因过失、疏忽等行为造成他人人身与财产损失，就应依法承担经济赔偿责任，其利益就要受到损失。这时投保人对可能发生的民事损害事故具有利害关系，构成投保人对民事损害责任风险的可保利益。投保人只能投保自己可能发生的责任保险，这是建立责任保险关系的前提。大量客观存在的民事损害风险和人们对转移风险的需求是责任保险生存和发展的基础。

二、责任保险的承保对象

责任保险是以被保险人的民事损害赔偿责任为保险对象的。这种民事损害赔偿责任分为法律引起的和合同规定的两种。

(一) 法律责任

法律责任指承保对象主要是致害人依法应负对受害人的损害赔偿责任。这种法律责任主要指的是民事法律责任而并不包括刑事责任。民事法律责任的主要原则是：受害人应获得经济补偿，致害人应承担经济赔偿责任。

责任保险承保的法律责任，一般分为过失责任和绝对责任两种。过失责任是指保险人因疏忽或过失违反法律应尽的义务或违背社会公共准则而对他人财产或人身损害时，对受害人应负的赔偿责任。过失责任在法律上也被称为"侵权行为"。绝对责任是指不论被保险人有无过失，根据法律规定均须对他人受到的损害负赔偿责任。这里的损害后果或事实是确定民事责任的关键，即在一起民事损害事故中，只要不是受害人自己故意所为，其人身损害或财产损害就须由致害人承担赔偿责任，而无需过问致害人是否存在过错。

(二) 合同责任

合同责任指订立合同的一方(被保险人)造成另一方或他人的损害后根据合同规定应负的赔偿责任。

责任保险承保的合同责任可分为直接责任和间接责任。直接责任指合同的一方(被保险人)违反合同规定的义务造成对方的损害应承担的赔偿责任。间接责任指合同的一方(被保险人)对另一方造成他人的损害后根据合同规定应负的赔偿责任。

三、责任保险的特征

责任保险属于财产保险范畴，两者均以大数法则为数理基础，经营原则一致，经营方式相近(除部分法定险种外)，均是对被保险人的经济利益损失进行补偿。但是其与一般财产保险又在许多方面存在着差异，体现在以下几个方面。

(一) 责任保险产生与发展的基础特殊

责任保险产生与发展的基础不仅是各种民事法律风险的客观存在和社会生产力达到了一定的阶段，而且是由于人类社会的进步带来了法律制度的不断完善，其中法制的健全与完善是责任保险产生与发展的最为直接的基础。

(二) 责任保险补偿的对象特殊

尽管责任保险中承保人的赔款是支付给被保险人的，但这种赔款实质上是对被保险人之外的受害方即第三者的补偿，从而是直接保障被保险人利益、间接保障受害人利益的一种双重保障机制。

(三) 责任保险承保的标的特殊

责任保险承保的是各种民事法律风险，是没有实体的标的。保险人在承保责任保险时，通常对每一种责任保险业务要规定若干等级的赔偿限额，由被保险人自己选择，被保险人选定的赔偿限额便是保险人承担赔偿责任的最高限额，超过限额的经济赔偿责任只能由被保险人自行承担。

(四) 责任保险的保险利益特殊

责任保险的保险标的是被保险人对第三者应承担的民事赔偿责任。这种保险标的具有几个特征：一是无形的，不存在承载体受损或完好之说。二是被保险人是无法从保险标的中获益的，因为责任保险的保险标的是一种潜在的责任，当潜在的责任发生时，被保险人会发生损失；当潜在的责任不发生时，被保险人只是不存在损失而已。三是责任保险的保险利益大小无法确定。四是非经济上的损失如精神损失也存在保险利益。

(五) 责任保险承保的方式特殊

责任保险的承保方式具有多样化的特征。

(1) 在独立承保方式下，保险人签发专门的责任保险单，它与特定的标的物没有保险意义上的直接联系，而是完全独立操作的保险业务。

(2) 在附加承保方式下，保险人签发责任保险单的前提是被保险人必须参加了一般的财产保险，即一般财产保险是主险，责任保险则是没有独立地位的附加险。

(3) 在组合承保方式下，责任保险的内容既不必签订单独的责任保险合同，也无需签发附加或特约条款，只需要参加该财产保险便使相应的责任风险得到了保险保障。

(六) 责任保险的赔偿处理特殊

(1) 责任保险的赔偿，均以被保险人对第三方的损害并依法应承担经济赔偿责任为前提条件，必然要涉及受害的第三者，而一般财产保险或人身保险赔偿只是保险双方的事情。

(2) 责任保险赔偿的处理也以法院的判决或执法部门的裁决为依据，从而需要更全面地运用法律制度。

(3) 责任保险中因是保险人代替致害人承担对受害人的赔偿责任，被保险人对各种责任事故处理的态度往往关系到保险人的利益，从而使保险人具有参与处理责任事故的权力。

(4) 责任保险赔款最后并非归被保险人所有，而是实质上付给了受害方。

(七) 责任保险的风险控制特殊

一方面，责任保险承保的是不能事先确定的责任风险，责任的大小通常缺乏相应的规律；另一方面，不同的责任保险业务其风险具有集中性和地域性。就集中性而言，高风险行业的责任风险大多比较集中，如煤矿、建筑、医疗等；就地域性而言，社会经济发达，民事侵权责任体系健全的地域责任风险大。

由于责任风险的上述特征，保险人在经营责任保险业务时，其风险控制也具有与其他保险业务风险控制不同的特征：一是尽量通过国家立法强制实施责任保险的方式使责任保险覆盖面增大，从而使责任风险在庞大的业务体系中分散，达到控制高责任、高风险行业、高诉讼地区投保率高；二是通过合理的赔偿限额来控制风险，如我国许多商业保险公司的医疗责任保险的赔偿限额每人或每次限制在 30 万元以内；三是灵活确定责任保险费率，将被保险人的安全意识、安全管理及技术水平、防灾措施等作为厘定费率的因素；四是充分发挥再保险的作用，使再保险成为责任保险中控制风险的重要工具和手段。

四、责任保险的作用

与一般的财产保险以有形的财产物资为保险标的不同，责任保险是以被保险人依法应承担的法律赔偿责任为保险标的的保险，其作用表现为如下四个方面：

(1) 责任保险能够分散被保险人的意外风险，有利于维护受害人的合法权益。在现实生活中，任何企业、团体或家庭、个人都不可能完全避免责任事故的发生，一旦发生事故，造成他人的人身伤亡和财产损失，致害人就必须依法承担起相应的经济赔偿责任，甚至存在由于责任事故导致致害人倾家荡产的现象。所以，责任事故风险需要有一种社会化的分散机制，责任保险就是这样一种科学的、社会化的风险分散机制。同时对受害人而言，在各种责任事故中受到损害后的合法权益同样需要依靠责任保险来保障。因此，责任保险既可以补偿致害人的利益损失，同时还为受害者提供了索赔合法经济利益的保证。

(2) 能降低社会成本，分担政府责任。现实中，责任事故发生后，受害方就赔偿问题往往要同责任方进行长期的协商，如果协商不了进入法律程序，受害人还要承担诉讼费和律师费等，既耗时费力又耗钱财，有时政府部门也会卷入其中，如近几年发生的煤矿事故、重大食品中毒事故等，不仅受害者及其家属长期被卷入赔偿纠纷中，政府有关部门也在进行责任事故调查，时时在为责任事故"买单"，因此社会成本猛增。所以如果通过责任保险解决责任赔偿方面的纠纷，不仅可以使政府部门从繁杂的事故处理中得以解脱，大大减轻政府部门的压力，而且能达到降低社会诉讼成本的作用，提高解决纠纷的效率。

(3) 有助于现行法律制度的贯彻实施。任何国家的法律制度都同时具备两个目标：一是通过各种民事法律制度与经济法律制度等来保障受害人的利益；二是通过刑事法律制度来惩罚致害人。我国多部民事法律均有专门保障受害人权益的规定，但若致害人并无赔偿能力，即使得到了刑事法律的制裁，受害人也不能按照规定得到其应有的经济赔偿，其结果就是使相应的民事法律规定成为一纸空文。如果致害人参保了责任保险，只要事故属于责任保险责任事故范围内，受害人的合法权益就能从承保人那里获得保障，相关法律制度也就得到了贯彻实施。

(4) 能促进社会更加和谐与文明。责任事故发生，会造成生命或财产损失，会使生产中断，会因经济赔偿问题达不到一致而产生纠纷并影响社会安定，其结果必然是造成个人、家庭、单位、政府、社会之间的不和谐。如果引入责任保险风险分散机制，就可以增强整个社会的抗风险能力，使纠纷便于化解，社会理所当然就会更加安定和谐。

第二节　责任保险的承保方式及其理赔

一、责任保险的责任范围

1. 责任保险的保险责任和民事损害赔偿责任的区别

责任保险的保险责任和民事损害赔偿责任是不能完全等同的，这二者既有联系又有区别。

一方面，责任保险承保的责任主要是被保险人的过失行为所致的责任事故风险，即被保险人的故意行为通常是绝对除外不保的风险责任，这一经营特点决定了责任保险承保的责任范围明显小于民事损害赔偿责任的范围。

另一方面，在被保险人的要求下并经过保险人的同意，责任保险又可以承保超越民事损害赔偿责任范围的风险。这种无过错责任超出了一般民事损害赔偿责任的范围，但保险人通常将其纳入承保责任范围。

2. 责任保险的保险责任

责任保险的保险责任，一般包括两项内容：

(1) 被保险人依法对造成他人财产损失或人身伤亡应承担的经济赔偿责任。这一项责任是基本的保险责任，以受害人的损害程度及索赔金额为依据，以保险单上的赔偿限额为最高赔付额，由责任保险人予以赔偿。

(2) 因赔偿纠纷引起的由被保险人支付的诉讼、律师费用及其他事先经过保险人同意支付的费用。

保险人承担上述责任的前提条件是，责任事故的发生应符合保险条款的规定，包括事故的原因、发生地点、损害范围等，均应审核清楚。

3. 责任保险的除外责任

在承担赔偿责任的同时，保险人在责任保险合同中一般规定若干除外责任，尽管不同的责任保险合同中的除外责任可能有出入，但主要的除外责任有：

(1) 被保险人故意行为所致的各种损害后果。

(2) 战争、军事行动及罢工等政治事件造成的损害后果。

(3) 核事故危险导致的损害后果，但核事故或核责任例外。

(4) 被保险人家属、雇员的人身伤害或财产损失，但雇主责任保险承保雇主对雇员的损害赔偿责任。

(5) 被保险人所有、占有、使用或租赁的财产，或由被保险人照顾、看管或控制的财产损失。

(6) 被保险人的合同责任，经过特别约定者除外。

(7) 地震、雷击、暴雨、洪水、火山爆发或龙卷风等自然灾害(雇主责任保险除外)。

上述除外责任是责任保险的通常除外责任，但个别险种经过特别约定后可以承保。

二、责任保险的承保

作为一类独成体系的保险业务，责任保险适用于一切可能造成他人财产损失与人身伤亡的各种单位、家庭或个人。具体而言，责任保险的适用范围包括：一是各种公众活动场所的所有者、经营管理者；二是各种产品的生产者、销售者和维修者；三是各种运输工具的所有者、经营管理者或驾驶员；四是各种需要雇佣员工的单位；五是各种提供职业技术服务的单位；六是城乡居民家庭或个人。

此外，在各种工程项目的建设过程中也存在着民事责任事故风险，建设工程的所有者、承包者等亦对相关责任事故风险具有保险利益；各单位场所(即非公众活动场所)也存在着公众责任风险，如企业等单位亦有着投保公众责任保险的必要性。

三、责任保险的费率

责任保险费率的制订，通常根据各种责任保险的风险大小及损失率的高低来确定。从总体上看，保险人在制订责任保险费率时，主要考虑的影响因素应当包括如下几项：

(1) 被保险人的业务性质及其产生意外损害赔偿责任可能性的大小。

(2) 法律制度对损害赔偿的规定。

(3) 赔偿限额的高低。

此外，承担区域的大小、每笔责任保险业务的量及同类责任保险业务的历史损失资料亦是保险人在制订责任保险费率时必须参照的依据。

四、责任保险的赔偿

责任保险承保的是被保险人的赔偿责任，而非有固定价值的标的，且赔偿责任因损害人事故大小而异，较难精确预计。因此不论何种责任保险，均无保险金额的规定，而是采用在承保时由保险当事人双方约定赔偿限额的方式来确定保险人承担的责任限额，凡超过赔偿限额的索赔仍须由被保险人自行承担。从责任保险的发展实践来看，赔偿限额作为保险人承担赔偿责任的最高限额，通常有以下几种类型：

(1) 每次责任事故或同一原因引起的一系列责任事故的赔偿限额，它又可以分为财产损失赔偿限额和人身伤亡赔偿限额两项。

(2) 保险期内累计的赔偿限额，也可以分为累计的财产损失赔偿限额和累计的人身伤害赔偿限额。

(3) 在某些情况下，保险人也将财产损失和人身伤亡两者合成一个限额，或者只规定每次事故和同一原因引起的一系列责任事故的赔偿限额而不规定累计赔偿限额。

在责任保险经营实践中，保险人除通过确定赔偿限额来明确自己的承保责任外，还通常有免赔额的规定，以此达到促使被保险人小心谨慎、防止发生事故和减少小额、零星赔款支出的目的。责任保险的免赔额，通常是绝对免赔额，即无论受害人的财产是否全部损失，免赔额内的损失均由被保险人自己承担。因此，责任保险人承担的赔偿责任是超过免赔额之上且在赔偿限额之内的赔偿金额。

第三节　责任保险的分类及其产品

根据业务内容的不同，责任保险可以分为公众责任保险、产品责任保险、雇主责任保险、职业责任保险和第三者责任保险五类业务，其中每一类业务又由若干具体的险种构成。

一、公众责任保险

(一) 公众责任保险的概念

公众责任保险，又称普通责任保险或综合责任保险，它以被保险人的公众责任为承保对象，是责任保险中独立的、适用范围最为广泛的保险类别。

所谓公众责任，是指致害人在公众活动场所的过错行为致使他人的人身或财产遭受损害，依法应当由致害人承担的对受害人的经济赔偿责任。公众责任的构成，以在法律上负有经济赔偿责任为前提，其法律依据是各国的民法及各种有关的单行法规制度。

此外，在一些并非公众活动的场所，如果公众在该场所受到了应当由致害人负责的损害，亦可以归属于公众责任。因此，公众责任保险涉及的公众责任范围非常广泛，包括各种公共设施场所、工厂、办公楼、学校、医院、商店、展览馆、动物园、宾馆、旅店、影剧院、运动场所，以及工程建设工地等。这些场所的所有者、经营管理者等均需要通过投保公众责任保险来转嫁其责任。

所有这些公众责任都具有两个共同特征：一是致害人所损害的对象不是事先特定的某个人；二是损害行为是对社会大众利益的损害。

(二) 公众责任保险的责任范围

公众责任保险的保险责任，包括被保险人在保险期内、在保险地点由于疏忽或意外事件造成第三者人身伤亡或财产损失后依法应承担的经济赔偿责任和有关的法律诉讼费用等。

在我国，保险公司在公众责任保险中主要承担三部分的赔偿责任：一是被保险人在保单列明的地点范围内从事生产、经营等活动以及由于意外事故造成第三者人身伤亡或财产损失时，依法应承担的经济赔偿责任，这里的"第三者"也就是公众，是除保险人和被保险人之外的任何人，不包括被保险人的雇员；二是责任事故发生后，如果引起法律诉讼，由被保险人承担的并且保险人事先书面同意的诉讼抗辩费用；三是发生保险责任事故后，被保险人为缩小或减少对第三者人身伤亡或财产损失的赔偿责任所支付的必要的、合理的费用。

公众责任保险的除外责任包括：

(1) 被保险人故意行为引起的损害事故。

(2) 战争、内战、叛乱、暴动、骚乱、罢工或封闭工厂引起的任何损害事故。

(3) 人力不可抗拒的原因引起的损害事故。

(4) 核事故引起的损害事故。

(5) 有缺陷的卫生装置及除一般食物中毒以外的任何中毒。

(6) 由于震动、移动或减弱支撑引起的任何土地、财产或房屋的损坏责任。

(7) 被保险人的雇员或正在为被保险人服务的任何人所受到的伤害或其财产损失，他们通常在其他保险单下获得保险。

(8) 各种运输工具的第三者或公众责任事故，由专门的第三者责任保险或其他责任保险险种承保。

(9) 公众责任保险单上列明的其他除外责任等。

(三) 公众责任保险的主要险种

1. 综合公共责任保险

综合公共责任保险是一种综合性的责任保险业务，它承保被保险人在任何地点因非故意行为或活动所造成的他人人身伤害或财产损失依法应负的经济赔偿责任。

从国外类似业务的经营实践来看，保险人在该种保险中除一般公众责任外还承担着包括合同责任、产品责任、业主及工程承包人的预防责任、完工责任及个人伤害责任等风险。

2. 场所责任保险

场所责任保险承保固定场所因存在着结构上的缺陷或管理不善，或被保险人在被保险场所进行生产经营活动时因疏忽发生意外事故，造成他人人身伤害或财产损失且依法应由被保险人承担的经济赔偿责任。

场所责任保险的险种主要有宾馆责任保险、展览会责任保险、电梯责任保险、车库责任保险、机场责任保险以及各种公众活动场所的责任保险。

3. 承包人责任保险

承包人责任保险专门承保承包人的损害赔偿责任，它主要适用于承包各种建筑工程、安装工程、修理工程施工任务的承包人，包括土木工程师、建筑工、公路及下水道承包人和油漆工等。

在承包人责任保险中，保险人通常对承包人租用或自有的设备以及对委托人的赔偿、合同责任、对分承包人应承担的责任等负责，但对被保险人看管或控制的财产、施工的对象、退换或重置的工程材料或提供的货物及安装了的货物等不负责任。

4. 承运人责任保险

承运人责任保险专门承保承担各种客、货运输任务的部门或个人在运输过程中可能发生的损害赔偿责任，主要包括旅客责任保险、货物运输责任保险等险种。依照有关法律，承运人对委托给他的货物运输和旅客运送的安全负有严格责任，除非损害货物或旅客的原因是不可抗力、军事行动及客户自己的过失等，否则，承运人均须对被损害的货物或旅客负经济赔偿责任。

与一般公众责任保险不同的是，承运人责任保险保障的责任风险实际上是处于流动状态中的责任风险，但因运输途径是固定的，从而亦可以视为固定场所的责任保险业务。

(四) 公众责任保险的赔偿

公众责任保险的赔偿限额的确定，通常采用规定每次事故赔偿限额的方式，既无分项限额，又无累计限额，仅规定每次公众责任事故的混合赔偿限额，它只能制约每次事故的赔偿责任，对整个保险期内的总的赔偿责任不起作用。

公众责任保险的理赔程序，包括七个基本的步骤：

(1) 保险人接到出险通知或索赔要求时，应立即记录出险的被保险人的名称、保险单号码、出险原因、出险时间与地点、造成第三者损害程度及受害方的索赔要求等。

(2) 进行现场查勘，调查核实责任事故的相关情况，并协助现场施救。

(3) 根据现场查勘写出查勘报告，作为判定赔偿责任和计算赔款的依据。

(4) 进行责任审核，包括看事故是否发生在保险期限内，是否在保险责任范围，受害人是否向被保险人提出索赔要求或起诉。

(5) 做好抗诉准备，必要时可以被保险人的名义或同被保险人一起出面抗诉。

(6) 以法院判决或多方协商确定的赔偿额为依据，计算保险人的赔款。

(7) 支付保险赔款。

(五) 公众责任保险的保费计算

保险人在经营公众责任保险业务时，一般不像其他保险业务那样有固定的保险费率表，而是通常视每一被保险人的风险情况逐笔议订费率，以便确保保险人承担的风险责任与所收取的保险费相适应。

按照国际保险界的习惯做法，保险人对公众责任保险一般按每次事故的基本赔偿限额和免赔额分别制定人身伤害和财产损失两项保险费率，如果基本赔偿限额和免赔额需要增减，保险费率也应适当增减，但又非按比例增减。

公众责任保险的保费计算方式包括以下两种情况：一是以赔偿限额(累计或每次事故赔偿限额)为计算依据，即保险人的应收保险费 = 累计赔偿限额 × 适用费率；二是对某些业务按场所面积大小计算保险费，即保险人的应收保险费 = 保险场所占用面积(平方米) × 每平方米保险费。

二、产品责任保险

(一) 产品责任保险的概念

产品责任保险是以被保险人依法应对第三者所承担的产品责任为保险标的的财产保险，主要承保制造商、销售商、修理商等生产、销售有缺陷的产品造成他人人身伤害或财产损失的赔偿责任。产品责任保险承保的产品责任，是以产品为具体指向物，以产品可能造成的对他人的财产损害或人身伤害为具体承保风险，以制造或能够影响产品责任事故发生的有关各方为被保险人的一种责任保险。

所谓产品责任，是指产品在使用过程中因其缺陷而造成用户、消费者或公众的人身伤亡或财产损失时，依法应当由产品供给方(包括制造者、销售者、修理者等)承担的民事损害赔偿责任。产品的制造者包括产品生产者、加工者、装配者；产品修理者指被损坏产品或陈旧产品或有缺陷的产品的修理者；产品销售者包括批发商、零售商、出口商、进口商等各种商业机构，如批发站、商店、进出口公司等。此外，承运人如果在运输过程中损坏了产品并因此导致产品责任事故，也应当承担起相应的产品责任。

(二) 产品责任保险的责任范围

1. 产品责任保险的可保风险

保险人承保的产品责任风险，是承保产品造成的对消费者或用户及其他任何人的财产损失、人身伤亡所导致的经济赔偿责任，以及由此而导致的有关法律费用等。它包括两方面：

(1) 被保险人生产、销售、分配或修理的产品发生事故，造成用户、消费者或其他任何人的人身伤害或财产损失，依法应由被保险人承担的损害赔偿责任，保险人在保险单规定的赔偿限额内予以赔偿。

(2) 被保险人为产品责任事故支付的法律费用及其他经保险人事先同意支付的合理费用，保险人也负赔偿责任。

2. 产品责任保险的除外责任

产品责任保险的除外责任，一般包括：

(1) 根据合同或协议应由被保险人承担的其他人的责任。

(2) 根据劳工法律制度或雇佣合同等应由被保险人承担的对其雇员及有关人员的损害赔偿责任。

(3) 被保险人所有、照管或控制的财产的损失。

(4) 产品仍在制造或销售场所，其所有权仍未转移至用户或消费者手中时的责任事故。

(5) 被保险人故意违法生产、出售或分配的产品造成的损害事故。

(6) 被保险产品本身的损失。

(7) 不按照被保险产品说明去安装、使用或在非正常状态下使用时造成的损害事故等。

(三) 产品责任保险的赔偿

在产品责任保险的理赔过程中，保险人的责任通常以产品在保险期限内发生事故为基础，而不论产品是否在保险期内生产或销售。

赔偿标准以保险双方在签订保险合同时确定的赔偿限额为最高额度，它既可以每次事故赔偿限额为标准，也可以累计的赔偿限额为标准，在此，生产、销售、分配的同批产品由于同样原因造成多人的人身伤害、疾病、死亡或多人的财产损失均被视为一次事故造成的损失，并且适用于每次事故的赔偿限额。

(四) 产品责任保险的费率

产品责任保险的费率的拟订，主要考虑如下因素：

(1) 产品的特点和可能对人体或财产造成损害的风险大小。

(2) 产品数量和产品的价格，它与保险费呈正相关关系，与保险费率呈负相关关系。

(3) 承保的区域范围。

(4) 产品制造者的技术水平和质量管理情况。

(5) 赔偿限额的高低。

(五) 产品责任保险和产品质量保险的区别

在一些场合，人们极易将产品责任与产品质量责任相混淆。其实，尽管这两者都与产品直接相关，其风险都存在于产品本身且均需要产品的制造者、销售者、修理者承担相应的法律责任，但作为两类不同性质的保险业务，它们仍然有本质的区别。

产品质量责任是指产品的生产者、销售者违反了产品质量法的有关规定，给客户、消费者造成损害而应依法承担的法律后果，包括民事、行政和刑事责任。其中，产品质量民事责任是指违反产品质量义务所应承担的民事法律后果，分为产品责任和产品合同责任两种。产品责任所指向的对象是产品缺陷造成他人的伤害和财产损失，是一种民事侵权责任；而产品合同责任是一种违约行为，指向的对象是产品本身。

产品责任的构成要件包括两个方面：一是产品本身存在内在缺陷；二是这种缺陷造成了对产品的生产者、修理者或销售者之外的第三人的人身伤害或缺陷产品之外的财产的损害。所以只要这两个要件成立，产品的生产者、销售者或修理者就应当承担赔偿责任。

三、雇主责任保险

(一) 雇主责任保险的概念

雇主责任保险，是以被保险人即雇主的雇员在受雇期间从事业务时因遭受意外导致伤、残、死亡或患有与职业有关的职业性疾病而依法或根据雇佣合同应由被保险人承担的经济赔偿责任为承保风险的一种责任保险。雇主责任保险的投保人和被保险人都是雇主，保险人所承担的责任风险将被保险人(雇主)的故意行为列为除外责任，主要承保被保险人(雇主)的过失行为所致的损害赔偿，或者将无过失风险一起纳入保险责任范围。构成雇主责任的前提条件是雇主与雇员之间存在着直接的雇佣合同关系。

以下情况通常被视为雇主的过失或疏忽责任：

(1) 雇主提供危险的工作地点、机器工具或工作程序。

(2) 雇主提供的是不称职的管理人员。

(3) 雇主本人直接的疏忽或过失行为，如对有害工种未提供相应的合格的劳动保护用品等即为过失。

凡属于这些情形且不存在故意意图的均属于雇主的过失责任，由此而造成的雇员人身伤害，雇主应负经济赔偿责任。

(二) 雇主责任保险的责任范围

雇主责任保险的保险责任，包括在责任事故中雇主对雇员依法应负的经济赔偿责任和有关法律费用等，导致这种赔偿的原因主要是各种意外的工伤事故和职业病。

但下列原因导致的责任事故通常除外不保：一是战争、暴动、罢工、核风险等引起雇员的人身伤害；二是被保险人的故意行为或重大过失；三是被保险人对其承包人的雇员所负的经济赔偿责任；四是被保险人的合同项下的责任；五是被保险人的雇员因自己的故意行为导致的伤害；六是被保险人的雇员由于疾病、传染病、分娩、流产以及由此而施行的内、外科手术所致的伤害等。

(三) 雇主责任保险的赔偿

在处理雇主责任保险索赔时，保险人必须首先确立受害人与致害人之间是否存在雇佣关系。根据国际上流行的做法，确定雇佣关系的标准包括：一是雇主具有选择受雇人的权力；二是由雇主支付工资或其他报酬；三是雇主掌握工作方法的控制权；四是雇主具有中止或解雇受雇人的权力。

雇主责任保险的赔偿限额，通常是以每一雇员若干个月的工资收入作为其发生雇主责任保险时的保险赔偿额度，每一雇员只适用于自己的赔偿额度。

在一些国家的雇主责任保险界，保险人对雇员的死亡赔偿额度与永久完全残废赔偿额度是有区别的，后者往往比前者的标准要高。但对于部分残废或一般性伤害，则严格按照事先规定的赔偿额度表进行计算，其计算公式为

$$赔偿金额 = 该雇员的赔偿限额 \times 适用的赔偿额度比例$$

如果保险责任事故是第三者造成的，保险人在赔偿时仍然适用权益转让原则，即在赔偿后可以代位追偿。

(四) 雇主责任保险的费率

雇主责任保险的保险费率，一般根据一定的风险归类确定不同行业或不同工种的不同费率标准，同一行业基本上采用同一费率，但对于某些工作性质比较复杂、工种较多的行业，则还须规定每一工种的适用费率。同时，还应当参考赔偿限额。

雇主责任保险费的计算公式如下：

$$应收保险费 = 甲工种保险费(年工资总额 \times 适用费率) + 乙工种保险费(年工资总额 \times 适用费率) + \cdots$$

其中：年工资总额 = 该工种人数 × 月平均工资收入 ×12。

如果有扩展责任，还应另行计算收取附加责任的保险费，它与基本保险责任的保险费相加，即构成该笔业务的全额保险费收入。

(五) 雇主责任保险的附加险

1. 附加第三者责任保险

附加第三者责任保险承保被保险人(雇主)因其疏忽或过失行为导致雇员以外的他人人身伤害或财产损失的法律赔偿责任，它实质上属于公众责任保险范围，但如果雇主在投保雇主责任保险时要求加保，保险人可以扩展承保。

2. 附加雇员第三者责任保险

附加雇员第三者责任保险承保雇员在执行公务时因其过失或疏忽行为造成的对第三者的伤害且依法应由雇主承担的经济赔偿责任。

3. 附加医药费保险

附加医药费保险承保被保险人的雇员在保险期限内，因患有疾病等所需的医疗费用的保险，它实质上属于普通人身保险或健康医疗保险的范畴。

此外，雇主责任保险还可以附加战争等危险的保险和附加疾病引起的雇员人身伤亡的保险。

四、职业责任保险

(一) 职业责任保险的概念

职业责任保险是以各种专业技术人员在从事职业技术工作时因疏忽或过失造成合同对方或他人的人身伤害或财产损失所导致的经济赔偿责任为承保风险的责任保险。职业责任保险所承保的职业责任风险，是从事各种专业技术工作的单位或个人因工作上的失误导致的损害赔偿责任风险，它是职业责任保险存在和发展的基础。

职业责任的特点在于：

第一，它属于技术性较强的工作导致的责任事故。

第二，它不仅与人的因素有关，同时也与知识、技术水平及原材料等的欠缺有关。

第三，它限于技术工作者从事本职工作中出现的责任事故。

(二) 职业责任保险的承保方式

1. 以索赔为基础的承保方式

所谓以索赔为基础的承保方式，是指保险人仅对在保险期内受害人向被保险人提出的有效索赔负赔偿责任，而不论导致该索赔的事故是否发生在保险有效期内。这种承保方式实质上是使保险时间前置了，从而使职业责任保险的风险较其他责任保险的风险更大。

采用上述方式承保，可使保险人能够确切地把握该保险单项下应支付的赔款，即使赔款数额在当年不能准确确定，至少可以使保险人了解全部索赔的情况，对自己应承担的风险责任或可能支付的赔款数额做出较切合实际的估计。

同时，为了控制保险人承担的风险责任无限地前置，各国保险人在经营实践中，又通常规定一个责任追溯日期作为限制性条款。

2. 以事故发生为基础的承保方式

所谓以事故发生为基础的承保方式，是指保险人仅对在保险有效期内发生的职业责任事故而引起的索赔负责，而不论受害方是否在保险有效期内提出索赔，它实质上是将保险责任期限延长了。

它的优点在于，保险人支付的赔款与其保险期内实际承担的风险责任相适应；缺点是保险人在该保险单项下承担的赔偿责任往往要经过很长时间才能确定，而且因为货币贬值等因素，受害方最终索赔的金额可能大大超过职业责任保险事故发生当时的水平或标准。

在这种情况下，保险人通常规定赔偿责任限额，同时明确一个后延截止日期。

从一些国家经营职业保险业务的惯例来看，采用以索赔为基础的承保方式的职业责任保险业务较多些，采用以事故发生为基础的承保方式的职业责任保险业务要少些。

(三) 职业责任保险的赔偿

在赔偿方面，保险人承担的是赔偿金与有关费用两项，其中保险人对赔偿金通常规定一个累计的赔偿限额，法律诉讼费用则在赔偿金之外另行计算，但如果保险人的赔偿金仅为被保险人应付给受害方的总赔偿金的一部分，则该项费用应当根据各自所占的比例进行分摊。

(四) 职业责任保险的费率

从总体而言，制定职业责任保险的费率时，需要着重考虑下列因素：一是投保人的职业种类；二是投保人的工作场所；三是投保人工作单位的性质；四是该笔投保业务的数量；五是被保险人及其雇员的专业技术水平与工作责任心；六是赔偿限额、免赔额和其他承保条件；七是被保险人职业责任事故的历史损失资料以及同类业务的职业责任事故情况。

(五) 职业责任保险的主要险种

1. 医疗职业责任保险

医疗职业责任保险也叫医生失职保险，它承保医务人员或其前任由于医疗责任事故而致病人死亡或伤残、病情加剧、痛苦增加等，受害者或其家属要求赔偿且依法应当由医疗方负责的经济赔偿责任。

医疗职业责任保险以医院为投保对象，普遍采用以索赔为基础的承保方式。

2. 律师责任保险

律师责任保险承保被保险人或其前任作为一个律师在自己的能力范围内在职业服务中发生的一切疏忽行为、错误或遗漏过失行为所导致的法律赔偿责任，包括一切侮辱、诽谤，以及赔偿被保险人在工作中发生的或造成的对第三者的人身伤害或财产损失。

律师责任保险的承保基础可以以事故发生或索赔为依据确定，它通常采用主保单——法律过失责任保险和额外责任保险单——扩展限额相结合的承保办法。此外，还有免赔额的规定，其除外责任一般包括被保险人的不诚实、欺诈犯罪、居心不良等行为责任。

3. 会计师责任保险

会计师责任保险承保因被保险人或其前任或被保险人对其负有法律责任的那些人，因违反会计业务上应尽的责任及义务，而造成他人遭受损失，依法应负的经济赔偿责任，但不包括身体伤害、死亡及实质财产的损毁。

4. 建筑、工程技术人员责任保险

建筑、工程技术人员责任保险承保因建筑师、工程技术人员的过失而造成合同对方或他人的财产损失与人身伤害并由此导致经济赔偿责任。建筑、安装以及其他工种技术人员、检验员、工程管理人员等均可以投保该险种。

此外，还有美容师责任保险、保险经纪人和保险代理人责任保险、情报处理者责任保险等多种职业责任保险业务，它们在发达的保险市场上同样是受到欢迎的险种。

五、第三者责任保险

(一) 第三者责任保险的概念

第三者责任保险是指承保被保险人的各种运输工具、建筑安装工程等因意外事故造成第三者的财产损失或人身伤亡损害赔偿责任的保险。其可以归为公众责任保险的范畴，但因承保方式的差异，故将其单独列出。

第三者责任，是以在法律上对第三者应承担一定的责任为前提的一种民事赔偿责任，它是第三者责任保险产生的基础和前提。第三者责任有广义和狭义之分。狭义的第三者责任是指与特定的财产标的或施加在特定财产标的上的行为相联系所产生的民事法律赔偿责任，如机动车辆第三者责任、船舶第三者责任等。广义的第三者责任实质上包括了各种公众责任、产品责任、职业责任、雇主责任以及狭义的第三者责任。本书所讲的第三者责任保险属于狭义的第三者责任保险，它强调与特定的财产标的相联系，承保方式上不一定单独承保而是形式多样，对第三者有明确的限制条件。它虽然在国外称为公众责任保险，但国内市场上的这类业务与公众责任保险并没有交叉关系。

(二) 第三者责任保险的责任范围

1. 被保险人允许的驾驶人

被保险人允许的驾驶人，这里有两层含义：一是允许，指持有驾驶执照的被保险人本人、配偶及他们的直系亲属或被保险人的雇员，或驾驶人使用保险车辆在执行被保险人委派的工作期间，或被保险人与使用保险车辆的驾驶人具有营业性的租赁关系；二是合格，指上述驾驶人必须持有有效驾驶执照，并且所驾车辆与驾驶执照规定的准驾车型相符。只有"允许"和"合格"两个条件同时具备的驾驶人在使用保险车辆发生保险事故造成损失时，保险人才予以赔偿。保险车辆被人私自开走，或未经车主、保险车辆所属单位主管负责人同意，驾驶人私自许诺的人开车，均不能视为"被保险人允许的驾驶人"开车，此类情况发生肇事，保险人不负责赔偿。

2. 意外事故

意外事故指不是行为人出于故意，而是行为人不可预见的以及不可抗拒的并造成人员伤亡或财产损失的突发事件。车辆使用中发生的意外事故分为以下两种：

(1) 道路交通事故。凡在道路上发生的交通事故属于道路交通事故，即保险车辆在公路、城市街道、胡同(里巷)、公共广场、公共停车场发生的意外事故。道路即《中华人民共和国道路交通管理条例》所规定的"公路、城市街道和胡同(里巷)，以及公共广场、公共停车场等供车辆、行人通行的地方"。

(2) 非道路事故。保险车辆在铁路道口、渡口、机关大院、农村场院、乡间小道等处发生的意外事故。

在我国，道路交通事故一般由公安交通管理部门处理。但对保险车辆在非道路地点发生的非道路事故，公安交通管理部门一般不予受理。这时可请出险当地政府有关部门根据道路交通事故处理规定研究处理，但应参照《道路交通事故处理办法》规定的赔偿范围、项目和标准以及保险合同的规定计算保险赔款金额。事故双方或保险双方当事人对公安交通管理部门或出险当地政府有关部门的处理意见有严重分歧的案件，可提交法院处理解决。

3. 第三者

在保险合同中，保险人是第一方，也叫第一者；被保险人或使用保险车辆的致害人是第二方，也叫第二者；第三者责任保险，除保险人与被保险人之外的，因保险车辆的意外事故致使保险车辆下的人员遭受人身伤亡或财产损失，在车下的受害人是第三方，也叫第三者。同一被保险人的车辆之间发生意外事故，相对方均不构成第三者。

4. 人身伤亡

人身伤亡指人的身体受伤害或人的生命终止。

5. 财产的直接损毁

财产的直接损毁指保险车辆发生意外事故,直接造成事故现场他人现有财产的实际损毁。

6. 依法应当由被保险人承担的经济赔偿责任

依法应当由被保险人承担的经济赔偿责任指按道路交通事故处理办法和有关法律、法规,被保险人(或驾驶人)承担的事故责任所应当支付的赔偿金额。

7. 保险人负责赔偿

保险人负责赔偿指保险人按照《道路交通事故处理办法》及保险合同的规定给予补偿。保险合同的规定指基本险条款、附加险条款、特别约定、保险单、保险批单等所载的有关规定,第三者责任险按规定的范围、项目、标准进行赔偿。另外,保险人并不是无条件地完全承担被保险人依法应当支付的赔偿金额,而是依照《道路交通事故处理办法》及保险合同的规定给予赔偿,无论是道路交通事故还是非道路事故,第三者责任险的赔偿均依照《道路交通事故处理办法》规定的赔偿范围、项目、标准作为计算保险赔款的基础,在此基础上,根据保险合同所载的有关规定计算保险赔款,在理赔时还应剔除合同中规定的免赔部分。

8. 善后工作

善后工作是指民事赔偿责任以外对事故进行妥善料理的有关事项,如保险车辆对他人造成伤害所涉及的抢救、医疗、调解、诉讼等具体事宜。

(三) 第三者责任保险的主要险种

第三者责任保险的主要险种包括机动车辆第三者责任险、飞机第三者责任险和建筑安装工程第三者责任险。

1. 机动车辆第三者责任险

机动车辆第三者责任险是以机动车车辆驾驶员在使用车辆过程中,发生意外事故,给第三者(他人)造成损害,被保险人及其驾驶员应负的相应民事责任作为保险标的的一种责任保险。该险种在第三者责任保险中是业务量最大、覆盖面最广、赔案最多、和人们生活关系最密切的险种。

2. 飞机第三者责任险

飞机第三者责任险是以飞机飞行中可能产生的对第三者的人身伤害和财产损失依法应由被保险人(航空公司)承担的赔偿责任为保险标的的一种责任保险。

3. 建筑安装工程第三者责任险

建筑安装工程第三者责任险是以在工程期间的保单有效期内因发生与保单所承保的工程直接相关的意外事故造成工地及邻近地区的第三者人身伤亡或财产损失,被保险人依法应承担的民事赔偿责任为保险责任的保险。

本 章 小 结

本章主要介绍了责任保险的相关概念、特征,责任保险的各个险种的相关概念、责任范围、除外责任和赔偿及费率的确定。

责任保险是指以被保险人依法应承担的民事损害赔偿责任或经过特别约定的合同责任为承保对象的保险。责任保险的定义至少应包括四个要件：一是必须是被保险人对于第三者的赔偿责任；二是必须是被保险人依法应负的赔偿责任；三是必须是受害的第三者向被保险人提出了赔偿要求；四是必须是保险人承保的赔偿责任。

责任保险的特征：责任保险产生与发展的基础特殊；责任保险补偿的对象特殊；责任保险承保的标的特殊；责任保险的保险利益特殊；责任保险承保的方式特殊；责任保险的赔偿处理特殊；责任保险的风险控制特殊。

根据业务内容的不同，责任保险可以分为公众责任保险、产品责任保险、雇主责任保险、职业责任保险和第三者责任保险五类业务。

公众责任保险，又称普通责任保险或综合责任保险，它以被保险人的公众责任为承保对象，是责任保险中独立的、适用范围最为广泛的保险类别。

产品责任保险是以被保险人依法应对第三者所承担的产品责任为保险标的的财产保险，主要承保制造商、销售商、修理商等生产、销售有缺陷的产品造成他人人身伤害或财产损失的赔偿责任。产品责任保险承保的产品责任，是以产品为具体指向物，以产品可能造成的对他人的财产损害或人身伤害为具体承保风险，以制造或能够影响产品责任事故发生的有关各方为被保险人的一种责任保险。

 案例阅读

2015 年 5 月下旬的一天，杨某带着 5 岁的孩子杨小某在某酒店就餐。席间，杨小某从楼梯间旁的包间出来，与端汤上楼梯的服务员张某发生碰撞，导致热汤倾洒烫伤杨小某。杨小某经反复检查、治疗，共花费医疗费 5641.96 元。

2015 年 10 月，杨小某监护人杨某将该酒店诉至法院，要求赔偿杨小某各项损失 26 328.60 元。法院经多次做工作，当事人以调解方式结案，该酒店承担杨小某各项损失的 85%，即赔付杨小某：26 328.60 × 85% = 22 379.31 元。因该酒店在某保险公司投保了公众责任保险，随后，酒店又向法院提起诉讼，要求保险公司赔偿其损失 22 379.31 元。

你认为保险公司是否应承担赔偿责任？赔偿多少？

公众责任保险是责任保险的一种，责任保险是以被保险人对第三者依法应负的赔偿责任为保险标的的保险。责任保险约定的事故，为被保险人造成第三人损害而应承担的赔偿责任。在发生保险事故时，保险公司应当承担赔偿保险金的责任。法院经审理认为，酒店与保险公司之间签订的公众责任保险合同合法有效，保险合同约定，由于雇员的过失造成他人人身伤害或财产损失的，依法应由被保险人承担的经济赔偿责任由保险人负责赔偿。

在本案中，被保险人依法应该承担的经济赔偿责任已通过投保公众责任保险的方式转嫁给保险公司，故保险公司应依照保险合同约定赔偿被保险人已支付给杨小某的经济赔偿 22 379.31 元。

 问题

试结合本案分析保险公司在与投保人签订保险合同的过程中应该注意哪些问题。

复 习 思 考 题

一、名词解释

责任保险　　公众责任保险　　产品责任保险　　雇主责任保险　　职业责任保险
第三者责任保险

二、单项选择题

1. 责任保险是以(　　)依法应承担的民事损害赔偿责任作为承保对象的保险。

A. 投保人对被保险人　　　　　　　　　B. 保险人对被保险人

C. 被保险人对第三者　　　　　　　　　D. 保险人对第三者

2. 公众责任保险不包括(　　)。

A. 场所责任保险　　　　　　　　　　　B. 承包人责任保险

C. 承运人责任保险　　　　　　　　　　D. 医疗责任保险

3. 在职业责任保险中，若采用以索赔为基础的承保方式，保险人常为了有效地控制风险责任而规定(　　)。

A. 后延期　　　　　　B. 上溯期　　　　　　C. 观察期　　　　　　D. 考察期

4. 雇主责任保险的保险人负责承保(　　)的经济赔偿责任。

A. 雇主遭受的财产损失与人身伤害

B. 雇主对雇员在受雇期间遭受的财产损失

C. 雇主对雇员在受雇期间因意外事故或职业病而造成的人身伤残死亡

D. 雇主对雇员在受雇期间遭受的一切损失

三、简答题

1. 简述责任保险的特征及主要险种。

2. 简述雇主责任保险与人身意外伤害保险的不同。

3. 简述产品责任与产品质量责任的区别。

四、案例分析

某医院向保险公司投保了医疗责任保险，保险合同规定每起事故赔偿限额为 5000 元。在保险期内，该医院为孕妇王某做胎儿性别鉴定，结论是"胎儿性别为女性"。结果，孕妇生产时生下的却是男孩，孕妇遂以医院医疗责任事故为由向法院起诉，要求院方赔偿损失。

医患双方持不同观点。受害方认为，医院误判男为女，是严重的失职，应当承担一切后果。因为该孕妇患有"杜氏进行性肌营养不良症"家族病，其特点是生女为阴性带菌不发病，生男为阳性带菌必发病，男性一般在成年前发病致死。王某相信该医院的检验结论，谁知生下的是男孩。因此认为院方对此应承担损害赔偿责任。而医院认为，王某接受检查时可能怀的是双胞胎，另一胎为女性已被男性胎儿吸收，故导致诊断出错。因此，不承认是医疗事故，而只承认是一般的医疗差错，若接受检查者没有特殊的家族病，并无实际损害。因此，在保险人的协助下拒绝承担赔偿责任。

医院拒绝承担赔偿责任的主要理由是该事件是一般的医疗差错，而不是医疗责任事故。

　　法院经过调查，并将王某之子做复查，认定王某生男是事实，而医院检验为生女也有书面证明为凭证。因此院方应负损害赔偿责任，判决医院赔偿王某的损失 80 000 元，诉讼费 2600 元由被告承担。

　　1. 本案究竟是"医疗事故"还是"医疗差错"呢？这两者有何区别？

　　2. 医疗责任保险的保险责任范围包括哪些？你对本案的判决如何认识？

第十三章　信用保证保险

【学习目标】

掌握信用保证保险的概念；掌握信用保证保险所包含的险种及其特征；掌握各个险种的责任范围等。

案例导入 ➡

目前，中小企业的发展牵动着许多经济神经，而小微企业融资难已成为备受关注的问题。对此，全国政协委员、北京银行董事长闫冰竹在"两会"期间向政协提案组提案，建议鼓励发展信用保证保险，助力小微企业融资。据了解，目前我国信用保证保险发展中还存在不少问题，包括社会信用体系不健全、政府政策支持乏力、保险企业介入意愿不强、专业人才缺乏等。针对此问题，闫冰竹在提案中表示，引入信用保证保险，能够增大小微企业的信用，有利于企业获得融资。在许多发达国家，如日本、美国都是通过政府支持下的金融机构间接融资，以及信用担保、信用保险系统的共同参与，来解决小微企业融资难问题的。

闫冰竹建议，国家应加快社会信用体系建设，尽快形成相关的法律文件，为社会信用体系的建设提供法律支撑。同时，人民银行为开办小微企业贷款信用保证保险业务的保险公司开放相关的征信系统查询权限，资源共享，为信用保证保险的健康发展提供信息支持。另外，要加大规范引导力度，鼓励、引导保险企业在控制风险的前提下大力发展信用保证保险业务，建立小微企业信用保险基金，将小微企业信用保证保险作为准政策性保险，提供国家政策支持。目前，浙江省宁波市已经率先推出"无抵押无担保小额贷款保证保险"，并为它取了个响亮的名字，叫做"金贝壳"。

在国家政策驱动下，我国信用保证保险将拥有巨大的发展空间。

面向未来，保险行业需要高度关注信用保证保险领域，但更要高度关注信用保证保险的风险特征。20 世纪 90 年代末，保险行业曾深度参与了车贷与房贷业务，但由于缺乏科学的管理理念和技术，付出了巨大的代价。因此，行业发展信用保证保险的前提是对该业务的深刻理解以及相应的专业经验。信用保证保险与传统的财产保险不同，经营的基础更多的是体现为信用中介，是基于对信用风险的专业管理，而不是损失赔偿。这种专业特征主要体现在两个方面：一是解决信息不对称问题，发挥信息和信用中介的作用；二是解决资信管理问题，包括资信评价和动态资信管理。

第一节　信用保证保险概述

信用保证保险是以信用风险为保险标的的保险，它实际上是由保险人(保证人)为信用关系中的义务人(被保证人)提供信用担保的一类保险业务。在业务习惯上，因投保人在信用关系中的身份不同，而将信用保证保险分为信用保险和保证保险两类。

信用保险是保险人根据权利人的要求担保义务人(被保证人)信用的保险。例如，货物出口方担心进口方拖欠货款而要求保险人为其提供保险，保证其在遇到上述情况遭受经济损失时，由保险人赔偿。

保证保险是义务人(被保证人)根据权利人要求，要求保险人向权利人担保义务人信用的保险。例如，某工程承包合同规定，承包人应在签订合同后一年半内交工，业主(权利人)为能按时接收工程，要求承包人购买履约保证保险，假如在约定条件下承包人不能按时交付工程项目，给权利人造成的经济损失由保险人负责赔偿。

一、信用保证保险的特征

(一) 保险标的具有特殊性

信用保证保险承保的是一种信用风险，即与被保险人存在债权债务关系的债务人的信用。当债务人的信用存在时，即债务人按时履行自己的义务，被保险人即债权人的债权就能顺利实现；当债务人不能履行债务或者不履行债务时，即失去信用，被保险人将因此而遭受经济损失。

(二) 保险利益产生于主合同

其他财产保险的保险利益一般产生于被保险人所拥有的财产权或对财产承担的某种义务或对第三人应承担的法律责任，而信用保证保险的保险利益产生于主合同约定的利益，且受法律的保护和认可。在这个前提下，主合同必须是一个合法有效的合同，只有这样，当主合同的债务人有某种违法或违约行为而使债权人的利益遭受损害时，债权人可以依照合同约定或法律规定请求赔偿。如果主合同无效，双方当事人的权利义务关系不存在，保险利益也就不存在。

(三) 赔偿责任具有连带性

在一般财产保险中，只涉及保险人和被保险人的利益关系，因约定保险事故发生所造成的损失，无论被保险人有无补偿能力，保险公司都得予以赔偿。在信用保证保险中涉及三方的利益关系，即保险人、债权人和债务人。只要主债务人有违约或违法行为引起保险事故发生，即可出现连带赔偿责任，债权人(被保险人)基于债务人的违法行为或违约行为和信用保证保险合同，可以向主债务人要求继续履行或赔偿，也可以向保险人提出保险索赔。

(四) 保险人经营信用保证保险业务只收取担保费而无盈利

从理论上讲，保险人经营信用保证业务只是收取担保服务费而无盈利可言，因为信用保险与保证保险均由直接责任者承担责任，保险人不是从抵押财物中得到补偿，就是行使追偿权追回赔款。

二、信用保险与保证保险的比较

(一) 信用保险与保证保险的相同点

(1) 保险标的相同，都是债务人的信用。

(2) 产生的基础相同，都是基于主合同而产生的。

(3) 涉及的法律关系相同，都涉及两个法律关系：第一，主合同关系，通常指买卖合同或借贷合同关系，债权人是卖方或贷方，债务人是买方或借方；第二，保险合同关系。

(二) 信用保险与保证保险的差别

(1) 投保人属性不同，信用保险是权利人要求保险人担保义务人的信用；保证保险是义务人要求保证人向权利人担保自己的信用。前者由权利人投保；后者由义务人投保。

(2) 承保方式不同，信用保险是填写保险单来承保；保证保险是出立保证书来承保。

(3) 风险程度不同，在信用保险中，被保险人缴纳保险费是为了把因义务人不履行义务而使自己受到损失的风险转嫁给保险人，保险人承担着实实在在的风险；在保证保险中，义务人缴纳的保险费是为了获得向权利人履行义务的凭证，保险人出立保证书，履行的义务还是由义务人自己承担，风险并没有转移，在义务人没有能力承担的情况下，才由保险人代为履行义务。所以，信用保险相对保证风险来说承担的风险较大。

(4) 涉及人员不同，信用保险合同除保险人外只涉及权利人和义务人；保证保险因为往往要求义务人提供反担保，因此除保险公司外还涉及权利人、义务人及反担保人。

(5) 追偿方式不同，信用保险中，保险公司依保险法获得被保险人的代位求偿权；保证保险中，保险公司依担保法获得保证人的代位求偿权，直接向被保险人或反担保人进行追偿。

第二节　信用保险

信用保险(Credit Insurance)是指权利人向保险人投保债务人的信用风险的一种保险，是一项企业用于风险管理的保险产品。其主要功能是保障企业应收账款的安全；其原理是把债务人的保证责任转移给保险人，当债务人不能履行其义务时，由保险人承担赔偿责任。

根据保险标的的性质不同，信用保险可以分为商业信用保险、银行信用保险和国家信用保险。根据保险标的所处地理位置的不同，信用保险可以分为国内信用保险和出口信用保险。目前有很多人根据信用保险在实践中的使用广泛程度，将信用保险分为国内商业信用保险、出口信用保险和投资信用保险三大类，其中以出口信用保险最为普遍。

一、国内商业信用保险

在商品交换过程中，交易的一方以信用关系规定的将来偿还的方式获得另一方财物或服务，但不能履行给付承诺而给对方造成损失的可能性随时存在。因此，商业保险就是伴随着商品交易中此类风险而发展起来的。它主要承担当商品交易采取延期或分期付款时，卖方因买方不能如期偿还全部或部分贷款而遭受的经济损失。

商业信用保险的保证人是买方，被保证人是卖方，保险人向卖方提供信用的保障。其主要包括贷款信用保险、赊销信用保险、预付信用保险。

(一) 商业信用保险的责任范围

贷款信用保险承保借款人不能偿还或不偿还贷款或不支付利息等给贷方造成的经济损失；赊销信用保险承保买方违反分期付款或延期付款的约定而不按时付款给卖方造成的经

济损失；预付信用保险承保卖方向购买者提前收取款项而到期不能向买方交付货物给买方造成的经济损失。保险人以信用保险合同约定的保险金额为限，对被保险人以上的损失负责赔偿。

(二) 商业信用保险的除外责任

在商业信用保险中，保险人对由以下原因造成的损失不承担责任：

(1) 战争、敌对行为、内战、暴动、军事政变、罢工等，但保险合同另有约定的除外。

(2) 被保险人故意违约或违法。

(3) 非由于保险责任范围内的事故造成的损失等。

二、出口信用保险

出口信用保险，也叫出口信贷保险，是各国政府为提高本国产品的国际竞争力，推动本国的出口贸易，保障出口商的收汇安全和银行的信贷安全，以国家财政为后盾，为企业在出口贸易、对外投资和对外工程承包等经济活动中提供风险保障的一项政策性支持措施，属于非营利性的保险业务，是政府对市场经济的一种间接调控手段和补充。目前，全球贸易额的 12%～15%是在出口信用保险的支持下实现的，有的国家的出口信用保险机构提供的各种出口信用保险保额甚至超过本国当年出口总额的三分之一。

(一) 出口信用保险的类型

1. 政府直接办理型

政府直接办理型是指办理出口信用保险业务的机构本身就是政府的职能部门，其业务收入与赔偿支出直接纳入国家预算。

2. 政府间接办理型

政府间接办理型是指政府投资建立独立的经济实体，专门办理出口信用保险业务，并且以提供财务担保的方式做后盾。

3. 政府委托私人机构代理型

政府委托私人机构代理型是指政府制定政策，私营保险机构办理，国家最终承担风险。它既体现了国家的支撑，又利用了私营保险机构的经营体制。

4. 混合经营型

混合经营型是指出口信用部分业务由保险公司自己经营，部分业务由政府代理经营。

(二) 出口信用保险的责任范围

保险人对出口商在经营出口业务过程中面临的以下风险承担保险责任。

1. 商业风险

商业风险又称买方风险，指卖方付款信用方面的风险。它主要包括：

(1) 买方无力偿还债务或清盘、破产。

(2) 买方拖欠贷款超过一定时间(通常规定 4～6 个月)。

(3) 货物出运后买方拒绝收货及付款。

(4) 买方在发货前无理终止合同或未按合同规定支付相应款项。

2. 政治风险

政治风险又称国家风险，指买卖双方不能控制的政治原因引发的收汇风险。它主要包括：

(1) 买方所在国家颁布法令实行外汇管制、禁止或限制汇兑。

(2) 买方所在国家实行进口管制。

(3) 买方所在国家或有关的第三国颁布延期支付命令。

(4) 买方所在国家或有关的第三国发生战争、革命、暴乱或其他非常事件的风险等。

(三) 出口信用保险的赔偿限额及费率

为了控制风险责任，保险公司承保出口信用保险时，一般规定每一保险单的最高赔偿限额，发生损失时，在赔偿限额内赔付。

出口信用保险的费率应考虑出口商的信用、经营规模和出口贸易记录，买方所在国的政治、经济以及外汇收支情况、贸易合同的付款条件、国际市场的经济发展趋势等因素。

(四) 出口信用保险的作用

(1) 提高市场竞争能力，扩大贸易规模。投保出口信用保险使企业能够采用灵活的结算方式，接受银行信用方式之外的商业信用方式(如 D/P、D/A、OA 等)；还使企业给予其买家更低的交易成本，从而在竞争中最大程度抓住贸易机会，提高销售企业的竞争能力，扩大贸易规模。

(2) 提升企业债权信用等级，获得融资便利。出口信用保险承保企业应收账款来自国外进口商的风险，从而变应收账款为安全性和流动性都比较高的资产，成为出口企业融资时对银行的一项有价值的"抵押品"，因此银行可以在有效控制风险的基础上降低企业融资门槛。

(3) 建立风险防范机制，规避应收账款风险。借助专业的信用保险机构防范风险，可以获得单个企业无法实现的风险识别、判断能力，并获得改进内部风险管理流程的协助。另外，交易双方均无法控制的政治风险可以通过出口信用保险加以规避。

(4) 通过损失补偿，确保经营安全。通过投保出口信用保险，信用保险机构将按合同规定在风险发生时对投保企业进行赔付，有效弥补企业的财务损失，保障企业的经营安全。同时，专业的信用保险机构能够通过其追偿能力实现企业无法实现的追偿效果。

三、投资信用保险

投资信用保险又称政治风险保险，承保本国在国外进行投资的投资者在投资期间因对方国家的政治风险所造成的投资损失。投资保险的投保人和被保险人一般是海外投资者。

(一) 投资信用保险的保险责任

1. 战争险

战争险包括战争行为、叛乱、罢工及暴动。

2. 征用险

征用险又称国有化风险，是投资者在国外的投资资产被东道主政府有关部门征用或没收的风险。

3. 汇兑风险

汇兑风险即外汇风险，是投资者因东道主的突发事件而导致其在投资国与投资国有关的款项无法兑换货币转移的风险。

(二) 投资信用保险的除外责任

(1) 被保险人投资项目受损后造成被保险人的一切商业损失。

(2) 被保险人没有按照政府有关部门所规定的汇款期限汇出汇款所造成的损失。

(3) 被保险人及其代表违背或不履行投资合同或故意违法行为导致政府部门征用或没收造成的损失。

(4) 由于原子弹、氢弹等核武器造成的损失。

(5) 投资合同范围外的任何其他财产的征用、没收所造成的损失。

第三节 保 证 保 险

保证保险是在被保险人的作为或不作为致使被保险人(权利人)遭受经济损失时,由保险人来承担经济赔偿责任的保险。

一、确实保证保险

确实保证保险一般分为以下五类:

(1) 合同保证保险,保证被保证人将履行所有合同业务,如果被保证人不履行各种合同义务而造成权利人的经济损失,由保险人按照保险责任范围承担赔偿责任。所以,该险种所承保的主要是被保证人违约的风险。它又可分为履约保证保险、支付保证保险、投标保证保险、维修保证保险。

(2) 司法保证保险,保证被保证人将履行法律规定的某些义务,包括诉讼保证保险、受托保证保险。

(3) 许可证保证保险,即担保从事经营活动领取营业执照的人遵守法规或履行义务的保险。

(4) 产品保证保险,也称产品质量保险,它承保的是产品责任保险,不承保被保险人因制造或销售的产品质量有缺陷而产生的赔偿责任。

(5) 贷款保证保险,即向银行贷款的债务人,为保证其按时偿还借款,向保险人投保自己的信誉的保险。

二、忠诚保证保险

(一) 忠诚保证保险的概念

忠诚保证保险通常承保雇主因其雇员的不诚实行为而遭受的损失。它与一般保险有所区别。保险是保险人和被保险人双方的合同,而忠诚保证保险是雇员、保证人和雇主三方的合同,雇主是保证契约的持有人,因为由他缴纳保费,保证人对雇主因雇员的贪污、挪用、诈骗等不诚实行为所遭受的经济损失进行补偿。

忠诚保证保险的种类有个人保证保险、姓名表保证保险、职位表保证保险、总括保证保险。前三种比较少用,广泛使用的是总括保证保险。在总括保证保险中,一个企业的所有雇员都是被保证人,新的雇员还没有通知保证人之前就属于被保证人。这种保证可以避免因选择被保证人或职位而引起的猜疑。除了政府机构，金融机构使用特殊形式的保证契约外，总括保证适用于其他各种企业。

总括保证又可以分为如下两种：

(1) 商业总括保证。商业总括保证的赔偿责任限额适用于每次损失，不论是一个雇员造成的，还是由几个雇员造成的。例如，最低赔偿责任限额定为 10 000 美元，再以 2500 美元为一个单位增加限额，直到 25 000 美元为止，此后，则以 5000 美元为一个单位增加限额，无最高限额。当限额很高时，可以由几家保证公司分层次保证。

(2) 总括职位保证。总括职位保证与商业总括保证的主要区别是，赔偿责任限额适用于每个雇员。例如，三个雇员共同贪污了 30 000 美元，虽然赔偿责任限额只有 10 000 美元，但雇主仍能得到全部损失赔偿。而在商业总括保证中，雇主只能得到 10 000 美元赔偿。

(二) 忠诚保证保险的赔偿处理

(1) 雇主及其代理人在发现雇员有不诚实行为，并造成钱财损失时，应及时通知保险人。自发现之日起，应在 3 个月内提交完整的索赔单证。

(2) 雇主对雇员只能提出一次索赔请求，保险保证金额不累计计算。例如，某雇员连续工作 5 年，事后发现他每年非法占有雇主钱财约 8000 元，如果该雇员的保证金额是 20 000 元，则仅以 20 000 元为最高赔偿金额。

(3) 雇主向保险人索赔时，应协助保险人向有不诚实行为的雇员进行追偿。

(4) 自发现雇员有不诚实行为之日起，若雇主还有应付给雇员的薪金或佣金或其他钱财时，应当在保险赔偿金额中扣除。

(5) 忠诚保证保险可规定免赔额。保险人在处理赔偿时，应当先扣除免赔额，然后对超出免赔额部分的损失负责赔偿。

(三) 忠诚保证保险的共同特点

(1) 广义的保证。忠诚保证的范围包括雇员的任何不诚实行为，不限于列明的贪污、挪用、诈骗。

(2) 持续保证。只要一方不提出解约，保证契约不会在保证期末终止，它会继续生效。保费每年或每隔 3 年缴付一次。

(3) 对不诚实雇员保证的终止。一旦雇主发现某个被保证的雇员不诚实，对这个雇员的保证即行终止。

(4) 发现期。保证契约终止后，雇主有一段时间可以调查保证契约有效时发生的损失，在这段时期内发现某些雇员在保证期内造成的损失，雇主仍能获得赔偿。发现期一般为半年至 3 年。

(5) 替代保证。如果一个保证契约被解除，新的保证契约将代替原保证契约的赔偿责任，但损失必须是原保证契约发行期内没有查明的损失，并且以新旧保证契约中低的限额为最高赔偿金额。替代保证只适用于解除原保证契约同一天就有新的保证契约替代的情况。

(6) 追偿。保证人在赔偿雇主损失后可以向不诚实的雇员追偿。根据完全追偿条款，只要雇主没有得到全部赔偿，雇主就对追回的金额或财产享有权益，保证人应把追偿来的金额或财产交付给雇主，雇主获得全部赔偿后的多余部分归保证人所有。

本 章 小 结

本章主要介绍了信用保证保险的基本概念，信用保险和保证保险二者的主要特征及二者的区别，并详细介绍了信用保险及保证保险包含的种类，各个险种的责任范围等。

 案例阅读

某年 4 月 24 日，银行与购车人陈某、汽贸公司签订借款合同一份，约定陈某向银行借款 6 万元，用于自汽贸公司购买少林牌汽车一辆，借款期限为该年 4 月 24 日至两年后的 4 月 23 日，借款利率按两年期档次年利率 5.49% 执行，汽贸公司提供连带责任保证，保证期限为两年，保证范围为本合同项下借款本金、利息、逾期利息等。保险公司于该年 4 月 23 日签发了以银行为被保险人的机动车消费贷款保证保险单(投保人为陈某)，保险期限从该年 4 月 24 日至两年后的 4 月 23 日，保险金额为 63 491.04 元。借款合同签订后，银行按约定发放了贷款，而陈某截至两年后的 11 月 22 日拖欠银行本金 30 821.42 元、利息 971.34 元、逾期利息 2 559.24 元未付。因银行与保险公司就赔偿问题发生争议协商未果，银行于 12 月 5 日起诉至法院，请求法院判令陈某偿还贷款本金 30 821.42 元，利息 3 530.8 元，判令汽贸公司、保险公司对欠款偿还承担连带责任。

经审理，法院判决保险公司在本案中免除赔偿责任，驳回原告对保险公司的诉讼请求。

案件分析：

(1) 保险公司针对本案做出了拒赔的结论。原因在于保险公司具有免责理由：① 当借款人未在借款期限内不间断地按期到保险公司办理所购车辆的车损险、第三者责任险、盗抢险、自燃险、不计免赔险时，银行、销售公司均未履行督促、代为垫付上述保险的义务，故依据《机动车辆消费贷款保证保险条款》第六条第(二)款的约定，保险公司不应承担责任；② 销售公司未能保证借款人是所购车辆的最终用户，依据保险条款第十三条，保险公司也不应承担保险责任；③ 银行未按照保险合同的约定在保险事故发生后的十个工作日内通知保险公司，故保险公司也不应承担赔偿责任；④ 保险条款第十五条规定，银行索赔前应先行处置抵押物或向担保人追偿以抵减欠款，抵减后仍不足的部分，才由保险公司赔偿，结合本案，原告在向被告索赔前，未按照保险条款的约定先行追偿担保人销售公司，从索赔程序上，保险公司亦不应向银行进行理赔。

(2) 针对本案，法院判决中认为：原告与被告陈某、被告汽贸公司签订的借款合同、保证合同合法有效。被告陈某未按约定及时偿还借款应承担违约责任，被告汽贸公司应按保证合同约定对被告的欠款承担连带清偿责任。原告与被告陈某、被告保险公司是保证保险合同项下的当事人，原告请求被告保险公司承担连带责任没有法律依据或者合同依据，本院不予支持。被告汽贸公司关于原告应先主张保险赔偿的意见没有依据，法院不予支持。

 问题

本案例给我们以怎样的启示？

复 习 思 考 题

一、名词解释

信用保险　　保证保险　　出口信用保险　　忠诚保证保险　　确定保证保险。

二、单项选择题

1. 保险人根据权利人的要求担保被保险人信用的行为，称为(　　)。
A. 财产保险　　B. 责任保险　　C. 信用保险　　D. 保证保险

2. 信用保险的被保险人是(　　)。
A. 义务人　　B. 权利人　　C. 承运人　　D. 托运人

3. 出口信用保险合同是为(　　)提供收汇风险保障的保险合同。
A. 出口方　　B. 付款方　　C. 出口方开发银行　　D. 进口方

4. 出口信用保险承保的风险除商业风险外，还有(　　)。
A. 自然风险　　B. 市场风险　　C. 跌价风险　　D. 政治风险

三、简答题

1. 简述信用保险及其种类。
2. 简述信用保险和保证保险的区别。
3. 简述保证保险及其种类。

三、案例分析

沈阳某社区保安服务公司向保险公司投保了《机动车停车场责任保险》，承保区域为该公司设在铁西区、沈河区、大东区的共 26 个停车场。保险期限从该年 12 月 20 日至次年 1 月 19 日，每次事故每个车位赔偿限额 20 万元，累计赔偿限额 60 万元，按每个停车场计收年保费。在该保险合同项下，保险公司共受理被保险人 53 笔索赔案件，累计支付赔付 10 万元。

保险公司认定被保险人(社区保安服务公司)存在非骗赔型道德风险(道德风险的一种表现形式)。此风险是由于保险公司不能监督和控制投保人或被保险人的行为而产生的。被保险人基于"购买了保险就减小了风险"的心态而疏于防范，反而增加了事故发生的概率。另一种表现则是当保险事故发生了，被保险人认为反正有保险公司负责赔偿，不积极地进行施救和控制，人为地导致了损失的扩大。

1. 你认为被保险人(社区保安服务公司)存在非骗赔型道德风险吗? 为什么?
2. 在理赔中你认为保险公司通过什么措施能有效控制保户行为，减少风险发生的概率?

第十四章　人身保险

【学习目标】

熟练掌握人身保险的特征和分类；熟练掌握人寿保险、人身意外伤害保险和健康保险的概念、特征和险种类别。

案例导入 ➜

2015 年东方之星沉船事故理赔情况

2015 年 6 月 1 日 21 时 30 分，隶属于重庆东方轮船公司的东方之星轮，在从南京驶往重庆途中突遇龙卷风，在长江中游湖北监利水域沉没。

事件发生后，保监会立即召开会议，决定启动保险业重大突发事件三级响应程序，成立应急工作小组，研究部署保险业应急处置工作。保监会要求有关保监局和保险公司迅速响应、全力配合，做好事件应急处置工作。

6 月 10 日，中国保监会召开工作会议，部署"东方之星"号客轮翻沉事件保险业理赔服务工作。会议通报了保险业承保理赔情况，对下一步做好保险理赔服务工作提出了明确要求。

经排查统计，保险业共承保失事客船船东、相关旅行社、乘客和船员投保的各类保险340 份，保险金额共计 9252.08 万元。其中，失事客船涉及保险金额共计 1570 万元，人保财险重庆分公司已就船舶一切险向重庆东方轮船公司支付了 1000 万元保险理赔资金；旅行社责任险涉及保险金额共计 1200 万元；396 名乘客投保各类人身保险，身故保险金额共计6169.35 万元；18 名船上工作人员投保人身保险，身故保险金额共计 312.73 万元。

会议指出，保险行业要在党中央、国务院的领导下，切实做好保险理赔服务工作，充分发挥保险业的社会功能作用。各保监局和各保险公司要加强理赔服务工作的组织领导，进一步做好保险承保排查工作，积极配合政府做好善后安抚工作。

会议强调，保险理赔服务要坚持三个原则：一是坚持以人为本，按照先人后物、先简单后复杂、先个人后企业的原则开展赔付工作；二是坚持契约精神，重合同、守信用，按照合同约定应赔尽赔；三是保护保险消费者合法权益，从有利于消费者的角度出发，通融赔付。各相关保险公司要按照上述原则出台便民理赔服务措施，各保监局要加大理赔服务工作的协调和督导。

(资料来源：www.gov.cn)

第一节　人身保险概述

一、人身保险的概念

人身保险是以人的寿命和身体为保险标的的保险。当人们遭受不幸事故或因疾病、年老以致丧失工作能力、伤残、死亡或年老退休时，根据保险合同的约定，保险人对被保险人或受益人给付保险金或年金，以解决其因病、残、老、死所造成的经济困难。

人身保险包括以下内容：

第一，人身保险的保险标的是人的生命或身体。

第二，人身保险的保险责任包括生、老、病、死、伤、残等各个方面。这些保险责任不仅包括人们在日常生活中可能遭受的意外伤害、疾病、衰老、死亡等各种不幸事故，而且包括与保险人约定的生存期满等事件。

第三，人身保险的给付条件是当被保险人遭受保险合同范围内的保险事件，并由此导致死亡、伤残、疾病、丧失工作能力或保险期满、年老退休时，保险人根据保险合同的有关条款，向被保险人或受益人给付保险金。

二、人身保险的特征

人身保险的特征如下：

(1) 人身保险的保险金具有定额给付性质，在发生保险事故时，保险人按照合同约定的金额给付保险金，而普通财产保险的保险金则具有补偿性质。

(2) 人身保险的保险金额主要是由双方当事人在订立保险合同时，根据被保险人的经济收入水平和危险发生后经济补偿的需求协商确定的，而财产保险的保险金额则是根据保险标的的价值大小确定的。

(3) 人身保险的期限具有长期性，保险有效期往往可以持续几年或几十年甚至终身，这主要是为了降低费用和保障老年人的利益，而普通财产保险的保险期限大多为 1 年，不可能是长期的。

(4) 人身保险承保的危险具有稳定性和有规律的变动性。计算人身保险费率基础之一的人的生存或死亡的概率以生命表为依据，它符合大多数法则的要求，因而呈现出相对的稳定性和有规律的变动性。

(5) 人身保险只要求在合同订立时，投保人对被保险人有可保利益，但没有金额上的限制，因而不存在超额保险和重复保险问题，而普通财产保险则禁止超额保险。

(6) 人身保险不仅是一种社会保障制度，还是一种半强制性的储蓄。投保人所缴纳的保险费，保险人最终将以各种形式返还给被保险人或其受益人。人身保险合同是一种给付性质的保险合同，只要发生合同订明的事故或达到合同约定的期限，保险人都要给付保险金，而不管被保险人是否有损失或虽有损失但已从其他途径得到补偿。因此，对投保人来说，它是一种储蓄与投资手段。人身保险基金实际上属于被保险人，保险人只是起着金融机构的作用。被保险人每期交少量固定保险费，若干年后保险期满，加上利息，可以获得一笔可观的保险金给付，等于零存整取的定期储蓄，而普通财产保险则为单纯的营业性，限于补偿损失，目的是保障财产的安全。事实上，财产保险不是每年都会发生赔偿事故，由于期限短，大部分保单因期满而失效，既不赔偿，也不退还保险费。

三、人身保险的分类

人身保险包括人寿保险、健康保险和人身意外伤害保险。

(一) 人寿保险

人寿保险，简称寿险，是一种以人的生死为保险对象的保险，是被保险人在保险责任期内生存或死亡，由保险人根据契约规定给付保险金的一种保险。

人寿保险的业务范围包括生存保险、死亡保险、两全保险。

(1) 生存保险：以约定的保险期限满时被保险人仍然生存为保险条件，由保险人给付保险金的保险，如养老年金保险。

(2) 死亡保险：以保险期限内被保险人死亡为保险条件，由保险人给付保险金的保险。

(3) 两全保险：以保险期限内被保险人死亡和保险期满时被保险人仍然生存为共同保险条件，由保险人给付保险金的保险，如简易人身险。

(二) 健康保险

健康保险是以非意外伤害而由被保险人本身疾病导致的伤残、死亡为保险条件的保险。

(三) 人身意外伤害保险

人身意外伤害保险是以人的身体遭受意外伤害为保险条件的保险。

目前我国开展的人身保险业务主要是简身险、人寿险、学生平安险、子女婚嫁险、养老年金险、意外伤害险及其他寿险。其中，养老年金险中包括合资中方人员险、合同制工人险、集体职工险、个体险、农民险及其他险。

第二节 人 寿 保 险

一、人寿保险的概念

人寿保险，简称寿险，是以被保险人的生命作为保险标的，以被保险人的生存或死亡作为保险事故，并在保险期间内发生保险事故时，依照保险合同给付一定保险金额的一种人身保险形式。人寿保险是人身保险中最基本、最主要的组成部分，被保险人在保险期内死亡或期满生存，都可以作为保险事故，即当被保险人在保险期内死亡或达到保险合同约定的年龄、期限时，保险人按照保险合同约定给付死亡保险金或期满生存保险金。

人寿保险作为人身保险的一种，它与其他两种人身保险业务的差别表现在保险标的上。人寿保险又可称为生命保险，以人的生命作为保险标的，以人的生死作为保险事故。所谓"生"，是指生存，生命得以延续，指人们维持正常生理机能的一种物理状态，与婴儿出生等性质不同。所谓"死"，是指死亡，与生存相对的一种状态，而且随着保险业的不断实践，死亡不仅包括生命系统彻底停止运转、丧失全部机能的情况，也包括法律上的死亡宣告在内。对"死亡"而言，原则上只问结果，不问发生的原因，一律视为保险事故的发生。当然，由于自杀或触犯刑律被判处死刑等造成的死亡，一般都作为除外责任。

二、人寿保险的特征

人寿保险是人身保险业务中的重要组成部分，它具备人身保险的一般特征，如保险标的的风险不可估价、保险金额的定额给付、保险利益只是合同订立的前提而非效力条件等。与此同时，它还具有许多自身的特点，反映在业务经营上也有独到之处。

(一) 风险特殊、经营稳定

人寿保险所面对的人身风险是人的生存或死亡。虽然"人终究是要死亡的",而且死亡何时发生、生命可以延续多久具有很大的不确定性,但通过长期的保险实践,运用科学的数学、统计学的方法,我们发现,人寿保险中,被保险人在不同年龄阶段,有着不同的生存和死亡概率。但是纵向观察各个年龄的死亡率情况,不难发现,人们的死亡概率随着年龄的增长而逐年增大(幼儿期除外),而且这一规律十分明显。

在人寿保险的实际操作中,保险人以生命表作为预测风险和计算、确定纯保险费的基础。与其他保险相比,人寿保险在风险处理方面,尤其是在预测保险事故发生的可能性上更加准确,因为根据生命表预计人的寿命长短和死亡率的大小与人们的实际寿命长短及死亡发生概率非常接近。这不仅表明人寿保险所承保的危险事故的发生相当稳定,而且也决定了人寿保险业务经营的稳定性。

(二) 以长期性业务为主体

与意外伤害保险等不同,人寿保险的保险期限一般较长。从国际人身保险业的情况来看,保险期限在 5 年以下的人寿保险险种较少,大多数险种的保险期限在十几年甚至几十年。

人寿保险期限较长的原因在于:首先是"均衡保险费"方法的采用。为了避免出现逆选择现象,就要根据生命表的死亡概率来核算保险费,于是随着被保险人年龄的增加,应缴保险费逐渐增多;又为避免高龄被保险人因劳动能力下降、劳动收入减少而难以负担越来越多的保险费支出而被迫退出人寿保险,引入了"均衡保险费"的方法。而随之而来的许多 1 年、2 年期的人寿保险自然而然地转变为 5 年、10 年,甚至更长的期限。其次,大多数生存保险是被保险人用于年老时养老之用的,因此很多是年金保险。当然投保人坚持投保 1 年期的生存保险也是可行的,只要能够每年续保,也似乎可以"续短为长",达到同样的保障目的。但是保险是一种权利义务对等的商业行为,一旦被保险人续保时身体状况不佳,经济情况恶化,那么保险人出于经营的需要极有可能拒保或是提高保险费要求而使投保人难以负担从而续保失败。由此看来,被保险人在身体健康,符合投保条件时投保较长期限的人寿保险,就能够获得较为稳定的人寿保险的保障,这也是长期业务大受欢迎的原因之一。

也正因为人寿保险单大多是长期保险合同,所以无论对被保险人,还是对保险人而言,利率、通货膨胀率等经济因素的影响都是十分显著的。因而一国宏观经济状况对于人寿保险业而言十分重要,没有稳定的政治、经济环境,寿险业就会出现这样或那样的问题,并会失去健康发展的可能。

(三) 具有储蓄的性质

人寿保险制度具有与储蓄相类似的利息返还的情形。储蓄具有返还性和收益性,表现在存款人经过一段时间以后,可以收回本金,同时还可以获得对这段时间放弃资金使用权的补偿利息收入。

人寿保险根据实际需要大多采用"均衡保险费"的方法收取保险费。在投保初期,实缴保险费势必高于根据生命表等计算得到的风险保险费,这超出的部分由保险人代为保管,通过对保险基金的投资运作生息增值,用于以后风险发生时的保险给付或直接弥补投保后期均衡保险费的不足，这一部分保险费称为储蓄保险费。储蓄保险费是投保人存于保险人处的一部分资金，一般存放的时间比较长，在此期间保险人对之进行管理和运用，因此应当对这笔资金给予计息或分红。保险人一般都将储蓄保险费和利息、分红提存起来形成责任准备金。如果投保人未到满期申请退保，其获得的退保金往往要低于历年缴纳保险费的总和。

此外，人寿保险业务，无论被保险人生存至保险期满，还是在保险期间内死亡，保险人都要给付保险金。这一点以生死两全保险最为突出，因为在这里，生存与死亡都视作保险事故的发生，而人的生命就物理状态而言除此两者别无他样，所以对于两全保险而言，事故是注定发生的，因而资金返还投保人也是注定的。

因为人寿保险具有储蓄的一般特征，所以又被称为储蓄保险或返还性保险。但是人寿保险虽然可以称作长期的具有储蓄性的人身保险，但与银行储蓄仍然有着较大的区别。

由于人寿保险具有资金返还以及收益的特性，在经过了一定期间后退保时人寿保险单具有现金价值，而且随着保险业的发展、金融业的创新，大多数的人寿保险单可以质押贷款，这点与股票等有价证券相类似，所以人寿保险日益成为个人投资手段的一种，而且人寿保险稳定性强，又对来来的生活提供了保障，因而作为一种人们热衷的投资方式，被越来越多的人纳入自己的投资组合之中。

(四) 保险费确定的方式

人寿保险依据被保险人投保期间生存与死亡的概率，结合其在签订合同时的年龄、经济状况、健康情况等基本要素，以及投保期限、保证利率等多种因素，经过经验的测算以及运用数学、统计学的方法，来确定保险费及责任准备金。这种确定方式有着比较科学的计算过程和可靠的统计资料，又有多年保险实践的经验，因而科学的成分更大，预测的准确性也比较高；但同时计算系统比较复杂，对寿险精算的专业技能要求较高，从而对人寿保险的从业人员素质有新的要求。出于同样的原因，人寿保险的一般投保人无法在短时间内完全掌握保费的计算，由此对人寿保险人的经营提出了热情周到、最大诚信的要求。

制定科学的、合理的保险费标准，同时辅以精明强干的寿险推销人员，为用户就各种有关保费缴纳、保险金给付等问题作出圆满的解释，是人寿保险人经营的要诀之一，也是对其业务的最好的宣传方法。

三、人寿保险的分类

(一) 死亡保险

死亡保险是以被保险人死亡为给付保险金条件的保险。死亡保险按照保险期限的不同分为定期人寿保险(定期死亡保险)和终身人寿保险(不定期死亡保险)、保险公司开发的定期寿险产品、终身寿险产品，应重点服务于消费者身故风险的保障规划，并不断提高此类产品的风险保障水平。

1. 定期人寿保险

定期人寿保险是指如果被保险人在保单规定的期间发生死亡，身故受益人有权领取保险金，如果在保险期间内被保险人未死亡，保险人无须支付保险金也不返还保险费，简称"定期寿险"。该类保险大都是对被保险人在短期内从事较危险的工作提供保障。

2. 终身人寿保险

终身人寿保险是一种不定期的死亡保险,简称"终身寿险"。保险责任从保险合同生效后一直到被保险人死亡之时为止。由于人的死亡是必然的,因而终身保险的保险金最终必然要支付给被保险人。由于终身寿险保险期长,故其费率高于定期保险,并有储蓄的功能。

(二) 生存保险

生存保险是指被保险人必须生存到保单规定的保险期满时才能够领取保险金。若被保险人在保险期间死亡,则不能主张收回保险金,亦不能收回已交保险费。

(三) 生死两全保险

生死两全保险是定期人寿保险与生存保险两类保险的结合。生死两全保险是指被保险人在保险合同约定的期间里假设身故,身故受益人则领取保险合同约定的身故保险金,若被保险人继续生存至保险合同约定的保险期期满,则投保人领取保险合同约定的保险期满金的人寿保险。这类保险是目前市场上最常见的商业人寿保险。

(四) 年金保险

年金保险是按年金的方法支付保险金的一种生存保险,即按合同的规定,在被保险人生存期间,每隔一定的周期支付一定的保险金给被保险人。在年金保险中,领取年金额的人称年金受领人,保险人定期给付的金额称年金领取额(或称年金收入),投保人缴付的保费称年金购进额(或称年金现价)。

年金保险单具有现金价值,年金收入中不仅包括了投保人缴付的本金和利息,还包括了期内死亡者的利益,同时,年金保险的保险费采取按月缴费的方式,可以缓解支付压力,保证生活需要。保险公司开发的长期年金保险产品,应重点服务于消费者长期生存金、长期养老金的积累,并为消费者提供长期持续的生存金、养老金领取服务。基于上述优势,参加年金保险的主要作用就是为老年生活提供保障,为未成年人成长、学习、创业、婚嫁积累资金,年金保险也可以作为一种安全的投资方式,获得税收上的优惠。税延型养老保险,是指投保人在税前列支保费,等到将来领取保险金时再缴纳个人所得税,这样可略微降低个人的税务负担,并鼓励个人参与商业保险、提高将来的养老质量。由于个人购买商业养老保险在个税缴纳时可获得一定的优惠,因为在许多发达国家已经是一个比较成熟的政策。对个人购买商业养老保险予以税收优惠,有利于满足居民多层次的养老需求,亦将大大加快我国保险业发展步伐。2018 年 6 月 8 日,中国太平洋保险、中国人寿、泰康养老、新华人寿、平安养老、太平养老陆续签发了个人税延型养老保险保单,这意味着个税递延型商业养老保险试点政策正式落地实施。

(五) 特种人寿保险

保险公司为特定人群开发的专属保险保障产品,应重点服务于支持国家实体经济发展、国家脱贫攻坚战略等国家发展重大领域。

1. 简易人寿保险

简易人寿保险是为低收入阶层获得保险保障而开办的险种。它是一种小额的、免验体格的两全性质的人寿保险,具有保障性和储蓄性双重作用。它始于英国,在 20 世纪三四十年代，简易人寿保险的发展达到了鼎盛时期，曾一度成为英、美等保险发达国家的主要险种之一。由于简易人寿保险具有低保额的特点，它通常是各国寿险公司创业初期广泛开办的险种，当寿险业务发展到一定水平和规模时，业务量就会逐渐减少，最后被其他寿险业务淘汰。

2. 儿童保险

儿童保险是以未成年人作为被保险人，由其父母或抚养人作为投保人的人寿保险。儿童保险在开展之初是两全保险形式，但是，现在多数是终身寿险形式，目前我国各人寿保险公司推出的儿童保险大都是由它提供了子女教育金、婚嫁金、养老金和意外伤害保障等多种保障。

(六) 新型人寿保险

1. 分红保险

分红保险又称利益分配保险，是指签订保险合同的双方事先在合同中约定当投保人所购险种的经营出现盈利时，保单所有人享有红利的分配权。这是一种保险人约定将每期盈利的一部分分配给投保人的人寿保险产品。

分红保险既能为被保险人提供风险保障，又能使投保人分享保险公司的经营成果，既有传统险种的保障功能，又有储蓄、分红的功能。

分红保险克服了传统保险固定利率保单的不足；保险人对分红产品采用的预定利率相对较低，有利于克服利差损失，保证自身的偿付能力，有利于保险经营的稳定性；由于能够分红，在通货膨胀的情况下，有利于促进长期性人寿保险产品的销售；使保险双方共享经营成果，也有利于维护保险业的公平经营。

2. 投资连结保险

投资连结保险是保险费固定、保险金额可以变动的长期性人寿保险，即死亡保险金额随着投资账户中投资结果变动不断调整的保险产品。其具体内容是人寿保险公司将客户缴付的保险费分成保障和投资两个部分，多数为投资部分，设立单独的账户。其中投资资金通过投资专家投资运作，获取较高的投资回报，使客户受益。但是，投资部分的回报率是不固定的，保险金额随投资收益的变化而变化。

投资连结保险的保险金额由基本保险金额和额外保险金额两部分组成。基本保险金额部分是被保险人无论何时都能得到的最低保障金额；额外保险金额部分则另设立账户，由投保人选择投资方向委托保险人进行投资，其具体数额根据资金运作的实际情况而变动。

3. 万能寿险

万能人寿保险是一种缴费灵活、保险金额可调整、非约束性的寿险。万能寿险英文意思为全能的、可变的寿险产品。为什么说全能，是因为它融合了保险保障和投资功能。客户缴纳的保险费分成两部分：一部分同传统寿险一样，为客户提供生命保障；另一部分将进入其个人账户，由专家进行稳健投资。客户在享有最低保障收益的前提下，又具有较高的收益回报机会。投保人在缴纳一定量的首期保费后，一般可以按自己的实际情况，灵活缴纳续期保费。只要保单的个人账户价值足以支付保单的相关费用，投保人可以不再缴费，并且保单继续有效。万能寿险的投保人可根据自身在不同时期的保障需求和理财目标，弹性地调整自己的保费缴纳和保障额度，真正实现一个人一生只用一张寿险保单就可以解决所有保障问题，很适合消费者自主地进行人生终身保障的规划。

万能寿险收取初始费用、风险保险费、保单管理费、退保费用,根据持有保单年限的不同,收取比例也不同。如此清晰地列明保险成本不能不说是保险产品创新上的一种跨越式进步,客户可以通过不同的计划,将保险金额作为孩子的教育金或创业金,也可作为自己的养老金或医疗补充等,从而实现该产品的随需应变。

典型案例

2011 年,甲购买了乙保险公司的某两全保险和附加重大疾病保险以及另一款重大疾病保险,保险金额共计 40 万元。后甲于 2013 年 12 月在医院住院治疗,出院诊断为进行性肌营养不良。甲遂以自己患有保险合同中约定的重大疾病为由,要求乙给付保险金 40 万元,未果后诉至法院。

法院查明,甲曾于 2009 年 7 月在某医院住院治疗,主要诊断为多发性肌炎及低钙血症。2010 年 11 月,甲在另一医院住院治疗,亦诊断为进行性(遗传性)肌营养不良。法院同时查明,甲曾在案外的丙保险公司投保重大疾病保险,丙公司于 2010 年 12 月曾以甲患有进行性(遗传性)肌营养不良为由给付其重大疾病保险金 31 万元。法院认为,甲就同一疾病向多家保险公司投保,然后以初次患病为由向乙公司申请理赔的行为,欺诈意图明显,驳回甲的诉讼请求,并由甲自己承担 1.46 万元的诉讼费用。

法院认为,甲明知自己患有进行性肌营养不良疾病,且在其他保险公司已经因该疾病得到重大疾病保险金 31 万元,但与乙公司订立合同时,未履行如实告知义务。在乙为甲所作的询问笔录中,甲坚称自己"平时身体还可以,以前就有过感冒、发烧,从没有住过院,也没有过其他治疗",有违诚实信用原则。甲就所患同一疾病向多家保险公司投保,然后以初次患病为由申请理赔的行为,欺诈意图较为明显,故对其相关主张不予支持。

(资料来源: http://chsh.sinoins.com)

问题

诚信对于保险企业会有怎样的影响?试结合本案分析保险公司如何才能做到诚信。

第三节　人身意外伤害保险

一、人身意外伤害保险的概念

人身意外伤害保险是在保险合同有效期内以意外伤害而致被保险人身故或残疾为给付保险金条件的保险。

这里具体包括三个要点:

(1) 客观上必须有意外事故发生,事故原因为意外的、偶然的、不可预见的。

(2) 被保险人必须有因客观事故造成人身死亡或残疾的结果。

(3) 意外事故的发生和被保险人遭受人身伤亡的结果之间存在着内在的、必然的联系,即意外事故的发生是被保险人遭受伤害的原因,而被保险人遭受伤害是意外事故的后果。

被保险人突然死亡且原因不明,或未经医学鉴定证实其死亡为意外伤害所致的,不能构成意外伤害保险的保险金给付责任。

二、人身意外伤害的界定

意外伤害保险是人身意外伤害保险的简称。意外伤害是指在被保险人没有预见到或违背被保险人意愿的情况下，突然发生的外来致害物对被保险人的身体明显、剧烈地侵害的客观事实。意外伤害包含"意外"和"伤害"两个必要条件。目前，我国寿险公司通常对"意外伤害"的界定是："意外伤害"是指遭受外来的、突发的、非本意的、非疾病的使被保险人身体受到剧烈伤害的客观事件。

(一) 意外

"意外"是针对被保险人的主观状态而言的，它是指伤害事件的发生是被保险人事先没有预见到的，或伤害事件的发生违背了被保险人的主观意愿。意外事故，既是伤害的直接原因，也是被保险人或受益人主张保险金给付的根据。所谓"意外事故"，是指外来的、突然的、非本意的事故。只有同时具备"外来""突然""非本意"三个条件，才能构成意外伤害保险合同的保险事故。

意外具体可以从以下几个方面理解。

1. 外来性

所谓"外来"，是指伤害纯系由被保险人身体外部的因素作用所致。如果伤害由自己身体的疾病而引起则不属于意外事故。

2. 突发性

所谓"突发"，是指人体受到强烈而突然的袭击形成的伤害。如果伤害系由被保险人长期劳作损伤所致，如地质勘探工作者、运动员长年运动致腰及关节损伤等就不是意外事故；若伤害系由某些事件的原因在较长时间里缓慢发生，这些由于是可以预见的，一般也不属于意外伤害。

3. 非本意

所谓"非本意"，是指意外事故的发生非被保险人事先能够预见得到的，或者意外事故的发生违背了被保险人的主观意愿，即伤害事件的发生是被保险人事先所不能预见或无法预见的，或者虽然被保险人能够事先预见到，但由于被保险人的疏忽而没有预见到，如飞机失控、海轮遇难等，或者伤害事件的发生即使被保险人能够预见到，但在技术上已不能采取措施避免，或者虽然可以采取措施避免，但由于法律或职责上的规定，因而不能躲避，如公安干警执行公务。

(二) 伤害

"伤害"是指被保险人的身体受到外来致害物侵害的客观事实。"伤害"由致害物、侵害对象、侵害事实三个要素构成，三者缺一不可。

1. 致害物

致害物是指直接造成伤害的物体或物质。没有致害物，就不可能构成伤害。按照致害物进行分类，"伤害"一般分为器械伤害、自然伤害、化学伤害和生物伤害等。与健康保险中的疾病保险承保被保险人身体内部形成的疾病不同，在意外伤害保险中，只有致害物是外来的，才被认为是伤害，凡是在体内形成的疾病对被保险人身体的侵害不能构成意外伤害。

2. 侵害对象

侵害对象是指致害物侵害的客体。在意外伤害保险中，只有致害物侵害的对象是被保险人的身体时，才能构成伤害，即伤害必须是身体或生理上的伤害。这里的"身体"，是指一个人的生理组织的整体，有时专指躯干和四肢。人工装置以代替人体功能的假肢、义眼、义齿等，不是人身躯体的组成部分，不能作为意外伤害保险的保险对象。

3. 侵害事实

侵害事实是指致害物以一定的方式破坏性地接触、作用于被保险人身体的客观事实。如果致害物没有接触或作用于被保险人的身体，就不能构成伤害。侵害的方式有碰撞、撞击、坠落、跌倒、坍塌、淹溺、灼烫、火灾、辐射、爆炸、中毒、触电、掩埋、倾覆等多种。致害物、侵害对象、侵害事实三者之间必须存在因果关系，即须存在致害物以一定的方式破坏性地作用于被保险人身体的客观事实。

三、人身意外伤害保险的特征

(一) 人身意外伤害保险与人寿保险的比较

人身意外伤害保险是以人的生命和身体为保险标的，以各种意外伤害事件为保险责任的保险，即当被保险人因意外伤害事件导致伤残或死亡时，由保险人负责给付保险金的保险。

1. 相同点

与人寿保险相比，人身意外伤害保险与其共有的特性包括：

第一，二者同属人身保险，即二者都是以人的生命和身体为保险标的的险种，都以人为直接的保障对象，所以都划归为人身保险的范畴，并在一些原则问题上有别于财产保险。

第二，与人寿保险一样，由于生命和身体是无法用货币衡量的，所以二者的保险金额都不是根据保险标的的价值确定的，因此也就不存在超额投保或不足额投保等问题。保险金额是由双方约定的，因此都是给付保险；投保人和被保险人都可以是同一人或两个不同的人，需要指定受益人来领取保险金；都不适用财产保险的损失补偿原则和代位追偿原则。

2. 不同点

但是，二者在许多方面也存在着不同之处：

第一，二者的可保危险不同。人寿保险承保的是当被保险人期满生存时由保险人给付养老金、期满生存金，或是当被保险人身故时由保险人给付死亡保险金，因此属于人体新陈代谢的自然规律，与被保险人的年龄有密切关系；而人身意外伤害保险承保的则是被保险人由于外来的、突发的、非本意的、非疾病的客观事件(意外事故)造成身体的伤害，并因此而致使被保险人死亡、残疾，这种危险与年龄没有关系。

第二，人寿保险是纯粹的定额给付保险，即当被保险人到期生存或死亡、伤残的保险事故发生时，保险人均按保险合同的约定给付保险金，合同同时终止，因此不存在比例给付问题；而在人身意外伤害保险中，死亡保险金的给付按合同约定给付，合同同时终止，残疾保险金则按保额的一定比例进行支付，当保险金的给付未达到赔偿的最高限额时，合同继续有效。

第三，费率确定不同。从理论上说，人寿保险承保的是人的自然生死，而自然死亡率一般认为取决于年龄，其大小可由生命表中查出，因此，人寿保险的纯保费依据生命表和利息率计算；而人身意外伤害保险承保的是意外伤害事件，它与性别及年龄关系不大，而与被保险人的职业、工种、从事的活动或生活环境的危险程度等因素密切相关，意外险的费率厘定是根据过去各种意外伤害事故发生概率的经验及其对被保险人造成的伤害程度、对被保险人的危险程度等进行分类而进行统计计算的，尤其注重职业危险。职业是确定意外伤害保险的保险费率的重要因素，被保险人的职业的危险程度越高，则费率越高。而性别和年龄的差异对意外伤害发生的概率影响较小，故不予考虑。

第四，保险期限不同。人寿保险的期限较长，一般超过 1 年；而意外伤害保险的期限则较短，最多 3 年或 5 年，一般不超过 1 年，短的甚至只有几十分钟。而且由于意外伤害保险的保险费率与被保险人的年龄、健康状况关系不大，保险费不会随年龄的增长而有大的变化，所以从投保人的角度而言，考虑到货币的时间价值也出于经济负担能力的原因，宁可每年续保一次，也不愿一次性支付长时期的较大金额的保险费。

第五，人寿保险的年末未到期责任准备金是依据生命表、利息率、被保险人年龄、已保年期、保险金额等因素计算的；而意外伤害险的年末未到期责任准备金是按当年保险费收入的一定百分比(比如 40%、50%)计算的。

此外，二者的交费方式也有所不同，前者多为分期交，后者只能为针对保险期限一次性交付，保险期限届满时再行续交。自杀免责规定也不同，人寿保险中的自杀免责期为 2年，超过 2 年保险人要对被保险人的自杀负给付责任；而意外伤害保险合同下被保险人在任何时间发生的自杀均属于免责范围，同时保险责任终止。

(二) 人身意外伤害保险与财产保险的比较

1. 相同点

人身意外伤害保险因其以人身为保险标的，属人身保险的范畴，但其在许多方面与财产保险有着类似之处：

第一，在保险事故的发生方面类似。人身意外伤害事故的发生是偶然的、意外的、不可预见的，因此人身意外伤害保险与财产保险的保险事故对于某一被保险人来说，其发生都具有偶然性，而且保险事故的发生必然会给被保险人造成各种各样的损失。

第二，在保险责任方面也有类似之处。人身意外伤害保险中，强调保险事故的发生是外来原因造成的，非被保险人自身的原因导致，强调非故意行为。在财产保险中也是如此，保险公司对被保险人的故意行为免责。

第三，在赔款补偿性质上相类似。人身意外伤害保险保障的主要是因意外伤害而致死亡或残疾时所导致的死亡、伤残给付或医疗费用损失补偿。因此，此类险种既具有人寿保险的给付性质(如死亡保险金的给付)，又具有财产保险的补偿性质(如医疗保险金的支付选择补偿方式时)。

第四，在保险期限上类似。人身意外伤害保险的保险期限一般为 1 年以内的短期保险，最长不超过 5 年，这一点与财产保险一致。

第五，在保险费的缴纳与确定方面类似。人身意外伤害保险的保费缴纳与财产保险一样是一年一缴。另外，人身意外伤害保险的保费与被保险人的年龄无关而与职业和所从事的活动有关，而财产保险保险费率的高低也是与保险标的的性质有关，二者的纯保险费都是根据保险金额损失率计算的。

第六，在财务处理方面类似。因为都是短期保险，财产保险、人身意外伤害保险都提取保险保障基金(长期寿险则无须提取)。二者在责任准备金的计算与提存方面也是一致的，包括赔款准备金和未到期责任准备金，其中，保险期限 1 年以下业务的未到期责任准备金按当期自留保费收入的一定比例提取；对 1 年以上的业务，则在年终按业务到期年份将历年累计的保费收入与赔款支出的差额提取准备金，无须累积。而寿险产品中主要是未到期责任准备金，需逐年计提、积累。

2. 不同点

但是，二者毕竟属于不同的险种范畴，其不同之处也是显著的。财产保险的保险标的是财产或利益；意外伤害保险的保险标的是被保险人的生命或身体。财产保险的保额由标的的价值确定；意外伤害保险的保额则由双方协商约定。财产保险的投保人与被保险人一般是同一主体，既可以是自然人，也可以是法人，需要对标的拥有所有权或合法占有权，因此也不必指定受益人；意外伤害保险的投保人与被保险人既可以是同一主体，也可以是两个不同主体，投保人可以是法人、自然人，被保险人则一定是自然人，并且需要指定受益人。财产保险中的保险人只补偿被保险人的损失；意外伤害保险即使是按伤害程度的不同而有给付额的差异，但只要达到某一损伤程度，就要给付约定的保险金额。

(三) 人身意外伤害保险与人身伤害责任保险的比较

人身意外伤害保险与人身伤害责任保险在字面上虽有相似之处，且都有以发生人身伤亡事故为条件而给付保险金或赔款的保险业务，但实质上却有很大的不同。人身伤害责任保险是责任保险的一种。责任保险的基本内容是：投保人(即被保险人)向保险人交纳一定数量的保险费，在保险期限内，如果由于被保险人疏忽、过失造成第三人财产损失或人身伤害，依照法律或合同的规定应由被保险人对他人承担民事赔偿责任时，保险人补偿被保险人由此造成的损失。人身伤害责任保险就是承保被保险人造成他人人身伤害而引起民事赔偿责任的责任保险，即当由于被保险人的疏忽、过失造成他人人身伤害，依照法律或合同的规定应由被保险人对他人承担民事赔偿责任时，保险人补偿被保险人由此造成的损失。具体地讲，人身意外伤害保险与人身伤害责任保险的区别主要表现在：

第一，合同主体不同。意外伤害保险合同的投保人和被保险人可以是同一主体，也可以是两个不同的主体；投保人是自然人或法人，被保险人只能是自然人，需要指定受益人；意外险所承保的意外伤害必须是发生在被保险人身上的。而人身伤害责任险的投保人和被保险人必须是同一主体，可以是法人或自然人，无须指定受益人；这种保险实际承保的是被保险人对他人的施害，即被保险人是有可能造成他人人身伤害的人。

第二，保障对象不同。意外伤害保险保障的是在意外伤害中的受害人，与施害人无关。所以那些由第三方责任造成伤害的被保险人在领取保险金后，仍然可以要求施害人承担民事赔偿责任。而人身伤害责任险的保障对象广义上讲既包括作为施害人的被保险人，也包括受害人(第三方)。首先，被保险人投保此项责任保险后，对受害人应承担的民事赔偿责任可以由保险人代为承担，被保险人本人因此可避免损失；其次，间接地，受害人通过保险人履行保险义务而得到赔偿，避免了因施害人无力承担经济赔偿责任而导致受害人索赔不果。

第三，保险标的不同。意外伤害保险的保险标的是被保险人的生命或身体，人身伤害责任险的保险标的是被保险人对他人的民事赔偿责任。

第四，保险责任不同。意外伤害保险只要被保险人在有效期内遭受意外伤害导致死亡、残疾等，就构成保险责任，保险人要依约给付保险金。人身伤害责任险中，只有依据法律或合同的规定，被保险人应对受害人承担民事赔偿责任时，才构成保险责任，由保险人支付责任保险赔款。这就是说，即使意外伤害事实存在，但并非被保险人的民事责任，比如是不可抗力、受害人自己的过失行为造成的伤害，那么就不属于责任保险范围，而属于意外伤害保险的责任内容。

第五，保险金额的确定不同。意外伤害保险要事先规定保险金额，是被保险人或受益人所能从保险公司领取保险金的最高限额。人身伤害责任险合同既可以规定保额，也可以不做规定，即保额无限。在后一种情况下，被保险人对受害人的民事赔偿责任可以全部由保险人承担，但规定了限额时，保险人只承担不超过保额的那部分民事赔偿责任，其余部分由被保险人自行负担。

第六，赔偿方式不同。意外伤害保险一般是定额给付方式，不问被保险人实际损失多少，按照合同中约定金额或比率给付保险金。人身伤害责任险是补偿性保险，保险人只在保额限度以内补偿被保险人(施害人)的实际付出(损失)，即施害人应对受害人负多少赔偿责任，保险人就支付多少赔款(以保额为最高限)。由于受害人不是人身伤害责任保险合同的当事人，所以对其的赔偿责任不由保险合同规定，而要由法律或施害人、受害人双方协商确定。此外，受害人的索赔金额并不以施害人的保额为限，凡是保险人保险责任范围之外的赔偿责任，由施害人自己进行处理。

(四) 对人身意外伤害保险的再认识

我们说意外伤害保险是人身保险的一种，这是根据我国《保险法》的分类得出的结论。其实关于保险的分类一直就没有定论，比如寿险、非寿险的划分等。从保险实务角度也可以将除却海上保险、火灾保险等传统保险之外的新兴的各项保险都统称为意外保险，这并不是一种严格意义上的分类，此时所谓的"意外保险"与海上保险、火灾保险等是无法相提并论的。但这并不妨碍我们研究每一个险种，并且有助于我们从一个新的侧面审视本已熟悉的各种保险制度。

上面谈及的人身保险中的意外伤害保险当然也在"意外保险"的范围之中。工业革命带来科技的革新，经济活动日益繁荣，人们的生活形态、生活方式也不断地改变，不断出现的新的危险也产生了新的险种。所谓的"意外保险"跨越了传统的人身险与非人身险的分类，凡是新开办的险种又有别于海上保险、火灾保险的都属其范围之内。目前意外保险包括了普通意外伤害保险、职业意外伤害保险、汽车保险、责任保险、工程保险、航空保险、盗窃保险、保证保险以及现金、信用、动产综合和动物保险等不同险种。

之所以会出现这样一种做法，正是因为意外伤害保险本身也有着许多跨越传统的人身险与非人身险分类的特点。比如意外伤害保险虽然因其保险事故的原因划归人身保险属下，但其目的主要是补偿被保险人因意外伤害所蒙受的损失(比如医疗保险金的给付)，而且意外伤害保险的保险金给付一般也依伤情轻重而由低到高(比如残疾保险金的给付)，保险期限较短(以 1 年期的为主)，其经营方式、核算制度与财产保险都十分相似。所以在许多国家，虽然法律规定人身保险与财产保险业务要分开经营，但不论是人身保险人还是非人身保险人都可以经营意外伤害保险。此外人身保险中的意外伤害保险与责任保险中的人身伤害责任保险在保险事故的载体上(都是针对人身伤害或死亡)也有着相似之处，这些都使得意外伤害保险更像是人寿保险、财产保险和人身伤害责任保险等多种险种的中间险种，是一种兼有给付保险与补偿保险性质的保险制度。因此，也有些国家将人身意外伤害保险和健康保险一起称为"第三领域险"。

意外伤害保险既可以单独承保也可以作为人寿保险或是财产保险的附加险种。在保险实务中，有专门经营意外伤害险的保险人，当然更多的意外险业务是由其他保险公司兼营的。一般而言，被保险人在保险有效期间，不论由于一次还是连续多次发生意外伤害事故，保险人都要给付保险金，直到累积给付金额达到约定保险金额，保险责任自动终止，这也是意外伤害保险的优点之一。

四、人身意外伤害保险的分类

(一) 按照所保风险分类

按照所保风险的不同，人身意外伤害保险可以划分为普通意外伤害保险和特定意外伤害保险两类。

1. 普通意外伤害保险

普通意外伤害保险又称一般意外伤害保险或个人意外伤害保险，是指被保险人在保险有效期内，因遭受普通的一般意外伤害而致死亡、残疾时，由保险人给付保险金的保险。它所承保的危险是一般的意外伤害。它通常是一种独立的险种，多采用短期保险的形式，以 1 年或不到 1 年为期，根据保险双方的约定决定保险的内容、保险金额和保险方式。在实际保险业务中，许多具体险种都属于此类意外伤害保险，如团体人身意外伤害保险、个人平安保险等。

2. 特定意外伤害保险

特定意外伤害保险承保的是以"三个特定"(特定原因、特定时间、特定地点)为约束条件的意外伤害保险，其承保的危险是因特定原因造成的意外伤害或特定时间、特定地点遭受的意外伤害。由于"三个特定"是相对于普通意外伤害保险而言的，所以特定意外伤害保险发生保险风险的几率会更大些，这也是其称为特定意外伤害保险的原因。特定意外伤害保险通常需要投保人与保险人特别约定，有时保险人还会要求加收保险费。此类保险承保的意外伤害包括：战争所致意外伤害；剧烈体育运动、危险娱乐运动所致意外伤害；核辐射所致意外伤害，从技术和承保能力上考虑，保险公司一般不予承保核辐射造成的意外伤害；医疗事故造成的意外伤害。这些特定承保的意外伤害可以单独承保，也可以在其他保险单中附加，或者签注特别条款或者出具批单从除外责任中剔除。

(二) 按照保险责任分类

按照保险责任的不同，人身意外伤害保险可以划分为以下四类。

1. 意外伤害死亡残疾保险

意外伤害死亡残疾保险简称为意外伤害保险。此种保险只保障被保险人因意外伤害所致的死亡和残疾，满足被保险人对意外伤害的保险需求。其基本内容是：投保人交纳保险费，被保险人在保险期限内遭受意外伤害并以此为直接原因造成死亡或残疾，保险人按合同规定向被保险人或受益人给付保险金。其保障项目包括意外伤害造成的死亡和意外伤害造成的残疾等两项。因被保险人死亡给付的保险金称死亡保险金；因被保险人残疾给付的保险金则称残疾保险金。此种保险通常作为附加条款附加在主险上，但也有作为单独险种投保的。

2. 意外伤害医疗保险

意外伤害医疗保险是以被保险人因遭受意外伤害，造成死亡或残疾需要就医治疗而发生的医疗费用支出为保险金给付条件的人身保险。意外伤害医疗保险是意外伤害保险的最基本类型。它的保险责任通常规定：被保险人因遭受意外伤害，且在责任期限内，因该意外伤害在医院治疗且由本人支付的治疗费用，保险人应按合同规定进行医疗保险金的支付。通常，被保险人在合同有效期内，不论一次或多次因遭受意外伤害而需要治疗，保险人均要按规定支付保险金，但累计给付医疗保险金不超过保险金额。而且，该种保险通常还对被保险人住院治疗进行住院津贴给付。在此险种中，因疾病所致医疗住院费用等属于除外责任。此险种大多为附加条款附加在主险上。

3. 综合意外伤害保险

综合意外伤害保险是前两种保险的综合。在其保险责任中，既有被保险人因遭受意外伤害身故或者残疾保险金给付的责任，也有因该意外伤害使被保险人在医院治疗所花费的医疗费用的医疗保险金给付的责任。此类保险大多单独承保。

4. 意外伤害误工保险

意外伤害误工保险是指被保险人因遭受意外伤害暂时丧失劳动能力而无法工作，保险人给付保险金的人身保险。它的保险责任通常规定，被保险人因遭受意外伤害造成死亡或残疾达到一定程度，在一定时期内不能从事有劳动收入的工作时，由保险人按合同约定对被保险人或受益人给付停工保险金。该种保险旨在保障被保险人因意外伤害而导致收入的减少，维护被保险人的利益，误工是指保险期内不能从事有劳动收入的工作；而残疾是指永久丧失全部或部分劳动能力。如果残疾是永久性的，则被保险人永久不能从事有劳动收入的工作；如果残疾只是部分丧失劳动能力，则被保险人还可以从事一定的有劳动收入的工作。因此，停工的发生是从被保险人遭受意外伤害时立即开始。而造成残疾与否，则只有在被保险人治疗结束后才能确定。被保险人遭受意外伤害后暂时不能工作期间由保险人支付停工保险金，但一般都规定有保险金的最长给付期；假如已获得停工赔款后转化为残疾或死亡的，被保险人按死亡、残疾的赔付标准获得保险金，但要扣除已获得的停工赔款。

(三) 按照投保方式分类

按照投保方式的不同，人身意外伤害保险可划分为个人意外伤害保险和团体意外伤害保险两类。

1. 个人意外伤害保险

个人意外伤害保险是投保人或被保险人个人购买的保险，其一份保单只能承保一名被保险人，即它是以个人作为保险对象的各种意外伤害保险，如中小学生平安保险、幼儿平安保险、投宿旅客意外伤害保险等。

2. 团体意外伤害保险

团体意外伤害保险是以团体方式投保的人身意外伤害保险，其保险责任、给付方式均与个人投保的意外伤害保险相同。由于意外伤害保险的保险费率与被保险人的职业和所从事的活动有关，因此，团体投保意外伤害保险往往比个人投保更为适合，而且意外伤害保险的保险期限短、保险费低而保障高。在雇主需为员工承担一定事故责任的场合，团体意外伤害保险对雇主更为有利。因此与人寿保险、健康保险相比，人身意外伤害保险最有条件、最适合采用团体投保方式。事实上，意外伤害保险的保单中也以团体意外伤害保险居多，如团体人身意外伤害保险。团体意外伤害保险的保单效力与个人意外伤害保险保单有所区别：在团体意外伤害保险中，被保险人一旦脱离投保的团体，保单效力对该被保险人即刻终止，投保团体可以为其办理退保手续，而保单效力对其他被保险人依然存在。

(四) 按照投保动因分类

按照投保动因的不同，人身意外伤害保险可以划分为自愿性意外伤害保险和强制性意外伤害保险两类。

1. 自愿性意外伤害保险

自愿性意外伤害保险是投保人根据自己意愿和需求购买的各种意外伤害保险。例如中小学生平安险、投宿旅客意外伤害保险，这些险种就是采用家长和旅客自愿投保的形式购买的保险。

2. 强制性意外伤害保险

强制性意外伤害保险是国家通过各种法律法规强制当事人必须参加的意外伤害保险，它是基于国家保险法令的效力而构成的保险双方当事人之间的权利义务关系。例如美国不仅规定在美国国内乘坐飞机的旅客要投航空意外伤害保险，还规定只要经过美国上空的外国飞机的所有乘客也都要投保一定数额的航空意外伤害保险。我国曾经实行过强制旅行意外伤害保险。

另外，按照保险期限分类，人身意外伤害保险还可划分为 1 年期意外伤害保险、极短期意外伤害保险和长期意外伤害保险等，在此就不再逐个介绍。

典型案例

2012 年 4 月 18 日，原告陈某的母亲杨某在平安人寿永川支公司投保了保险金为 200 000 元的平安智胜人身终身寿险(万能型)、保险金为 60 000 元的平安附加无忧意外伤害保险、保险金为 10 000 元的平安附加无忧意外伤害医疗保险，受益人均为陈某。

2016 年 9 月 16 日，杨某患恙虫病到云南省红河州第一人民医院住院治疗，并于次日死亡。云南省红河州第一人民医院出院证暨诊断证明载明，杨某系恙虫病脓毒性休克，多器官功能性不全。居民死亡医学证明书载明，杨某直接死亡原因为脓毒性休克，引起的疾病为恙虫病可能。平安公司以杨某并不被确诊患有恙虫病，且恙虫病属于传染性疾病，根据保险合同 "因疾病所致的伤害不属于保险责任的范围" 约定，即使杨某患恙虫病死亡，也不属于遭受意外伤害死亡，故对陈某要求支付 60 000 元的意外伤害保险金的请求予以拒绝。

永川法院审理认为，依照《中华人民共和国保险法》第三十条的规定，本案中，当双方当事人对 "意外伤害" 的理解产生分歧时，应结合合同的其他条款与案件事实，从保护被保险人的合法利益角度出发综合考虑。根据医学理论，恙虫病的传播媒介为恙螨，如果不被恙螨叮咬，人体本身不会患恙虫病，被保险人杨某在保险合同期间内感染恙虫病而死亡，据此可以认定杨某因恙螨叮咬而患恙虫病进而死亡，属于外来的、突发的、非本意的、非疾病的客观事件，且恙螨叮咬与死亡后果存在直接的因果关系，故平安公司应当根据保险合同的约定进行相应的赔偿，遂判决平安公司支付保险受益人陈某意外伤害保险金 60 000 元。

(资料来源：http://chsh.sinoins.com)

问题

你的观点是什么？试结合本案例分析意外伤害保险的内容。

第四节　健　康　保　险

一、健康保险的概念

人的健康风险主要是指当人们面临疾病、生育或者意外事故时所引发的两个方面的经济风险，一方面需要接受医学治疗从而导致医疗费用的支出；另一方面，由于暂时或永久性丧失工作能力所导致的收入的减少。健康保险正是以这两种风险作为保险责任，主要补偿人们由于身体健康问题所引发的医疗费用和收入损失。因此，健康保险是一种以人的身体为保险标的，当被保险人在保险期限内因疾病、生育或意外事故而发生医疗费用支出和收入损失时，由保险人予以给付保险金的人身保险。

掌握健康保险的含义首先要明确承保的保险事故，然后斟酌承保的危险是否属于保险合同的规定，进而确定保险人是否承担保险责任。因此要把握以下三个要点：

第一，健康保险承保的保险事故。健康保险以人的身体健康为保险标的。与人寿保险以人的生、死为保险事故不同，健康保险的保险事故可以分为疾病、疾病或生育所致残疾、疾病或生育所致死亡。

第二，健康保险承保的危险。健康保险承保的危险是因疾病导致的医疗费用开支损失和因疾病或意外伤害致残导致的正常收入损失。

第三，健康保险的责任范围。概括地讲，健康保险承保的责任范围包括：医疗费用、工资收入损失、业务利益损失、残疾补贴以及丧葬费和遗属补贴等。总体上看，健康保险的承保责任包括两大类：一类是由于疾病导致的医疗费用支出损失，一般称这种健康保险为医疗费用保险；另一类是由于疾病或意外事故致残导致的收入损失。如果被保险人完全不能工作，则其收入损失是全部的；如果只能从事比原工作收入低的工作，那么收入损失是部分的，损失数额就是原收入与新收入的差额。一般称这种健康保险为收入保障保险。

健康保险与意外伤害保险有许多共同之处，国外一般将二者合为一体，统称为健康保险。其实，人身意外伤害保险与健康保险在保险责任上是有区别的：其一是二者虽然都要对被保险人的意外伤害提供保障，但意外伤害保险的保险责任仅限于意外伤害造成的死亡、残疾，其他原因如疾病、生育等引起的残疾、死亡及发生的医疗费用则不属于其责任范围，而属于健康保险的范围。其二是意外伤害保险是向被保险人或受益人给付死亡和残疾保险金，有些意外伤害保险品种可能还会附加给付医疗保险金,但对因意外伤害造成的其他损失(如收入损失)则不属于意外伤害保险的保险责任,而属于健康保险中收入损失的保险责任范围。

二、健康保险的特征

健康保险虽然与人寿保险、人身意外伤害保险同属人身保险的范畴,但健康保险也有许多不同于其他人身保险险种的特点。健康保险的特征,不仅体现在保险标的、保险事故方面,而且体现在健康保险业务的独特性质方面。

(一) 健康保险的保险标的、保险事故具有特殊性

(1) 健康保险的危险具有变动性和不易预测性。健康保险涉及许多医学上的技术问题,尤其是危险的估测、保险费的测定都比较复杂。

(2) 健康保险以人的身体健康为保险标的,以疾病、生育、意外事故等原因造成的残疾、失能和死亡损失及发生的医疗费用为保险事故。

(3) 健康保险是一种综合保险。健康保险的内容广泛而复杂,一般情况下,凡不属于人寿保险、人身意外伤害保险的人身保险都可以归为健康保险。健康保险的保险事故可分为疾病、生育、疾病和生育所致残疾、失能或疾病和生育所致死亡等几类,从而健康保险也可以因此而分为三类。因此,健康保险既是独立的保险业务,又具有综合保险的性质。

(二) 健康保险的经营内容具有复杂性

无论是从健康保险经营内容的整体出发,还是从某一具体的健康保险业务经营内容出发,其复杂性的特征均很明显,主要表现在:承保标准复杂,确定保费的要素复杂,责任准备金的性质复杂,保险金给付基础的多样性。

(三) 健康保险的保险合同具有特殊性

(1) 健康保险具有补偿的特殊性。与人身保险的保险金通常具有的给付性质不同,健康保险支付的保险金具有补偿性质。针对疾病和生育的保险事故的保险金给付,不是对被保险人的生命和身体的伤害进行补偿,而是对被保险人因为疾病或生育在医院医治所发生的医疗费用支出和由此引起的其他费用损失的补偿。

(2) 健康保险一般不指定受益人。

(3) 健康保险合同多为短期合同。

此外,在健康保险合同中,除适用一般人寿保险合同的不可抗辩条款、宽限期条款、不丧失价值条款等条款外,健康保险合同在条款设计上还往往有核保的考虑。因为健康保险是以被保险人的本身利益为目的而投保的,且其承保事故不如人寿保险那么明确,道德危险或危险的逆向选择可能性大,因此在健康保险合同中需要有为核保目的而设计的条款,如既存状况条款、观察期条款、等待期条款、转换条款、体检条款等。

三、健康保险的分类

(一) 按保险保障的内容分类

1. 医疗保险

医疗保险又被称为医疗费用保险,通常是补偿被保险人因为疾病和意外伤害需要接受

医学治疗时所支出的医疗费用，大多采用医疗费报销的形式。

2. 疾病保险

疾病保险是指当被保险人罹患合同约定的疾病时，保险人按照保险金额给付保险金而不涉及被保险人实际支出的医疗费用。常见的疾病保险有重大疾病保险和特种疾病保险。

3. 残疾收入保险

残疾收入保险又被称为失能保险，目的是为了那些因为疾病或者意外伤害不能正常工作而失去原来的工作收入或者收入减少的被保险人提供定期的收入保险金，以满足被保险人在残疾期间的生活费用等支出的需要。

(二) 按照组织性质分类

1. 商业健康保险

商业健康保险是指投保人与保险人在自愿的基础上订立保险合同，当被保险人因疾病、生育、意外伤害而导致死亡、残疾、支出医疗费用或者收入损失时，由保险人承担补偿或者给付保险金的责任。

2. 社会医疗保险

社会医疗保险指国家通过立法形式强制实施的，对劳动者因为患病、生育、伤残等原因支出的医疗费用和收入损失给予补偿的社会保障制度。

3. 管理型医疗保险计划

管理型医疗保险计划是美国健康保险采用的主要形式，它以医疗服务的筹资和医疗服务的提供相结合的系统管理方式，降低医疗保险成本，提高医疗服务效率。管理型医疗保险的组织形式主要有蓝盾、蓝十字计划、医疗保健组织、优选医疗服务组织等。

4. 自保计划

自保计划是指雇主通过全部或者部分自筹资金的方式为其雇员提供医疗保险并且因此承担全部或者部分理赔风险。

(三) 按照投保方式分类

1. 个人健康保险

个人健康保险是指被保险人只有一个人的健康保险。

2. 团体健康保险

团体健康保险是指用一份保单承保一个团体中的全部或者部分成员的健康保障的人身保险。这种保险往往是保险人与雇主或者企业订立的。

本 章 小 结

第一节介绍了人身保险的概念、特征和分类；第二节介绍了人寿保险的概念、特征和分类；第三节介绍了人身意外伤害保险的概念、界定、特征和分类，并对人身意外伤害保险和其他保险进行了对比；第四节介绍了健康保险的概念、特征和分类。

 **案例阅读**

2016 年 7 月 28 日，徐某与某保险公司签订了人身保险合同，投保了某健康保险。2017

年 8 月 12 日,徐某因身体不适经医院确诊为右肺腺癌 IV 期、脑转移癌,随即向保险公司提出理赔申请,公司于 2017 年 9 月 4 日作出理赔决定通知,以徐某投保前未如实告知疾病,违反保险法第十六条规定为由,不予理赔并解除合同。

法院另查明,徐某于 2007 年 9 月至 2016 年 4 月期间六次因急性胰腺炎入某医院住院治疗。同时,徐某签订保险合同、投保单时,均是保险公司业务员帮助其在网上完成,显示其在投保前没有任何疾病。

法院认为,本案为人身保险合同纠纷案件。双方当事人自愿签订人身保险合同,该合同合法有效,双方均应按约履行义务。依据相关规定,认为保险合同中约定的未尽如实告知义务产生后果的条款无效,对保险公司以该条款解除合同的做法不予支持,保险公司应承担给付徐某保险金的责任。法院判决公司赔付保险金 7.5 万元。

争议焦点:

(一)徐某在投保前因胰腺炎住院行为与其投保后被确诊为肺部腺癌并脑转移之间是否存在因果关系。

法院认为,虽然徐某在投保前因胰腺炎多次住院,但投保后经确诊为肺部腺癌并脑转移,系初次发生疾病,符合合同的约定,该病情投保前尚未发生或被确诊。虽然投保人在投保前患有多种疾病,但并不必然导致其患肺部腺癌并脑转移的后果,因此就本案保险合同而言,其仍然是对一种不确定的疾病风险的保障,二者之间很难认定存在因果关系。因此,在实体上,公司的理由及证据不够充分。

(二)保险公司是否可以依据《保险法》第十六条规定,因徐某在投保前患有多重疾病未如实告知的行为不予理赔并有权解除合同。

法院认为,第一,在订立保险合同时,针对被保险人有关情况提出的询问,投保人徐某负有如实告知的义务。因该保险合同采用了格式条款,合同中关于其未尽如实告知义务所产生后果的约定在字体上没有明显、醒目的提示,公司也未提供证明其公司的业务员向其详细说明免责条款及未尽如实告知义务即产生不利后果条款的证据,因此该条内容不对其发生效力。第二,徐某举出的通话录音显示,该保险公司业务员在其投保时,仅询问其"是否住院手术",公司所举证据不足以证明就健康告知事项对徐某已经予以认真询问并已对未尽如实告知义务的后果予以明确说明,故公司不能以徐某未尽如实告知义务为由解除保险合同,而应按照合同约定承担支付保险金责任。

(资料来源:http://chsh.sinoins.com)

问题

试结合本案例分析在投保人身健康保险时应注意的问题。

复习思考题

一、名词解释

人身保险   人寿保险   万能寿险   投资连结保险   意外伤害医疗保险   特定意外伤害保险   健康保险   社会医疗保险   年金保险

二、单项选择题

1. 按(　　)分类，人身保险可分为人寿保险、人身意外伤害保险、健康保险。

A．风险程度　　　B．投保方式　　　C．保险期限　　　D．保障范围

2. 下列描述不属于人身保险特点的是(　　)。

A．人身保险的保险金额是以保险标的价值来确定

B．人身保险的保险金给付属于约定给付

C．人身保险的保险期限具有长期性

D．寿险保单具有储蓄型

三、简答题

1. 人寿保险有哪些品种？各有什么特点？

2. 试述人身意外伤害的构成要素。

3. 人寿保险、意外伤害保险、健康保险三者之间有什么联系与区别？

4. 什么是健康保险？健康保险有哪些主要险种？

四、案例分析

1. 周某于 2015 年 8 月 1 日为自己投保康宁终身重大疾病保险产品，合同生效日期为 2015 年 8 月 21 日，基本保险金额 10 万元。2016 年 7 月 27 日，周某向公司提出理赔申请，称其于 2016 年 4 月 20 日发现甲状腺肿物到河北医科大学第四医院住院治疗，并于 2016 年 4 月 22 日诊断为甲状腺滤泡型乳头状腺癌，向公司申请给付重大疾病保险金 10 万元。

公司理赔人员对被保险人的既往病史情况进行了调查，发现周某于 2016 年 4 月 20 日到河北医科大学第四医院住院治疗的入院记录中记载："现病史：患者一年余前发现颈前肿物，于当地医院行检查，不伴有发热，局部无红肿、疼痛，无声音嘶哑、进食水呛咳、呼吸困难及吞咽困难，也无多汗、易激怒及顽固性腹泻等症。8 个月前就诊于我科，行颈部超声提示甲状腺肿物，建议手术治疗。未行治疗。1 天前患者为行手术治疗而来我院，遂收入院。"

根据《保险法》第十六条之规定，公司对投保人周某未如实告知行为，做出解除保险合同不予给付重大疾病保险金的理赔核定，并向其发送了解除合同通知书和拒付保险金通知书。周某对此理赔核定不予认可，并向法院起诉。

本案中，争议焦点为：周某的行为是否属于未如实告知的情形？公司是否应当向周某给付重大疾病保险金？

有一种观点认为：保险公司辩称周某带病投保，因周某在投保前没有确诊，故不能确定其在签订保险合同前已经患有疾病，被告辩称的原告带病投保的观点不能成立。

另一种观点认为：据周某的入院记录(2016 年 4 月 20 日)，可以证实周某就诊前一年余已发现颈前肿物，并且 8 个月前就诊时医生建议其手术治疗。足以证实周某在投保前对于其甲状腺肿物的事实是了解的，周某在投保过程中，隐瞒了这一影响到保险人决定是否承保以及如何确定保险费率的事实，保险公司要求依据合同约定解除合同的请求成立。

(资料来源：http://chsh.sinoins.com)

你赞成哪种观点？为什么？

2. 2017 年 5 月间，年近 60 岁的游客 A 某在一家 3A 景区旅游期间，私自攀爬景区杨梅树采摘杨梅，压坏了杨梅树而坠亡。A 某家属起诉该景区，索赔 60 余万元。法院审理认

为，A 某作为成年人应当承担主要责任(95%)，景区因为未履行告知义务承担一定责任(5%)，被判赔 45 000 元。

在假定该游客 A 某投保了意外伤害保险的前提下，众多网友以保险是否应当赔偿为题展开讨论。

第一种观点认为，意外险不应当赔偿。意外险是以意外伤害而导致身故或残疾为给付保险金条件的人身保险。该险种具有三层含义：① 必须有客观的、偶然的、不可预见的意外事故发生；② 被保险人必须因为客观事故造成人身死亡或者残疾的结果；③ 意外事故的发生和被保险人遭受人身死亡的结果，两者之间有着内在的、必然的联系。上述案件中，年近 60 岁的 A 某应当预见攀援杨梅树可能发生压坏树枝坠落的危险，其坠亡不是偶然事故，所以，意外险不应当赔偿。

第二种观点认为，意外险应当赔偿。援引第一种观点中对意外伤害保险的解释，结合上述案情，认为游客 A 某作为一名年近 60 岁的成年人，对攀爬杨梅树采摘杨梅的行为比较熟悉，对可能产生的风险后果能够预知。本案中，杨梅树枝折断导致坠落具有偶然性，坠亡是客观后果，所以，意外险应当赔偿。

(资料来源：http://chsh.sinoins.com)

你的观点是什么？原因何在？

第十五章　再　保　险

【学习目标】

熟练掌握再保险的概念及作用，以及再保险和原保险的区别；掌握再保险合同的特点、再保险的买卖主体；了解再保险的业务方式、再保险市场的现状及发展趋势。

案例导入　➡

中再集团为"一带一路"建设"再保险"

2019 年 5 月 9 日，第 213 场银行业保险业例行发布会在京召开，中再集团副董事长、总裁和春雷以"强化再保险责任担当高质量服务'一带一路'建设"为主题，介绍了中再集团作为我国再保险行业的国家队，在服务国家"一带一路"建设的各项举措和落地成果。

和春雷指出，随着"一带一路"建设的不断深入，"走出去"企业急需构建商业化、可持续、完善可靠的海外利益安全保障，中再集团作为国内再保险主渠道和国际市场主要参与者，将不断主动作为、突破创新，持续提升再保险核心服务能力，以产品创新为突破、以平台搭建为重心、以国际网络为依托，为"一带一路"提供全面风险保障。

突出主业　着力创新　全方位提供"一带一路"风险保障

中再集团是为"一带一路"沿线国家提供风险保障最多的中资保险公司之一，每年以首席和主要再保人的身份，通过合约方式为国内保险业参与的绝大多数"一带一路"项目提供稳定、可靠的再保险风险保障，2018 年共为国际市场提供约 3 万亿元人民币的风险保障。

针对中国"走出去"企业痛点，中再集团量体裁衣，创新本土化综合解决方案。2017 年，中再集团推动国内五家领先的安保公司成立"安保共同体"，与"安保共同体"达成独家战略合作，首创"国人国保"综合风险解决方案，重点为中国企业海外员工提供绑架勒索赎金保险保障，以及"国产化"的事前安全防范、事后专业赎金谈判和紧急救援服务，有效满足了中国企业的诉求。

搭建平台　借力科技　全力推进保险业服务"一带一路"基础设施建设

在国内，中再集团积极参与中国银保监会"一带一路"国际保险再保险共同体课题研究，与成员单位一起致力于搭建行业平台，共同为高质量建设"一带一路"提供更稳定可靠的保险保障和更优质的服务。

在海外，中再集团积极参与"一带一路"国际平台建设。2017 年，新加坡"一带一路"联合体正式成立，中再集团新加坡分公司担任管理机构。截至目前，联合体已累计为"一带一路"项目提供人民币 32 亿元风险保障。

针对非洲国家存在多种特殊风险的保障盲点,中再集团推动海外人员医疗健康保障项目,打造"保险保障+医疗健康"服务线上平台("再·医"平台),于 2019 年上半年上线运行,基于此平台开发的"一带一路"专属医疗健康保险产品"国人国医"也已同步推出。

加快国际布局　深化合作网络　全面提升"一带一路"风险保障覆盖能力

作为国际化发展最早、国际化程度最高的中资保险公司之一,中再集团与全球 100 多个国家和地区的 1000 余家保险机构建立稳定的合作关系。中再集团将"全球化"作为整体发展的三大战略支点之一,并将服务"一带一路"建设作为全球化发展的重中之重。

面对高质量建设"一带一路"的新要求,中再集团将全力打造科技化、平台化支撑体系,持续推进全球化发展,提升再保险核心服务能力,与国内兄弟公司、国际合作伙伴携起手来,共同为"一带一路"建设保驾护航。

(资料来源:http://www.chinare.com.cn)

第一节　再保险概述

一、再保险的定义

再保险亦称再保或分保,是转移保险人承担的风险责任的行为或方式。保险人承保业务后,根据风险的大小和自身的能力,将其承担风险责任的一部分转嫁给其他普通保险公司或专业再保险公司,以便分散责任,保证其业务经营的稳定性。这种风险转移方式实际上是对原保险人承担危险的保险。换言之,是对保险的又一次保险,故被称为再保险。

再保险是原保险人与再保险人之间的一种契约关系,通过签订分保条、分保合同摘要表或再保险合同文本,原保险人将其承保风险和责任的一部分转嫁给再保险人,相应支付规定的分保费,再保险人按照再保险合同的规定,对原保险人在原保险单项下的赔款承担补偿责任。由此可见,再保险合同具有经济补偿性质,属于补偿性合同。至于再保险合同的责任额度,其确定方法多种多样,既可以按再保险接受人对每一具体的危险单位或每一次事故来划分,又可根据再保险人在每一业务年度所承担的责任予以规定。

再保险业务的原保险人可称为再保险分出公司、再保险分出人、分保分出公司、分保分出人,通常简称为分出人或分出公司。接受再保险业务的公司可称作再保险接受公司、再保险接受人、分保接受公司、分保接受人,通常简称为分入人、分入公司或再保险人等。

分出人应缴纳的保险费称为分保费。为了补偿再保险业务经营过程中的费用开支,分出人要向分入人收取一定的手续费,这种手续费通常称作再保险手续费、再保险佣金或分保手续费、分保佣金等。

二、再保险与原保险

再保险的基础是原保险,再保险的产生,正是基于原保险人经营中分散风险的需要。因此,保险和再保险是相辅相成的,它们都是对风险的承担与分散。保险是投保人以缴付保险费为代价将风险责任转嫁给保险人，实质是在全体被保险人之间分散风险，互助共济；再保险是原保险人以缴付分保费为代价将风险责任转嫁给再保险人，在它们之间进一步分散风险，分担责任。因此，再保险是保险的进一步延续，也是保险业务的组成部分。

但是，在现代保险经营中，再保险的地位与作用越来越重要，再保险可以反过来支持保险业务的发展，甚至对于某些业务，没有再保险的支持，保险交易难以达成，再保险已成为保险的强力后盾。保险与再保险的关系，可用图 15-1 来说明。

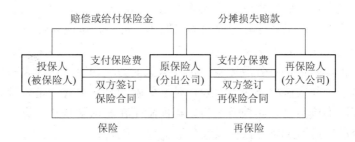

图 15-1　保险与再保险的关系

(一) 再保险与原保险的区别

1. 主体不同

原保险主体一方是保险人，另一方是投保人与被保险人；再保险主体双方均为保险人。

2. 保险标的不同

原保险中的保险标的既可以是财产、利益、责任、信用，也可以是人的生命与身体；再保险中的保险标的只是原保险人对被保险人承保合同责任的一部分或全部。

3. 合同性质不同

原保险合同中的财产保险合同属于经济补偿性合同，人身保险合同属于经济给付性合同；再保险合同全部属于经济补偿性合同，再保险人负责对原保险人所支付的赔款或保险金给予一定补偿。

(二) 再保险的两个重要特点

(1) 再保险是保险人之间的一种业务经营活动。再保险只在保险人之间进行，按照平等互利、互相往来的原则分出和分入业务。原保险人可以充当再保险人，再保险人也可以充当原保险人，它们的法律地位可以互换。但是，再保险人与投保人和被保险人不发生任何业务关系，再保险人无权向投保人收取保险费；同样，被保险人对再保险人没有索赔权；原保险人也不得以再保险人不对其履行赔偿义务为借口而拒绝、减少或延迟履行其对被保险人的赔偿或给付义务。

(2) 再保险合同是独立合同。再保险合同是在原保险合同的基础上产生的，没有原保险合同就不可能有再保险合同。但是，再保险合同与原保险合同在法律上没有任何继承关系，因为保险与再保险没有必然联系，除法定再保险成分外，是否再保险，分出多少业务，由原保险人根据自己的资产和经营状况自主决定。所以，再保险是一种独立性的保险业务，再保险合同也独立于原保险合同。

三、再保险与共同保险

所谓共同保险，是指由两家或两家以上的保险人联合直接承保同一保险标的、同一保险利益、同一风险责任而总保险金额不超过保险标的可保价值的保险。共同保险的各保险人在各自承保金额限度内对被保险人负赔偿责任。

共同保险往往是在保险标的风险或保额巨大时，一家保险公司承保能力有限，由投保人同时与数家保险公司协商建立联合的保险关系，如农业保险、卫星保险均可采用这种承保方式。它是保险人为增强承保能力而自动采取的一种联合承保方式。

共同保险举例如图 15-2 所示。

共同保险与再保险均具有分散风险、扩大承保能力、稳定经营成果的功效。但是，二者又有明显的区别。共同保险亦属原保险，是原保险的特殊形式，是风险的第一次分散，因此，各共同保险人仍然可以实施再保险。再保险是在原保险基础上进一步分散风险，是风险的第二次分散，可通过转分保使风险分散更加细化。

比较而言，共同保险有其局限性，一是要求共同保险的保险人必须在同一地点；二是手续繁琐，投保人必须和每一个共同保险人商议有关保险事项，而保险人之间的商议也辗转费时。而再保险则不受限制，且运用方便。因此，保险经营中采用再保险比采用共同保险要普遍得多。当今社会由于保险标的的价值和保额不断增加，保险的需求也不同，在保险市场中，将共同保险与再保险结合运用，可以使风险分散更加彻底。

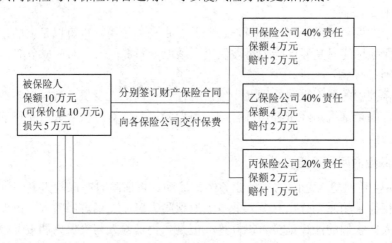

图 15-2　共同保险中的联合承保

四、再保险与重复保险

重复保险亦称双重保险。被保险人若就同一保险标的或保险利益同时向两个或两个以上的保险公司投保相同危险的保险单，在其保险期限相同的范围内，使其保险金额的总和超过了保险标的的可保价值，这种情况则称为重复保险。出现重复保险的情况虽然比较罕见，但因工作的疏忽有时也难免发生。例如，某外商曾委托其中国代理人在我国购买了一批高级地毯和壁毯，并在中保财产保险有限公司投保了海洋货物运输保险，由于联系脱节，该外商本人又同时向国内另一家保险公司投了保，这样就出现了重复保险。

在重复保险的情况下，被保财产若发生保险事故造成的损失，应由承保公司按照其保险金额与保险金额的总和的比例分摊赔偿责任，但赔偿总金额以保险标的的实际价值为限(在定值保险的情况下为保险标的的保险价值)，这样规定的目的是为了避免道德风险。如果再保险合同涉及保险标的的重复保险，再保险接受人只承担分出公司的分保限额部分。至于赔款支付，需根据再保险的安排方式而定。

第二节　再保险的作用

再保险的基本职能是分散风险。原保险人为了避免承保的标的遭受巨大损失，或因灾害频繁发生影响其正常顺利的经营，需要将自己承保风险的一部分转嫁给其他保险人。通过再保险将许多保险人的承保力量集合在一起，实际上起到了联合聚集保险资金的作用，这不仅为保险业本身所需要，而且为社会各界以至各国政府所关注和支持。综观再保险方方面面的意义，现从以下方面予以阐述。

一、对原保险人而言

(一) 扩大承保能力

保险公司是经营被保险人转嫁的各类风险的企业。然而，就个别风险而言，有其偶然性，很难预测发生的规律。但对同类的事故经过长期的数据积累和分析研究，可以找出比较接近的危险发生频率。这种"大数法则"是近代保险事业赖以建立的数理基础，依此可以将个别危险单位遭受损失的不确定性变为多数危险单位可以预知的损失，使保险费率的确定比较合理，从而保证保险费收入足以补偿损失。根据大数法则，经营风险的保险企业，只有大量地接受风险，才能平衡风险责任，增加保费收入，稳定业务成绩。

可是保险公司的承保能力，又受其资本和准备金等自身财务状况的制约。资本较小的保险公司难以参加巨额的保险业务，即使资力雄厚的保险企业，其承保能力也不是无可限量，尤其是面临巨额风险的投保，更是如此。保险企业在大量承保业务的过程中，保险金额往往参差不齐，有时悬殊，尤其是承保金额过大的保险标的，又会影响经营的稳定性。对原保险人来说，这不仅是一种冒险行为，也是法律所不允许的。

为了保护被保险人的利益，世界上许多国家都在保险法或有关法令中明文规定，如保险企业的最低资本额和每笔保险业务，或每一危险单位的最高自留额，不得超过其资本加总准备金的一定比。因为超过该限度，其赔付能力则被视为潜伏危机，一旦发生特大赔案，被保险人可能因为保险公司失去偿付能力而得不到补偿。

因此，保险企业若根据其自身的资本金，业务的发展亦受到法律的限制，但在计算保费收入时可以扣除付给再保险接受人的分保费。至于分保费的外流，可以通过分入再保险加以弥补，所以，原保险人在向再保险人治分业务时，经常要求对方提供回头业务作为互惠，业务交换的结果使原保险人在不增加资本金的情况下，就可以扩大承保能力，增加保费收入。

(二) 稳定经营成果

保险费率是保险商品的价格，主要由纯保险费率和附加保险费率两部分组成。前者亦称基础费率，是保险企业经营保险商品的主要成本率。通过纯保险费率征集纯保险费，用于保险契约规定的责任补偿给付，主要包括未来补偿给付的预期值以及预期补偿给付与实际补偿给付可能偏差的安全加成。后者构成保险公司的费用成本，用作弥补保险公司经营业务的各项开支，譬如行政管理费、营销费、经纪费、代理费以及利税等。保险、再保险学术界称此为给付与对待给付平准原则。

作为经营类似风险的保险企业，在经营业务的过程中，决定业务成绩的主要因素是保险费的收入和赔偿额的支出。如果赔款和其他费用大大超过其保费收入，就要出现严重亏损；反之，倘若赔付率甚低，就会出现巨额盈余。而各年度的赔付率往往会变化较大，有时很难做出准确的预测，因此，保险公司的经营成果难以保持相对稳定。

通过再保险，可以减少这种波动，其原理也是基于大数法则，即通过再保险分散风险的职能，在风险管理中予以适当运用。确切而言，保险公司通过大量接受业务，稳定其经营结果。正如德国著名学者李克斯所论断："保险单位越多，保险额越均衡，或然率与实际越接近。"从中国人民保险公司、中国太平洋保险公司和中国平安保险公司的发展即可看出这种趋势。

(三) 增加积累

对分出公司来说，由于购买再保险，故在正常年份理应付出适当的再保险费；但同时因为有再保险作支柱，扩大了承保能力，又可增加保险费的收入；另外，作为无形贸易的再保险，如同有形贸易一样，有来有往，即有出有进，通常不存在单方面只进不出或只出不进，也就是说如果担心分出再保险可能导致分保费的外流，可以通过分入再保险的分保费予以弥补，这种辩证关系已被日趋增多的精明保险人所运用。保险企业通过分散风险，广接业务，自然可以积累一定数额的保险基金，一旦遇到特大自然灾害或意外事故的亏损年份，便可利用积累的平衡利润予以调剂补偿。再保险是分出公司增加收入的一个途径，其手段主要有：收取分保手续费，提留保费准备金，利用分保费给付时差增值，扩大对外联系，引进先进保险技术。

二、对再保险接受人而言

(一) 以营利目的分担分出人风险

再保险人接受分出人的业务，是友好合作的表示，双方之间的分保业务关系是建立在平等互利的基础之上的。再保险人参与分保的立足点之一是增加收入，其原理主要基于以下两方面。

1. 收取再保险费

再保险业务的做法是，分出人将自己承保风险和责任的一部分转嫁给再保险人，相应支付规定的分保费；再保险接受人按照再保险合同的规定，对分出人在保险承保范围内的赔款承担补偿责任。就某一合同或某一业务年度而言，其经营结果有其偶然性，但从若干再保险合同和几个业务年度的平均值来看，保险费的总收入应该大于赔款补偿的总支出，即使在目前保险、再保险业竞争激烈的情况下亦如此。基于这种原理，再保险人通过大量接受分保业务是有经济效益的。

2. 利用收与支的时差使分保费增值

临时再保险和非比例分保业务的账单编制发送一般都比较及时，因此，即使发生赔款，通常要有几个月甚至长达一年的给付时间差,这样,再保险接受人可以利用这种收入与支出的时间差使分保费增值。

(二) 稳定经营成果

保险企业经营再保险业务,通常遵循分入分保和分出分保相结合的经营原则,即既有分入再保险又有分出再保险的经营方针,通过大量的分入和分出业务,使其损失在更大范围内平衡,以使经营成果保持相对的稳定性。

(三) 学习他人经验并了解市场信息

分出公司洽分业务时,通常要提供有关原始保险的资料数据,诸如保险条款、费率、承保条件等,再保险人一方面可以利用原保险人的经验和技术来考虑是否参加,同时还可以从再保险业务中学习分出人的经验和核保技术,以便办理同类业务时予以借鉴参考,不断提高自身的承保能力和水平。另外,在再保险业务交往过程中,通过函电、互访等方式,可以互通信息,及时了解国际分保市场的新行情。

三、对被保险人而言

(一) 简化手续、节约开支

保险公司是经营风险的企业,为了迎合保户的需要,通常都要组织安排不同险别和不同方式的再保险合同,以便将其承保的业务随时放入其内。所以,被保险人若有风险需要投保,特别是若有巨额标的,如大型客机需要投保,不必与若干保险人洽谈投保事宜,一家保险公司就可解决其难题,这样就可简化手续,节省支出。

(二) 增加安全保障

保险契约是投保人和保险公司当事人双方为实现保险目的的保障,是明确双方权利和义务的协议,一经签订,双方必须遵守。然而,有时某些非人为的难以控制的客观因素,不能确实保障保险事故发生时,保险公司一定能够赔偿,例如保险公司丧失偿付能力、破产,保险人所在国发生战争、政府外汇管制等情况。有了再保险,保险赔款可通过若干再保险接受人分摊,因此,被保险人增加了安全保障,对保险公司更加放心。

四、对国家而言

(一) 为国民经济的发展积聚资金

自然灾害或意外事故的发生往往是无法预料的,如2008年汶川大地震造成的伤亡与经济损失,因而保险的赔款是一个不确定的或然因素。为了开展业务,再保险必须积累充分的准备金,以应付各种难以预料的巨灾事故的损失,其数额往往要比资本金的数额大得多。这些巨额准备金加之再保险人的自由资本,不管其社会制度如何,均可适当地运用于国民经济建设中。

(二) 促进各国的保险、再保险业的健康发展

世界各国通过国际范围内的分出、分入再保险,可以开展技术交流,互通有无,友好协作,互相学习,引进保险、再保险先进技术,进而增进国际经济事务往来,促进本国保险、再保险事业的健康发展。所以,目前不少国家,尤其是某些发展中国家的政府为了取

得国内某些重大建设项目和新险种便于向国际市场进行分保，正在竭力支持国内保险公司开展国际再保险业务交往。

(三) 为外贸、旅游服务

随着世界贸易和航运事业的发展，进出口货物在频繁运输过程中可能会遭遇各种各样的自然灾害和意外事故，无论是海运、陆运还是空运，货物运输保险已经成为国际贸易中买卖双方利益的可靠支柱和保障，一旦发生保险范围内的损失，保户可以从保险公司那里得到补偿。因此，货物运输保险和运输工具保险对国际贸易和航运事业来说是必不可少的，作为保险的支柱和后盾的再保险，其身份自然可想而知。又由于再保险业务的广泛开展需要国际间的频繁互访，这无疑会给旅游业的繁荣带来益处。

典型案例 ///

从天津港危化品爆炸案看再保险的必要性

2015 年 8 月 12 日发生在天津港的特别重大爆炸安全事故除了造成超过 170 人丧生、约 730 亿元的直接经济损失之外，也成了 2015 年保险市场的最大赔案，据权威机构统计，中国、韩国、日本、瑞士等再保险公司遭受了巨额亏损。以其中较为出名的苏黎世保险举例，因为其在该赔付中遭受了巨大损失，前 CEO 自杀身亡，并且该公司不得不放弃收购在英国上市的 RSA 保险集团的计划，损失很大。此案件受损汽车的主要承保公司是人民保险、苏黎世保险，还有阳光保险和渤海保险。这些公司的规模大实力强，损失固然对公司财务状况造成不利影响，但不会太大。对于一个系统较为完善的保险公司，在承保时，他们应该预想到发生的最坏的结果，所以将自己所承担的风险通过再保险的方式分散出去，即使获得的利润会有所降低，但是将自身所承担的风险均匀地摊到整个行业，无疑会使得整个行业的稳定性更高，偿付能力更加稳定。以轰动世界的 911 案件为例，事故发生之突然、赔付数额之大超出了大多数人的预期，但是在赔付过程中，并没有出现赔付突然停止的事件，这正是因为再保险分摊了风险的原因。

(资料来源：万子奇.从天津港危化品爆炸案看再保险的必要性[J]. 全国流通经济，2018(16)：65-66.)

 问题

试结合本案例分析再保险的作用。

第三节　再保险合同

一、再保险合同的概念

(一) 再保险合同的定义

再保险合同又称分保合同。它是分出公司和接受公司为实现一定经济目的而订立的一种在法律上具有约束力的协议。再保险合同规定了再保险关系双方的权利和义务，双方必须遵守并互相约束。具体而言，分出公司必须按合同的规定将其承担的保险责任风险的一部分或全部分给接受公司，并支付相应的再保险费；接受公司向分出公司承诺对在其保险合同项下所发生的对被保险人的赔付，将按照再保险合同的条款和应由其负责的金额给予经济补偿。

(二) 再保险合同与原保险合同之间的关系

再保险合同是以原保险合同为基础的合同，同时又是脱离原保险合同的独立合同。

(1) 再保险合同是以原保险合同的存在为前提的，主要表现在以下两方面：

第一，再保险合同的责任、保险金额和有效期均以原保险合同的范围和有效期为限。

第二，原保险合同解除、失效或终止，再保险合同也随之解除、失效或终止。

(2) 再保险合同在法律上是独立的合同。虽然再保险合同源于原保险合同，但并不是原保险合同的从属合同，两者在法律上是各自独立的合同。

我国《保险法》第二十九条指出："再保险接受人不得向原保险的投保人要求支付保险费。原保险的被保险人或者受益人，不得向再保险接受人提出赔偿或者给付保险金的请求。再保险分出人不得以再保险接受人未履行再保险责任为由，拒绝履行或者迟延履行其原保险责任。"

由此可以看出，再保险合同有自己的双方当事人，即原保险人和再保险人；原保险合同中的一方当事人被保险人并不是再保险合同的主体。在权利与义务等价方面，原保险合同的被保险人不能直接向再保险合同的再保险人请求保险金赔偿，他们之间不直接产生权利义务关系；反过来，再保险人也不得向原保险合同投保人请求交付保险费。原保险人不得以再保险人不履行再保险给付义务为由，拒绝或延迟其对被保险方的赔付或给付义务。

二、再保险合同的主体

再保险合同的主体是再保险合同的当事人，再保险合同的当事人包括再保险的分出公司和接受公司，即原保险人和再保险人。在再保险合同订立过程中，再保险的关系人起着重要的作用。再保险的关系人是指再保险的中介人，即再保险经纪人。再保险经纪人是在分出公司和接受公司之间起媒介作用的中间商。它们通常不承担保险责任，只是为再保险合同双方当事人提供信息传递，或代表分出公司或分入公司与对方洽商合同条件等服务，并收取一定数额的手续费。

三、再保险合同的客体

再保险合同的客体是再保险标的，是再保险合同当事人权利和义务共同指向的对象。再保险合同的标的是分出公司根据原保险合同承担的风险责任。由于原保险人对保险标的所具有的经济利益关系是构成再保险合同的有效条件，再保险合同实际保障的是原保险人对保险标的的存在所具有的利益，即保险利益，所以再保险合同的客体也可称为再保险的保险利益。

四、再保险合同的内容

再保险合同的内容是指再保险合同当事人权利和义务关系的总和，它以再保险合同条款的形式予以载明，由法律确认并保证其实施。在法律关系中，权利与义务一般都具有对应性。在再保险合同中，原保险人的权利与义务自然与再保险人的义务与权利联系在一起，反之亦然。再保险合同的内容包括：保险人的权利与义务和再保险人的权利与义务。

五、再保险合同适用的原则

原保险合同必须遵循最大诚信原则、保险利益原则和损失补偿原则，这些基本原则也同样适用于再保险。这三项基本原则不是各自孤立的，而是彼此联系、相互依存的。

(一) 最大诚信原则

最大诚信原则的核心是履行告知义务。原保险人履行告知义务是再保险合同成立的基本条件，也是再保险人进行风险估算的依据。另外，从法律观点而言，原保险人履行告知义务是保持再保险合同当事人之间平衡地位的要求。

(二) 保险利益原则

原保险合同要求投保人或被保险人对保险标的具有保险利益，再保险合同也要求原保险人对再保险标的具有保险利益。再保险合同的保险标的是保险人在原保险合同项下所承担的赔偿责任。原保险人对保险标的的存在或灭失具有经济补偿与否的利害关系，这种经济利益就是再保险的保险利益。

再保险利益的限度是再保险的责任金额，在比例再保险中表现为再保险金额，在非比例再保险中则是按保险损失金额计算的金额。

(三) 损失补偿原则

在直接保险业务中，损失补偿原则仅适用于财产保险，人身保险合同是给付性的。损失补偿原则是指保险人对于被保险人的赔偿不得超过保险标的的实际损失，被保险人不能由于保险人的赔偿而额外获利。保险赔偿的宗旨是使被保险人恢复到损失发生前的状态。

在再保险合同中，由于保险标的是原保险对被保险人的损失赔偿或给付责任，所以损失补偿原则不仅适用于财产保险分保合同，也同时适用于人身保险分保合同。在再保险合同中，损失补偿原则要求再保险人的赔偿责任以原保险人的实际损失为最高界限，即原保险人不能获得超过其实际损失的赔偿。

第四节　再保险的业务方式

自留额和分保额是再保险的核心因素，决定着再保险方式。再保险方式通常分为两种，一种是根据保险金额的比例来分摊原保险责任的再保险方式，称之为比例再保险；另一种是以赔款额为基础分担原保险责任的再保险方式，称之为非比例再保险。其中每一种类型的再保险还可以作进一步划分。

一、比例再保险

比例再保险，也称金额再保险，是以保险金额为基础确定原保险人自留额和再保险人分保额的再保险方式。在比例再保险中，原保险人的自留额和再保险人的分保额都表现为保险金额的一定比例，双方保险责任按原保险人的自留额或再保险人的分保额在原保险总保额中所占的比例分摊,并根据这个比例进一步划分双方应得的保费和承担的赔款。比例再保险的基本原则是:保额、保费、赔款均按同一比例在原保险人和再保险人之间进行分摊。比例再保险又具体分为成数再保险、溢额再保险以及成数与溢额混合再保险三种形式。

(一) 成数再保险

1. 成数再保险概述

成数再保险,也称比率再保险或定额再保险,是指原保险人将每一风险单位的保险金额,按照约定的比率分保给再保险人的再保险方式。按照成数再保险方式,再保险合同中所规定的比例是原保险人与再保险人分割保险金额的依据,也是双方分割保险费和分摊保险赔款的依据。

在成数再保险合同中,对再保险人的数量一般没有限制,各个再保险人接受的份额也不必相同,但分出公司的自留比例一般较高,约在40%～50%之间。

由于成数再保险对每一风险单位均按约定的固定比率分配责任,所以在遇到巨额风险责任时,原保险人和再保险人承担的责任仍然很大。为使再保险双方的责任控制在一定的范围内,在成数再保险合同中对每个风险单位或每一张保单都规定了最高责任限额,在这个限额内,按事先确定的比例分担责任。一旦保险金额超过这个限额,超额部分需要寻求其他方式处理。

【例 15-1】 假设一份成数再保险合同规定每一风险单位的最高限额为100万美元,自留比例为40%,分出部分为60%,当遇到不同的保险金额时,合同双方当事人的责任分配情况如表15-1所示。

表 15-1 有限额的成数再保险 (单位: 万美元)

保险金额	自留部分(40%)	分出部分(60%)	其他方式
50	20	30	0
100	40	60	0
150	40	60	50
200	40	60	100

本例中,保险金额不足或等于100万美元时,双方按比例分摊;一旦超过100万美元,双方以100万美元为基础按原定比例分摊,超过部分通过其他方式处理,如果找不到其他方式,超过部分归原保险人承担。

2. 成数再保险的计算

有关成数再保险的责任、保费和赔款的分配计算通过下面例题加以说明。

【例 15-2】 假定某分出公司组织一份海上运输险的成数再保险合同,规定每艘船的合同最高限额为1000万美元,分出公司的自留额为40%,即400万美元,分出部分为60%。即600万美元。这个总再保险额要分别分给若干家甚至数十家再保险分入公司。因此,每一家分入公司所接受的责任为1000万美元中的一定百分比例。例如,甲公司接受5%,为50万美元;乙公司接受10%,为100万美元;丙公司接受15%,为150万美元等等。有时合同以分出总额作为100%来确定分入公司承担的责任。如本例分出总额为600万美元,甲公司接受5%为30万美元,乙公司接受10%为60万美元,丙公司接受15%为90万美元等等。一旦各公司承担责任的百分比确定,则保费和赔款就按相应百分比来确定,如表15-2所示。

表 15-2　成数再保险计算表　　　　　　　　(单位：万美元)

风险单位	总额(100%)			自留(40%)			分出(60%)		
	保险金额	保费	赔款	自留款	自留保费	自负赔款	分保额	分保费	摊回赔款
1	200	2	0	80	0.8	0	120	1.2	0
2	400	4	10	160	1.6	4	240	2.4	6
3	600	6	20	240	2.4	8	360	3.6	12
4	800	8	0	320	3.2	0	480	4.8	0
5	1000	10	0	400	4.0	0	600	6.0	0
总计	3000	30	30	1200	12	12	1800	18	18

3. 成数再保险的特点

(1) 合同双方利益一致。由于原保险人和再保险人对每一风险单位的责任均按事先约定的比率承担，不论业务大小、质量好坏、经营结果的盈亏，原保险人和再保险人均不能改变分保比率，必须共同承担。这样，合同双方存在真正的共同利益，合同双方的命运自始至终是联系在一起的，利害关系一致。在各种再保险方式中，成数再保险是原保险人与再保险人双方利益完全一致的唯一方式。

(2) 手续简化，节省经营费用。采用成数再保险方式，不论保险责任的分担，还是保费和赔款的分配都按照事先约定的比例计算，因此业务操作程序简化，节省人力、物力和管理费用。

(3) 缺乏灵活性。成数再保险过于僵化，缺乏弹性。由于成数再保险的比率是固定不变的，对于原保险人而言，不论业务好坏都要按比例分出，所以优良的业务不能多留，较差的业务不能少留，相当于放弃了自留额的决定权。同样道理，再保险人对于风险大的保险业务，也不能减轻责任，必须按约定的分保比率接受。所以，成数再保险在操作上缺乏灵活性。

(4) 不能均衡风险责任。由于成数再保险合同双方的责任是按保险金额的一定比率来划分的，因此，原保险人和再保险人的责任会因每个风险单位的保险金额不同而不同，随保险金额的提高而增大。如果原保险合同的保险金额不均匀，成数再保险仍然不能使风险责任均衡化，尤其对巨额风险的分散作用非常有限。因此，成数再保险合同需要结合其他再保险形式，才能彻底分散风险。

成数再保险容易操作的特点决定了它多用于新公司、新业务。新建立的保险公司由于对分析风险责任缺乏经验，往往采用成数再保险，从而可以从再保险人那里获得技术上的帮助。对于新开办的险种，因为缺乏实际操作经验和统计资料，多用成数再保险进行分保。有一些险种，如航空险、汽车险，风险程度高，赔偿频繁，利用成数再保险可以发挥其手续简便、确保双方利益一致的优势。

(二) 溢额再保险

1. 溢额再保险概述

溢额再保险，是指原保险人将每一风险单位的保险金额超过约定自留额的部分分给再保险人的再保险方式，保险金额超过自留额的部分称为溢额。按照溢额再保险方式，原保险人事先确定一个自留额，再保险人以自留额的一定倍数(或称线数)约定分保限额。如果某一风险单位的保险金额在约定的自留额之内,原保险人就不需办理再保险,而当保险金额超过约定的自留额时,原保险人将超过部分分给再保险人。溢额再保险业务中,根据自留额、分保额和保险金额可以算出原保险人的自留比例和再保险人的分保比例,其后保费和赔款金额依据该比例在原保险人和再保险人之间分配和分摊。与成数再保险事先确定自留比例不同的是,溢额再保险中原保险人事先确定的是自留额,即自留额是固定不变的,而原保险人的自留比例却随着原保险业务中保险金额的变化而变化。

再保险人承担溢额不是无限制的,为了控制累积风险的发生,再保险人会对溢额分保合同规定一个限度,仅承担限度以内的保险责任。溢额再保险合同的最高限额通常是自留额的一定倍数(或称线数),最高限额是自留额的几倍就称为几线。例如再保险合同的限额为 10 线,则表示再保险人承保的金额最高是原保险人自留额的 10 倍,这样的合同称之为10 线的合同。溢额再保险业务中,随着承保业务保险金额的增加,或是基于业务发展的需要,原保险人有时需要设置多层次的溢额,依次称为第一溢额、第二溢额等。当第一溢额的分保限额不能满足原保险人的业务需要时,则可组织第二甚至第三溢额,作为第一溢额的补充,直至将溢额部分全部分保出去。通过多层溢额的设置,不仅原保险人将承保责任控制在一定范围之内,再保险人也有效地控制了风险责任,各保险人的保险责任均衡化,风险由此也被平均化。

2. 溢额再保险的计算

有关溢额再保险的保险责任、保费和赔款的计算通过下面例题说明。

【例 15-3】 假定某保险人与再保险人分别签订了两份货运险溢额再保险合同,风险单位按每一船每一航次划分。原保险人自留额为 10 万美元,第一溢额合同限额为 10 线(即100 万美元),第二溢额合同限额为 15 线(即 150 万美元)。假设保费收入按保险金额的 1%收取。则原保险人与各再保险人之间有关保险责任和保险费的分配以及赔款的分摊计算如表 15-3 所示。

表 15-3 分层溢额再保险计算表 (单位:万美元)

	风险单位	1	2	3	4	合计
总额	保险金额	5	50	200	250	505
	保险费	0.05	0.5	2.0	2.5	5.05
	赔款	0	1	2	10	13
自留部分	自留额	5	10	10	10	35
	自留比例	100%	20%	5%	4%	
	自留保险费	0.05	0.1	0.1	0.1	0.35
	自负赔款	0	0.2	0.1	0.4	0.7
第一溢额	分保额	0	40	100	100	24
	分保比例	0	80%	50%	40%	
	分保费	0	0.4	1.0	1.0	2.4
	摊回赔款	0	0.8	1.0	4.0	5.8
第二溢额	分保额	0	0	90	140	230
	分保比例	0	0	45%	56%	
	分保费	0	0	0.9	1.4	2.3
	摊回赔款	0	0	0.9	5.6	6.5

3. 溢额再保险的特点

(1) 可以灵活确定自留额。溢额再保险不同于成数再保险，原保险人可以根据业务的种类、质量、金额大小以及自身的财务状况确定相应的自留额，由此可以自主把握责任限额。凡在自留额以内的业务，全部由原保险人自留，不必分出。如果业务质量好，自留额可确定大一些；如果质量差，自留额可确定小一些。自留额确定适当，不仅可以使原保险人承保较多数量的业务，而且可以使保险金额均匀化，提高业务的整体质量，增强经营的稳定性。溢额再保险的原保险人和再保险人在利益上存在差异，一般对原保险人较为有利。

(2) 对大额业务的处理较有弹性。溢额再保险对大额业务可安排不同层次的溢额，即原保险人在安排第一溢额再保险合同以外，还可安排第二、第三溢额再保险合同。这样原保险人可不必为遇到超限额险的分保问题而担忧，又可以保留限额以内的业务，处理上较有弹性。

(3) 手续繁琐，费时费力。溢额再保险中，原保险人对于不同的业务要确定不同的自留额，并根据不同的分保比例逐一计算分保费和摊回赔款，其账务处理和统计方面比较繁琐，需要严格的管理和相当的人力，经营费用要高于成数再保险。

溢额再保险是实际中运用得较为广泛的一种再保险方式。对于风险小、利益优厚的业务，原保险人往往通过溢额再保险获得充足的保费收入；对于保险金额高低不均匀的业务，也往往采用溢额再保险来均衡保险责任。海上保险、火灾保险均采用溢额再保险方式。

(三) 成数和溢额混合再保险

成数再保险和溢额再保险是比例再保险中最为基本和常见的两种方式，在实际应用中，二者可以组织在一个再保险合同内，称为成数和溢额混合再保险。成数和溢额混合再保险是指将成数再保险和溢额再保险结合起来，签订一个合同，以成数再保险的限额作为溢额再保险的起点，在此基础上确定溢额再保险限额的再保险方式。成数再保险和溢额再保险的混合使用，可以集中发挥成数再保险和溢额再保险的优点，具体运用中又分为成数之上的溢额合同、溢额合同之内的成数合同两种再保险合同形式。

【例 15-4】　一份分保比例为 80% 的成数再保险合同，最高责任额为 100 万美元。在此基础上另订一溢额再保险合同，其责任限额为成数部分最高责任额 100 万美元的 2 倍，即当某一业务的保额超过 100 万美元时，超过部分在 200 万美元以内由溢额合同处理。混合分保中责任的分割如表 15-4 所示。

表 15-4　成数、溢额混合再保险计算表　　　(单位：万美元)

保险金额	成数合同		溢额合同分保额
	自留额	分保额	
50	10	40	0
100	20	80	0
250	20	80	150

成数、溢额混合再保险由于其实务计算较繁杂，一般只适用于转分保业务和海上保险业务的特殊情况。当组织成数合同支付保费较多，或者组织溢额合同保费和责任欠平衡时，可采用该方式协调各方矛盾。

二、非比例再保险

非比例再保险，又称为损失再保险或超过损失再保险，是以赔款额为基础确定原保险人自负责任额和再保险人分保责任额的再保险方式。当原保险人的赔款超过约定的额度或标准时，其超过部分由再保险人在一定的额度或标准内负责。非比例再保险的基本特征是：赔款、保费在再保险人与原保险人分配上没有固定的比例关系，原保险人和再保险人按照事先约定的分担方式分摊赔款额，再保险费按照单独的费率计算。非比例再保险可以分为三种形式：险位超赔再保险、事故超赔再保险以及赔付率超赔再保险。

(一) 险位超赔再保险

险位超赔再保险又称普通超赔保险，是以每一风险单位所发生的赔款为基础来确定原保险人自负责任额和再保险人分保责任额的再保险方式。如果发生的赔款在自负责任额之内，则由原保险人自行赔付；如果发生的赔款超过原保险人的自负责任额，则由再保险人对超过部分在一定限额内进行赔付。假设原保险人的自负责任额为 100 万美元，再保险人承担的最高责任额为 500 万美元，则表述为"超过 100 万美元以后的 500 万美元"。

在一次风险事故中，可能不止一个风险单位遭受损失，险位超赔再保险对赔款的偿付分两种情况。一种是按风险单位分别计算，对每一个风险单位赔款的超额部分都由再保险人承担，没有总额限制；另一种是设定事故限额，即对一次事故的赔偿规定一个最高限额，一般为原保险人自负责任额(险位限额)的 2～3 倍。如果在限额之内仍不能满足各风险单位的赔偿总和，多出部分由原保险人承担。

【例 15-5】 有一笔超过 50 万美元以后的 150 万美元的险位超赔再保险合同，其险位限额为 50 万美元。当风险事故发生后，无事故限额和有事故限额(假设为 150 万美元)时的赔款分摊情况如表 15-5 和表 15-6 所示。

表 15-5 无限额险位超赔赔款分摊表 (单位：万美元)

风险单位	赔款	原保险人承担额	再保险人承担额
1	100	50	50
2	150	50	100
3	80	50	30
总计	330	150	180

表 15-6 有限额险位超赔赔款分摊表 (单位：万美元)

风险单位	赔款	原保险人承担额	再保险人承担额
1	100	50	50
2	150	50	100
3	80	50 + 30 = 80	0
总计	330	180	150

上例中，若事故限额为 150 万美元，则再保险人对风险单位 3 的赔款不再分摊，其中80 万美元的损失全部由原保险人负担。

运用险位超赔再保险可以控制原保险人对每一风险单位的自负责任，使每次赔款成本得到限制，适用于一般性保险业务。

(二) 事故超赔再保险

事故超赔再保险又称为巨灾超额再保险或异常灾害再保险，是以一次事故中所发生的总赔款为基础来确定原保险人自负责任额和再保险人分保责任额的再保险方式。事故超赔再保险中，不论一次事故中涉及的风险单位有多少，保险金额有多大，只要总赔款是在原保险人自负责任限额内，就由原保险人自行赔付。当总赔款超过原保险人的自负责任额时，超过部分由再保险人负责赔付至一定额度。

事故超赔再保险责任的划分，关键在于界定"一次事故"。当发生灾害后，如果总划分为一次事故，那么全部赔款都按照事故超赔再保险合同约定的比例分摊，超过再保险人责任限额的部分由原保险人负担；如果划分为数次事故，针对每次事故的赔款分别按照合同约定的比例分摊，由于此种方式下，一次赔款超过再保险人责任限额的可能性较小，因此相对于总划分为一次事故而言，赔款更多地由再保险人分担。事故超赔再保险业务中，再保险合同通常订有"时间条款"，以此作为划分"一次事故"的标准。例如规定台风、飓风、暴风连续 48 小时内为一次事故，地震、洪水连续 72 小时内为一次事故。有的再保险合同还有地区规定，以作为"一次事故"的判断标准。

事故超赔再保险主要针对巨灾事故，事故一旦发生，损失额都比较大，为了避免风险集中，事故超赔再保险经常采取类似于溢额再保险的分层安排方式。在事故超赔分层再保险中，第一层的起赔点是原保险人的自负责任额，第二层的起赔点(或称基数)是第一层起赔点和再保险责任额的合计，第三层的起赔点是第二层的起赔点与再保险责任额的合计，以下各层依此类推。

【例 15-6】　　一笔 100 万美元的事故超赔再保险业务分三层安排：

第一层为超过 10 万美元的 20 万美元，表示发生事故后原保险人负担 10 万美元赔款，赔款超过 10 万美元的部分由第一层再保险人承担，但最多负担 20 万美元。

第二层为超过 30 万美元的 30 万美元，表示总赔款超过 30 万美元的部分由第二层再保险人负担，但最多偿付 30 万美元。

第三层为超过 60 万美元的 40 万美元，表示总赔款超过 60 万美元的部分由第三层再保险人负担，但最多偿付 40 万美元。

因此，在这笔 100 万美元的事故超赔再保险业务中，原保险人和第一、第二、第三层再保险人分摊的赔偿金额分别为 10 万美元、20 万美元、30 万美元、40 万美元。

事故超赔再保险方式在火灾保险、海上保险、责任险、汽车险和意外伤害险等方面广泛运用，主要是作为比例再保险方式的补充，防备异常灾害损失。

(三) 赔付率超赔再保险

赔付率超赔再保险又称为停止损失再保险或损失中止再保险，是以某一业务在特定时期内的赔付率(赔款与保费的比例)为基础来确定原保险人自负责任额和再保险人分保责任额的再保险方式。具体而言，再保险双方当事人在合同中约定一个赔付率数值，如果一定时期内(如一年)实际赔付率低于约定的赔付率，再保险人不承担赔付责任；如果高于约定的赔付率，则超出部分至一定赔付率或金额由再保险人负责。

【例 15-7】　　有一份赔付率超赔再保险合同，赔付率标准为 80%，再保险人的责任限额为 40%。这表示当赔付率在 80% 以下时，所有赔款由原保险人承担，当赔付率超过 80%

并小于 120% 时，超过 80% 的部分由再保险人承担。如果总赔款金额经过再保险人分摊后仍不能全部偿付，剩余部分由原保险人负担。假设净保费收入为 100 万美元，则不同赔款额的分摊如表 15-7 所示。

表 15-7　赔付率超赔再保险赔款分摊表　　　（单位：万美元）

赔付款	赔付率	原保险人分摊额	再保险人分摊额
50	50%	50	0
120	120%	80	40
150	150%	80 + 30 = 110	40

上例中，当净保费收入为 10 万美元时，再保险人赔款数额主要取决于 80% ～120% 赔付率范围之间的损失，即原保险人负担 80 万美元以内的赔款，再保险人在此基础上最多负担 40 万美元，超出部分仍由原保险人负担。

赔付率超赔再保险主要适用于单位损失金额不大但损失频率较高，或者损失较集中、累积责任沉重的业务，如农作物的雹灾险等。

三、比例再保险与非比例再保险的比较

比例再保险和非比例再保险是两种基本的再保险方式，二者具有一定的区别。

第一，比例再保险中，原保险人和再保险人以保险金额为基础划分保险责任，并根据各自承担责任额的比例分配保费和分摊赔款；非比例再保险以赔款金额为基础，根据赔款总额的大小划分原保险人和再保险人各自的保险责任，与保险金额无关。

第二，比例再保险中，原保险人和再保险人在保险金额基础上按照一定比例分担保险责任，保费的分配和赔款的分摊也按该比例进行；非比例再保险中，再保险人不按照一定比例分担保险责任，只有当原保险人的赔款超过一定标准时才担负其再保险责任，其中保费和赔款的分摊比例是不确定的。

第三，比例再保险中，再保险费按照原保险费率来计算，属于原保险费的一部分，并且与自身承担的保险责任成比例；非比例再保险中，费率的计算与原保险费率没有关系，采取单独的费率制度，制定较为复杂，且随条件的变化而具有不稳定性。

第四，比例再保险通常有再保险佣金的规定；而在非比例再保险中，再保险人不必支付再保险佣金。从这个角度看，比例再保险对原保险人较为有利，因为再保险人分摊了相当的业务费用；相反，非比例再保险对原保险人较为不利，原保险人的费用负担相对较重。

附：对于比例再保险与非比例再保险之间的不同，我们可用表 15-8 来进行比较。

表 15-8　比例再保险与非比例再保险的比较

类别 项目	比例再保险	非比例再保险
责任基础	保险金额	损失金额
双方责任	按比例分担	不按比例分担
再保险费率	同原保险费率	单独费率制
再保险佣金	有	无
责任准备金	提存未满期责任准备金	不提存未满期责任准备金
赔款的偿付	账户处理按期结算	现金偿付
合同期限	不约定期限	约定期限

第五节　再保险市场

一、再保险市场概述

(一) 再保险市场的定义

市场是商品和劳务进行交易的场所，即由供求关系决定价格和进行交易的地方。保险是一种无形商品，故保险市场是被保险人和保险人双方自由做出决定建立保险业务关系的行为空间。同保险一样，再保险也是一种无形商品，再保险市场就是这种特殊商品交换关系的总和。

再保险市场是保险市场发展的产物，两者紧密相连，互相支持和依存。就狭义而言，再保险市场是分出分保和分入分保交易的场所，是原保险人和再保险人等关系方自由做出决定建立再保险业务关系的空间。再保险市场在保险界的习惯概念系指众多保险商和中介人与客户集中经营再保险业务的城市，如伦敦、纽约和东京等再保险市场。

保险市场的交易基础是坚持诚信原则，通常是由保险公司的业务人员作为个别市场的参加者直接与客户建立和保持密切的联系。保险人和再保险人双方在再保险市场的友好接触也非常重要，对原保险人洽分的业务，再保险人都要进行全面的了解、分析和判断；而分出人也有义务对其提供详情。所以，再保险市场也是分出人和再保险人以及其他有关方友好合作的领域、空间和场所。

从广义上讲，再保险市场则不仅仅局限于再保险的交易，还体现着一种交换关系。从某种意义上来说，由于再保险具有融资职能，即保险公司作为金融机构的组成部分，利用保费准备金的扣留或再保险费给付的时间差等，或将保险基金存入银行，或直接投资和放款，以便进行增值，故再保险市场亦可谓金融市场一个必要的组成部分。

(二) 再保险市场的环境

再保险市场的环境，应该包括国际环境和国内环境。其中，国内市场环境主要有五方面的内容：竞争环境、经济环境、社会环境、技术环境、法律环境。

(1) 竞争环境。从竞争环境的结构上看，存在四种基本的市场模式：自由竞争、垄断竞争、寡头垄断、垄断，其竞争特征如表15-9所示。从竞争层次上看，竞争可依次分为四个层次：第一层次为需求竞争；第二层次为类别竞争；第三层次为产品形式竞争；第四层次为品牌竞争。

(2) 经济环境。经济环境主要考虑经济发展水平、经济增长速度、通货膨胀率、景气循环等等。

(3) 社会环境。社会环境包括人口状况、传统文化、民俗等。

(4) 技术环境。技术环境主要包括以下一些内容：产品发展、管理、客户服务、信息、人才。

(5) 法律环境。法律环境有两个目的：一是维护商业竞争的秩序；二是保护消费者。在法律环境方面，存在两大法系，即英美法系和大陆法系，各国所采用的法系不同，其保险市场的结构也不一样。采用英美法系的国家主要是说英语的国家和与英美有特殊关系的国家和地区；采用大陆法系的国家所用语言多种多样。由于英语在世界上的普及率相当高，因此英美法系的影响也在扩大。

表 15-9　不同市场类型下的竞争环境比较

市场类型 项目	市场结构类型			
	自由竞争	垄断竞争	寡头垄断	垄断
公司数量	很多	多	少数	很少
竞争程度	很强	强	弱	很弱
市场壁垒	几乎没有	多	一些	少数
销售集中程度	很低	低	高	很高
产品差异	无显著差异	相似、显著差异	相似、显著差异	无选择余地
促销重要性	重要	很重要	很重要	不重要
销售方式影响力	有一点	有一些	相当大	可以控制
价格影响力	大	很大	最大、避免竞争	大
监管强度	很弱	弱	强	很强
行业自律	很强	强	弱	很弱
主要销售渠道	经纪人、直销	直销、中介人	代理人、直销	直销

(三) 再保险市场必须具备的条件

再保险市场只有具备一定的条件，才能形成一个完善的再保险市场。以下是再保险市场形成所必须具备的几项基本条件：

(1) 比较稳定的政局。

(2) 比较健全的法律体系。

(3) 保险业务量大，需要再保险支持。

(4) 现代化的通信设备和信息网络。

(5) 具有再保险专业知识和实务经验的专业人员。

(6) 金融市场活跃，资金运用自由。

(7) 出入境限制少，可发挥国际间的交流作用。

(8) 交通便利，易于进行面对面的交易。

(四) 保险市场的服务水平

保险市场的主角是供、需双方，但是现代保险市场离不开为交易双方提供服务的各种机构。通常我们所说的保险服务主要是保险中介，包括保险经纪人、代理人、公估人等。事实上保险市场所需要的保险服务远不止这些，还应该包括法律、金融、会计、信息、精算、防灾减损、信用调查、侦探服务等，它们是保险市场不可缺少的要素，是现代保险市场的重要标志。

(五) 保险市场的运行要素

保险活动场所、保险活动中心和以保险活动为中心枢纽所组成的保险活动网络构成了保险市场的运行要素。

二、再保险市场的分类

再保险市场的类别，按照不同的分类标准，主要有下述三种分类：

第一，以再保险市场的范围来分，可分为国内再保险市场、区域性再保险市场和世界再保险市场。伦敦是世界上最大的世界再保险市场之一。

第二，以再保险方式来分，可分为比例再保险市场和非比例再保险市场。伦敦的超赔分保市场是典型的非比例分保市场。

第三，以再保险险别来分，可分为人身险再保险市场、火险再保险市场、水险再保险市场、航空险再保险市场、责任险再保险市场等。

三、再保险市场的构成

再保险市场是由再保险的买方、卖方和再保险经纪人所组成的。

(1) 再保险的买方。再保险商品的买方有直接承保公司、专业再保险公司、国家再保险公司、专属保险公司、劳合社承保人和再保险联营组织等。

(2) 再保险的卖方。再保险商品的卖方有专业再保险公司、兼营再保险业务的保险公司、国家再保险公司、劳合社承保人和再保险联营组织等。

(3) 再保险经纪人。再保险经纪人是再保险分出公司和接受公司建立再保险关系的中介人。再保险交易之所以通过再保险经纪人中介，主要是因为再保险经纪人的独特作用和其提供的良好服务。再保险分出公司和接受公司都比较信赖再保险经纪人，往往与再保险经纪人有长期的合作和友好的私人关系，他们认为再保险经纪人熟悉国际市场的行情，有专业知识和实务经验，能够为他们提供更好的再保险计划和条件，比他们自己直接交易更有利。再保险经纪人不仅为分出公司和接受公司建立再保险关系起连接作用，而且还为双方提供服务。再保险经纪人要将再保险接受公司的资信情况告知分出公司，同时也要将分出公司分出风险的实情告知接受公司。再保险经纪人在分出公司的授权下向接受公司支付再保险费。在赔款发生时，受分出公司的委托，及时向接受公司收取赔款。在必要之时，也可以代表接受公司支付赔款。另外，还向分出公司提供互惠交换业务等。再保险经纪人根据提供的多种多样服务，分为很多种类型，其中有综合经纪人、伦敦市场经纪人、劳合社再保险经纪人、国际经纪人、临时分保经纪人、专属保险公司经纪人等。

四、再保险市场的供求关系

再保险市场的供求关系是非常复杂而松散的，可分基本市场和特殊市场来加以说明。

基本市场一般是比较稳定的，例如海上保险和财产保险业务基本上发展稳定，供求比较协调。

特殊市场对再保险人而言，既有吸引力，也让人担心，例如大地震分保业务、核电站保险的分保业务等。

五、再保险市场的特点

(1) 再保险市场是国际保险市场的重要组成部分。再保险作为一种特殊形态的保险，有着直接保险无法比拟的优越性，因此，作为国际保险市场的一部分，再保险市场有着特殊的功效。在再保险市场上，全世界的保险人可以充分地安排分保，确保业务的稳定性。如果离开了再保险市场，保险人在开展业务时会过多地考虑资金与风险平衡的问题，从而限制保险业务的发展。所以，虽然再保险市场是从保险市场发展而来的，但绝不只是保险市场的简单延伸，而是国际保险市场的重要组成部分。

(2) 再保险市场具有广泛的国际性。虽然在世界上有许多区域性(甚至国内)再保险市场，但每一项大额业务的分保，几乎都要从一个市场向另一个市场分保或转分保，即再保险业务本身具有的国际性，决定了再保险市场的广泛国际性。

(3) 再保险市场交易体现了保险人和再保险人的合作精神。再保险市场的交易基础是互相信任，一般的趋势是由保险公司依靠工作人员作为个别市场的参与者与顾客建立和保持密切的联系。在保险人和再保险人之间，双方的良好接触起着决定性作用。对承保的风险和对风险的判断、鉴定都需要全面的直接了解，掌握第一手材料。对于签订长期的再保险合同，分出人往往在订约前或订约后，要对可能发生的技术问题、市场问题，与分保接受人进行磋商。所以，再保险交易在某种程度上也是一种合作经营。这个特点与再保险市场的广泛国际性联系起来，就要求广泛的国际联系和信息交流。

目前，国际市场一个值得注意的趋势是，市场接近于当地和建立信息中心。有许多大的经纪人、专业再保险公司到新加坡等地设立机构或区域机构，或成立联络处，这样便于沟通信息，节约费用，更重要的是了解当地市场，便于和分出公司联系。

六、世界主要再保险市场

(一) 欧洲再保险市场

欧洲各国的再保险主要是由专业再保险公司及一些实力较强的大公司承担和安排的。欧洲再保险市场的特点是完全自由化、商业化，竞争很激烈并且逐步从不很重要的位置变得在世界市场中举足轻重。在国际上最大的 20 家经营再保险业务的保险和再保险公司中，欧洲市场就有 7 家。欧洲各国对保险都有严格的立法及管理办法，但是国家不进行行政干预，也没有关于法定分保的规定。

1. 伦敦再保险市场

伦敦市场是以劳合社为主，众多保险公司并存，相互竞争，相互促进，完善有序的市场。

(1) 伦敦保险协会再保险市场(ILU)。伦敦保险协会承受业务可经由保险经纪人中介，也可直接承受，较之业务来源偏重经纪人的劳合社而言自由得多。伦敦保险协会的组成分子各有其不同的核保规则及限额，并不相互交换经验。

劳合社及伦敦保险协会市场的特性：劳合社及伦敦保险协会均为超大型的再保险市场，拥有巨大的承保能量，对全球各地提供可靠的再保险服务。

(2) 伦敦再保险经纪人。再保险经纪人居于保险公司与再保险公司之间担任中介角色，由于经纪人的中介，交易得以达成。

(3) 伦敦再保险联营组织(集团)。再保集团实际上是劳合社及伦敦保险协会市场内的另一种较小的再保市场，这些再保险人为了承保特定的业务而成立了集合体。

2. 德国再保险市场

欧洲再保险市场主要由专业再保险公司构成，其中心在德国、瑞士和法国等。欧洲大陆有世界上最大的两家再保险保障公司——德国慕尼黑再保险公司和瑞士再保险公司。欧洲大陆最大的再保险中心是德国，在世界前 15 家最大的再保险公司中，德国占了 5 家。德国的再保险市场很大程度上是由专业再保险公司控制的，直接再保险公司做再保险的业务量很有限。

3. 瑞士再保险市场

欧洲大陆第二大再保险中心是瑞士。瑞士稳定的社会和经济，成熟的金融业和自由的法律环境，特别是苏黎世金融机构的发展，瑞士法郎的持续坚挺，资金流动和交换无限制，使瑞士成为国际保险和再保险的中心。

(二) 北美再保险市场

1. 纽约再保险市场

美国作为世界再保险最发达的国家之一，其再保险市场已越来越为人们所瞩目。美国保险市场广大，其保费收入几乎占全球保费收入的一半。其再保险市场的发展偏重于业务交换、共同保险和联营方式，与伦敦再保险市场有很大差别。

2. 百慕大保险市场

百慕大保险市场一直是以自保为中心的市场，在新注册的公司中，几乎一大半是属于专属保险公司，它首先推出的离岸落户保险、管理以及金融再保险等均走在世界自保市场的前列。百慕大的特殊环境、浓郁的商业气氛、雄厚的经济实力和健全的服务配套，是国际保险和再保险公司在百慕大落户的主要因素。

(三) 亚洲再保险市场

这几年似乎有一种共同的趋势，就是各区域都正在形成新兴的再保险市场中心，如阿拉伯的巴林，亚洲的新加坡、韩国，大洋洲的澳大利亚等。这些新兴再保险市场比较西方发达国家规模都不算大，但是它们富有生气，这几年发展迅速，前景引人瞩目。

(四) 其他再保险市场

1. 澳大利亚再保险市场

澳大利亚位于太平洋西南部与印度洋之间，四面环水，风景优美，自然资源丰富，但因受亚热带高气压及飓风的影响，灾害发生比较频繁。第二次世界大战后，其保险业在金融部门中发展最快，目前已成为主要保险市场之一。澳大利亚现有非寿险公司 121 家，再保险公司 26 家，分属 18 家集团，其中较大的有"综合集团"，主要经营亚洲地区的水险业务，1995 年净保费收入 5 亿美元，列世界第 42 位；悉尼再保险公司，属 QBE 集团公司成员，专门做再保险业务，在亚太、欧洲及北美地区设立有分公司；QBE 集团公司 1973 年起成为股票上市公司，由昆士兰(Queensland)保险有限公司、银行家和贸易商保险有限公司、公平生命和综合保险有限公司三家公司合并而成，从事国际保险和再保险业务，在 20 个国家设有分公司，1992 年保费总收入 10 亿澳元；此外，新南威尔士州的保险局自 20 世纪 90 年代初也开办了再保险业务，特别加强了与境外市场的分保业务往来。澳大利亚的再保险市场规模不大，大多数再保险公司只经营国内的分保业务，1989 年再保险收入仅为 6.26

亿澳元。由于自然灾害较多，且全部澳洲业务保费量有限，因此购买巨灾超额赔款保障的费用越来越高，有的甚至达到 25%。现在在世界再保险市场比较活跃的 QBE 集团，正在努力探索开展亚太地区和国际再保险业务关系。

2. 亚非再保险市场

亚非再保险市场虽处于发展阶段，但其发展的速度很快，市场潜在规模大，尤其是东南亚市场的崛起，更使得欧美公司虎视眈眈。由于保险行业在亚非大部分国家中都是刚刚起步或起步较晚的新兴行业，保险行为及竞争在很多国家都还不成熟，因此，在大部分亚非国家都通过再保险方面的立法，来保障众多保单持有人的利益及维护保险公司在公众中的形象。

本 章 小 结

再保险亦称再保或分保，即转移保险人承担的风险责任的行为或方式。保险人承保业务后，根据风险的大小和自身的能力，将其承担风险责任的一部分转嫁给其他普通保险公司或专业再保险公司，以便分散责任，保证其业务经营的稳定性，这种风险转移方式实际上是对原保险人承担危险的保险，换言之，是对保险的又一次保险，故被称为再保险。

再保险的基本职能是分散风险。原保险人为了避免承保的标的遭受巨大损失，或因灾害频繁发生影响其正常顺利的经营，需要将自己承保风险的一部分转嫁给其他保险人，通过再保险将许多保险人的承保力量集合在一起，实际上起到了联合聚集保险资金的作用，这不仅为保险业本身所需要，而且为社会各界以及各国政府所关注和支持。

再保险合同又称分保合同。它是分出公司和接受公司为实现一定经济目的而订立的一种在法律上具有约束力的协议。再保险合同规定了再保险关系双方的权利和义务，双方必须遵守并互相约束。

自留额和分保额是再保险的核心因素，决定了再保险方式。再保险方式通常分为两种，一种是根据保险金额的比较来分摊原保险责任的再保险方式，称之为比例再保险；另一种是以赔款额为基础分担原保险责任的再保险方式，称之为非比例再保险，其中每一种类型的再保险还可以作进一步划分。

市场是商品和劳务进行交易的场所，即由供求关系决定价格和进行交易的地方。保险是一种无形商品，故保险市场是被保险和保险人双方自由做出决定建立保险业务关系的行为空间。同保险一样，再保险也是一种无形商品，再保险市场就是这种特殊商品交换关系的总和。

案例阅读 ///

再保险行业的区块链技术应用研究与展望

区块链技术是分布式数据存储、点对点传输、共识机制、加密算法等传统计算机技术的综合性创新应用模式，被认为是信息互联网向价值互联网时代转型升级的底层技术基础设施。区块链技术具有的去中心化、防篡改、智能合约、可追溯等特性，不仅是增强交易互信、降低交易成本的"利器",而且可能成为行业模式转型创新的"助推器"。

再保险是一类重要的保险服务产业。再保险公司之间存在复杂的分保以及转分保关系,合同金额巨大,合同条款复杂,标准化程度较低,数据及交易安全性要求高,交易效率和模式创新空间较大。

区块链技术在提升传统再保险交易效率方面有潜在影响。区块链技术的使用,可以实现数字化再保险交易,且无须中间机构认证,简化再保险业务与合同管理模式,交易各方信息交流将更为透明、通畅,从而实现降本增效作用,有助于提升再保险业务信息交换能力,推动再保险资产交易数字化、智能化发展,改进再保险服务质量和效率,促进再保险业务创新发展。基于区块链技术,构造更加快速、高效、精准的再保险业务平台,不仅可增强全行业的风险认知,有咨询机构测算区块链应用还可帮助再保险行业节约50亿美元~100亿美元的成本。

区块链技术对于传统再保险商业模式有潜在颠覆性影响。区块链技术带来平台化效应。区块链技术的引入将随着上链的再保险市场主体越来越多,可能会呈现越发明显的"平台化效应",很可能打造出再保险新生态系统。有人对此进行预测:一是依托区块链技术形成的行业性再保险交易平台,将对传统再保险市场形成一定替代作用;二是长期看,直保企业借助区块链技术的点对点传输的去中心化能力,在打造行业性风险分散网络的同时,传统的以再保险人为主导的服务模式面临一定挑战。

区块链有利于推动保险行业回归保障和转型发展。现阶段,以区块链技术为代表的保险科技风起云涌,在引领再保险行业转型升级和提升客户体验方面作用日益突出,不仅有利于推进保险行业供给侧改革,而且有利于再保险更好地服务于保险行业的高质量发展,如推动保险业供给侧改革,促进保险业回归保障;助推保险业转型发展,助力保险整体效率提升;推动监管科技升级,促进保险行业规范发展。

我国再保险行业加快区块链技术研究与应用呈现提速之势。在应用层面,2018年6月,国内主要再保险公司、互联网保险公司及技术公司联合发布了我国首个经过实验验证的再保险区块链指导性纲要——《再保险区块链(RIC)白皮书》,上海保险交易所正在建设区块链业务平台——"保交链",相关保险机构也在拓展这方面的应用。在技术层面,相关互联网技术公司已开发再保险区块链技术平台。虽然目前区块链在技术层面还不成熟,离大规模应用还有一定距离,但我国保险行业应高度关注行业布局,通过颠覆性技术应用实现弯道超车。

(资料来源:官兵,邢云飞.再保险行业的区块链技术应用研究与展望[J].清华金融评论,2018(08): 99-102.)

复习思考题

一、名词解释

再保险　　共同保险　　重复保险　　比例再保险　　成数再保险　　溢额再保险
非比例再保险　　事故超赔再保险

二、单项选择题

1．比例在保险是以(　　　)为基础来确定分出人与接受人的责任额的再保险方式。

A．保险期限　　　B．保险赔额　　　C．保险费　　　　D．保险金额

2．再保险双方在合同中约定保险金额的分配比率，将每一危险单位的保险金额，均按照约定的比例在保险双方进行分配的再保险方式是(　　　)。

A．溢额再保险　　　　　　　　　B．险位超赔再保险

C．事故超赔再保险　　　　　　　D．成数再保险

三、简答题

1．试述再保险与原保险的联系与区别。

2．试述再保险与重复保险、共同保险的区别。

3．重复保险的情况下，被保财产若发生保险事故造成损失，承保公司应该怎么赔偿？

4．试述再保险对原保险人的作用。

5．试述再保险合同适用的原则。

6．试述比例再保险与非比例再保险的区别。

7．试述险位超赔再保险与事故超赔再保险的区别。

8．试述再保险市场具备的条件。

四、论述题

近年来，上海再保险中心建设不断取得突破性进展，2018 年 8 月 8 日，上海保险交易所国际再保险平台正式上线。2018 年 12 月 20 日，中国(上海)自由贸易试验区第九批创新金融案例发布，涉及金融开放、金融市场、金融业务和保险业务四个方面共计 15 个案例，其中，"上海保险交易所国际再保险平台上线"入选为金融市场创新典型案例。

试分析我国再保险市场的发展现状。

五、计算题

1．有一超过 150 万元以上 280 万元的火险险位超赔合同。假设在一次事故中有四个危险单位遭受损失，损失金额分别为 220 万元、350 万元、500 万元和 650 万元，如果每次事故总赔款没有额度限制，求每个危险单位分别对应的分出公司承担赔款和分入公司承担赔款。

2．假定超额赔付率再保险合同规定，赔付率在 70% 以下由分出公司负责，超过 70% 至 120% 由分入公司负责，并规定 60 万为限额。分出公司当年净保险费收入为 100 万元，已发生赔款为 135 万元，请计算分出公司和分入公司的赔偿金额。

3．某溢额再保险合同规定，分出公司的自留额为 50 万元，分保额为"五线"。分入公司的最大接受额是多少？如果发生 400 万元的赔款，计算分入公司和分出公司分别应该承担多少赔款。

4．假设有一个超过 200 万以后 2000 万元的巨灾超赔合同分为三层，第一层再保险人承保超过 200 万元以后的 500 万元；第二层再保险人承保超过 700 万元以后的 500 万元；第三层再保险人承保超过 1200 万元以后的 1000 万元。发生一次火山爆发持续 4 天(96 小时)，合同规定一次事故时间限制为 48 小时，并规定一次责任恢复。该事故共损失 2200 万元，其中前 48 小时损失额为 600 万元。试计算原保险人和各层再保险人各自该承担的赔款额。

5．某分出保险公司组织一份海上货物运输险临时成数分包合同(时间为 9 个月)，险种

为海洋货物运输一切险，规定每艘船合同最高保额为 3200 万元，费率为 0.3%。现在 2011 年 1 月 3 日、2011 年 3 月 5 日及 2011 年 4 月 7 日分别有三船货物从欧洲运来，a 船货物保额为 1700 万元，b 船货物保额为 2200 万元，c 船货物保额为 2900 万元。分出公司自留额每船 700 万元，余额分出。现有 4 家分入公司接受分出业务，其分配为 A 公司 15%，B 公司 20%，C 公司 25%，D 公司 40%，忽略分保佣金。

(1) A、B、C、D 分保公司应得的 a/b/c 三船货的分保金额及净保费是多少？

(2) 假定 a/b/c 三船货物保险保单额每次事故免赔额分别为 2500、3000、5500 元，c 船途中曾发生火灾，损失为 120 000 元，请问 A/B/C/D 分保公司分担的赔款各为多少？

第三篇

保险经营与监管

第十六章　保险产品的设计与定价

【学习目标】

了解市面上常见的保险产品的设计原理及费率的厘定原则；掌握基本的费率厘定的计算方法。

案例导入 ➡

推进"保险+"助力健康中国战略实施

中国太保旗下中国太保寿险依托专业子公司太平洋医疗健康管理有限公司，积极推进"保险+"生态圈建设，实现健康产业合作、健康管理、管理式医疗、大数据与保险的有机融合，助力"健康中国"战略全面落实，为实现人民美好生活贡献力量。

"保险+健康管理"创新服务全民健康

2019 年 4 月，中国太保寿险推出健康管理服务品牌"太保妙健康"，为客户提供"保险+健康管理"一揽子健康管理方案，依托专业的数据采集、数据挖掘、数据运营能力，搭建数字化移动健康管理平台，从健康干预入手，通过实时追踪、持续的干预和服务引导客户养成健康的生活方式。中国太保寿险的首款健康互动保险计划——"太保妙健康·惠计划"和"太保妙健康·享计划"一经推出，便引发了行业的广泛关注，该款健康互动保险计划的最大亮点在于，基于可穿戴设备和体征数据表现，为客户提供个性化的健康管理方案，既能帮助保险公司降低风险，又能引导用户养成良好的行为习惯，将"保险+健康管理"服务落到实处。

"保险+管理式医疗"助推深化医改

中国太保寿险积累了 20 余年社商合作医保业务的经营实践，在确保高质量经办承办服务的基础上，探索推出"医保+管理式医疗"整体解决方案，贯穿筹资、支付、服务各个环节，推出智能审核系统、智能监控系统、一站式结算、智慧长护系统等多项管理式医疗工具，助力构建"医疗、医保、医药"三医联动的新生态。其中，智能审核系统通过对医疗保险进行实时监控、智能分析、预警稽核等功能，实现对浪费、滥用、欺诈医保基金等不合理行为的筛查和监控，截至目前审核金额近 4 百亿，在助力医保基金管理效率提升方面发挥了良好作用。

"保险+大数据"赋能整体服务能力提升

中国太保寿险提供智能化、定制化的大数据技术应用方案，赋能公司整体服务能力迭代升级。例如公司自主研发的精准核保模型，可以实现风险的精准识别和鉴定，从而改变传统保险的精算定价和风险管控方式：一方面可以甄别高风险人群，降低赔付损失；另一方面也可以实现核保效率提升，优化客户体验。公司自主研发的"健康风险评分"模型工具则能够帮助保险公司优化产品设计，优化产品精算定价模型，开发多元、灵活、受众和场景具体的保险产品。

（资料来源：http://insurance.hexun.com）

 问题

试思考保险产品的设计应该遵循的原则。

第一节　保险产品概述

一、产品的基本含义

产品是指能够提供给市场，被人们使用和消费，并能满足人们某种需求的任何东西，包括有形的物品，无形的服务、组织、观念或它们的组合。产品一般可以分为三个层次，即核心产品、形式产品、延伸产品。核心产品是指整体产品提供给购买者的直接利益和效用；形式产品是指产品在市场上出现的物质实体外形，包括产品的品质、特征、造型、商标和包装等；延伸产品是指整体产品提供给顾客的一系列附加利益，包括运送、安装、维修、保证等在消费领域给予消费者的好处。

有人把产品理解为商品，其实这是不确切的。产品和商品的区别在于，商品是用来交换的产品，商品的生产是为了交换，而当一种产品经过交换进入使用过程后，就不能再称之为商品了；当然，如果产品又产生了二次交换，那么在这段时间内，它又能被称之为商品了。

产品的分类方法多种多样。根据消费者的购买习惯分类，产品可以分为便利品、选购品、特殊品（指消费者愿意多花时间和精力去购买的物品）和非渴求物品（指消费者不了解或即使了解也没有兴趣购买的产品）四类。

二、保险产品

（一）保险产品的基本含义

保险产品是保险公司为市场提供的有形产品和无形服务的综合体。保险产品在狭义上是指由保险公司创造、可供客户选择在保险市场进行交易的金融工具；在广义上是指保险公司向市场提供并可由客户取得、利用或消费的一切产品和服务。进一步讲，保险产品是由保险人提供给保险市场的，能够引起人们注意、购买，从而满足人们减少风险和转移风险，必要时能得到一定的经济补偿需要的承诺性组合。从营销学的角度讲，保险产品包括保险合同和相关服务的全过程。

保险产品的这个定义有四层意思：能引起人们注意和购买；能转移风险；能提供一定

的经济补偿；是一种承诺性服务组合。因此，保险产品的真正含义是满足消费者保障与补偿的需要。保险产品保障被保险人在发生不幸事故时仍能拥有生活下去的基本条件，并能使人们以最小的代价获得最大的经济补偿。

一种产品要能够在市场上顺利流通，必须既有一般产品的共性，又有其特殊性。理想的保险产品，既要满足保险服务提供者的需要，又要满足保险服务需求者的需要。因此，优良的保险产品还应具有以下条件：是被保险人真正需要的；能保证被保险人的利益不受侵害；费率合理公正，能令双方接受。

(二) 保险产品的特性

保险也是一种商品，既然是商品，它也就像一般商品那样，具有使用价值和价值。保险商品的使用价值体现在，它能够满足人们的某种需要。例如，人寿保险中的死亡保险能够满足人们支付死亡丧葬费用和遗属的生活需要；年金保险可以满足人们在生存时对教育、婚嫁、养老等所用资金的需要；财产保险可以满足人们在遭受财产损失后恢复原状或减少损失程度等的需要。同时，保险产品也具有价值，保险人的劳动凝结在保险合同中，保险条款的规定，包括基本保障责任的设定、价格的计算、除外责任的规定、保险金的给付方式等都是保险人智力劳动的结晶。但是，与一般的实物商品和其他大众化金融产品相比，保险商品又具有自己的特点。

1. 与一般实物商品比较

(1) 保险产品是一种无形商品。实物商品是有形商品，看得见，摸得着，其形状、大小、颜色、功能、作用一目了然，买者很容易根据自己的偏好，在与其他商品进行比较的基础上，做出买还是不买的决定。而保险产品则是一种无形商品，投保人只能根据很抽象的保险合同条文来理解其产品的功能和作用。由于保险商品的这一特点，它一方面要求保单的设计在语言上简洁、明确、清晰、易懂；另一方面要求市场营销员具有良好的保险知识和推销技巧，否则，投保人是很难接受保险产品的。

(2) 保险产品的交易具有承诺性。实物商品在大多数情况下是即时交易。例如，消费者到商店去购买电视机，当他做出购买的决定以后，这个消费者一手交钱，商店一手交货，这笔交易就完成了，也可以说，就这个商品的交易来看，该消费者与商家的关系也就终结了。而保险产品的交易则是一种承诺交易。当投保人决定购买某一险种，并缴纳了保费之后，商品的交易并没有完成，因为保险人只是向投保人做出一项承诺，该承诺的实质内容是：如果被保险人在保险期间发生了合同中所规定的保险事故，保险人将依照承诺做出保险赔偿或给付。可见，在保险产品交易的场合，投保人缴付了保费以后，该投保人与保险公司的关系不仅没有结束，反而是刚刚开始。由于保险产品承诺性交易的这一特点，对于保险人和投保人(被保险人)来说，相互选择就非常重要。从保险人的角度来说，它需要认真选择被保险人，否则将遭受"逆选择"之苦；从投保人的角度来说，他需要认真选择保险公司和保险产品，否则，不论是保持合同关系还是退保，都将给自己带来不必要的损失。

(3) 保险产品的交易具有一种机会性。实物商品的交易是一种数量确定的交换。例如，只要买者交了钱，不论是一手交钱、一手交货的现货交易，还是赊销、预付形式的交易，买卖双方都能明确地得到货币或者商品。而保险合同则具有机会性的特点。保险合同履行的结果是建立在保险事故可能发生、也可能不发生的基础之上的。在合同有效期间内，如果发生了保险事故，则保险购买者从保险人那里得到赔偿、给付，其数额可能大大超过其所缴纳的保险费；反之，如果保险事故没有发生，则保险产品的购买者可能只是支付了保费而没有得到任何形式的货币补偿或给付。

2. 与其他大众化金融产品比较

与股票、债券、银行储蓄等大众化的金融商品一样，保险也是一种金融商品，因为它也具有资金融通这一金融商品的共性。与实物商品相比较，这些金融商品都具有产品的无形性、交易的承诺性等特点，但保险产品又具有自己的特点，这主要表现在以下两个方面：

(1) 保险产品是一种较为复杂的金融产品。对于普通投资者来说，只要知道存款本金和利息率、股票的买入价和卖出价、债券的票面价格和利息率，就很容易计算出其收益率。而保险产品涉及保障责任的界定、保险金额的大小、保费的缴纳方式、责任免除、死亡类型、伤残界定等一系列复杂问题。况且，大部分保险事故的发生是不以被保险人和保险人的意志为转移的，被保险人很难知道自己将在何时发生保险事故(这也正是人们需要保险的原因)，也很难明确计算出成本和收益的大小。因此说，保险产品是比其他大众化的金融商品复杂得多的一种金融商品。

(2) 保险产品在本质上是一种避害商品。在投资者买卖股票和债券等金融商品时，他们是以承担一定的风险作为代价，期冀获取更大的收益的，因此，这些金融商品在本质上是一种"趋利"商品。而在购买保险的场合，大多数人是以支付一笔确定数额的货币转移(可能存在的)风险，来换取对未来不确定性的保障的。同时，由于保险所涉及的内容大都是人们不愿谈及或者避讳的事情，如死亡、伤残等，因此，保险产品在本质上是一种"避害"商品。

(三) 保险产品的构成要素

保险产品的构成要素一般包括保险责任、保险费率、保费交付方式、保险期限、保险赔款或保险金给付方式，具体如下：

(1) 保险责任。保险责任(和除外责任)是保险人所承担责任的风险范围，即保险产品中约定的风险发生后，保险人承担赔偿或给付保险金的责任。除外责任是保险人不负责赔偿或给付保险金责任的范围。

(2) 保险费率。保险费是保险人向投保人收取的费用，以作为保险人承担保险责任的报酬。保险费率是指单位保险金额中保险人应收取的保险费。在保险实务中，保险费率通常是以千分数来表示的。保险费率的确定是依据保险标的的风险程度、损失概率、保险责任范围、保险期限和保险人的经营管理费用等因素来综合加以考虑的。

(3) 保费交付方式。保险费的交付一般有两种方式：一种是合同成立时投保人一次交纳，即趸缴；另一种是投保人分期交纳保费。

(4) 保险期限。保险期限是指保险人对保险标的承担保险责任的时间范围，或者说是保险责任开始到终止的有效期间。保险期限是保险产品的重要内容，也是确定保险事故的重要依据。财产保险产品的保险期限较短，通常为一年；人寿保险产品的保险期限较长。在实践中，保险人一般允许续保，即投保人可在旧保单期满后继续缴纳保险费，并规定续保期限。

(5) 保险赔款或保险金给付方式。在保险有效期内发生责任范围内的损失或事件时，保险人要按照合同的约定向被保险人或受益人支付保险赔款或保险金。被保险人或受益人领取保险赔款或保险金的方式在财产保险与人寿保险中存在一定的区别。在财产保险中，一旦保险事故发生，被保险人可以一次性领取保险赔款。在人寿保险中，被保险人或受益人领取保险金可以采取以下三种方式中的任意一种：一次性领取保险金；以年金方式分期领取保险金；将上述两种方式混合使用，即保险金的一部分一次性领取，剩余部分以年金方式领取。

(四) 保险产品的特殊属性

(1) 无形性。保险产品面对的是普通需求而不是特定需求，是一种不能预先用五官直接感触到的特殊消费，而且保险产品在为各类客户和机构提供服务时，其受益程度并无明显差别。当你购买一种实物产品时，可以预先用自己的感官来判断该产品的质量和价值。但在购买保险产品时，除了一张保单外，无法感受到任何东西。在多数客户眼里，一项保险产品与另一项同类保险产品通常是没有差异的。保险产品依赖于它的服务信息能有效地为大众所知，以此确保其形象和服务具有吸引力。

(2) 无一致性。保险产品的质量很大程度上取决于提供产品的具体人员。由于人的气质、修养、能力和水平各不相同，产品服务质量也会因人而异。即使是同一个人提供服务，其服务的质量也很难保持一致。一个人在体力和心情都很好的情况下，可能会提供质量较高的服务；否则，产品服务质量有可能下降。

(3) 无分割性。一般的工业产品是先制造，然后加以存储和出售，最后才进行消费的。而对保险产品而言，保险的服务和消费是不可分割的，一项保险产品服务的提供是与消费同时进行的，所以通常客户主要关心的是保险机构创造的时间和效用，也即是否可以在适当的地点、适当的时间得到服务。这一特殊因素会对定价产生影响，因为为顾客提供这一产品服务要花费较高的成本。

(4) 无存货性。保险产品是一种在特定时间内的需要。保险产品不可能把货存起来等待消费。当消费者购买产品时服务即产生。保险产品的无存货性并不表示其不产生存货成本，只是保险产品的存货成本主要发生在顾客身上，形成闲置生产力成本。

(5) 异质性。保险产品的异质性是指保险产品、服务范围的广泛性。在以高科技和法制经济为特点的现代社会，风险具有加速生成的特点，显性化、附着性和创造性风险不断出现。同时，客户的个性化需求也越来越强烈。因此，保险产品机构必须提供范围非常广泛的产品和服务，以满足不同区域、不同顾客的各种保险及相关需要。

(6) 未寻觅性。在现代营销学中，按人们的购买习惯，将消费品分为便利品、选购品、特殊品、未寻觅品四类。保险产品在很大程度上具有未寻觅品的特点，即消费者不知道或即使知道也不会主动考虑购买。

第二节　保险产品的设计

一、保险产品设计的基本含义

保险产品设计就是根据保险市场上人们转移风险或责任、生存保障等的需求和欲望，依据保险产品的概念和设计原理或程式，组织各方面力量，对所需开发的产品进行研究、引进、设计和对现有产品进行更新、修订的一系列工作。保险产品的设计是一个系统过程，它包括保险产品开发的策略研究、市场研究、产品整体设计、产品报备和产品上市所需的一系列配套协调工作等。

二、保险产品设计的总体要求

保险产品不同于工业产品和其他消费品，其具有有别于其他产品的特殊属性。保险产品创新必须符合其特性。

(1) 无形性与依赖性要求保险产品创新实现无形产品的有形化。保险产品是一种不能预先用五官直接感触到的特殊消费品。客户仅根据一张保险单和一份似懂非懂的保险条款，根本无法判断其功能、质量和价值。因此，客户只能依靠对保险公司信誉的了解、信赖，以及保险人对保险产品的介绍程度和宣传力度，依赖于它的服务信息能否有效地为大众所知，以最终确定是否购买。而所购保险产品的实际品质和使用价值究竟如何，只有在出现索赔或经过相关的售后服务，才能真正体会到。

产品创新要实现无形产品的有形化，要求保险产品设计人员在设计产品时尽量将其有形化，以增强人们对保险产品的记忆。例如，美国著名的旅游者保险公司在提供其保险产品时，用一个伞式符号作为象征以吸引潜在客户，寓意"你们在旅游者的安全保护伞下"。这把"伞"使无形的保险产品具有了一种形象化的特征，使潜在客户在"伞"与旅游者公司的保险产品之间建立起一种联系，从而加强了对这种产品的感性印象。由于保险产品的无形性，商标的作用就显得特别突出。人们可以商标的名称来鉴别一项产品的质量和可靠性，并将无形的产品有形化。此外，在促销保险产品时，保险人可以用自己的某种特殊优点作为标志，显示自己的与众不同之处，如突出自己是国有独资或股份制或外资保险公司等。

(2) 无一致性与人格性要求保险产品创新连续性和人员高素质。保险产品实质就是一份射幸性的经济补偿合同，其质量很大程度上取决于提供产品的具体人员。保险公司的工作人员在保险产品生产、销售和理赔过程中提供的所有服务，直接决定了保险产品的质量和使用的价值，这就使保险产品被赋予了无一致性和人格性的特点。这一特点所产生的各种差距可能导致产品创新的失败，即保户期望值与保险人认识之间的差距、保险人认识与质量标准之间的差距、质量标准与提供产品者之间的差距、提供产品者与外部沟通之间的差距、认识的产品与期望的产品之间的差距。

为了消除这些差距，提高产品质量，可以借鉴西方保险业经常使用的差距分析方法来衡量消费者的期望值。由保险人请消费者根据自己的期望值来评价其对保险产品的满意程度。保险人要通过顾客满意度的"差距"分析，及时改进产品，保持创新的连续性。另外，保险人要生产高质量的保险产品，需要培育一批高素质的员工队伍，实现人员素质的相对一致性。

(3) 无分割性与无存货性要求适时因地建立产品创新分支点。一般的工业产品是先制造，然后存储和出售，最后才进行消费。对于保险产品，其生产和消费是不可能分割的，一项保险产品的提供是与消费同时进行的。当消费者购买产品时，产品即产生。保险产品的无存货性很大程度上限定了其一时一地的供给能力。这类情况在发生大灾时，表现得尤为突出。例如，在大水灾发生时，保险人日夜忙碌也难以及时给所有的被保险人提供理赔服务。

由于保险产品的无分割性和无存货性，保险人应该比实物产品营销商更注意提供产品的时间和地点。对于一个提供保险产品的企业来说，最重要的流通问题是选择生产与供给地点，顾客也将能否提供产品便利作为选择保险机构的重要因素。因此，保险人应当选择建立恰当的产品创新分支点，从而适时适势、因地制宜地提供客户需要的产品。从这个意义上讲，保险产品创新不宜采用过分集中的创新模式。

(4) 异质性与广泛性要求树立精品意识，强化质量管理与控制。在以高科技和法制经济为特点的现代社会，风险具有加速生成的特点，同时客户的个性化需求也越来越强烈，形成了保险产品的异质性。为此，保险人必须提供范围非常广泛的产品和服务，以满足不同区域、不同顾客的各种保险产品及相关需要，从而决定了保险产品范围的广泛性。

具有异质性、广泛性的保险产品既包括各种主险、附加险和批单条款等保险产品，又包括保险咨询顾问，防灾、防损，承保理赔和风险管理等服务。这极大地增加了保险产品质量控制的难度。同时，由于保险产品的上述特性，其质量控制和管理往往比实物产品的质量控制和管理要难得多。而一个保险企业在激烈的市场竞争中能否取胜的关键是其质量的优劣。为此，产品创新必须把好质量管理这一关，树立精品意识。

(5) 未寻觅性和波动性要求保险产品全方位包装和个性化接触管理。保险产品具有的未寻觅性使保险产品需求成为一种引致需求，无形中增大了营销的难度。

针对保险产品的未寻觅性和波动性，任何一个保险机构必须找到一种方法建立自己的特色，并且使其植根于公众的脑海中。为此，全方位包装成为产品创新的一个重点。这里的包装是广义的，包括分支机构的定位、职员、服务、声誉、广告，偶尔还有新的服务。保险公司通过包装对保户分类进行个性化接触管理，使处在一种信息爆炸氛围里的投保人，能从大量繁杂的信息中接受自己；使品牌、险种类别和任何与产品有关的内容易于加深投保人印象，从而实现沟通效率的最大化。

总之，由于保险产品与实物产品在以上诸方面的差别，使保险产品创新的领先公司与实物产品创新的领先公司在竞争优势的获得与保持上有着显著不同。对于实物产品，领先公司可以通过专利权来保护创新产品的技术领先优势，而保险产品的领先公司则得不到专利保护。相对于实物产品，保险产品的进入壁垒较低，创新产品更加容易受到模仿产品的冲击。有学者统计，对于一种创新的金融保险产品，模仿者只需要花费领先者 50%～75% 的成本就可以提供同样的产品，并在短时间内赶上或超过领先公司。

由于保险产品的异质性，使得后进入者与领先者提供的保险产品多少会有些不同，使后进入者提供的保险产品可以满足特定的顾客需求，使提供保险产品的领先公司很难保持最初的歧异化优势。

TuFano 对金融保险业的创新领先公司的研究表明，创新者并不能创造歧异化优势，也不能保持高价格，最多只能获得短期的成本优势。同时，由于保险产品的提供和消费在时间上的统一性及其无存货性，保险产品创新的领先公司如果不进一步加强服务人员的培训和管理，将难以保持初始的服务质量，并将丧失早期的竞争优势。

因此，保险产品领先公司的竞争优势在很大程度上取决于保险产品的具体特征和市场环境。例如，如果领先保险公司能占据战略性的市场位置，或者随着保险产品购买者的增加，不断增长服务的价值，可能会保持持续的领先优势；如果服务初始需要的固定投资较少，又不重视持续的资金投入，领先优势就很难保持；如果服务具有特色，不容易被竞争对手模仿，也可能保持竞争优势。

三、保险产品设计的一般原则

(一) 适法原则

所谓适法原则，是指保险单的设计首先必须遵守法律和维护社会道德规范与习惯。保险单的内容必须符合国家的基本法、商法、保险法和有关的法律、法令及政策。在实务中发现，有些具体的事项缺乏法律依据。因此，保险单中各项内容的设计应遵守社会的道德规范和习惯。同时，保险单的设计还要注意维护社会道德标准而不是诱发产生道德风险和心理风险。保险的本质是要分散和减少风险，如果保险单的条款会引发道德风险和心理风险，不但有悖社会道德，也有悖保险的本质。

(二) 市场原则

所谓市场原则，是指保险单的设计要适应市场供求关系，使保险商品在险种上和价格上满足市场的需要。

1. 适应市场需求

在保险险种要适应市场需求方面，保险单的设计应该注意以下几个问题：

(1) 应较多地站在投保人和被保险人的立场来设计保障内容。对投保人和被保险人而言，保险保障的内容是保险商品的品质，商品的品质是否适应消费者的需求，是消费者首先要考虑的问题。保险提供的保障内容包括保险标的、保险事故、保障水平(补偿水平)。保障内容的不同组合产生的保险单要尽量满足不同人群的需要，在其他条件既定的情况下，应尽可能多地提供保险保障。

(2) 考虑保险消费需求的动态性质。像任何其他商品一样，保险产品只有满足消费者的需求才能有市场。消费需求是一个动态的范畴，保险消费需求会随着经济水平、社会结构、人口结构和消费心理的变化而变化。因此，保险单的设计不仅要考虑消费需求的静态状况，更要充分考虑影响消费需求变化的各因素的变迁，以便不断地创造出满足保险需求变迁的新保险单。例如，20 世纪 80 年代初，当中国保险市场上人寿保险刚刚恢复之时，由于当时居民收入水平很低，只能推出简易人寿保险单。经过十多年收入的高速增长以后，就出现了大额保险单的需求。

(3) 充分考虑保险产品的生命周期性质，不断开发新险种。像其他商品一样，一种保险产品也有投入期、成长期、成熟期和衰退期。为了保证有效的保险产品的供给，在一种保险产品进入成熟期时就应该研究市场，准备开发另一种新险种。

(4) 保险单的设计还应积极主动地引导消费需求、创造消费需求，而不是简单被动地适应保险消费需求。保险产品的使用价值具有不透明性，其使用价值的实现具有未来性，因而，心理的作用在保险消费方面表现得比较突出。在这种情况下，设计保险单时，通过引导消费心理来创造需求并扩大保险市场，是可能的和必要的。

2. 保险费率得当

保险费率得当有以下两层意义：

(1) 保险费率要遵守等价交换的原则，保证定价对供需双方的公平性。在实务中，保险费率得当是十分重要的。保险费率定得过高，虽然有利于保险人一时的利益，但不利于保险人在市场上的竞争能力；保险费率定得过低，虽然有利于保险人争取较多的业务，但不利于保险经营的稳健性。

(2) 保险费率的水平要与投保人的支付能力相一致，否则保险提供的保障就不能成为有效需求。通常，投保人对保障的需求首先表现为一种潜在的需求，这种需求在多大程度上能形成有效需求取决于投保人的支付能力。如果不考虑这一点而只考虑潜在需求的话，高于投保人支付能力的高保障保险商品是不会有市场的。

3. 简明原则

保险单的设计要在文字、保险单的结构和投保手续三个方面体现简明原则。

(1) 文字简明。保险商品及保险经营的技术性和法律性都是非常强的，同时，保险单是由保险人设计制定的统一标准文件。另外，从签单或订立保险合同的过程看，保险合同是一种附和合同，一般情况下投保人只有对标准保单进行取舍的权利，而没有对保险单条款进行修改的权利。这些因素决定了在保险单设计过程中，信息偏向于保险人。难懂的保险专门术语和法律术语堆砌的保险单不只是对投保人和被保险人不公平，由于其不能广泛被投保人和被保险人所了解和接受，也会影响保险市场的扩大。因此，晦涩的保险单受到广泛的批评，取而代之的是语言简单明了、易于为一般公众了解的保险单的广泛使用。不少国家还用法律规定保险单的语言必须简单明了。

(2) 结构简明。保险单的结构是指保险单内容的逻辑安排。保险单内容的安排要合乎逻辑、顺序井然。如果保险单结构混乱，会对展业人员介绍保单内容造成不利的影响，也会对投保人和被保险人正确理解保单的内容造成不利影响，同时，在履行合同时也会造成适用上的困难。

(3) 投保手续简单。因为过于繁琐的投保手续会使相当一部分潜在消费者对保险消费望而却步，从而不利于保险市场的扩大。例如，团体保险的快速发展就是很好的例证。团体保险的快速发展不只是因为费率较低，还因为其相对个体保单而言，投保手续简单。

4. 互补原则

所谓互补原则，是指新保险商品的设计要能弥补原有市场的不足，以期达到提供全面服务、扩大业务的目的。例如，火灾保险只保因火灾引起的直接损失，于是保险人设计出营业中断保险承保企业的间接损失。又如，美国社会保障制度为65岁以上人口提供每年若干天的住院保险金，商业保险则设计出提供这个数目以上住院损失的保险单。互补原则强调保单设计时，已有的保险不保的标的、事故和损失，由新的保单提供保障，以便防止承保发生脱节现象。

四、保险产品设计的方式

保险产品设计开发是一项专业性和学术性较强的工作，而且它来自于实践的感知。随着我国保险业的全面对外开放，保险产品市场化，我国保险业与国际保险业的逐渐接轨，尤其是中外保险公司在国内保险市场同台竞技，中外保险产品已逐步融合在一起，保险产品的引进与开发应该说取得了长足的进步。综观国内外保险公司的经营现状，给保险公司带来大量保费收入的是常见的保险产品。非寿险方面主要有财产险、货运险和车辆险等；寿险方面主要是死亡保险、生存保险、两全保险、年金保险和医疗保险等。国内外保险产品创新的实践表明，保险产品的创新越来越趋同质化，难度越来越高。

我国保险产品的创新主要包括四个层次，一是全国性保险行业学会或协会；二是区域性的保险行业学会或协会；三是保险公司；四是保险经纪公司。四个层次应各有其不同的侧重点。只有这样，我国的保险产品才能继承创新、齐头并进、有序健康的发展，被保险人才可以比较选择保险产品。针对不同的产品，选择适当的产品开发程序和设计方式会起到事半功倍的作用。归纳起来，产品设计有以下几种方式。

(一) 保险监管部门组织设计

有些国家的保险监管法规规定，保险产品，尤其是全国性保险产品的设计和修改由保险监管部门来主办。这种方式在世界范围内运用很少，我国曾经一段时间就是这么规定的，要求全国性乃至区域性的保险产品必须由保监会来组织相关人员设计。这样既当裁判，又当运动员，保险监管部门就不能站在公正的立场上来裁判、维护被保险人的利益。当被保险人质疑保险产品时，保险监管部门就失去了其公正性立场。我国自21世纪初产品设计开始实行市场化后，这种方式随之被废弃。

(二) 保险学会/协会设计

全国保险行业学会/协会是专门研究或协调保险业发展的专业化学术组织和行业组织，它应牵头研究对保险行业主要条款的设计开发，制定标准条款；区域性的保险行业学会/协会则应从本地区保险市场的特点、风险需求特征等出发，研究设计区域性标准保险条款，或一些区域性的附加条款。

在一些保险发达的国家，通用的、主要的保险条款都由保险研究机构进行统一研究设计开发，如德国的保险条款较长时间由德国保险协会(GDV)开发；英国的保险条款就是由保险学会研究开发、统一改良的，乃至一些附加条款也是如此；美国也由相应的保险学术和研究机构来开发设计常规性保险产品。

2006年3月，中国保监会召集各主要人身保险公司和专家学者、保险行业协会等有关单位，就研究制定行业标准条款进行了专题研讨。会议确定将由中国保险行业协会牵头成立专项工作委员会，整合行业力量，从与消费者关系最紧密的人身保险产品入手，以制定行业示范条款或标准条款为主要内容，有计划、有步骤地推进条款标准化工作。

(三) 保险公司自主开发

由保险公司自己组织力量设计，需要保险总公司或被授权有能力开发新产品的分公司，设置专门的机构或责成有关部门组织人员力量进行研究设计。成熟的保险公司，应该建立专门的部门研究产品管理和与产品相关内容的设计创新。保险公司的产品创新应侧重在以下几个方面：非主流产品的创新；个性化附加产品的设计；新兴行业保险产品即新产品的设计(如有关因特网保险产品的创新)；保险的有形产品和附加服务产品的设计；产品的组合和包装设计；渠道产品的创新和保险方案的创新等(保险方案里有附加条款的创新、保险服务产品的创新等)。

保险公司要恰当选择产品创新的定位，正确思考公司产品开发重点，全面审视产品创新的范围，进行自主开发、改良，丰富保险产品。保险公司自主开发的缺点是难免有一孔之见的不足，好处是可节省费用。

(四) 保险经纪公司开发

保险经纪公司是被保险人的代表，站在被保险人的立场上思考被保险人的保险需求和保险方案的设计，所以它们所开发出来的产品应该是以客户为导向的、符合市场需求的。需要注意的是，我国保险市场尚不成熟，保险公司之间的竞争相当激烈，要防止经纪公司在产品设计时无限制扩大保险责任范围，使保险公司从单一的初级竞争(费率、佣金)陷入双重恶性竞争。

(五) 招标

保险企业可以通过招标的方式，委托其他机构来进行产品设计工作，如精算师事务所、大学、保险研究所和保险同业公会等，招标单位应将所需开发的保险产品种类、内容、具体要求等在招标书中予以明确说明。另外，设计机构也可以通过成果转让的方式，将保险产品卖给保险公司经营。

(六) 考察与借鉴

被保险人对保险的需求在世界范围内有一定的相通性，西方发达国家的保险市场发展相当成熟，保险产品丰富，我们经过考察后，将有用的、国内尚未开发的产品拿来，结合国内实际情况，稍作修改即可投入市场，这种方式较省时省力。

(七) 联合开发

联合开发的方式有三类：一是保险人、保险中介人、被保险人、保险业相关专业人士联合起来开发，它可以改变目前被保险人被动选择的现象，调动被保险人的积极性，倾听他们的呼声，使新产品的设计更贴近市场；二是保险公司之间或保险业界相关单位联合开发；三是国内保险公司与国外保险公司合作开发。联合开发可以集合保险业界的最强力量将产品设计得更好。从实践出发，国内保险公司选择国外保险公司合作开发、保险公司和经纪人联合开发是较好的尝试选择。

目前，保险产品的开发方式主要是各家保险总公司组织力量实施。考察与借鉴，引进保险产品为自己所用也较为常见。在我国保险市场处于全面开放的转折时期，对我国保险产品创新来说这是比较适宜的。

第三节　保险产品的定价

一、产品定价

新产品价格是按照新的设计和技术条件最先制造，并在产品的结构、性能、用途和技术经济参数等方面同老产品有显著差异的产品的销售价格，又称新技术产品价格。我国对新产品的出厂价格实行分阶段定价的办法。

要制定一个合理的产品价格，首先，要了解产品的目标市场规模、容量、经济景气度、消费结构、消费需求层次、消费者的经济状况、人均购买力、人均可自由支配资金，以及竞争结构、竞争强度、竞争产品的价格；其次，要分析自身在市场中的竞争地位、品牌影响力、产品所处的生命周期，以及消费者对这一产品的认知度、可接受度和需求价格弹性；最后，通过区分产品属性、产品的生命周期以及自身所处的市场地位，找出目标市场的平均价格曲线，此价格曲线即是该市场中消费者普遍愿意接受的价格基准。

二、保险产品定价的目标

(一) 生存导向型目标

如果遇上生产力过剩或激烈的竞争，或者要改变消费者的需求，保险公司要把维持生存作为其主要目标。为了能够继续经营，继续销售险种，保险公司必须定一个比较低的价格。此时，利润比起生存而言就次要很多。

(二) 利润导向型目标

利润导向型目标分为三类：获得最高当期利润目标、获得适量利润目标和获得预期收益定价目标。获得最高当期利润目标通常以一年为准；获得适量利润是指与保险人的投资额及风险程度相适应的平均利润；获得预期收益为预期的总销售额减去总成本。

(三) 销售导向型目标

采用销售导向型目标的保险人认为最高收入将会导致利润的最大化和市场份额的成长。收入最大化只需要估计需求函数即可。销售导向型目标又可细分为达到预定销售额目标、保持和扩大市场份额目标、促进销售增长目标。

(四) 竞争导向型目标

竞争导向型目标可分为市场撇脂策略和稳定价格目标。一些经营规模大、经营效率高、资金雄厚、竞争力强的保险人，有时喜欢制定高价来"撇脂"市场，而后通过逐步降低价格，将竞争者挤出市场或防止竞争者进入市场，即采用市场撇脂策略。一些规模大、实力雄厚的保险人，常以稳定价格作为定价目标，以避免激烈的价格竞争造成的损失。同时，也可通过稳定本身产品价格来稳定行业竞争态势，保持其优势地位，获得稳定收益。

三、保险产品定价的方法

保险产品定价方法是保险公司为实现定价目标而选择的厘定费率的方法。定价方法通常分为三类：成本导向定价方法、竞争导向定价方法和客户导向定价方法。

(一) 成本导向定价方法

成本导向定价方法是指保险公司制定的产品价格包含在生产环节、销售环节以及服务环节发生的所有成本，以成本作为制定价格的唯一基础。当市场中只有一家保险公司，或者利用该方法的公司是市场的领导者时，成本导向定价方法最有效。成本导向定价方法可分为以下两种。

(1) 成本加成定价法。成本加成定价法就是在产品成本的基础上，加上预期利润额作为销售价格。成本加成定价法有计算简便、稳定性大、避免竞争、公平合理等优点。

(2) 损益平衡定价法。损益平衡定价法又称目标收益定价法，是保险公司为了确保投资于开发保单、销售和服务中的资金支出能够与收入相等的定价方法。损益平衡定价法的优点是计算简便，能向保险公司表明获得预期利润的最低价格是多少。

(二) 竞争导向定价方法

竞争导向定价方法是以竞争对手确定的价格为基础，保险公司利用此价格来确立自己在该目标市场体系中的地位。竞争导向定价方法具体有以下几种类型。

(1) 随行就市定价法。随行就市定价法是指保险公司按照行业的平均现行价格水平来定价。这是一种首先确定价格，然后考虑成本的定价方法，采用这种方法可以避免竞争激化。随行就市是本行业众多公司在长时间内摸索出来的价格，与成本和市场供求情况比较符合，容易得到合理的利润。

(2) 渗透定价法。渗透定价法是指保险公司利用相对较低的价格吸引大多数购买者，以此获得市场份额并使销售量迅速上升的定价策略。一般在需求的价格弹性高，市场潜力大，消费者对价格敏感时，公司采用低费率可以增加销售收入。

(3) 弹性定价法。弹性定价法又称可变定价法，要求保险公司在产品价格问题上同客户协商。这种方法主要是被销售团体保险产品的公司所采用，它们参与大宗团体保险的竞标或提交协议合同。团体保险的销售过程常常以竞标开始，在竞标过程中，竞争对手会逐个被拒绝淘汰，最后客户与成功的竞标者签订协议合同。

(三) 客户导向定价方法

客户导向定价方法又称需求导向定价方法，是指保险公司制定分销商或保单所有人双方可以接受的价格，或者是根据购买者的需求强度来制定价格。需求强度越大，则定价越高；需求强度越小，则定价越低。

第四节　保险费率概述

一、保险费率的基本含义

保险费是投保人为转移风险、取得保险人在约定责任范围内所承担的赔偿(或给付)责任而交付的费用，也是保险人为承担约定的保险责任而向投保人收取的费用。保险费是建立保险基金的主要来源，也是保险人履行义务的经济基础。

保险费率是每一保险金额单位与应缴纳保险费的比率。保险费率是保险人用以计算保险费的标准。保险人承保一笔保险业务，用保险金额乘以保险费率就得出该笔业务应收取的保险费。计算保险费的影响因素有保险金额、保险费率及保险期限，以上三个因素均与保险费成正比关系，即保险金额越大，保险费率越高，或保险期限越长，则应缴纳的保险费就越多。其中任何一个因素的变化，都会引起保险费的增减变动。保险金额单位一般为1000 元或 100 元，所以保险费率通常用千分率或百分率来表示。

保险费率一般由纯费率和附加费率两部分组成。习惯上，将由纯费率和附加费率两部分组成的费率称为毛费率。纯费率也称净费率，是保险费率的主要部分，它是根据损失概率确定的。按纯费率收取的保险费叫纯保费，纯保费又称风险保费，是指保险公司为支付预期的保险赔偿金收取的保费。加费率是保险费率的次要部分，按照附加费率收取的保险费叫附加保费。附加保费是指保险公司为满足风险管理要求、支付经营管理费用、获取正常利润等目的而收取的保费。附加保费包括费用附加、风险附加和利润附加等。费用附加是指保险公司因获取保单、维持保单和履行保险责任等经营管理行为所产生的费用成本。风险附加是指保险公司因实际赔偿金额可能高于风险保费的不确定性而承担的成本。利润附加是指保险公司销售保险产品的预期利润。

二、保险费率的特点

保险费率是保险商品的价格，但它与一般商品的价格有所不同，主要表现在以下三个方面。

首先，保险费率的厘定在实际成本发生之前。一般商品的价格通常在成本发生以后来确定；而保险合同订立并收取保费时，保险人并不知道将来要为该保单付出多少保险金，所以保险费的收取是在真实的成本发生之前，是对将来保险损失的一种数理预测。因此，保险费率实际上是保险人根据过去的赔付统计资料对未来损失的一种预测。

其次，保险费率等于未来全体保险业务损失率的期望值。就单个保险合同而言，保险费率与将来保险金的赔付并没有对等关系，即与一般商品的等价交换不同，保险费率和将来保险金的赔付额之间并没有必然的正比关系。就同一类保险业务来说，保险费率与保险标的的风险程度相适应，风险高则费率高，风险低则费率低，收取的总纯保险费理论上应等于总的保险金支出。但保险活动具有很强的射幸性，同一类保险业务的投保人都缴纳了保险费，但最后能否得到保险金赔偿以及赔偿多少，则取决于保险事故的发生与否及其损失情况。所以单个合同中保险费率与保险金的偿付并没有对等关系，保险人只能对全部保险业务推算出一个保险金额损失率的期望值作为保险费率。

最后，保险费率受政府的管制较严。在市场经济条件下，一般商品价格是由市场供求关系决定的，政府管制较少，但在保险市场上，保险费率则不同，由于保险技术的复杂性，以及保险业在保障整个社会安全运行中的重要地位，许多国家规定，政府保险监管部门可以规定保险费率的计算方法，审核保险费率的合理性，必要时可以要求保险人修正保险费率。

三、保险费率的构成

保险费率一般由纯费率与附加费率两部分组成。

(一) 纯费率

纯费率是保险费率的基本部分，以其为基础收取的纯保险费形成赔偿基金，用于保险赔偿或给付，其计算依据因险种的不同而不同。财产保险纯费率的计算依据是损失概率。人寿保险纯费率计算的依据是利率和生命表。纯费率的计算公式为

$$纯费率 = 保险额损失率 + 稳定系数$$

式中：

$$保险额损失率 = \frac{保险赔款总额}{总保险金额} \times 100\%$$

(二) 附加费率

附加费率是保险人经营保险业务的各项费用和合理利润与纯保费的比率，按照附加费率收取的保险费又称附加保险费。它在保险费率中处于次要地位，但附加费率的高低，对保险企业开展业务、提高竞争能力有很大的影响。附加费率的计算公式为

$$附加费率 = \frac{保险业务经营的各项费用 + 合理利润}{纯保费}$$

四、保险费率厘定的基本原则

保险人在厘定费率时要贯彻权利与义务相等的原则,具体而言,厘定保险费率的基本原则为充分、公平、合理、稳定灵活以及促进防损原则。

(一) 充分性原则

充分性原则指所收取的保险费足以支付保险金的赔付及合理的营业费用、税收和公司的预期利润。费率水平不得危及保险公司财务稳健和偿付能力或妨碍市场公平竞争,计入投资收益后的费率水平原则上不得低于其所对应的各项成本之和,费率结构中所设置的费率调整系数不得影响费率充足性。充分性原则的核心是保证保险人有足够的偿付能力。

(二) 公平性原则

公平性原则指一方面保费收入必须与预期的支付相对称,另一方面被保险人所负担的保费应与其所获得的保险权利相一致,保费的多寡应与保险的种类、保险期限、保险金额,被保险人的年龄、性别等相对称。风险性质相同的被保险人,应承担相同的保险费率;风险性质不同的被保险人,则应承担有差别的保险费率。

(三) 合理性原则

合理性原则指保险费率应尽可能合理,不可因保险费率过高而使保险人获得超额利润。不得在费率结构中设置与其所提供服务不相符的高额费用水平,从而损害投保人、被保险人的合法利益。费率设定应与保险条款相匹配,并有利于激励保单持有人主动进行风险控制。

(四) 稳定灵活原则

稳定灵活原则指保险费率应当在一定时期内保持稳定,以保证保险公司的信誉;同时,也要随着风险的变化、保险责任的变化和市场需求等因素的变化而调整,具有一定的灵活性。

(五) 促进防损原则

促进防损原则指保险费率的制定应有利于促进被保险人加强防灾防损,对防灾工作做得好的被保险人降低其费率;对无损或损失少的被保险人实行优惠费率;而对防灾防损工作做得差的被保险人实行高费率或续保加费。

五、保险费率的决定

由于发生银行倒闭的可能性不能用大数定律来描述,因此,制订存款保险费率的基础不是根据大数定律计算损失率来确定的,而是根据公平合理、保证补偿、共同分担的原则制订的。

(一) 固定费率

各国存款保险费率水平由于金融体系的稳定程度不同而有高低之别。一般来讲,金融体系越稳定,保险费率就越低;金融体系越不稳定,保险费率就越高。但至今,所有建立存款保险制度的国家都采用固定费率,即对不同风险水平的投保银行按同一费率计算保险费。如果用 K 表示保险费率,D_i 表示第 i 银行的合格存款余额,则所缴纳的保险费率 $P_i = K \times D_i$。

按同一费率计算保险费使风险较低的投保银行付出相对过高的代价,而风险较高的银行付出的代价相对较低,对此,不少人提出异议,并着手准备进行改革。

(二) 可变费率

可变费率就是根据不同银行的风险水平确定不同的保险费率，即采用与风险挂钩的费率计算保险费，其目的是在存款保险体系中引入定价机制，以限制投保银行从事过度的高风险资产业务，加强银行的自律性。

(三) 各主要国家目前的保险费率水平

各主要国家目前的保险费率水平分别是：美国 0.23%、加拿大 0.33%、日本 0.012%、德国 0.03%、比利时 0.02%、西班牙 0.12%、土耳其 0.5%、挪威 0.15%、阿根廷 0.03%、菲律宾 $\frac{1}{18}$%～$\frac{1}{12}$%。

六、确定保险费率的一般方法

保险实务中确定保险费率的方法主要有观察法、分类法和增减法。

(一) 观察法

观察法又被称为个别法或判断法，它就某一被保危险单独厘定出费率，在厘定费率的过程中保险人主要依据自己的判断。之所以采用观察法，是因为保险标的的数量太少，无法获得充足的统计资料来确定费率。

(二) 分类法

分类法是指将性质相同的风险分别归类，而对同一类各风险单位，根据它们共同的损失概率，订出相同的保险费率。在分类时应注意每类中所有各单位的风险性质是否相同，以及在适当的时期中，其损失经验是否一致，以保证费率的精确度。分类费率确定之后，经过一定时期，如与实际经验有所出入，则应进行调整，其调整公式为

$$M = \frac{A-E}{E} \times C$$

式中：M 为调整因素，即保险费应调整的百分比；A 为实际损失比率；E 为预期损失比率；C 为信赖因素。

对于许多具体业务来说，费率的调整比费率的计算更重要。采用上面的公式来决定费率调整的百分比，关键在于确定信赖因素 C 的大小。信赖因素的大小，表示经验期间所取得的数据的可信赖程度。客观地确定信赖因素的大小，也是非寿险精算的内容之一。

(三) 增减法

增减法是指在同一费率类别中，根据投保人或投保标的的情况给以变动的费率。其变动或基于在保险期间的实际损失经验，或基于其预想的损失经验，或同时以两者为基础。增减法在实施中又有表定法、经验法、追溯法等多种形式。

1. 表定法

表定法以每一危险单位为计算依据，在基本费率的基础之上，参考标的物的显著危险因素来确定费率。表定法的优点在于：

(1) 能够促进防灾防损。若被保险人的防灾防损意识不强，可能会面临较高的保险费率，为了改变这一状况，被保险人将主动减少有关危险因素。

(2) 适用性较强。表定法可适用于任何大小的危险单位，而经验法和追溯法不能做到

这一点。

表定法的缺点主要是成本太高，保险机构为了详细了解被保险人的情况，经常要支付大量营业费用。另外，该法只注重物质或有形的因素而忽视了人的因素，这是片面的。

2. 经验法

经验法是根据被保险人过去的损失记录，对按分类法计算的费率加以增减，但当年的保费率并不受当年经验的影响，而是以过去数年的平均损失来修订未来年份的保险费率。经验法的理论基础是：凡能影响将来的危险因素，必已影响过去的投保人的经验。经验法的计算公式是：

$$M = \frac{A - E}{E} \times C \times T$$

式中：M 为保险费率调整的百分比；A 为经验时期被保险人的实际损失；E 为被保险人适用某分类时的预期损失；C 为信赖因素；T 为趋势因素(考虑平均赔偿金额支出趋势及物价指数的变动)。

经验法的优点是，在决定被保险人的保费时，已考虑到若干具体影响因素，而表定法只给出了物质因素，没有包括非物质因素。与表定法相比，经验法能更全面地顾及到影响危险的各项因素。经验法主要应用于汽车保险、公共责任保险、盗窃保险等。

3. 追溯法

追溯法是依据保险期间的损失为基础来调整费率的。投保人起初以其他方法(如表定法或经验法)确定的费率购买保单，而在保险期届满后，再依照本法最后确定保费。如果实际损失大，缴付的保费就多；实际损失小，缴付的保费就少。追溯保险费的计算公式是：

$$RP = (BP + L \times LCF) \times TM$$

式中：RP 为计算所得的追溯保险费；BP 为基本保险费；L 为实际损失金额；LCF 为损失调整因子(其数值大于 1)；TM 为税收系数。

基本保险费由两部分组成：一部分用于支付与理赔有关的各种费用；另一部分用于弥补超过最大保险费的损失额。基本保费经常为标准保险费的某一百分比。损失调整系数将随着损失变动而变动的费用考虑在内，税收系数则是一个将税收因素考虑在保费之内的数字。追溯法的计算方法不止一种，它视具体情况而定。追溯法计算复杂，其应用范围不广，仅局限于少数大规模投保人。

第五节　保险费率的厘定

随着保险业的不断发展，保险费率的厘定也越来越重要，保险费率设计的好坏，关系到公司是否能获得利润，并且实现补偿人们经济损失的目的。保险公司测算费率时应尽量以经充分校验的数据为基础，根据风险特征确定合理的精算假设，选择不同的测算方法，搭建合适的精算模型，确定合理的费率结构。险费率的厘定分为非寿险保险费率的厘定和寿险保险费率的厘定，下面分别进行介绍。

一、非寿险保险费率的厘定

非寿险保险费率的厘定是以保额损失概率为基础的，通过对保额损失率和均方差的计算求出纯费率，然后再计算附加费率，最后将纯费率和附加费率相加即得出营业费率。

(一) 纯费率的厘定

依照费率厘定的原则，保险纯费率应当与保险事故发生的概率和保险事故发生后的赔偿金额有关。因此，确定纯费率，一方面要研究有效索赔的概率分布，也就是未来保额损失的可能性，即保额损失概率；另一方面要研究有效索赔的金额。通常按照统计学的原理，利用过去的数据来推断这两方面的指标，并由此得出有效索赔额的均值。通常采用的方法是，根据历年的有效索赔数额，计算出单位保额的平均有效索赔额，即平均保额损失率。然后，用其近似地估计未来单位保额的有效索赔额，进而确定纯费率。

纯费率是纯保费占保险金额的比率。它用于补偿被保险人因保险事故造成保险标的损失的概率，其计算公式为

$$纯费率 = 保额损失率 \pm 均方差$$

1. 确定保额损失率

保额损失率是赔偿金额占保险金额的比率，其计算公式为

$$保额损失率 = \frac{赔偿金额}{保险金额} \times 100\%$$

由于保险事故的发生在实践上具有很强的随机性，只有在一个较长的时期里才比较稳定，因此纯费率的计算应当取一个较长时期的数据，通常不少于 5 年。若已知各年的保额损失率，则可计算平均保额损失率。平均保额损失率的计算公式为

$$\overline{X} = \frac{\sum_{i=1}^{n} X_i}{n} \times 100\%$$

2. 计算均方差

均方差是各保额损失率与平均损失率离差平方和平均数的平方根。它反映了各保额损失率与平均保额损失率相差的程度，说明了平均保额损失率的代表性，均方差越小，则其代表性越强；反之，则代表性越差。若以 S 表示均方差，则其计算公式为

$$S = \sqrt{\frac{\sum (X - \overline{X})^2}{n}}$$

平均保额损失率附加均方差的多少，取决于损失率的稳定程度。对于损失率较稳定的，其概率不要求太高，相应的概率值为 1 即可；反之，则要求概率较高，以便对高风险的险种有较大的把握，从而稳定经营，相应的概率值为 2 或 3。

3. 计算稳定系数

稳定系数是均方差与平均保额损失率之比。它衡量期望值与实际结果的相关程度，即平均保额损失率对各实际保额损失率的代表程度。稳定系数越小，保险经营稳定性越高；

反之，稳定系数越大，保险经营的稳定性越低。一般认为，稳定系数在 10%～20%是较为合适的。稳定系数的计算公式为

$$V_s = \dfrac{S}{\overline{X}}$$

4. 确定纯费率

纯费率是纯保费占保险金额的比率，作为保险金用于补偿被保险人因保险事故造成保险标的的损失金额。计算公式为

纯保费 = 保额损失率 ± 均方差 = 保额损失率 ×(1 ± 稳定系数)

【例 16-1】　某保险公司某类保险业务过去 5 年间每年的保额损失率分别为 0.30%、0.25%、0.26%、0.24%、0.20%，求来年的纯费率。

解　首先，计算以往 5 年的平均保额损失率为

$$\overline{X} = \dfrac{\sum\limits_{i=1}^{n} X_i}{n} \times 100\% = \dfrac{0.003 + 0.0025 + 0.0026 + 0.0024 + 0.0020}{5} \times 100\% = 0.25\%$$

其次，计算均方差。具体的均方差计算如表 16-1 所示：

$$S = \sqrt{\dfrac{\sum (X - \overline{X})^2}{n}} = \sqrt{\dfrac{0.0052 \times 10^{-4}}{5}} = 0.032\%$$

然后，计算稳定系数：

$$V_s = \dfrac{S}{\overline{X}} = \dfrac{0.032\%}{0.25\%} = 12.8\%$$

最后，根据前面的叙述，本例的保险业务经营比较稳定，可考虑在同种业务的纯费率中加 1 个均方差，因此

纯费率 = 0.25% + 0.032% = 0.282%

表 16-1　均方差的计算

年份	保险损失率 (X)	离　差 (X − X̄)	离差的平方 (X − X̄)²
1	0.30%	0.05%	0.0025×10^{-4}
2	0.25%	0	0
3	0.26%	0.01%	0.0001×10^{-4}
4	0.24%	−0.01%	0.0001×10^{-4}
5	0.20%	−0.05%	0.0025×10^{-4}
n = 5	$\sum X = 1.25\%$	$\sum (X - \overline{X}) = 0$	$\sum (X - \overline{X})^2 = 0.0052 \times 10^{-4}$

(二) 附加费率的厘定

附加费率与营业费率密切相关。附加费率的计算公式为

$$附加费率 = \dfrac{营业费用开支总额}{保险金额} \times 100\%$$

营业费用主要包括:

(1) 按保险费的一定比例支付的业务费、企业管理费、代理手续费及缴纳的税金。

(2) 支付的工资及附加费用。

(3) 预期的营业利润。

除了按上述公式计算附加费率外,还可以按纯保险费率的一定比例来确定,如规定附加保险费率为纯保险费率的 20%。

(三) 营业费率的厘定

财产保险的营业费率是由纯费率和附加费率构成的,其计算公式为

$$营业费率 = 纯费率 + 附加费率$$

这样计算出来的营业费率仅是一个大略的费率,因此,须根据不同的业务,进行分项调整,这种调整被称为级差费率调整。经过级差费率调整后,营业费率就最终形成了。

(四) 非寿险责任准备金

非寿险的基本特点是保险期间为 1 年或 1 年以下,又称短期保险。以下责任准备金的讨论以 1 年期财产和责任保险为例。

财产和责任保险公司的责任准备金包括未决赔款准备金、未到期责任准备金、总准备金和其他准备金。未决赔款准备金和未到期责任准备金是主要的负债项目,换句话说,保险人现在收取的保险费是为了赔付将来发生的损失,这就使保险人承担了某种责任或负债。

1. 未决赔款准备金

所谓未决赔款准备金,是指截至年终决算日已经发生,但尚未赔偿的损失,具体来说,包括以下几类损失:

(1) 投保人提出赔案,保险人已经核定应赔金额而尚未付款的赔案。

(2) 投保人已经提出赔案,保险人尚未核实的赔案。

(3) 投保人已经发出索赔通知,尚未提出索赔金额的赔案。

(4) 已经发生,但尚未发出索赔通知的赔案。

例如,12 月底发生的一起汽车碰撞事故,当事人提出的索赔在次年 1 月 1 日以后才在其投保的保险公司总部备案。由于年度财务报表通常在 12 月 31 日编制,保险公司必须对这种已发生但尚未报告的损失进行估计,以便确切地计算资产负债表中的总的未决赔款准备金。

如果保险公司能够知道每次理赔的最大成本,那么就很容易确定赔款准备金的额度了。但是,在大多数情况下,保险公司并不能确定理赔的成本,因此保险公司必须采取一定的方法对应提取的准备金额度进行估计。

1) 已发生且已报告的损失的未决赔款准备金的计算方法

(1) 个别估计法。它是根据每个理赔人员的经验判断,对每次损失应提取的准备金额度做出估计。某个险种的索赔案数量如果特别小,或者多个索赔案中的索赔额度相差特别大而无法使用一个平均的估计值时,使用个别估计法是比较有优势的。有时保险公司编制年度报表时所依据的准备金估计值不是根据个别估计法估计出来的,而是根据其他方法估计出来的,这并不妨碍保险公司把个别估计法作为一个重要的准备金提取方法来使用,这是因为根据个别估计法估计出来的应提取准备金额度是损失理算和按照经验法制定费率的一个重要的参考依据。

(2) 平均值法。根据平均值法，对每个索赔案提取相同的准备金。这样，保险公司在年底对某个特定的险种应当提取的总的准备金额度，就是尚未理赔的索赔案的数量乘以每案应提取的平均赔款准备金。在使用平均值法时，这个"平均值"也是保险公司根据过去的经验得出来的。如果就某个险种提出的索赔案的数量较大，每个索赔数额之间的离差又比较小，适合使用平均值法。这种方法的优点是简单易行和费用低廉。如果按照平均值法计算总的准备金额度，则要统计年终编制财务报表时已经发生但尚未赔付的损失共有多少件，这个数字也可以由保险公司根据过去的经验得出来。

(3) 公式法或赔付率法。这种方法所依据的原理是，特定险种的赔付率是一定的。保险公司对某个险种应提取的准备金额度应当是根据估计的损失赔付率计算的最终赔付额减去至编制报表日为止已经支付的损失赔偿金和损失理算费用。此种方法计算简便，但存在实际赔付率与假定赔付率不一致的缺陷。

(4) 交叉价值法。如果保险公司支付的损失赔偿金或保险给付金的额度要受到下列因素的影响，则常常会使用交叉价值法来计算应提取的准备金额度：平均余命、残疾时间、受益人的再婚和其他一些类似的因素。这时保险公司计算准备金，就需要使用死亡概率和生存概率，甚至需要受益人再婚的概率，也就是说，所使用的数据是从生命表、发病率统计表和再婚概率表中得来的，因此称为交叉价值法。

2) 已发生但尚未报告的损失的未决赔款准备金的计算方法

此种准备金的计算方法也比较多。通常，保险公司会根据过去的经验在已发生但尚未报告的损失和一个选定的基数，如"已发生且已报告的损失的赔款准备金"两者之间建立一个数据关系。现在的保险公司常常根据新的因素对上述方法进行修正。但是，需要认识到的一点是，不管计算赔款准备金的方法有多么精确，所计算出来的结果只能是对实际损失的一个估计值。通货膨胀、不断变化的社会观念、有追溯效力的立法以及很多其他因素会对赔款准备金的计算产生影响，从而使计算结果只能是一个估计值。另外，赔款准备金的水平还受到保险公司管理者态度的影响。保险公司如果实行的是一种消极保守的管理办法，常常会倾向于过度地提取未决赔款准备金，造成资本的流失；相反，开放的保险公司管理者则倾向于降低赔款准备金的水平，以突出承保的收益。

此外，保险公司除了需要为损失提取赔款准备金以外，还需要对损失理算费用提取准备金。这项准备金分为两个部分，一部分是与每个具体索赔案相关的损失理算费用准备金；另一部分是为保险公司的理赔部门整体发生的、与个别索赔案不相关的费用所提取的准备金。

这样，保险公司的未决赔款准备金中总共包括三部分内容：为已发生且已报告的损失提取的赔款准备金；为已发生但尚未报告的损失提取的赔款准备金；为损失理算费用提取的准备金。从理论上讲，未决赔款准备金应当足够清偿在编制财务报表当日保险公司对尚未理赔的损失所承担的所有责任。但是，仍有保险公司认为不够稳妥，另外提取了巨灾准备金。巨灾准备金的主要目的是消除未能预见的因素造成的预计损失总额的偶然波动对保险公司的财务稳定所带来的冲击。保险行业的许多当事人，包括保险监管机构和费率厘定机构，都非常支持这种提取巨灾准备金的做法，认为这样能够稳定保险公司的经营业绩，使保险公司在一定时期内获得稳定的利润。

需明确说明的是，如果保险公司提取的未决赔款准备金过低，则对未来的赔偿义务是不充分的，同时还会造成保险监管机构对保险公司偿付能力的怀疑。但是，如果保险公司提取的未决赔款准备金过高，就会相应地抵减保险公司该时期内的承保利润，那么也就减少了该时期内保险公司的纳税义务，因此，过度提取准备金是受到法律限制的。过度提取准备金导致保险公司利润大幅削减，就使保险公司找到了提高费率的冠冕堂皇的借口。但对上市的股份制保险公司而言，过度提取准备金还会有这样一个不良的后果：保险公司利润下降，会大大挫伤其股东对公司经营的信心，从而使该保险公司的股票价格受到抑制。总之，未决赔款准备金额度的最后确定要取决于各方面因素的综合考虑以及各方利益的综合权衡。

2. 未到期责任准备金

1) 未到期责任准备金的性质

保险公司在一个会计年度内签发保单后入账的保险费称作入账保费。假定会计年度与日历年度一致，全部保单保险期间均为 1 年。显然，除当年第一天签发的保单外，其余保单均不能在该年内满期，而要跨入第二年。这样，保险费就要依保险期间在两个会计年度所占的时间比例进行分割。我们可以举一个例子来看，假定某保险公司于当年 12 月 1 日签发了一张期限为一年的保单，保费为 120 元。被保险人应当预付保费，由于保险公司期限为 1 年，因此保单出立时保险公司显然没有赚取这笔保费，但随着时间的推移，保险公司会赚取相应期间的保费。到第一个月的月末，即 12 月 31 日，保险期间的 1/12 已经过了，则保险公司就赚取了总保费的 1/12，即 10 元。换句话说，留在当年的部分属于当年的收入，称作已赚保费。此时，由于保险公司尚未提供以后 11 个月的保障，总保费的另外 11/12，即 110 元，对保险公司而言是未赚取的，需转入下一年度，因而这些跨入第二年度的部分属于下年度收入，称作未赚保费。与未赚保费相对应的是保险人在下一年度要继续承担的保险责任。针对这部分保险责任，将未赚保费转入下一会计年度，建立起相应的责任准备金，称作未到期责任准备金或未赚保费准备金。因此，直到下一年 11 月 30 日，保险期间结束，保险公司履行了保单项下的承保义务以后，才赚取了全部的保费，此时，已到期保费最大，达到了总保费的百分之百，未到期保费则降至为零。

总保费的未到期部分构成未到期责任准备金。具体来说，未到期责任准备金是指保险财务年度虽已到期，但保险责任年度尚未到期，保险公司对未到期保单仍负有赔付责任。这部分保费应当视为保险公司代保单持有人管理的一笔钱。尽管被保险人将这部分保费预付给了保险公司，但保险公司并不能在收到这笔钱时立刻将这部分保费视为自己的财产任意处置，保险公司只有在赚取了这笔保费后才能将其用做自己希望的用途。这部分保费因此被定义为未到期保费，是保险公司因持有尚未赚取的保费而对保单持有人承担的债务，这就是未到期责任准备金的性质。

2) 计算未到期责任准备金的方法

(1) 每月按比例分摊法。这是一种普遍使用的简便方法。该种方法假定全年的承保业务量平均，再假设承保的当月内保费的有效天数是 15 天，因此，把一年分为 24 个半月。对一年期的保单，在承保的第一个月未赚得 1/24 的保费，即 23/24 时未到期的责任准备金，以后每个月已赚得保费的比例是按月再加 2/24，即 3/24，5/24，7/24，…，23/24。在年末计算未到期责任准备金时，1 月份开出的保单按 1/24 提存，并以此类推，12 月份开出的保单以 23/24 提存。如果保险期为 6 个月，承保的月末赚得 1/12 的保费，未到期责任准备金为 11/12 的保费；如果保险期为 3 年，承保的月末赚得 1/72 的保费，未到期责任准备金为 71/72 的保费。在保费不变的情况下，保险期限越长，承保的月末赚得的保费越少。

(2) 逐日计算法。这是根据有效保单的天数计算未到期责任准备金的方法，需要使用计算机。计算公式是：

$$未到期责任准备金 = \frac{有效保单的保单未到期天数}{保险期天数}$$

对个人保险来说，这种方法与每月按比例分摊法没有多大区别，因为个人保险的月内承保业务量比较平均，但对企业保险来说，因保险单一般都在月初生效，这种方法将会减少未到期责任准备金。

(3) 年比例计算法。假定一年中所有保险单是逐日开出的，而且每天开出的保单数量和保险金额大体均匀。以一年保险期为例，则

$$未到期责任准备金 = 保费收入总额 \times 50\%$$

该方法计算简便，但不很准确，尤其是自留保险费在全年分布很不均匀的条件下，会失去其使用价值。若自留保险费主要在上半年，则提存的未到期责任准备金偏高；反之，则偏低。

我国财产保险公司提取未到期责任准备金时一般都使用年比例计算法，即将保费收入的 50%作为未到期责任准备金。办理年度决算时，首先就是按照上述比例将未到期保险责任的保费提存责任准备金，以冲减本期收入，同时还要将上年同期的准备金转回作为本期收入处理，从而真实地反映本期的经营成果。

3. 总准备金

总准备金是指为应付巨大灾害事故的发生或风险集中发生所需的巨额赔款而设立的基金，即对实际损失超过损失期望的情况所做的储备。总准备金通常以附加费率的形式提取或从结余中留存。这部分基金在一般情况下不予动用，只有在巨灾巨损赔案发生时才予以动用。

4. 其他准备金

其他准备金是保险公司为了某种或某些特殊用途而设立的准备金，如公积金、公益金、税收准备金、红利准备金等。

二、寿险保险费率的厘定

(一) 影响寿险费率的因素

1. 利率因素

寿险业务大多是长期的。寿险公司预定的利率是否能实现，要看其未来投资收益，因此，利率的预定必须十分慎重。精算人员在确定预定利率之前要与投资部门进行协商，要考虑本公司及其他公司过去的投资收益情况。

预定利率对于保险公司制定费率十分重要，特别是对于传统寿险，因为它们在保单有效期内是固定不变的。寿险公司在预定利率时往往是十分谨慎的，但过于保守的态度也会损害被保险人的利益或丧失市场竞争力。

2. 死亡率因素

寿险公司的经验死亡表是制定寿险费率十分重要的因素之一。各家寿险公司之间的经验死亡表差别是很大的。高的经验死亡率可能是低的经验死亡率的 1.5 倍。国民生命表是人口普查数据经统计分析和修正而编制的，大体上与总人口的寿命情形一致，但是对于某

一地区、某一群体就不一定适合了。各寿险公司的科学做法应是将国民生命表与各公司的经验数据相结合，找出最适合本公司的死亡率数据。

3. 费用率因素

保险公司均制定预订费用率。费用率一般随公司的不同而不同。大的公司比小的公司有较低的费用。寿险公司的费用一般包括：

(1) 初始费，包括签发保单费用、承保费用等。

(2) 代理人酬金，包括代理人佣金、奖金、奖励、研讨会会费、养老金计划支出等。

(3) 保单维持费用，包括缴费费用、会计费用、佣金的管理费用、客户服务费用、保单维持的记录费用和保费收入税等。

(4) 保单终止费，包括退保费用、死亡给付费用和到期费用等。

4. 失效率因素

一般而言，影响保单失效率的因素包括：第一，保单年度，一般保单失效率随保单年度的增加而降低；第二，被保险人投保时的年龄，一般十几岁至二十几岁的人口保单失效率较高，而30岁以上的被保险人的保单失效率较低；第三，保险金额，一般大额保单的失效率通常较高；第四，保费缴付频率，一般每年缴费一次比每月预先从工资中扣除保费的保单失效率较低，而每月直接缴费的保单的退保率则较高；第五，性别，当其他情况相同时，女性保单失效率要比男性保单失效率低。

预定失效率应基于本公司的经验数据，而各公司之间由于各种差别使保单失效率大相径庭。如果本公司经验数据有限，可以找与公司经营状况相类似的公司的经验数据，再根据年龄、性别和保额等因素进行调整。即使是本公司的经验数据，在使用时仍需要做适当的调整。

5. 平均保额因素

平均保额一般是以千元保额为单位的，一般表示为几个单位千元保额，如5单位保额、10单位保额等。通过平均保额可以计算保单费用、每张保单开支、单位保费费用和每次保单终止费等。保单的特点及保单的最小单位也会影响平均保额的大小，通常可根据被保险人的年龄、性别及保单的特点对平均保额进行调整。

尽管影响人寿保险费率的因素有以上五个主要方面，但我们在解释人寿保险费率厘定原理时，为了简化分析过程往往只考虑死亡率因素、利率因素和费用率因素。这三个因素就是我们常说的计算人寿保险费率的三要素。

(二) 利息基础

所谓利息，是指在一定时期内，资金拥有人将使用资金的自由权转让给借款人后所得到的报酬。计算利息有三个基本要素：本金、利率和期间。利息的数额取决于本金的数量、利率的高低、存放期间的长短。本金数量越大，利率越高，存放期间越长，则利息越多；反之，利息就越少。一般来说，任何一项普通的金融业务都可以看做是投资一定数量的资金以产生一定量的利息。因此，利息的多少是衡量该项业务"好""坏"的一个重要指标。

在利息的计算中，利息的水平是以利率来度量的。所谓利率，是指单位资本在一个度量期产生的利息。最常用的度量方法有两种：单利法和复利法。

1. 单利的计算

单利是指每度量期均只对本金计息，而对本金产生的利息不再计息。

若以 P 表示本金，i 表示利率，n 表示计息期数，I 表示利息，S 表示本利和，则单利的计算公式为

$$I = P \cdot i \cdot n$$
$$S = P + I = P(1 + i \cdot n)$$

2. 复利的计算

复利是单利的对称，是指将按本金计算出来的利息额再加入本金，一并计算出来的利息。复利的计算公式为

$$S = P(1 + i)^n$$
$$I = S - P = P[(1 + i)^n - 1]$$

3. 终值与现值的计算

一笔资金在一定利率下存放一定时期后所得的本利和称为终值。在复利的条件下，终值可以表示为

$$终值 = 本金 \times (1 + 利率)^n$$

即

$$S = P(1 + i)^n$$

现值和终值是相反的概念。现值是指未来本利和的现在价值，也就相当于本金。由终值的计算公式可以推得

$$现值 = \frac{终值}{(1 + 利率)^n} \qquad 即 \qquad P = \frac{S}{(1 + i)^n} = Sv^n$$

式中：v 为贴现因子，$v = \dfrac{1}{1 + i}$，表示 1 年后的 1 元在年初时刻的现值，v^n 表示 n 年后的 1 元在年初时刻的现值。

(三) 生命表

1. 生命表的概念和种类

生命表又称死亡表，它是根据一定时期的特定国家(或地区)或特定人口群体(如保险公司的全体被保险人、某单位的全体员工)的有关生存状况统计资料，依整数年龄编制而成的用以反映相应人口群体的生死规律的统计表。生命表在有关人口的理论研究、某地区或某人口群体的新增人口与全体人口的测算、社会经济政策的制定、寿险公司的保费及责任准备金的计算等方面都有着极为重要的作用。

生命表中最重要的内容就是每个年龄的死亡率。影响死亡率的因素主要有年龄、性别、职业、习性、以往病史和种族等。一般情况下，在设计生命表时，主要考虑年龄和性别。

生命表总体上可以分为国民生命表和经验生命表两大类。国民生命表是以全体国民或特定地区的人口生存状况统计资料编制而成的，依其编制的技术可分为完全生命表和简易生命表。完全生命表是根据准确的人口普查资料，依年龄分别计算死亡率、生存率、平均余命等生命函数而编制的；简易生命表则采取每年的人口生存状况动态统计资料和人口抽样调查的资料，按年龄段(如 5 岁或 10 岁为一段)计算的死亡率、生存率、平均余命等而编制。而寿险公司使用的经验生命表，是以被保险人群体为对象，按实际经历的死亡统计资料编制而成的。但根据需要，经验生命表也可按保险的种类、保单的年度及被保人的性别等进行编制。这里我们只考虑经验生命表按其所计算的统计资料性质的不同来划分，此时

经验生命表可划分为综合生命表、选择—终极生命表等。

2. 生命表的内容

在生命表中，首先要选择初始年龄且假定该年龄生存的一个合适的人数，这个数称为基数。一般选择 0 岁为初始年龄，并规定此年龄的人数通常取整数，如 10 万、100 万、1000 万等。在生命表中还规定最高年龄，用 ω 表示，满足 $l\omega + 1 = 0$。一般的生命表中都包含以下内容。

x：年龄。

l_x：生存人数，是指从初始年龄至满 x 岁尚生存的人数。例：l_{30} 表示在初始年龄定义的基数中有 l_{30} 人活到 30 岁。

d_x：死亡人数，是指 x 岁的人在一年内死亡的人数，即指 x 岁的生存人数 l_x 中，经过一年所死去的人数。已知在 $x+1$ 岁时生存人数为 l_{x+1}，于是有

$$d_x = l_x - l_{x+1}$$

q_x：死亡率，表示 x 岁的人在一年内死亡的概率。显然，有

$$q_x = \frac{d_x}{l_x} = \frac{l_x - l_{x+1}}{l_x}$$

p_x：生存率，表示 x 岁的人在一年后仍生存的概率，即到 $x+1$ 岁时仍生存的概率。p_x 的计算为

$$p_x = \frac{l_{x+1}}{l_x}$$

所以 $p_x + q_x = 1$。

e_x：平均余命或生命期望值，表示 x 岁的人以后还能生存的平均年数。若假设死亡发生在每一年的年中，则有

$$e = \frac{l}{l_x}(l_{x+1} + l_{x+2} + \cdots + l_\omega) + \frac{1}{2}$$

在寿险数理的计算中，还会遇到一些符号。

$_tp_x$：表示 x 岁的人在 t 年末仍生存的概率。$_tp_x$ 的计算为

$$_t p_x = \frac{l_{x+t}}{l_x}$$

$_tq_x$：表示 x 岁的人在 t 年内死亡的概率。$_tq_x$ 的计算为

$$_t q_x = \frac{l_x - l_{x+t}}{l_x} = 1 - {}_t p_x$$

$_{t|u}q_x$：表示 x 岁的人在生存 t 年后 u 年内死亡的概率。$_{t|u}q_x$ 的计算为

$$_{t|u} q_x = \frac{l_{x+t} - l_{x+t+u}}{l_x}$$

当 $u = 1$ 时，用 $_{t|}q_x$ 表示 x 岁的人在生存 t 年后的那一年($t+1$ 年)中死亡的概率。

$$_{t|} q_x = {}_t p_x - {}_{t+1} p_x = {}_t p_x \bullet q_{x+t}$$

(四) 年金及其计算

年金是指在一定时间内按照一定的时间间隔进行的一系列的付款。依据不同的标准，年金可以划分为很多类。按支付条件，年金可以划分为确定年金和风险年金。确定年金是指年金的每次支付是必然要发生的；风险年金则是指年金的每次支付是不确定的，如以人的生死为给付条件的生命年金就是一种风险年金。

对人寿保险而言，有意义的年金划分方式还有以下几种：以每支付期支付的时间点不同，分为期首付年金和期末付年金；以支付开始的时间不同，分为即期年金和延期年金；以年金的期限不同，分为定期年金和永久年金。

1. 确定年金

(1) 期首付确定年金。期首付确定年金是指年金的支付发生在每一期的期初。假设每期初的支付金额为 1 元，支付的责任期限为 n，每支付期的实际利率为 i，用 $\ddot{a}_{\overline{n}|}$ 表示期首付确定年金的现值，$\ddot{S}_{\overline{n}|}$ 表示期首付确定年金的终值，则

$$\ddot{a}_{\overline{n}|} = 1 + v + v^2 + \cdots + v^{n-1} = \frac{1 - v^n}{iv}$$

式中：$v = \dfrac{1}{1+i}$。

同样可以得出：

$$\ddot{S}_{\overline{n}|} = (1+i) + (1+i)^2 + \cdots + (1+i)^n = (1+i)\frac{(1+i)^n - 1}{i} = \frac{(1+i)^n - 1}{iv}$$

可见，终值和现值之间存在以下的关系：

$$\ddot{S}_{\overline{n}|} = \ddot{a}_{\overline{n}|}(1+i)^n$$

(2) 期末付确定年金。期末付确定年金是指年金的支付发生在每一期的期末。假设每期末的支付金额为 1，支付的责任期限为 n，每支付期的实际利率为 i，用 $a_{\overline{n}|}$ 表示期末付确定年金的现值，$S_{\overline{n}|}$ 表示期末付确定年金的终值，则

$$a_{\overline{n}|} = v + v^2 + \cdots + v^n = \frac{1 - v^n}{i}$$

同理，有

$$S_{\overline{n}|} = 1 + (1+i) + (1+i)^2 + \cdots + (1+i)^{n-1} = \frac{(1+i)^n - 1}{i}$$

期末付终值和现值之间也存在这样的关系：

$$S_{\overline{n}|} = a_{\overline{n}|}(1+i)^n$$

期首付确定年金与期末付确定年金的现值和终值之间的关系为

$$\ddot{S}_{\overline{n}|} = S_{\overline{n}|}(1+i), \quad \ddot{a}_{\overline{n}|} = a_{\overline{n}|}(1+i)$$

2. 生命年金

所谓生命年金，是指以被保险人的生存为条件，按事先约定的金额以连续的方式或以一定的时间间隔而进行的一系列支付的保险。生命年金可按不同的标准进行划分。按支付开始的日期，可分为即期年金和延期年金；按支付的期间，可分为终身生命年金和定期生命年金；按年金支付的额度，可分为定额年金和变额年金。

1) 期末付生命年金的现值

(1) 期末付定期生命年金的现值。设 $a_{x:\overline{n}|}$ 表示年龄为 x 岁的人，购买定期 n 年，期末付年金 1 元的生命年金的现值，则第 1 年年末，保险人支付年金的现值为 $v \cdot l_{x+1}$；第 2 年年末，保险人支付年金的现值为 $v^2 \cdot l_{x+2}$；依此类推，至第 n 年年末，保险人支付年金的现值为 $v^n \cdot l_{x+n}$。保险人收取的净保费现值为 $l_x \cdot a_{x:\overline{n}|}$。

根据收支相等原则，有

$$l_x \cdot a_{x:\overline{n}|} = v \cdot l_{x+1} + v^2 \cdot l_{x+2} + \cdots + v^n \cdot l_{x+n}$$

$$a_{x:\overline{n}|} = \frac{v \cdot l_{x+1} + v^2 \cdot l_{x+2} + \cdots + v^n \cdot l_{x+n}}{l_x}$$

为了简化上述表达式，令

$$D_x = v^x \cdot l_x$$

$$N_x = D_x + D_{x+1} + \cdots + D_w$$

式中：D_x、N_x 为换算符号，它们由 v 和 l_x 确定，通常被编成表供查阅。所以

$$a_{x:\overline{n}|} = \frac{v \cdot l_{x+1} + v^2 \cdot l_{x+2} + \cdots + v^n \cdot l_{x+n}}{l_x} = \frac{v^{x+1} \cdot l_{x+1} + v^{x+2} \cdot l_{x+2} + \cdots + v^{x+n} \cdot l_{x+n}}{v^x \cdot l_x}$$

$$= \frac{D_{x+1} + D_{x+2} + \cdots + D_{x+n}}{D_x} = \frac{N_{x+1} - N_{x+n+1}}{D_x}$$

同理可求得其他期末付生命年金的现值。

(2) 期末付终身生命年金的现值：

$$a_x = \frac{N_{x+1}}{D_x}$$

(3) 期末付延期定期生命年金的现值：

$$_{m|}a_{x:\overline{n}|} = \frac{N_{x+m+1} - N_{x+m+n+1}}{D_x}$$

(4) 期末付延期终身生命年金的现值：

$$_{m|}a_x = \frac{N_{x+m+1}}{D_x}$$

2) 期首付生命年金的现值

(1) 期首付定期生命年金的现值。设 $\ddot{a}_{x:\overline{n}|}$ 表示年龄为 x 岁的人，购买定期 n 年，期首付

年金1元的生命年金的现值，则第1年年初，保险人支付年金的现值为 $1 \cdot l_x$；第2年年初，保险人支付年金的现值为 $v \cdot l_{x+1}$；依此类推，至第 n 年年初，保险人支付年金的现值为 $v^{n-1} \cdot l_{x+n-1}$。保险人收取的净保费现值为 $l_x \cdot \ddot{a}_{x:\overline{n}|}$。

根据收支相等原则，有：

$$l_x \cdot \ddot{a}_{x:\overline{n}|} = 1 \cdot l_x + v \cdot l_{x+1} + \cdots + v^{n-1} \cdot l_{x+n-1}$$

$$\ddot{a}_{x:\overline{n}|} = \frac{1 \cdot l_x + v \cdot l_{x+1} + \cdots + v^{n-1} \cdot l_{x+n-1}}{l_x} = \frac{v^x \cdot l_x + v^{x+1} \cdot l_{x+1} + \cdots + v^{x+n-1} \cdot l_{x+n-1}}{v^x \cdot l_x}$$

$$= \frac{D_x + D_{x+1} + \cdots + D_{x+n-1}}{D_x} = \frac{N_x - N_{x+n}}{D_x}$$

同理可求得其他期首付生命年金的现值。

(2) 期首付终身生命年金的现值：

$$\ddot{a}_x = \frac{N_x}{D_x}$$

(3) 期首付延期定期生命年金的现值：

$$_{m|}\ddot{a}_{x:\overline{n}|} = \frac{N_{x+m} - N_{x+m+n}}{D_x}$$

(4) 期首付延期终身生命年金的现值：

$$_{m|}\ddot{a}_x = \frac{N_{x+m}}{D_x}$$

(五) 寿险纯保费的计算

1. 寿险趸缴纯保费的计算

所谓趸缴纯保费，是指投保人或被保险人在保单签发之日一次性缴付的纯保费。这里的纯保费是指理论保费，即只以预定死亡率和预定利率为基础而计算出来的一种保费，且刚好可用于未来保险金的给付。人寿保险费制定的基本原则是等价交换、收支相等。人寿保险纯保费制定的直接依据是：纯保费收入的现值等于未来支付保险金的现值。

由于是在投保时一次性付清的，因此，趸缴纯保费在投保时的现值就是其本身。趸缴纯保费应与保险合同所规定的保险人在整个保险期内的给付义务的现值相等。在以后的计算中，均假设利率为 i，$v = \frac{1}{1+i}$，死亡发生在每一年的年中，保险人给付保险金为1。

这里，仅用定期死亡保险为例来说明趸缴纯保费的计算原理，其他险种的趸缴纯保费的计算方法与此类似。

假设被保险人投保(或签单)时的年龄为 x 岁，x 岁时有 l_x 人参加定期死亡保险，第一年中有 d_x 个人死亡，保险人对死亡的被保险人每人给付保险金1元，共 d_x 元，则给付保险金

的现值为 $v^{\frac{1}{2}}d_x$；第二年中，保险人给付保险金的现值为 $v^{1+\frac{1}{2}}d_{x+1}$；…；至第 n 年，保险人给付保险金的现值为 $v^{n-\frac{1}{2}}d_{x+n-1}$。

l_x 个人应缴纳的总纯保费等于保险人各年给付保险金的现值之和，即

$$v^{\frac{1}{2}}d_x + v^{1+\frac{1}{2}}d_{x+1} + \cdots + v^{n-\frac{1}{2}}d_{x+n-1}$$

用总保费除以 l_x，可以得出每个人应缴纳的纯保险金额。用 $\overline{A}^{\,1}_{x:\overline{n}|}$ 表示 x 岁的人投保保险金额为 1 元，保险期限为 n 年的死亡保险的趸缴纯保费，则

$$\overline{A}^{\,1}_{x:\overline{n}|} = \frac{v^{\frac{1}{2}}d_x + v^{1+\frac{1}{2}}d_{x+1} + \cdots + v^{n-\frac{1}{2}}d_{x+n-1}}{l_x} = \frac{1}{l_x}\left(v^{\frac{1}{2}}\cdot 1 \cdot d_x + v^{1+\frac{1}{2}}\cdot 1 \cdot d_{x+1} + \cdots + v^{n-\frac{1}{2}}\cdot 1 \cdot d_{x+n-1}\right)$$

$$= \frac{1}{v^x l_x}\left(v^{\frac{1}{2}+x}\cdot 1 \cdot d_x + v^{1+\frac{1}{2}+x}\cdot 1 \cdot d_{x+1} + \cdots + v^{n+x-\frac{1}{2}}\cdot 1 \cdot d_{x+n-1}\right)$$

$$= \frac{1}{v^x l_x}\left(v^{x+\frac{1}{2}}\cdot 1 \cdot d_x + v^{x+1+\frac{1}{2}}\cdot 1 \cdot d_{x+1} + \cdots + v^{x+n-1+\frac{1}{2}}\cdot 1 \cdot d_{x+n-1}\right)$$

引入换算符号：

$$\overline{M}_x = \overline{C}_x + \overline{C}_{x+1} + \cdots + \overline{C}_\omega$$

$$\overline{R}_x = \overline{M}_x + \overline{M}_{x+1} + \cdots + \overline{M}_\omega$$

有

$$\overline{A}^{\,1}_{x:\overline{n}|} = \frac{\overline{C}_x + \overline{C}_{x+1} + \cdots + \overline{C}_{x+n-1}}{D_x} = \frac{\overline{M}_x - \overline{M}_{x+n}}{D_x}$$

当 $n=1$ 时，$\overline{A}^{\,1}_{x:\overline{n}|} = \dfrac{\overline{C}_x}{D_x}$，此即为自然费率公式。

同理可求得其他趸缴净保费：

(1) 终身死亡保险趸缴净保费为

$$\overline{A}_x = \frac{\overline{M}_x}{D_x}$$

(2) 生存保险趸缴净保费为

$$A^{\,1}_{x:\overline{n}|} = \frac{D_{x+n}}{D_x}$$

(3) 全保险趸缴净保费为

$$\overline{A}_{x:\overline{n}|} = \frac{\overline{M}_x - \overline{M}_{x+n} + D_{x+n}}{D_x}$$

(4) 延期定期寿险趸缴净保费为

$$_{m|}\overline{A}^{\,1}_{x:\overline{n}|} = \frac{\overline{M}_{x+m} - \overline{M}_{x+n+m}}{D_x}$$

(5) 延期终身寿险趸缴净保费为

$$_{m|}\overline{A}_x = \frac{\overline{M}_{x+m}}{D_x}$$

(6) 延期定期生存保险趸缴净保费为

$$_{m|}A^{\,1}_{x:\overline{n}|} = \frac{D_{x+n+m}}{D_x}$$

(7) 延期定期两全保险趸缴净保费为

$$_{m|}\overline{A}_{x:\overline{n}|} = \frac{\overline{M}_{x+m} - \overline{M}_{x+n+m} + D_{x+n+m}}{D_x}$$

2. 寿险年缴纯保费的计算

趸缴纯保费数额较大，投保人往往难以接受。为了解决投保人的这个负担，保险公司一般允许投保人在购买保险时，将保险费按年、按季、按月或每半年缴付一次，而以一年缴付一次的方式最为普遍。按年缴付的保险费即为年度保险费。不论是一次性缴费方式还是按年缴费方式，投保人所缴保险费的现值都应该相等，即年缴保险费的现值等于趸缴保险费的现值。

以 A 代表各类人寿保险的趸缴纯保险费，以 P 代表年缴纯保险费，由于 P 元是投保人按年缴付的，因此，各年的 P 折算到投保时的现值不同，各年缴费的人数也不同。设年缴纯保险费 P 在 n 年内每年年初缴纳一次，则保险人各年收取纯保险费的现值为

$$P\left(l_x + vl_{x+1} + v^2 l_{x+2} + \cdots + v^{n-1} l_{x+n-1}\right) = P\ddot{a}_{x:\overline{n}|}$$

此累积现值应与趸缴纯保费相等，即

$$P\left(l_x + vl_{x+1} + v^2 l_{x+2} + \cdots + v^{t-1} l_{x+t-1}\right) = l_x A$$

则

$$P = \frac{l_x}{l_x + vl_{x+1} + v^2 l_{x+2} + \cdots + v^{t-1} l_{x+t-1}} \cdot A$$

即

$$P = \frac{1}{\ddot{a}_{x:\overline{n}|}} \cdot A = \frac{A}{\ddot{a}_{x:\overline{n}|}}$$

综上可得：

(1) 定期死亡保险年缴纯保险费为

$$P_{x:\overline{n}|}^{1} = \frac{\overline{A}_{x:\overline{n}|}^{1}}{\ddot{a}_{x:\overline{n}|}} = \frac{\overline{M}_x - \overline{M}_{x+n}}{N_x - N_{x+n}}$$

(2) 终身寿险的年缴净保费为

$$P_x = \frac{\overline{A}_x}{\ddot{a}_x} = \frac{\overline{M}_x}{N_x}$$

(3) 定期生存保险的年缴净保费为

$$P_{x:\overline{n}|}^{1} = \frac{A_{x:\overline{n}|}^{1}}{\ddot{a}_{x:\overline{n}|}} = \frac{D_{x+n}}{N_x - N_{x+n}}$$

(4) 两全保险的年缴净保费为

$$P_{x:\overline{n}|} = \frac{\overline{A}_{x:\overline{n}|}}{\ddot{a}_{x:\overline{n}|}} = \frac{\overline{M}_x - \overline{M}_{x+n} + D_{x+n}}{N_x - N_{x+n}}$$

(六) 寿险营业保费的计算

1. 比例法

比例法就是按照营业保费的一定比例作为附加费用。这一比例一般根据以往的业务管理经验来确定。若以 P 表示纯保费，P' 表示营业保费，k 表示附加费用，则

$$P' = P + kP'$$

$$P' = \frac{P}{1-k}$$

若以 L 表示附加保费，则

$$L = kP' = \frac{kP}{1-k}$$

比例法计算附加费用虽然简便，但不尽合理。一般对年期短、保费低的险种，附加费就可能少于实际需要；反之，对于年期长、保费高的险种，附加费则可能多于实际需要。

【例 16-2】　已知某投保人年缴净保费 $P = 1600$ 元，附加费比例 $k = 12\%$，求该投保人缴纳的营业保费 P' 和附加费用 L。

解

$$P' = \frac{P}{1-k} = \frac{1600}{1-12\%} = \frac{1600}{0.88} = 1818.2 \,(元)$$

$$L = kP' = 12\% \times 1818.2 = 218.2 \,(元)$$

2. 比例常数法

比例常数法是把附加费用分成两部分考虑：首先，根据每张保单的平均保险金额推算出每单位保额必须承担的固定费用，这部分作为一个固定常数，用 c 表示；然后，确定营业保费的一定比例作为其余部分的附加费用，用 k 表示。则

$$P' = P + kP' + c$$

所以

$$P' = \frac{P + c}{1 - k}$$

比例常数法虽然对保额大的险种增加一定量的附加费，但对于年期短、保费低的险种，提取的附加费仍然少于实际需要。

【例 16-3】 某人现年 30 岁，购买一定期 10 年的两全保险，保险金额为 50 000 元。已知经营此类业务，每万元保额需要支出固定费用 100 元，且该合同年的年缴净保费为 3623.10 元。此外，每年投保人还需要按营业保费的 7.5%承担其余部分的附加费用。求该保单的年缴营业保费。

解 年缴营业保费为

$$P' = \frac{P + c}{1 - k} = \frac{3623.10 + 100 \times 5}{1 - 7.5\%} = 4457.41 (元)$$

3. 三元素法

三元素法综合了前面我们所介绍的三种附加费规定的方式。按每张保单在保险期内的不同阶段和不同用途，附加三种费用，称为三元素法，具体情况如下：

(1) 新契约费用。它是寿险公司签订新契约与第一年度所必须支付的费用，如体检费、签单费等，它是一次性费用且在签订保险合同的当年支出。新契约费用一般按保额的一定比例计算，用 α 表示。

(2) 维持费用。它是契约自第一年开始至契约终止时为止，全部保险期间内维持契约所必须支付的费用，如催缴保费、契约变更等所需费用。维持费用一般分摊于整个缴费期，每年每单位保险金额为 β。

(3) 收费费用。它包括收费员工资、缴费事务费等，也是分摊于整个缴费期，一般按总保费的一定比例计算，用 γ 表示。

此三元素法是由 T.B.Spraque 提出，故又称为史晋列克算式。

(七) 寿险责任准备金

1. 寿险责任准备金的含义

人寿保险的保险费既可以一次性趸缴，也可分期缴纳。在趸缴保费的情况下，保险公司必须提存一部分以应付以后的给付。在分期按年缴费的情况下，大多数是按均衡保险费进行的。一般而言，在保险全过程的初期若干年中，保险公司的保费收入大于其所应支付给受益人的保险金；而在后期若干年中，其所收入的保费小于应支付给受益人的保险金。所以，保险公司必须把保险前期收入的部分保费积存起来，以弥补后期的不足。这种从保费中抽出一部分做提存的保费，称为责任准备金。

责任准备金其实是保险人对被保险人或其受益人的一种负债。责任准备金的提存，主

要是为了保证被保险人或其受益人的利益。如果被保险人在保险期满前中途退保，或改变保费缴纳方式，或改变领取保险金的方式，保险人应根据当前所提存的责任准备金的数额，计算退保金或保险金的数额。

责任准备金可分为理论责任准备金和在其基础上修正后的实际责任准备金。

2. 理论责任准备金的计算

理论责任准备金的计算，有过去法和未来法之分。

(1) 过去法。过去法以分析已缴的纯保险费为出发点，用过去所缴纯保险费的终值减去过去已给付保险金的终值作为责任准备金的计算方法，即

时刻 t 时的准备金 = 已缴纯保险费在时刻 t 的精算积存值

– 以往保险利益在时刻 t 时的精算积存值

(2) 未来法。采用过去法计算准备金虽然利于理解，但计算较繁琐复杂，通常不采用这种方法，而常用的是未来法。未来法是采用将来应给付保险金在结算日的现值减去将来可收取的纯保费在结算日的现值的方法来计算准备金的，即

时刻 t 时的准备金 = 未来保险利益在时刻 t 时的精算现值

– 未缴纯保险费在时刻 t 时的精算现值

采用过去法和未来法计算的责任准备金是一致的。未来法和过去法的等价关系说明了责任准备金实际上是保险人在时刻 t 的未来损失的期望值。

3. 实际责任准备金的计算

利用均衡纯保费计算准备金，必须假定附加费用足以支付实际的各项费用的开支。因为每年的纯保险费相等，故附加费用每年也相等，这就要求每年的实际费用支出相等。然而实际情况并非如此。由于原始费用的关系，第一年的费用要比以后各年的费用大得多。因此，保险公司实际提存的准备金并不与理论准备金相同，而是将理论准备金加以必要的修正计算出来的。这种修正之后的准备金称为实际责任准备金，又称修正责任准备金。不论采用什么方式对理论准备金加以修正，在保单到期时的实际责任准备金应与理论责任准备金相同。

为讨论问题方便，我们假定承保有下面的具有代表意义的保单：某年龄为 x 岁的人，投保 n 年定期混合保险，保险金额为 l 元，保险费自保单开始时起分 m 年交付。

由于保险公司开始承保的第一年的年度毛保险费 P 减去年度纯保险费 $_mP_{x:n}$ 的余额不足抵付当年的开支，故将第一年的纯保险费修订为一个较小的 $P_{(1)}$，使保险公司有 $\left(P_{(1)} - _mP_{x:n}\right)$ 元的金额以应付当年的开支，同时将第二年及以后各年的年度纯保险费修正为 $P_{(2)} = P_{(3)} = \cdots = P_{(m)}$。换言之，在第一年少收的纯保险费，要从第二年以后的纯保险费内弥补。

在修正准备金时，第一个问题是如何决定第一年度的纯保险费 $P_{(1)}$ 及第二年以后的纯保险费 $P_{(2)} = P_{(3)} = \cdots = P_{(m)}$。若令 $P_{(1)}$ 与 $P_{(2)}$ 的差额为 α，则有

$$P_{(1)} + \alpha = P_{(2)} = P_{(3)} = \cdots = P_{(m)}$$

这里的 α 称为扣除额，因为 $P_{(1)}$，$P_{(2)}$，$\cdots$，$P_{(m)}$ 为各年的年度纯保险费，故其现值应与趸缴纯保险费的现值相等，即

$$P_{(1)} + P_{(2)} \left(a_{x:m} - 1 \right) = A_{x:n}$$

又因为

$$_m P_{x:n} \cdot a_{x:m} = A_{x:n}$$

联合上面两式整理后可得

$$P_{(2)} =_m P_{x:n} + \frac{\alpha}{a_{x:m}}$$

可见，只要使 α 等于某个规定值，就可求出对应的 $P_{(1)}$ 及 $P_{(2)}$。

显然，对于扣除额 α 的数值是不能随意规定的，而应有一定的限制。例如，保险公司在第一年的给付，在理论上应等于自然纯保费 c_x，故 $P_{(1)}$ 不论怎样都不得小于 c_x，即应有

$$P_{(2)} >_m P_{x:n} > P_{(1)} \geqslant c_x$$

因此

$$\alpha = P_{(2)} - P_{(1)} \leqslant P_{(2)} - c_x$$

不难求出 α 的最高限额为

$$\alpha^* =_{m-1} P_{x+1:n-1} - c_x$$

同理论责任准备金的计算一样，实际责任准备金的计算也可分别用过去法或未来法，在此我们不再说明。总之，实际责任准备金计算的关键在于恰当地确定 α 的值。保险实务上采用的所谓一年定期修正制、终身保险修正制、扣除制等的差别在于选取的 α 的值不同。

本 章 小 结

保险产品是由保险人提供给保险市场的，能够引起人们注意、购买，从而满足人们减少风险和转移风险，必要时能得到一定的经济补偿需要的承诺性组合。保险也是一种产品，但具有其特殊性。保险产品的构成要素有：保险责任(和除外责任)、保险费率、保费交付方式、保险期限、保险赔款或保险金给付方式。保险产品的特殊属性有：无形性、无一致性、无分割性、无存货性、异质性、未寻觅性。

保险产品设计就是根据保险市场上人们转移风险或责任、满足生存保障等的需求和欲望，依据保险产品的概念和设计原理或程式，组织各方面力量，对所需开发的产品进行研究、引进、设计和对现有产品进行更新、修订的一系列工作。保险产品的设计有总体要求和一般原则。保险产品主要有七种设计方式。

保险产品定价的目标有：生存导向型目标、利润导向型目标、销售导向型目标和竞争导向型目标。保险产品有三种定价方法：成本导向定价方法、竞争导向定价方法、客户导向定价方法。

　　保险费是建立保险基金的主要来源，也是保险人履行义务的经济基础。保费有其独特的特点和构成。保费的厘定满足五项基本原则。保费由多种因素共同决定。确定保费的一般方法有：观察法、分类法和增减法。

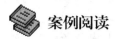 **案例阅读**

新能源汽车车险费率研究

　　在能源危机和环境问题日益突出的背景下，汽车产业正在发生深刻变革，新能源汽车因为其"绿色环保，节能低碳"的优势受到各国政府极大关注。由于新能源汽车与传统车结构、性能等存在较大差异，新能源汽车保险的风险结构、风险成本、风险责任关系也发生了深刻变化。目前，新能源汽车保险采用了与传统车完全相同的产品、条款、费率，无法满足消费者对新能源汽车保险产品的需求。在商业车险费率改革背景下，亟须研究破解新能源车使用环节中的保险难题。

　　目前新能源车车险费率主要与车辆价格相关，其他影响因子仅与车辆座位数、车辆使用年限、车辆性质等有限风险因子相连，而在新能源汽车实际使用环节中，与车辆安全问题关联较大的电池、电机等因素并未考虑。新能源汽车中纯电动汽车引入了电力驱动，存在诸如"电击"和"短路"之类的风险，因为有高能量载体的存在，所以存在能量瞬间释放所造成的起火和爆炸风险，同时因为化学电池本身的稳定性问题，又会带来许多超出人们"传统"认知的风险。一旦动力电池由于事故造成损坏，消费者将为此承担巨额的财产损失。

　　新能源车车险费率因子单一的原因主要有两点：第一点是目前新能源汽车产业化时间较短，市场体量较小，相应的保险需求较少，保险公司不愿意增加额外的运营成本为新能源汽车做出调整；第二点是保险公司对动力电池不了解，无相关的理赔数据，无法对动力电池做出风险评估，因而无法承保。粗放的保险定价模式不能客观反映保险标的与车辆实际风险的匹配状况，影响了整个新能源保险行业的可持续发展。

　　在商业车险费率改革背景下，确定新能源汽车车型风险系数，客观反映车型实际风险暴露与维修成本水平显得尤为重要。对此，业内有如下建议：

　　一是建立新能源汽车车型风险等级评价体系。从国外发达保险市场来看，建立车型风险等级评价体系应用非常成熟，根据车型风险等级制定的保险费率比较客观地反映了保险标的的风险状况，客观上推动了车险市场化改革。在车险费率完全市场化的英国，不仅有专门的新能源汽车保险公司，如 ELECTRIC CAR、Plug insure 等保险公司，而且各个保险公司为新能源汽车保险提供定制化的车险险种和条款，其中车险费率制定依据是 Thatcham 研究机构对车型风险等级的划分。我国应充分借鉴国外新能源汽车车型风险等级评价体系，并结合新能源车的车辆结构，从动力电池、电机、电控等安全方面开展研究，切实把汽车技术对车辆风险的影响通过定价机制予以体现，对保险公司提升风险筛选能力、细分市场具有重要意义。

　　二是建立人员风险等级评价体系。国外发达保险市场制定车险费率往往不仅考虑车辆因素，更多的考虑驾驶员因素。业界认为选择电动汽车的车主趋于理性、安全。因此电动汽车车主的保费往往低于普通燃油车主。建立新能源汽车驾驶员风险等级评价体系，将驾驶员的个性化信息，如年龄、性别、驾驶年限、婚姻状况、信用记录、职业等与出险概率联系，设计出更为精确合理的保险费率，是费率市场化的必然趋势。未来新能源汽车车险费率的分类，将不再仅仅依赖于投保车辆情况，驾驶人的行为信息也将纳入费率考核的标准之中，形成更为完善的费率厘定制度。

在新一轮商业车险费率改革中，机遇和挑战并存，保险业精细化管理时代已经到来，新能源汽车车险费率的制定需要逐步完善，需要保监会、保险行业协会、中保研、主要保险公司等机构与新能源汽车主管部门及主要生产企业合作，为建立科学合理的新能源汽车保险费率提供依据。新能源汽车车险费率精细化定价模式有利于消费者选购风险更低的新能源车型，倒逼主机厂努力提高汽车安全系数，最终促进新能源汽车产业健康有序发展。

(资料来源: http://chx.sinoins.com)

 问题

影响财产保险费率厘定的因素有哪些？

复习思考题

一、名词解释

保险产品　　保险产品设计　　保险费率　　纯费率　　附加费率　　分类法　　追溯法　　可变费率　　稳定系数　　保额损失率　　生命表　　年金　　趸缴纯保费比例法　　责任准备金

二、单项选择题

1. 下列选项中不属于保险产品定价方法的是(　　)。

A．成本导向定价方法　　　　　　　　B．竞争导向定价方法

C．风险导向定价方法　　　　　　　　D．客户导向定价方法

2. 下列选项中影响寿险费率的因素有(　　)。

A．死亡率因素　　　B．费用率因素　　　C．利率因素　　　D．道德因素

三、简答题

1. 保险产品的特性是什么？

2. 保险产品设计的一般原则是什么？

3. 保险产品应当如何定价？

4. 保险费率厘定时应遵循什么基本原则？

5. 保险费率的决定因素有哪些？

6. 试述人寿保险的纯保险费率是如何计算的。

7. 寿险责任准备金的含义是什么？试述寿险责任准备金的计算方法。

四、案例分析

1. 25 岁男性某公民投保 20 年期定期寿险，保额为 10 000 元，缴费期为 10 年，则每

年年缴纯保费是多少?

2．小刚向银行申请住房抵押贷款 50 万元，20 年内还清，年贷款名义利率为 12%(相当于月贷款利率为 1%)，这 20 年中小刚每月需还银行多少钱?

3．某企业投保产品责任保险，按分类费率计缴保险费总额为 4000 元，其中 80%为纯保险费(预期损失)，过去 3 年平均实际损失为 2800 元，假定信赖因数为 40%，趋势因素为 1，基于增减法中的经验法，求其费率调整幅度。

第十七章　保险公司的经营

【学习目标】

理解保险经营的特征；理解各种保险展业渠道的优缺点，区分保险防灾防损与社会防灾防损等。

案例导入 ➡

六大疑点直指故意涉水骗赔

2019年2月20日19时许，邓某报案称其驾车行驶至龙岩市新罗区大景山附近，由于驾驶时看手机微信不小心将车开进河里，发生车辆全车水淹、两人落水的交通事故，现场报警处理并出具事故责任认定书。人保财险龙岩分公司查勘人员接到报案第一时间赶往现场查勘，发现司机和副驾驶两人的衣服基本湿透，且两人手机泡水。但现场报案电话却是用副驾驶人员手机拨打的，邓某是否在说谎？

心存疑点的查勘人员正常查勘后立即将案件情况上报公司中心主任室和稽核人员。公司主任室召集中心骨干力量对案件进行分析讨论，焦点集中在邓某车辆落水后，同行人员手机并未涉水还能够正常接打电话，怀疑该案件存在故意骗保的嫌疑，随即确定调查方向并展开细致的调查。稽核人员经过调查发现六大疑点：一是该车发生交通事故时保险即将到期；二是该车辆于2016年在广东省汕头市发生过水淹事故，已赔付142 726.4元；三是该车辆承保车损金额大过目前实际价值；四是驾驶员邓某于2016年发生重大交通事故，腿部受伤，交警笔录显示当天驾驶员还进行跑步运动；五是该驾驶员有从事二手车买卖的活动，该车辆在事故前有转卖的意愿；六是驾驶员邓某有2次犯罪记录。

稽核人员将重重疑点与邓某说明，邓某仍坚称事故为真实发生，并多次拨打投诉电话投诉分公司拖延理赔进行施压，要求公司尽快赔付。面对客户的施压，人保财险龙岩分公司不畏困难，决定将案件调查到底。为了确保案件侦查的公正性，人保财险龙岩分公司将案件移交经侦，开启警保联合调查。经过长达4个月的调查、取证、协调和沟通，稽核人员将相关证据摆在邓某面前，告诉其保险骗赔欺诈后果的严重性，驾驶员最终承受不住巨大的心理压力，承认该案件为故意落水骗赔。最后，车主邓某签订放弃索赔声明书，成功减损135 000元。

(资料来源：http://chsh.sinoins.com)

问题

什么是道德逆选择？保险公司应该如何避免道德风险？

第一节　保险经营的特征与原则

一、保险经营的特征

保险的经营不同于一般工商企业的经营，有其自身的特殊性。

(一) 保险经营资产的负债性

一般企业的经营资产来自自有资本的比重较大，这是因为它们的经营受其自有资本的约束，所以必须拥有雄厚的资本作为经营后盾。保险企业也必须有资本金，尤其在开业初期需要一定的设备资本和经营资本。正因为如此，我国《保险法》第七十三条规定："设立保险公司，其注册资本的最低限额为人民币两亿元。"但是保险企业的经营资产主要来自投保人按照保险合同向保险企业所交纳的保险费和保险储金，具体表现为从保险费中所提取的各种准备金。保险企业的经营活动就是用所聚集的资本金以及各种准备金而建立起来的保险基金来实现其组织风险分散、进行经济补偿的职能。由此可见，保险企业的经营资产相当一部分是来源于保险人所收取的保险费，而这些保险费正是保险企业对被保险人未来赔偿或给付责任的负债。

(二) 保险经营活动的特殊性

保险经营是以特性风险的存在为前提的，以集合尽可能多的单位和个人风险为条件，以大数法则为数理基础，以经济补偿和给付为基本功能。因此，保险企业所从事的经营活动不是一般的物质生产和商品交换活动，而是一种特殊的劳务活动。首先，这种劳务活动依赖于保险业务人员的专业素质，如果保险企业拥有一批高素质的业务人员，提供承保前、承保时和承保后的系列配套服务，社会工作者对保险企业的信心就会增强，保险企业的竞争能力就会进一步提高。其次，这种劳务活动体现在保险企业的产品质量上。保险企业根据保险市场需求精心设计保险条款，合理规定保险责任，科学厘定保险费率，保险险种就能切合实际，保险合同数量就能逐渐增加；而保险合同数量愈多，保险的平均成本就愈少，一般来说，保险经营也愈稳定。

(三) 保险经营成本、利润核算的专业性

保险经营成本与一般工商企业产品成本的核算有差异，一般产品成本发生在过去，是确定的，而保险经营成本却发生在未来，具有不确定性。由于保险商品现时的价格(即保险费率)制定所依据的成本是过去的、历史的支出的平均成本，而现时的价格又用来补偿将来发生的成本，即过去成本产生的现时价格，现时价格补偿未来成本。同时，在确定保险历史成本时也需要大量的统计数据和资料。事实上，一般保险企业无法获得足够的历史资料和数据，而且影响风险的因素随时都在变动，这就使得保险人确定的历史成本很难与现实价格相吻合，更难与将来成本相一致。因此，保险经营成本的不确定性决定了保险价格和合理度不如其他商品高，保险成本与保险价格的关系也不如其他商品密切。

此外，保险利润的核算也与一般企业不同。经营一般商品时，企业只需将商品的销售收入减去成本、税金，剩下来的就是利润。由于保险企业在一年中任何时候均可签发保险

合同，而保险合同都有一定的存续期，因此在会计年度结算时，保险责任通常并未终结，对一些索赔案件还不能结案，所以在核算保险利润时不能简单地将当年保费收入减去当年赔款、费用和税金，而必须将未到期责任和未决赔款考虑进去，在扣除了上述各项准备金之后，剩余的部分才是保险企业的营业利润。保费收入中除去当年的赔款、费用和税金外，还要减去各项准备金和未决赔款，如果提存的各项准备金数额较大，则对保险利润会有较大的影响。

(四) 保险经营影响的广泛性

一般企业的经营过程是对单一产品、单一系列产品或少数几种产品进行生产管理或销售的过程，其产品只涉及社会生产或社会活动的某一方面，即使企业破产倒闭所带来的影响也只会涉及某一行业或某一领域。保险经营则不然，一般来说，保险企业所承保的风险范围之宽、经营险种之多、涉及的被保险人之广泛，是其他企业无法相比的。例如，被保险人包括法人和自然人，就法人来说，包括各种不同所有制的工业、农业、交通运输业、商业、服务业和各种事业单位以及国家机关；就自然人来说，有各行各业和各个阶层的人士。无论是自然人还是法人，既可以在国内的不同地区，又可以在世界各国家和地区。一旦保险经营失败，保险企业丧失偿付能力，势必影响到全体被保险人的利益乃至整个社会的安定。所以说保险经营的过程，既是风险大量集合的过程，又是风险广泛分散的过程。众多的投保人将其所面临的风险转嫁给保险人，保险人通过承保将众多风险集合起来，而当发生保险责任范围内的损失时，保险人又将少数人发生的风险损失分摊给全体投保人。

二、保险经营的原则

保险经营的原则是指保险企业从事保险经济活动的行为准则。保险商品除具有一般商品的共性外，还具有自身特性，在经营保险这一特殊商品的过程中，既要遵循企业经营的一般原则，又要遵循保险企业的特殊原则。

(一) 风险大量原则

风险大量原则是指保险人在可保风险的范围内，应根据自己的承保能力，争取承保尽可能多的保险和标的。风险大量原则是保险经营的基本原则，这是因为：

(1) 保险的经营过程实际上就是风险的管理过程，而风险的发生是偶然的、不确定的，保险人只有承保尽可能多的保险和标的，才能建立起雄厚的保险基金，以保证保险经济补偿职能的履行。

(2) 保险经营是以大数法则为基础的，只有承保大量的风险和标的，才能使风险发生的实际情形更接近预先计算的风险损失概率，以确保风险经营的稳定性。

(3) 扩大承保数量是保险企业提高经济效益的一个重要途径。因为承保的标的越多，保险费的收入就越多，营业费用则相对越少。

遵循风险大量原则，保险企业应积极组织拓展保险业务，在维持、巩固原有业务的同时，不断发展新的客户，扩大承保数量，拓宽承保领域，实现保险业务的规模经营。

(二) 风险同质原则

风险同质原则是指保险承保的同一类业务中，不同保险在风险性质上要基本相同。

在现实生活中，保险标的千差万别，风险的性质各异，其发生频率和损失程度都不相同。为了保证保险经营的稳定，保险人在承保时对所保风险必须有所选择，尽量使同一企业业务在风险性质上做到基本一致。只有这样，才能满足大数法则的要求，使估算的损失概率趋于可靠和稳定。

(三) 风险选择原则

为了保证风险经营的稳定性，保险人在承保时不仅需要签订大量的以可保风险和标的为内容的保险合同，还需要对所承保的风险加以选择。风险选择要求保险人充分认识、准确评价承保的风险种类与风险程度以及投保金额的恰当与否，从而决定是否接受投保。保险人对风险的选择表现在两方面：一方面是尽量选择同质风险的标的承保，从而使风险能从量的方面进行测定，实现风险的平均分散；另一方面是淘汰那些超出可保风险条件或范围的保险标的。可以说，风险选择原则否定的是保险人无条件承保的盲目性，强调的是保险人对投保意愿的主动性选择，使集中于保险保障之下的风险单位不断地趋于质均化。

保险人选择风险的方式有事先选择和事后选择。

1. 事先风险选择

事先风险选择是指保险人在承保前考虑决定是否接受投保。此种选择包括对人和物的选择。所谓对人的选择，是指对投保人或被保险人的评价与选择。例如，在人寿保险中，应了解被保险人的年龄、是否从事危险职业、是否患有慢性疾病或不治之症，必要时应直接对被保险人进行体格检查等。在财产保险中，应了解被保险人的资金来源、信誉程度、经营能力、安全管理状况和道德风险等因素。所谓对物的选择，是指对保险标的及其利益的评估与选择。例如，对投保财产保险的建筑物，应了解和检查其结构、使用情况以及坐落地点等；对投保的机动车辆、船舶、飞机等运输工具，应了解其是否属于超龄服役的老车、老船、老飞机，它们的用途及运输区域等。对被保险人和保险标的的物的风险已超出可保风险的条件范围的，保险人应拒绝承保。拒保是常见的一种事先选择风险的方法。

但需要指出的是，有时某些保险标的物虽然明显存在着不良危险，但可以通过某种条件加以控制，保险人也会与投保人协商或调整保险条件，如提高保险费率、提高免赔(额)率、附加特殊风险责任或赔偿限制性条款等方式，实行有条件的承保，而不是一概拒保。总之，保险人无论是拒保还是有条件地承保，目的都在于保证对承保风险的有效控制，能够公平合理地承担风险损失。

2. 事后风险选择

事后风险选择是指保险人对保险标的物的风险超出核保标准的保险合同做出淘汰的选择。保险合同的淘汰通常有三种方式：第一，等待保险合同期满后不再续保；第二，按照保险合同规定的事项予以注销合同；第三，保险人若发现被保险人有明显误告或欺诈行为，可以中途终止承保，解除保险合同。我国《保险法》的第十三条和第二十八条对上述情况做出了明确规定。

总之，无论保险人是采取事先风险选择还是事后风险选择，都采用了风险管理中规避风险的手段，可见保险经营与风险管理的关系甚为密切。

(四) 风险分散原则

风险分散是指由多个保险人或被保险人共同分担某一风险责任。保险人在承保了大量的风险后,如果所承保的风险在某段期间或某个区域内过于集中,一旦发生较大的风险事故,可能导致保险企业偿付能力不足,从而损害被保险人利益,也威胁着自身的生存发展。因此,保险人除了对风险进行有选择地承保外,还要遵循风险分散的原则,尽可能地将已承保的风险加以分散,以确保风险经营的稳定。保险人对风险的分散一般采用核保时的分散和承保后的分散两种手段。

1. 核保时的风险分散

核保时的风险分散主要表现在保险人对风险的控制方面,即保险人对将承保的风险责任要适当加以控制。控制风险的目的是为了减少被保险人对保险的依赖性,同时也是为了防止因保险而可能产生的道德风险。保险人控制风险的方法主要有以下几种:

(1) 控制保险金额。保险人在核保时对保险标的要合理划分危险单位,按照每个危险单位的最大可能损失确定保险金额。例如,对于市区密集地段的建筑群,应按风险相对独立的情况,分成若干地段,并科学估测每一地段的最大可能损失,从而确定保险人对每一地段所能承保的最高限额,保险金额超过保险人的承保限额时,保险对超出部分不予承保。这样一来,保险人所承担的保险责任就能控制在可承受的范围之内。

(2) 规定免赔额(率)。规定免赔额即对一些保险造成的损失规定一个额度或比率,由被保险人自负这部分损失,保险人对于该额度或比率内的损失不负责赔偿。例如,在机动车辆保险中,对机动车辆每次事故都规定有免赔额,只有超过免赔额的部分才由保险人承担赔偿责任。

(3) 实行比例承保。实行比例承保即保险人按照保险标的实际金额的一定比例确定承保金额,而不是全额承保。例如,在农作物保险中,保险人通常按平均获得量的一定成数确定保险金额,如按正常年景的平均收获量的6~7成承保,其余部分由被保险人自己承担责任。

2. 承保后的风险分散

承保后的风险分散原则的应用以再保险和共同保险为主要手段。再保险是指保险人将其所承担的业务中超出自己承受能力之外的风险转移给再保险人承担。共同保险是指由两个或两个以上保险人共同承保某个风险较大的保险标的。

第二节　保险公司的经营风险

在一个典型的保险交易过程中,投保人通过支付保费购买了保险保障,实现了风险转移;保险公司则通过"生产"、出售保险产品,在风险集合平衡和风险时间平衡的基础上补偿一种个体无法确定、整体却能作出估测的损失融资需求,并通过这种风险经营获取利润。保险企业给投保人一个保险保障承诺,保证当保险事故发生后提供保险偿付。保险人接受了大量的损失概率分布,并在它的保险业务量中以及在实践过程中对风险进行平衡。这样,保险公司就可以定义为以顾客为导向的、生产保险保障产品的企业。保险公司经营"风险"的总体业务可以分为两类:风险业务和服务业务。风险业务是保险业务的核心。风险业务包括保险定价、出售保单、确定自留额、核保核赔等;服务业务主要包括在保险关系开始和存续期间的风险管理咨询、防灾防损和损失理赔等。保险公司经营风险的核心基础是保险定价和与偿付能力相对应的财务稳定性的问题。

一、保险定价决策

保险费率(保险价格)是保险人按单位保险金额向投保人收取的保险费，是保险人计收保险费的基本标准。通常，保险定价决策的基本原则是：当保险人销售保单时，其保费收入应当满足以下要求：

(1) 能够保证期望索赔成本和管理成本的收回。

(2) 能够产生期望的利润回报。

如果保费收入能够为保险人的期望成本提供充分的资金保障，并能带来合理的利润回报，该保费就称之为合理保费(适度保费或公平保费)。合理保费就是在一个相对充分竞争的市场环境中应该收取的保费。一般情况下，合理保费的主要构成包括：期望索赔成本、管理成本和合理的利润回报。

保险人支付的期望索赔成本是通过一个或一组合同规定的。对大多数险种来说，期望索赔成本是合理保费的主要部分。因此，合理确定期望索赔成本是保险定价决策的关键。合理确定期望索赔成本的基本程序是：

一是在精算的基础上对投保人进行风险分类。在保险实践中，保险人通常会使用复杂的风险分类系统。该系统旨在对不同投保人的期望索赔成本进行估测，并根据不同的期望索赔成本收取不同的保费。通常，具有高期望索赔成本的投保人被定义为高风险投保人；具有低期望索赔成本的投保人被定义为低风险投保人。

二是根据风险分类实行差异化价格。把具有相似特征的投保人分成一组，在组内收取同样的保费或费率，而组间的保费或费率则有所区别。风险等级及每一等级的费率都是建立在精算师分析的基础上的，并受公司承保方针、保险市场竞争结构和监管机构法规、政策的影响。

在保险实践中，保险费率通常由纯费率和附加费率组成。纯费率对应于每单位保额的损失额，按照纯费率收取的保费即期望索赔成本，用于补偿被保险人的损失。附加费率，对应于保险人每单位保额的经营管理费用，按附加费率收取的保费即附加保费，内含管理成本和合理的利润回报。

二、自留额决策

自留额是指保险公司自身承担的责任限额，即自担责任额，通常表现为在某一险种的一个风险单位的总投保额中，自身所承担的责任限额。在保险实践中，保险公司的承保风险并不等同于自担风险。通常，自担风险小于承保风险。承保风险是指保险公司与投保人直接签订的载明于保险合同中由保险公司承诺的责任的大小和范围。承保风险=自担风险+分保风险。自留额的规模直接决定了保险公司自担风险的规模。

通常，保险人的自留额应当满足以下要求：资本金不断增长的要求；发展业务、控制风险的要求；保持适当赔付水平、争取更多赢利的要求。这样，自留额就应当根据公司的经营理念、业务绩效和市场趋势，按业务年度或会计年度予以动态调整。以下是调整、制定自留额的基本原则：

(1) 自留额应当与公司的偿付能力保持恰当的比例关系。保险公司的偿付能力主要表现为以自有资产规模扣除资本金(公积金)为储备的经济补偿能力。通常，以偿付能力边际指标来评价和判断其偿付能力的充分性。所谓偿付能力边际，是指在任何一个指定日期，保险公司资产负债表的资产和负债之间的差额。偿付能力边际越高，表明公司偿付能力越强；反之，则越弱。在公司的经营管理过程中，偿付能力通过自留额表直接决定或制约着保险责任规模。较充分的偿付能力通常意味着较大的保险责任规模；反之，则较小。

(2) 自留额应当与自留保费保持恰当的比例关系。每一危险单位的损失不能对赔付率造成过大的影响，否则，容易危及公司的财务平衡。《中华人民共和国保险法》第九十九条规定："经营财产保险业务的保险公司当年自留保险费，不得超过其实有资本金加公积金总和的四倍。"瑞士再保险公司通过对世界上多家保险公司和再保险公司的研究后，得出以下制定自留额的经验数据：流动资产应为公司主要险种最大每一损失自留额的 5 倍；每一损失自留额大约是该险种自留保费收入的 10%。另据西欧保险市场的资料，保费每增长 50%，自留额一般可提高 20%。

(3) 自留额应当符合保险监管机构的监管要求。《中华人民共和国保险法》(2002 年 10 月 28 日九届全国人大常委会第三十次会议修正，下同)第一百条规定："保险公司对每一危险单位，即对一次保险事故可能造成的最大损失范围所承担的责任，不得超过其实有资本金加公积金总和的百分之十；超过的部分，应当办理再保险。"这条规定表明，保险公司每一险种自留额不得超过其偿付能力的 10%。

三、风险核保体系

风险核保是指保险人对可保风险进行评估与分类，并决定是否承保和以什么条件承保的分析、决策过程。通常，一个有效运转的风险核保机制应当包括风险核保理念、风险核保组织、风险核保程序和风险核保技术。

(一) 风险核保理念

在现代保险实践中，风险核保理念与公司的经营理念、承保方针高度契合。例如，一家以增加保费收入、不断扩大市场份额为承保方针的公司，会在风险核保上采取相对"松"的承保条件，即弱化可保条件；相反，一家以不断增加利润为承保方针的企业，会在风险核保上采取相对"紧"的承保条件，即强化可保条件。不同的经营理念将导致不同的风险核保理念。

(二) 风险核保组织

在公司垂直的业务管理系统中，总公司和分公司均应设置核保部门。总公司的核保部门主要负责核保政策的制定与稽核，协助营销部门进行市场策划，对超出分公司核保权限的业务进行核保，对分公司核保部门实行垂直领导等；分公司的核保部门主要负责具体业务的核保工作等。

(三) 风险核保程序

(1) 核保选择。核保选择的主要内容：一是尽量选择同质风险的标的承保，从而使风险在量上得以测定，以期风险的平均分散；二是淘汰那些超出可保风险条件的保险标的。核保选择包括事前核保选择和事后核保选择。

(2) 核保控制。核保控制是指保险人对投保风险作出合理的承保选择后，对承保标的的具体风险状况，运用保险技术方法，控制自身的责任和风险，以合适的承保条件予以承保。核保控制的对象有两类：一是标的金额较大、风险较高、承保技术较为复杂的业务，保险人为了避免承担较大的保险风险，必须通过承保控制来限制自身的保险责任；二是随着保险合同的订立而可能诱发的道德风险和逆选择。逆选择(Adverse Selection)和道德风险(Moral Hazard)是保险经营中固有的风险因素。逆选择是指由于投保人和保险人或者保险人和再保险人之间存在着信息的非对称性，从而使保险人或者再保险人在进行保险决策时作出不利于自己的决策。道德风险是指人们以不诚实或不良企图或欺诈行为故意促使风险事故的发生，或者扩大已发生的风险事故的损失程度。巨灾、逆选择和道德风险是核保控制的关键。

(四) 风险核保技术

风险核保技术主要包括：

(1) 标准费率体系的测算，其中极为重要的条件就是以多大的费率匹配风险，既使投保人的利益得以保障，又能够使保险人的经营利润得以锁定。

(2) 风险量化模型，一是设计风险调查表；二是建立风险量化指标体系和标准；三是计算平均费率对应标的的风险量化值，该标的为标准的参照物。

(3) 再保险技术，即选择恰当的分保方式或分保组合方式，根据承保能力确定自留保费、分保成本和预期的经营利润。

(4) 市场经营效益评估。

第三节　保险防灾防损

一、保险防灾防损的含义及意义

(一) 保险防灾防损的含义

保险防灾防损简称为保险防灾，是指保险人与被保险人对所承保的保险标的采取措施，减少或消除风险发生的因素，防止或减少灾害事故所造成的损失，从而降低保险成本、增加经济效益的一种经营活动。

保险防灾防损是全社会防灾防损的一个重要组成部分，两者相互补充，相互促进，共同发挥着保障社会财富安全和社会经济稳定的作用。同时，两者又存在明显的区别：

(1) 社会防灾防损工作对象十分广泛，而保险防灾防损的对象主要是参加保险的单位和个人。

(2) 社会防灾防损可以由各级政府主管部门根据国家法令和有关规定，对单位和个人防灾防损工作进行督促检查，保险防灾防损则只能根据保险合同规定的权利和义务来开展工作。

(3) 社会防灾防损可由主管部门对不重视、措施不力的单位和个人采用行政手段督促整改，直至给予行政及经济处罚，而保险防灾防损大多是向被保险人提出建议，若拒不整改，只能解除保险合同或在赔付责任上予以限制。

显然，保险防灾防损是社会防灾防损系统中的一个子系统，处于参与、配合、组织和推动的地位。

(二) 保险防灾防损的意义

(1) 有利于保证社会财富的安全。通过保险防灾防损活动，可以避免和减少保险财产的损失，这是保险企业进行防灾防损工作的直接结果。由于保险企业所承保的都是社会财富，如果因灾害事故遭受损失，就是减少了社会财富；通过防灾防损，就会减少社会财富损失，保证社会财富的安全和社会经济的正常运行。

(2) 有利于促进投保单位改善经营管理。根据有关法律和保险条例规定，投保单位在参加保险之后，有遵守各项安全规定、接受有关部门提出的防灾防损建议和做好防灾防损工作的义务。保险企业在业务经营过程中，通过防灾防损宣传和检查，对投保企业提出防灾防损建议和整改措施，使被保险人在思想上、组织上、制度上重视防灾防损的管理工作，并采取措施消除隐患，促进企业生产经营的安全管理。

(3) 有利于降低保险商品的价格。保险费率是保险商品的价格，保险公司确定保险费率的主要依据是保险标的的出现率和损失率。通过开展防灾防损活动，防止和减少灾害事故损失，相应地减少了赔款支出，在降低损失的基础上，逐步为降低保险费率、减少被保险人支付保费的负担和扩大保险业务创造条件。

(4) 有利于提高保险业务的经营水平。结合保险业务的开展，保险企业开展防灾防损工作，可随时了解保险标的的安全管理状况，并根据保险标的风险程度的变化，及时调整保险费率，对保险合同的有关事项做出相应的规定，从而提高保险业务质量。

二、保险防灾防损的内容

(一) 加强同各防灾部门的联系与合作

保险公司作为社会防灾防损组织体系中的重要一员，以其特有的经营性质和技术力量受到社会各界的重视，发挥着越来越大的作用。因此，保险人一方面要注意保持和加强与各专业防灾部门的联系，并积极派人参加各种专业防灾部门的活动；另一方面要充分利用保险公司的信息和技术优势，向社会提供各项防灾防损服务、风险评估服务、社会协调服务、事故调查服务等。

(二) 开展防灾防损的宣传教育

目前，人们对风险的防范意识还比较薄弱，保险公司应运用各种宣传方式，向投保人和被保险人宣传防灾防损的重要性，提高安全意识，普及防灾防损知识。同时，加强有关防灾防损的基本知识和技能的宣传教育，使广大投保人和被保险人了解灾害事故的性质及危害，学会识别风险隐患，分析事故原因，掌握风险管理和处置措施，以提高全社会的防灾防损能力。

(三) 及时处理灾害因素和事故隐患

保险企业通过防灾防损检查发现不安全因素和事故隐患时，应及时向被保险人提出整改意见，并在技术上予以指导和帮助，将事故隐患消灭在萌芽状态。

（四）参与抢险救灾

保险公司在接到重大保险事故通知时应立即赶赴事故现场，直接参与抢险救灾。为做好抢险救灾工作，保险企业要对全体员工进行抢险救灾技术培训，使其掌握在危险环境中的各种救灾技术，并且能够在救灾过程中有效地保护各种财产和个人生命安全，减少不必要的人员伤亡。

本 章 小 结

保险的经营不同于一般工商企业的经营，有其自身的特殊性。保险经营的原则是指保险企业从事保险经济活动的行为准则。保险商品除具有一般商品的共性外，还具有自身特性，在经营保险这一特殊商品的过程中，既要遵循企业经营的一般原则，又要遵循保险企业的特殊原则。

保险公司经营"风险"的总体业务可以分为两类：风险业务和服务业务。风险业务是保险业务的核心。风险业务包括保险定价、出售保单、确定自留额、核保核赔等；服务业务主要包括在保险关系开始和存续期间的风险管理咨询、防灾防损和损失理赔等。

保险防灾防损简称为保险防灾，是指保险人与被保险人对所承保的保险标的采取措施，减少或消除风险发生的因素，防止或减少灾害事故所造成的损失，从而降低保险成本、增加经济效益的一种经营活动。

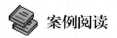 **案例阅读**

"山竹"台风防灾防损案例

2018 年 9 月 7 日 20 时，台风"山竹"在西北太平洋洋面上生成；2018 年 9 月 15 日凌晨 1 时 40 分，台风"山竹"从菲律宾北部登陆，登陆时最强达 17 级超强台风。接近中午时已经离开陆地，以每小时 25 公里速度吹向南海。9 月 16 日 17 时，"山竹"在广东台山海宴镇登陆。

"山竹"台风登陆前，中国人保财险通过预警信息服务、重点区域风险排查、赠送防灾物资、参与抢险救灾、快速理赔等措施，为客户提供全面的防灾防损服务，有效帮助客户降低风险、减少损失、快速恢复生产。

一是利用空间信息技术，识别高风险客户，借助公司内网、预警平台、微信、95518、短信等渠道，向相关分公司及客户发送台风预警信息，并针对车险、船舶险、码头客户、工程险、企财险等不同客户群体的风险级别，寄送风险提示建议函。

二是利用以往年度理赔案例分析结果及数据积累，修订大面积自然灾害防灾防损流程，快速梳理确定风险排查重点客户，提供防灾防损服务及防汛物资。"山竹"台风登陆前，广东分公司共为 4000 多家企业提供风险排查服务，识别风险点 2000 余个，发放《灾前排查风险建议书》4000 多份，提供防汛物资 6500 余件。

三是充分利用无人机查勘等科技手段，加快理赔进度，帮助客户快速恢复生产。台风登陆后，广东分公司利用无人机查勘，快速获取受灾现场情况，视情况安排人员跟进处理。

此外，第一时间向当地政府支付巨灾指数保险赔款 7500 万元，用于当地救灾救助、灾后重建。

据统计，广东分公司车险、企财险、农房险、船舶险赔款较 2017 年"天鸽"台风分别下降 9%、15%、56%、88%，防台工作成效显著。

(资料来源：葛立元，刘宁，王泽温. 从台风防御成效看保险公司防灾防损举措[J]. 中国保险，2019(04): 43-48.)

 问题

结合本案例分析保险防灾防损的内容及意义。

复 习 思 考 题

一、名词解释

保险经营　　　风险大量原则　　　风险同质原则　　　风险选择原则　　　风险分散原则
防灾防损

二、单项选择题

1. 保险人对保险标的物的风险超出核保标准的保险合同做出淘汰的选择的行为称为
(　　)。

A. 事先风险选择　　　　　　　　B. 事后风险选择

C. 核保时风险分散　　　　　　　D. 承保后风险分散

2. 一船在航行中遭遇鱼雷而致损，到达避难港后进行了临时性修理，并经船级社同意继续航行，在途中又遇风暴而致损。若该船的保险条件为"战争或类似战争行为不保"，则保险人(　　)。

A. 不承担赔偿责任　　　　　　　B. 承担全部赔偿责任

C. 承担鱼雷所致的损失　　　　　D. 承担风暴所致的损失

三、简答题

1. 保险经营中应该遵循哪些原则？

2. 试述保险公司制定自留额的基本原则。

3. 保险公司应该如何进行防灾防损？

4. 防灾防损可以起到哪些作用？

5. 为什么保险人要核保？保险公司在核保时如何分散风险？

四、计算题

王某把其价值 300 万元的财产分别向三家保险公司投保了财产保险，其中甲保险公司的保险金额为 200 万元，乙保险公司的保险金额为 150 万元，丙保险公司的保险金额为 100 万元。若财产在保险期限内发生保险责任范围内的事故，导致损失 90 万元，则：

(1) 按照重复保险的比例责任分摊方式，甲、乙、丙三家保险公司分别应承担多少？

(2) 按照重复保险的责任限额分摊方式，甲、乙、丙三家保险公司分别应承担多少？(保留 2 位小数)

第十八章　保险公司的财务管理

【学习目标】

了解保险公司盈利能力和偿付能力的相关概念；掌握反应各个能力的指标；掌握保险财务监管的内容、目的。

案例导入 ➡

中国保监会发布 2016 年第二季度"偿二代"风险综合评级结果，偿付能力数据和风险综合评级结果显示，截至 2016 年 6 月末，产险公司、寿险公司、再保险公司的平均综合偿付能力充足率分别为 278%、250%、418%，平均核心偿付能力充足率分别为 255%、227%、418%，均高于 100% 和 50% 的达标标准。

2015 年以来，保险业在高速增长的同时，整体偿付能力保持了充足稳定，不达标公司持续减少，已由"偿二代"运行初期的 13 家减少到 2 季度末的 3 家。

近两年，保监会推进保险产品条款费率、资金运用的市场化改革，在"放开前端"的同时，"偿二代"在"管住后端"方面发挥了实效，及时反映监测了有关风险变动，保险业并未出现系统性和区域性风险。

由以上数据可以看出，保险业近年来的偿付能力基本持续稳定，投保人对于保险公司的偿付能力具有一定的信心。人们投保就是为了在"万一情急时"获得保障，但是，如果保险企业本身偿付能力不足，投保人是否还能得到应有的保障呢？投保者在所投保的保险公司出现偿付能力不足时会产生是否应该退保的想法。其实保险公司偿付能力不足并非如一些投保者猜测的那样资不抵债，它只是说明保险公司抵御经营风险的能力减弱了。如果投保者受此心理影响盲目退保，可能会得不偿失。不过在投保前，投保人应将偿付能力作为选择保险公司的主要考虑因素。

第一节　保险公司的盈利能力

一、保险公司盈利能力的概念

保险公司的盈利能力是指公司获取利润的能力，也称为公司的资金或资本增值能力，通常表现为一定时期内公司收益数额的多少及其水平的高低；也可以指公司在一定时期内赚取利润的能力，利润率越高，盈利能力就越强。

盈利能力的大小是一个相对的概念，即利润相对于一定的资源投入、一定的收入而言。利润率越高，盈利能力越强；利润率越低，盈利能力越差。企业经营业绩的好坏最终可通过企业的盈利能力来反映。无论是企业的经理人员、债权人，还是股东(投资人)都非常关心企业的盈利能力，并重视对利润率及其变动趋势的分析与预测。

对于经营者来讲，通过对盈利能力的分析，可以发现经营管理环节出现的问题。对公司盈利能力的分析，就是对公司利润率的深层次分析。

二、保险公司的盈利来源

保险公司的盈利主要有两个来源，即承保利润和投资利润。

(一) 承保利润

承保利润主要来自于保险公司在制定费率时，要在精算的基础上测算出未来的经营成本，然后在经营成本的基础上加上一定的利润作为最终的价格，以保证承保业务的盈利。但这具有不确定性，如果当年赔付情况低于预期，那么利润就多；如果当年出现像雪灾、台风这样的大险，赔付情况超过预期，那么承保利润就减少，甚至于亏损。

(二) 投资利润

投资利润主要来自于保险公司将承保获取的保费，即现金流作为保险投资资金，通过股权投资、兼并收购、财务投资等方式为公司带来的丰厚利润。如果承保业务盈利，则公司的利润是承保利润加上投资利润；如果承保业务亏损，则用投资利润来弥补，多余的利润就是公司的经营利润。

三、保险公司的盈利能力分析

盈利能力是投资者取得投资收益、债权人收取本息的资金来源，是经营者经营业绩的体现，也是职工集体福利设施不断完善的重要保障。盈利能力分析是指分析企业获取利润的能力。盈利能力分析是财务分析中的一项重要内容，盈利是企业经营的主要目标。因此，盈利能力分析十分重要。盈利能力主要用企业资金利润率、销售利润率、成本费用利润率去评价。

(一) 盈利能力分析的目的

首先，从企业的角度来看，企业从事经营活动，其直接目的是最大限度地赚取利润并维持企业持续稳定地经营和发展。持续稳定的经营和发展是获取利润的基础，而最大限度地获取利润又是企业持续稳定发展的目标和保证，只有在不断地获取利润的基础上，企业才可能发展。同样，盈利能力较强的企业比盈利能力较弱的企业具有更大的活力和更好的发展前景。因此，盈利能力是企业经营人员最重要的业绩衡量标准和发现问题、改进企业管理的突破口。对企业经理人员来说，进行企业盈利能力分析的目的具体表现在以下两个方面：

(1) 利用盈利能力的有关指标反映和衡量企业经营业绩。企业经理人员的根本任务，就是通过自己的努力使企业赚取更多的利润。各项收益数据反映着企业的盈利能力，也表现了经理人员工作业绩的大小。用已达到的盈利能力指标与标准、基期、同行业平均水平、其他企业相比较，则可以衡量经理人员工作业绩的优劣。

(2) 通过盈利能力分析发现经营管理中存在的问题。盈利能力是企业各环节经营活动的具体表现，企业经营的好坏都会通过盈利能力表现出来。通过对盈利能力的深入分析，可以发现经营管理中的重大问题，进而采取措施解决问题，提高企业收益水平。

其次，对于债权人来讲，利润是企业偿债的重要来源，特别是对长期债务而言。盈利能力的强弱直接影响企业的偿债能力。企业举债时，债权人势必审查企业的偿债能力，而偿债能力的强弱最终取决于企业的盈利能力。因此，分析企业的盈利能力对债权人也是非常重要的。

最后，对于股东(投资人)而言，企业盈利能力的强弱更是至关重要的。在市场经济条件下，股东往往会认为企业的盈利能力比财务状况、营运能力更重要。股东们的直接目的就是获得更多的利润，因为对于信用相同或相近的几个企业，人们总是将资金投向盈利能力强的企业，股东们关心企业赚取利润的多少并重视对利润率的分析，是因为他们的股息与企业的盈利能力是紧密相关的。此外，企业盈利能力增加还会使股票价格上升，从而使股东们获得资本收益。

(二) 一般保险企业盈利能力分析的指标

反映企业盈利能力的指标主要有销售利润率、成本费用利润率、总资产利润率、资本金利润率、权益利润率。

1. 销售利润率

销售利润率(Profit Margin on Sales)是企业利润总额与企业销售收入净额的比率。它反映企业销售收入中，职工为社会劳动新创价值所占的份额。销售利润率的计算公式为

$$销售利润率 = \frac{利润总额}{销售收入净额} \times 100\%$$

该项比率越高，表明企业为社会新创价值越多，贡献越大，也反映企业在增产的同时，为企业多创造了利润，实现了增产增收。

销售利润率指标是盈利能力分析中主要的分析指标。销售利润率是企业一定时期的利润总额与产品销售净收入的比值，反映的是企业一定时期的获利能力。销售利润率虽能揭示某一特定时期的获利水平，但难以反映获利的稳定性和持久性，并且该比率受企业筹资决策的影响。财务费用作为筹资成本在计算利润总额时须扣除。在销售收入、销售成本等因素相同的情况下，由于资本结构不同，财务费用水平也会不同，销售利润率就会有差异。还需注意的是，随着企业经营方式的多元化，将很难区分主营业务与其他业务。在实际经营中，有些企业的营业外收入甚至超过了主营业务收入。若仍以主营业务收入来计算销售利润率指标，则不能反映企业经营收入的全貌，也就不能正确反映企业的获利水平。

2. 成本费用利润率

成本费用利润率是指一定期间企业利润总额与成本费用总额的比率。它是反映企业生产经营过程中发生的耗费与获得的收益之间关系的指标。成本费用利润率的计算公式为

$$成本费用利润率 = \frac{利润总额}{成本费用总额} \times 100\%$$

式中：利润总额和成本费用总额来自企业的损益表。成本费用一般指主营业务成本、主营业务税金及附加和三项期间费用。

该比率越高，表明企业耗费同样的成本费用所取得的收益越高。这是一个能直接反映企业经济效益的指标。企业生产销售的增加和费用开支的节约，都能使这一比率提高。

3. 总资产利润率

总资产利润率(Profit Margin on Total Assets)是企业利润总额与企业资产平均总额的比

率，即过去所说的资金利润率。它是反映企业资产综合利用效果的指标，也是衡量企业利用债权人和所有者权益总额所取得盈利的重要指标。总资产利润率的计算公式为

$$总资产利润率 = \frac{利润总额}{资产平均总额} \times 100\%$$

资产平均总额为年初资产总额与年末资产总额的平均数。此项比率越高，表明资产利用的效益越好，整个企业获利能力越强，经营管理水平越高。

4. 资本金利润率和权益利润率

(1) 资本金利润率是企业的利润总额与资本金总额的比率，是反映投资者投入企业资本金的获利能力的指标。资本金利润率的计算公式为

$$资本金利润率 = \frac{利润总额}{资产金总额} \times 100\%$$

这一比率越高，说明企业资本金的利用效果越好；反之，则说明资本金的利用效果不佳。

企业资本金是所有者投入的主权资金，资本金利润率的高低直接关系到投资者的权益，是投资者最关心的问题。当企业以资本金为基础，吸收一部分负债资金进行生产经营时，资本金利润率就会因财务杠杆原理的利用而得到提高。提高的利润部分，虽然不是资本金直接带来的，但也可视为资本金有效利用的结果。

这里需要指出，资本金利润率指标中的资本金是指资产负债表中的实收资本，但是用来作为实现利润的垫支资本中还包括资本公积、盈余公积、未分配利润等留用利润，这些也都属于所有者权益。为了反映全部垫支资本的使用效益并满足投资者对盈利信息的关心，更有必要计算权益利润率。

(2) 权益利润率(Profit Margin on Equity)是企业利润总额与平均股东权益的比率。它是反映股东投资收益水平的指标。权益利润率的计算公式为

$$权益利润率 = \frac{利润总额}{平均股东权益} \times 100\%$$

股东权益是股东对企业净资产所拥有的权益，净资产是企业全部资产减去全部负债后的余额。股东权益包括实收资本、资本公积、盈余公积和未分配利润。平均股东权益为年初股东权益额与年末股东权益额的平均数。

该项比率越高，表明股东投资的收益水平越高，获利能力越强；反之，则收益水平不高，获利能力不强。

权益利润率指标具有很强的综合性，它包含了总资产和净权益比率、总资产周转率(按利润总额计算)和销售收入利润率这三个指标所反映的内容。各指标的关系可用公式表示如下：

$$权益利润率 = \frac{利润总额}{平均股东权益} = \frac{总资产}{平均股东权益} \times \frac{销售收入}{总资产} \times \frac{利润总额}{销售收入}$$

为了反映投资者可以获得的利润，上述资本金利润率和权益利润率指标中的利润额，也可按税后利润计算。

(三) 保险公司特有的盈利能力分析指标

由于保险公司经营业务的特殊性，在分析其盈利能力时既要分析一般企业的常用指标又要利用其独特的分析指标，主要包括以下 4 种。

1. 保费收入指标

保费收入是保险企业在一定时期内收缴的保险费总额。保费收入既是衡量保险业务发展规模的客观尺度，也是提高保险企业盈利能力的基础和出发点。

(1) 保费收入增长率。它是指保险企业在报告期保费收入增长额与基期保费收入的比率。保费收入增长率的计算公式为

$$保费收入增长率 = \frac{报告期保费收入 - 基期保费收入}{基期保费收入} \times 100\%$$

(2) 人均保费收入。它是指保险企业全员人均保费额，它从活劳动的消耗上考核保险企业的盈利能力，反映保险企业的经营管理水平和劳动生产率水平的高低。人均保费收入的计算公式为

$$人均保费收入 = \frac{年度保费收入}{年度平均职工人数} \times 100\%$$

2. 赔付率指标

赔付率是一定时期的赔款支出与保费收入的比率，一般用百分数表示。赔付率是一个重要的经济技术指标，也是评价保险业务的经营状况，衡量保险企业经营效益的重要指标。赔付率的计算公式为

$$赔付率 = \frac{赔款支出}{保费收入} \times 100\%$$

3. 保险资金运用指标

(1) 资金运用率。它是指保险企业在一定时期内投资总额占企业全部资产总额的比例。它体现了保险企业的投资规模。资金运用率的计算公式为

$$资金运用率 = \frac{投资总额}{全部资产总额} \times 100\%$$

(2) 资金运用盈利率。它是指保险企业在一个计划期内投资所获得的收益占投资总额的比例。它是反映保险企业资金管理水平和资金运用效益的重要经济指标。资金运用盈利率的计算公式为

$$资金运用盈利率 = \frac{投资收益}{投资总额} \times 100\%$$

4. 利润指标

(1) 利润率。它是指保险企业在某一年度利润总额与该年度营业收入总额之间的比率。它综合反映保险企业的经营管理水平。

利润率的计算公式为

$$利润率 = \frac{利润总额}{保费收入总额 + 其他收入总额} \times 100\%$$

式中：

$$利润总额 = 营业利润 + 投资收益 + 营业外收入 - 营业外支出$$

式中：

$$营业利润 = 营业收入 - 营业税及附加 - 成本 - 提存责任准备金差额$$

(2) 人均利润。它是指在某一年度内保险企业平均每个职工所创造的利润。它是衡量保险企业平均每个职工创造多少经济效益的综合性指标。

人均利润的计算公式为

$$人均利润 = \frac{某年度实现的利润}{该年度平均职工人数} \times 100\%$$

四、保险公司盈利能力的提升

尽快提升公司盈利能力要加快盈利性业务的发展。盈利性业务就是指风险损失概率低、损失额度小(赔付率低)的业务，并且此类业务在数量上足够多又充分分散。一个公司是否盈利，取决于该公司盈利性业务的多少及盈利性业务在其业务总量中的占比。盈利性业务越多、结构占比越大，其盈利性就越强。因此，作为保险公司，加快盈利性业务的发展对于提高盈利能力至关重要。

(一) 统一对盈利性业务的认识

有些公司并没有对发展盈利性业务引起高度的重视，或没有真正地落实。一些错误观念有时还非常突出，如认为没有规模何来效益，新公司必须先发展规模再调整结构，过多强调效益是"挑肥拣瘦"等。前几年多数同业认为承保盈利难，持平就不错，亏损属于正常，而应该通过保险投资换取整体盈利，这是极端荒谬的，对保险业的影响和危害是很大的。公司要盈利必须大力发展盈利性业务，但是发展盈利性业务不要盲目，一定要有耐心、有信心、有韧劲。

(二) 寻找盈利性业务

(1) 公司要具备识别盈利性业务的能力。一般来讲，保险公司总部专业人才较多，专业性、从业经验都比较丰富，往往会在制定承保政策时提供业务指引，但只靠这些是不够的。因为各地市场情况差异性很大，不同时期、不同操作方式会使得对盈利性业务的判断出现很大偏差，因此各分公司也要具备风险分析能力、成本分析能力、公司综合实力判断能力、市场动态把握能力等。这不但是对核保人提出很高的要求，各机构负责人、团队长、营销员也要具备一定的识别能力。

(2) 保险公司要经常进行盈利性业务的筛选。公司要通过市场调研、同业数据分析、本公司经营状况分析等对盈利性业务进行动态管理。每一条产品线都可以按照 ABCD 四类进行筛选，A 类为盈利业务，B 类为微利业务，C 类为保本业务，D 类为亏损业务。对四类业务进行明示，指导销售，合理搭配，保证合理的业务结构。

(三) 规划盈利性业务的发展路径

(1) 公司要设计好盈利性业务的销售模式。同样的业务由于拓展模式不同其成本也会不同，有时可能相差很大。因此采取何种模式要事先设计，并在工作中逐步调整，找到最佳模式，争取以较低的成本发展业务。

目前财产险业务就全国而言，渠道业务占比为47%，营销占38%，直销只占15%，大量的分散业务是由渠道和营销员完成的。另外，电销也是目前各公司比较看好的销售模式。对于不同公司、同一公司不同时期采用哪种销售模式，必须提前规划。

(2) 公司要建设好盈利性业务的销售渠道。销售模式确定之后，渠道建设就必须跟进，每一种模式下必须对应相关渠道。营销员渠道需要营销员具有较好的业务资源和业务拓展能力。电销渠道要设计好相关产品以及录用、培训话术、考核等。中介渠道(代理渠道、经纪渠道)需要把渠道当成客户，又要当成自己的销售队伍，既有中介费的交易，又必须有对渠道的管理，既有费用政策，又要有感情投入。营销员渠道更多的是靠政策和靠点位优势。不同渠道应有不同的策略和具体办法。

(3) 公司要组建好盈利性业务的销售团队。渠道模式奠定销售的路径，各渠道上的团队决定渠道业务的多少与好坏，团队组建至关重要。直销团队对个人能力、资源要求很高，从业经验也很重要，展业方向多以团体业务为主，体现个人业绩；中介业务团队对于员工的沟通、协调能力要求很高，体现团队作战；营销团队主要是利用营销员做业务，关键是如何做到有效管控。

(4) 公司政策要体现对盈利性业务的扶持。公司在人力安排、费用支持、考核办法等方面要有倾斜，做盈利性业务要比做一般性业务的困难多、周期长，相对宽松的政策有利于业务的发展。政策是指挥棒，要使机构及业务人员看到做盈利性业务的好处，以调动大家做盈利性业务的积极性和主动性。

第二节　保险公司的偿付能力

中国保监会根据保险公司偿付能力状况将保险公司分为下列三类，实施分类监管：

(1) 不足类公司，指偿付能力充足率低于100%的保险公司。

(2) 充足 I 类公司，指偿付能力充足率在100%到150%之间的保险公司。

(3) 充足 II 类公司，指偿付能力充足率高于150%的保险公司。

一、偿付能力额度

(一) 财产保险偿付能力额度

财产保险公司应具备的最低偿付能力额度为下述两项中数额较大的一项：

(1) 最近会计年度公司自留保费减营业税及附加后 1 亿元人民币以下部分的 18%和 1 亿元人民币以上部分的 16%。

(2) 公司最近 3 年平均综合赔款金额 7000 万元以下部分的 26%和 7000 万元以上部分的 23%。

综合赔款金额为赔款支出、未决赔款准备金提转差、分保赔款支出之和减去摊回分保赔款和追偿款收入。

经营不满三个完整会计年度的保险公司，采用第(1)项规定的标准。

(二) 人寿保险偿付能力额度

人寿保险公司最低偿付能力额度为长期人身险业务最低偿付能力额度和短期人身险业务最低偿付能力额度之和。长期人身险业务是指保险期间超过 1 年的人身保险业务；短期人身险业务是指保险期间为 1 年或 1 年以内的人身保险业务。

(1) 长期人身险业务最低偿付能力额度为下述两项之和：① 投资连结类产品期末寿险责任准备金的 1% 和其他寿险产品期末寿险责任准备金的 4%，寿险责任准备金，是指中国保监会规定的法定最低责任准备金；② 保险期间小于 3 年的定期死亡保险风险保额的 0.1%，保险期间为 3 年到 5 年的定期死亡保险风险保额的 0.15%，保险期间超过 5 年的定期死亡保险和其他险种风险保额的 0.3%。

在统计中未对定期死亡保险区分保险期间的，统一按风险保额的 0.3% 计算。

风险保额为有效保额减去期末责任准备金，其中有效保额是指若发生了保险合同中最大给付额的保险事故，保险公司需支付的最高金额；期末责任准备金为中国保监会规定的法定最低责任准备金。

(2) 短期人身险业务最低偿付能力额度的计算适用财产保险偿付能力额度的规定。

再保险公司最低偿付能力额度等于其财产保险业务和人身保险业务的最低偿付能力额度之和。

保险公司实际偿付能力额度等于认可资产减去认可负债的差额。保险公司的认可资产是指保险监管机构对保险公司进行偿付能力考核时，按照一定的标准予以认可，纳入偿付能力额度计算的资产。保险公司应按照中国保监会制定的编报规则填报认可资产表。保险公司的认可负债是指保险监管机构对保险公司进行偿付能力考核时，按照一定的标准予以认可，纳入偿付能力额度计算的负债。保险公司应按照中国保监会制定的编报规则填报认可负债表。中国保监会为评估偿付能力制定的编报规则，是保险公司编报认可资产表、认可负债表和计算偿付能力额度的唯一标准，不受会计制度、财务制度等其他部门规定的影响。

二、财产保险公司的监管指标

财产保险公司的偿付能力监管指标有：

(1) 保费增长率。

$$保费增长率 = \frac{本年保费收入 - 上年保费收入}{上年保费收入} \times 100\%$$

本指标值的正常范围为 −10%～60%。若经营期不满一个完整会计年度，则指标值为 999%。

(2) 自留保费增长率。

$$自留保费增长率 = \frac{本年自留保费 - 上年自留保费}{上年自留保费} \times 100\%$$

式中：自留保费 = 保费收入 + 分保费收入 − 分出保费。各项目的口径与会计报表中对应项目的口径相同。

本指标值的正常范围为 −10%～60%。若本年为开业年度，或上年自留保费为零、负数或者上年经营期不满一个完整会计年度，则指标值为 999%。

(3) 毛保费规模率。

$$毛保费规模率 = \frac{保费收入 + 分保费收入}{认可资产 - 认可负债} \times 100\%$$

本指标值的正常范围为不大于 900%。若认可资产与认可负债之差为零或负数，则指标值为 999%。

(4) 实际偿付能力额度变化率。

$$实际偿付能力额度变化率 = \frac{本年实际偿付能力额度 - 上年实际偿付能力额度}{上年实际偿付能力额度} \times 100\%$$

式中：

$$实际偿付能力额度 = 认可资产 - 认可负债$$

认可资产应扣除年度内增资、接受捐赠等非经营性因素的影响金额。

本指标值的正常范围为 −10%～30%。若本年或上年的实际偿付能力额度为零或负数，则指标值为 999%。

(5) 两年综合成本率。

$$两年综合成本率 = 两年费用率 + 两年赔付率$$

式中：

两年费用率 =[(本年和上年的营业费用(减摊回分保费用)之和 + 本年和上年的手续费(含佣金)支出之和 + 本年和上年的分保费用支出之和 + 本年和上年的营业税金及附加之和 + 本年和上年的提取保险保障基金之和)/本年和上年的自留保费之和]×100%

两年赔付率 =[(本年和上年的赔款支出(减摊回赔款支出)之和 + 本年和上年的分保赔款支出之和 + 本年和上年的未决赔款准备金提转差之和 − 本年和上年的追偿款收入之和)/(本年和上年的自留保费之和 − 本年和上年的未到期责任准备金提转差之和 − 本年和上年的长期财产险责任准备金提转差之和)]×100%。

经营期不足两年的新公司，以已有的经营期为限计算本指标。

以上公式中，未决赔款准备金提转差、未到期责任准备金提转差、长期财产险责任准备金提转差按照认可负债表中对相应准备金提取规定的口径计算，其他项目的口径与会计报表中对应项目的口径相同。

本指标值的正常范围为小于 103%。

(6) 资金运用收益率。

$$资金运用收益率 = \frac{资金运用净收益}{本年现金和投资资产平均余额} \times 100\%$$

式中：

资金运用净收益 = 投资收益 + 利息收入 + 买入返售证券收入 + 冲减短期投资成本的分红收入 − 利息支出 − 卖出回购证券支出 − 投资减值准备

其中：投资收益、利息收入取自利润表；买入返售证券收入是指公司从事买入返售证券业务，融出资金而得到的利息收入；卖出回购证券支出是指公司从事卖出回购证券业务，融入资金而发生的利息支出；投资减值准备是根据《认可资产表编报说明》的要求提取，同时未在利润表的"投资收益"项目中反映的那部分投资减值准备。

$$本年现金和投资资产平均余额 = \frac{上年末现金和投资资产 + 本年末现金和投资资产}{2}$$

相应数据取自认可资产表中的"现金和投资资产小计"项目的"账面价值"。

本指标值的正常范围为不小于 3%。

(7) 速动比率。

$$速动比率 = \frac{速动资产}{认可负债} \times 100\%$$

式中：速动资产指认可资产表中的"现金和投资资产小计"项的净认可价值；认可负债指认可负债表中的"认可负债合计"的金额。

本指标值的正常范围为大于 95%。若速动资产为零或负数，则指标值为 999%。

(8) 融资风险率。

$$融资风险率 = \frac{卖出回购证券}{实收资本 + 公积金} \times 100\%$$

式中：卖出回购证券为认可负债表中的"卖出回购证券"；实收资本为公司资产负债表中的"实收资本(营运资金)"；公积金为资产负债表中的"资本公积"和"盈余公积"两项之和。

本指标值的正常范围为不大于 50%。

(9) 应收保费率。

$$应收保费率 = \frac{应收保费}{保费收入} \times 100\%$$

式中：应收保费指认可资产表中"应收保费"的账面价值中账龄不长于 1 年的那部分应收保费价值。

本指标值的正常范围为不大于 8%。

(10) 认可资产负债率。

$$认可资产负债率 = \frac{认可负债}{认可资产} \times 100\%$$

本指标值的正常范围为小于 90%。

(11) 资产认可率。

$$资产认可率 = \frac{资产净认可价值}{资产账面价值} \times 100\%$$

式中：资产净认可价值和资产账面价值分别等于认可资产表中"资产合计"项的"本年净认可价值"和"本年账面价值"。

本指标值的正常范围为不小于 85%。

三、人寿保险公司的监管指标

人寿保险公司的偿付能力监管指标有：

(1) 长期险保费收入增长率。

$$长期险保费收入增长率 = \frac{本年长期险保费收入 - 上年长期险保费收入}{上年长期险保费收入} \times 100\%$$

其中，长期险保费收入是指 1 年期以上的人寿保险、健康险、年金等人身保险业务的保费收入，包括进入投资连结产品投资账户的那部分保费收入。

本指标值的正常范围为 0～80%。若本年为开业年度或者上年的经营期不满一个完整会计年度，则指标值取 999%。

(2) 短期险自留保费增长率。

$$短期险自留保费增长率 = \frac{本年短期险自留保费 - 上年短期险自留保费}{上年短期险自留保费} \times 100\%$$

其中，短期险是指 1 年期以内(含 1 年)的寿险、健康险和意外险。

本指标值的正常范围为 −10%～60%。若本年为开业年度，或上年自留保费为零、负数或者上年经营期不满一个完整会计年度，则指标值为 999%。

(3) 实际偿付能力额度变化率。

$$实际偿付能力额度变化率 = \frac{本年实际偿付能力额度 - 上年实际偿付能力额度}{上年实际偿付能力额度} \times 100\%$$

其中，实际偿付能力额度 = 认可资产 − 认可负债，认可资产应扣除年度内增资、接受捐赠等非经营性因素的影响金额。

本指标值的正常范围为 −10%～30%。若本年或上年的实际偿付能力额度为零或负数，则指标值为 999%。

(4) 险种组合变化率。

$$险种组合变化率 = \frac{各类险种保费收入的占比变动的绝对值之和}{险种类别数} \times 100\%$$

式中：

$$各类险种保费收入和占比变动的绝对值之和 = \sum \left| \frac{某类险种的本年保费收入}{所有险种的本年保费收入之和} - \frac{某类险种的上年保费收入}{所有险种的上年保费收入之和} \right|$$

目前的险种类别数为 8 种，包括定期寿险、终身寿险、两全保险、个人年金、团体年金、长期健康险、个人短期意外和健康险、团体短期意外和健康险。若公司实际经营的险种类别数小于 8，则以实际数计算。

在本指标中，投资连结保险的保费收入不包括进入投资账户中的那部分保费。本指标值的正常范围为不大于 8%。

(5) 认可资产负债率。

$$认可资产负债率 = \frac{认可负债}{认可资产} \times 100\%$$

本指标值的正常范围为小于 90%。

(6) 资产认可率。

$$资产认可率 = \frac{资产净认可价值}{资产账面价值} \times 100\%$$

式中：资产净认可价值和资产账面价值分别等于认可资产表中的"资产合计"项的"本年净认可价值"和"本年账面价值"。

本指标值的正常范围为不小于85%。

(7) 短期险两年赔付率。

短期险两年赔付率 =(本年和上年的赔款支出(减摊回赔款支出)之和 + 本年和上年的分保赔款支出之和 + 本年和上年的未决赔款准备金提转差之和 − 本年和上年的追偿款收入之和)/(本年和上年的短期险自留保费之和 − 本年和上年的短期险未到期责任准备金提转差之和)× 100%

本指标值的正常范围为小于65%。

(8) 投资收益充足率。

$$投资收益充足率 = \frac{资金运用净收益}{有效寿险和长期健康险业务准备金要求的投资收益} \times 100\%$$

式中：资金运用净收益与财产保险公司的同名监管指标的计算项目相同，但不包括独立账户中各项投资资产所产生的资金运用净收益；有效寿险和长期健康险业务准备金要求的投资收益 = ∑(不同评估利率的有效寿险和长期健康险的期末责任准备金 × 相应的评估利率)。

上述有效寿险和长期健康险的责任准备金按照认可负债表中寿险责任准备金和长期健康险责任准备金的相同口径计算，不包括计为独立账户负债的那部分准备金。

本指标值的正常范围为125%～900%。

(9) 盈余缓解率。

$$盈余缓解率 = \frac{摊回分保费用 − 分保费用支出}{认可资产 − 认可负债} \times 100\%$$

式中：摊回分保费用和分保费用支出来自公司利润表对应项目；认可资产和认可负债分别来自认可资产表和认可负债表。

本指标值的正常范围为 −25%～25%。若认可资产与认可负债之差为零或负数，则指标值取999%。

(10) 资产组合变化率。

$$资产组合变化率 = \frac{现金和投资资产中各项目净认可价值的占比变动的绝对值之和}{现金和投资资产的项目种类数} \times 100\%$$

式中：

现金和投资资产中各项目净认可价值的占比变动的绝对值之和

$$= \sum \left| \frac{某资产项目的本年净认可价值}{现金和投资资产本年价值} − \frac{某资产项目的上年净认可价值}{现金和投资资产上年价值} \right|$$

按照现行认可资产表，纳入本指标计算的资产项目种类数为10种，包括银行存款、政府债券、金融债券、企业债券、股权投资、证券投资基金、保单质押贷款、买入返售证券、现金、其他投资资产。没有股权投资的保险公司，以 9 作为指标计算的分母。

独立账户中的资产不参与本指标计算。

计算公式中的现金和投资资产本年(上年)价值等于认可资产表中现金和投资资产小计项中的本年(上年)"净认可价值"金额加上非认可的融资资产风险扣减额。

本指标值的正常范围为小于 5%。

(11) 融资风险率。

$$融资风险率 = \frac{卖出回购证券}{实收资本 + 公积金} \times 100\%$$

式中：卖出回购证券为认可负债表中的"卖出回购证券"；实收资本为公司资产负债表中的"实收资本(营运资金)"；公积金为资产负债表中的"资本公积"和"盈余公积"两项之和。

本指标值的正常范围为不大于 50%。

(12) 退保率。

$$退保率 = \frac{退保金}{上年末长期险责任准备金 + 本年长期险保费收入} \times 100\%$$

式中：退保金的数据取自利润表的对应项目；长期险责任准备金是资产负债表中寿险责任准备金和长期健康险责任准备金之和；长期险保费收入按保费收入的明细项目分析计算。

本指标值的正常范围为小于 5%。

四、我国保险公司的偿付能力

2019 年 3 月，中国银保监会召开偿付能力监管委员会工作会议，截至 2018 年末，我国保险公司平均综合偿付能力充足率为 242%，显著高于 100% 的偿付能力达标线，保险业偿付能力充足稳定。

2018 年四季度末，纳入本次会议审议的 177 家保险公司的平均综合偿付能力充足率为 242%，平均核心偿付能力充足率为 231%。其中，财产险公司、人身险公司、再保险公司的平均综合偿付能力充足率分别为 274%、235% 和 282%。经审议，104 家保险公司在风险综合评级中被评为 A 类公司，69 家保险公司被评为 B 类公司，2 家保险公司被评为 C 类公司，2 家保险公司被评为 D 类公司。

数据显示，2018 年，保险业实现原保险保费收入 38 016.56 亿元，同比增长 3.92%。其中，财产险公司原保险保费收入 11 755.69 亿元，同比增长 11.52%；人身险公司原保险保费收入 26 260.87 亿元，同比增长 0.85%。

目前，保险业激进经营和市场乱象得到有效遏制，转型发展取得积极成效，业务结构优化，保险保障功能增强。偿付能力指标始终保持在合理区间较高位运行，战略风险、声誉风险等风险有所降低，保险公司风险管理能力稳步提升，保险业抵御风险的基础不断夯实。同时，外部环境变化影响增大，保险业周期性、结构性、体制性问题仍然存在。防范和化解重大风险依然是保险监管的首要任务。银保监会将稳步推进保险业偿付能力监管和风险防控工作。

第三节　保险公司财务状况的监管

一、资本金的监管

《中华人民共和国公司法》对资本金的定义为：股份有限公司的注册资本金为在公司登记机关登记的实收股本总额；有限责任公司的注册资本为在公司登记机关登记的全体股东实缴的出资额。保险企业也不例外。

保险企业申请开业必须有一定数量的开业资本金，达不到法定最低资本金限额者，不得开业。公司组织的开业资本金为一定金额的资本，相互组织的开业资本金为一定金额的基金。如此严格规定的原因有二。第一，由于损失发生具有偶然性和不平衡性，在保险人开业初期，存在着赔案的可能性。因此，这些资本金既要用于支付开业费，又要用于开业初期的保险赔款。第二，开业初期承保范围不广，分保网络尚未健全，使保险企业承保的风险不能在地区之间、各国之间、公司之间和各种保险业务之间进行分散。风险过分集中，容易造成责任累积，客观上要求开业资本金必须达到一定的规模，以使保险企业有能力应付可能出现的巨额损失索赔。

对资本金进行严格监管的目的在于：增加保险公司的承保、再保及投资能力，避免偿付能力不足的情况发生；增加承保及投资预期与非预期损失的弥补能力；调节责任准备金、投资准备金或资金变动的影响；维护被保险人的权益，促使保险公司社会责任的履行。

法律对资本金的要求因国而异。以美国为例，法定资本金分为"固定最低资本金""风险基础资本金""最合适资本金"三个层次。固定最低资本金是指国家主管机关规定的申请设立新公司时，必须达到一定金额以上的实收资本额。这种资本金的主要功能在于确保保险公司开业之初正常营运的需要。由于保险企业设立初期没有各项公积金和准备金的提存，为了避免保险公司偿付能力不足，并进而伤害投保人的权益，所以用这种资本金作为设立保险公司的基本条件。这是目前各国普遍采用的标准和做法。然而，在保险公司已经设立，并提存公积金和准备金的情况下，其所面临的经营风险和设立初期的情况已大不同，是否需要继续维持相同的固定最低资本金，则是需要从理论和实践上加以回答的问题。在一定意义上说，固定最低资本金应该是一个动态概念。由于资本金与保险公司的经营风险密切相关，所以资本金数量应该与保险责任保持对应关系，根据保险责任的大小变化，对资本金的数量做出适当的调整。风险基础资本金是美国 NAIC 1990 年制定的关于指定保险公司必须依据各公司所承担风险的大小，决定其所应具备的总资本的一种资本金。美国制定风险基础资本金的目的在于建立统一适用的资本金标准；根据每一保险公司的经营风险，确定其资本金的要求；防止偿付能力不足情况的发生，为发出预警提供依据。最适合资本金实际上是美国风险基础资本金中衡量保险公司偿付能力的一个指标，其具体内容是规定净签单保费与资本盈余的比率不大于 3 倍，即

$$\frac{净签单保费}{资本盈余} \leqslant 300\%$$

最合适资本金主要用于财产保险业。根据这一指标，财产保险公司每会计年度的净签单保费对资本盈余的比率永远不能超过 300%。如果超过这一比率，保险监管机关将会考虑

风险基础资本金的其他各项指标，进一步采取必要的监管措施。

我国《保险法》规定，在全国范围内开办业务的保险公司，实收货币资本金不得低于人民币 5 亿元；在特定区域内开办保险业务的保险公司，实收货币资本金不得低于人民币 2 亿元；在省、自治区、直辖市、计划单列市政府所在地的分公司，营运资金不得低于人民币 5000 万元。同时，我国对保险公司注册资本最低限额采取资本增加制，即保险监管部门可以根据保险公司的业务范围和经营规模，调整保险公司的实缴货币资本的最低限额，但不得低于人民币 2 亿元。保险公司成立后应当按照其注册资本总额的 20% 提存保证金，并存入主管机关指定的银行，除保险公司清偿债务外，不得动用。通常要求保险公司所拥有的资本金是其自留保费金额的一定比例，主要是把保险公司的资本与其承担的风险挂钩。我国《保险法》规定："经营财产保险业务的保险公司当年自留保险费，不得超过其实有资本金加公积金总和的四倍。保险公司对每一危险单位，即对一次保险事故可能造成的最大损失范围所承担的责任，不得超过其实有资本金加公积金总和的百分之十；超过的部分应当办理再保险。"

二、资金运用的监管

资金运用是保险企业收入的一项重要来源，也是壮大和保证保险企业偿付能力的重要手段。保险公司可运用的资金总体来讲有资本金、准备金(包括未到期责任准备金、未决赔款准备金、寿险责任准备金等)和其他资金三部分。保险的资金运用应坚持投资四原则——安全性原则、多样性原则、流动性原则和收益性原则，这是对保险企业资金运用进行监督管理的宗旨所在。

我国《保险法》对于保险企业的资金运用也有具体规定：保险公司的资金运用必须稳健，遵循安全性原则，并保证资产的保值增值。保险的资金运用方式，限用于在银行存款；买卖债券、股票、证券投资基金份额等有价证券；投资不动产；国务院规定的其他资金运用形式。保险公司的资金不得用于设立证券经营机构和向企业投资。保险公司运用的资金和具体项目的资金占其资金总额的具体比例，由金融监管部门规定。

三、偿付能力的监管

偿付能力的监管是对保险市场监督管理的首要目标，也是监督管理的核心内容。一家保险公司偿付能力的强弱，归根结底取决于它的资产负债状况，也就是说，取决于保险公司自有资产和保险准备金的提留能否满足其承担的责任。从理论上讲，如果在正常年度没有巨灾发生，只要保险公司厘定适当、公平、合理的保险费率，自留与其净资产相一致的承保风险，并提足各项准备金，使保险基金保值增值，保险公司就能有足够的资金应付赔偿或给付，维持其偿付能力。但在非正常年度，特别是发生巨额赔偿或给付时，实际发生的赔偿或给付就会超出预定的额度，投资收益也可能偏离预期的目标，而且保费的测算和准备金的提存是基于一些经验假设的，本身也会产生偏差。这就要求保险公司实际资产减去实际负债后的余额能经常保持最低的法定偿付能力额度，以应付可能产生的偏差风险。我国《保险公司管理规定》明确指出：保险公司实际偿付能力为其会计年度末实际资产价值减去实际负债的差额，实际资产价值为各项认可资产价值之和。

经营财产保险、短期人身保险业务的最低偿付能力额度为下述两项中较大的一项：

(1) 本会计年度自留保费减保费税收后人民币 1 亿元以下部分的 18%和 1 亿元以上部分的 16%。

(2) 最近 3 年年平均赔付金额人民币 7000 万元以下部分的 26%和 7000 万元以上部分的 23%。

经营长期人身保险业务的最低偿付能力额度为下述两项之和：

(1) 一般寿险业务会计年度末寿险责任准备金和投资连结类业务会计年度末寿险责任准备金的 1%。

(2) 保险期间小于 3 年的定期残废保险风险保额的 0.1%，保险期间为 3 年到 5 年的定期死亡保险风险保额的 0.15%，保险期间超过 5 年的定期残废保险和其他险种风险保额的 0.3%。

四、财务核算的监管

我国《保险法》和《保险公司管理规定》都规定，保险公司应按规定及时向保监会报送营业报告、精算报告、财务会计报告和有关报表，还要求保险公司应按规定及时向保监会报送的营业报告、财务会计报告和有关报表必须有公司法定代表人或总经理、保监会认可的注册会计师签名，寿险公司的精算报告应有保监会认可的注册会计师签名。这一切都是为了保险企业的财务活动保持稳定，防止其发生财务危机。另外，为了有效地管理保险业，随时了解和掌握保险业的营业状况，保险行政监督机关被赋予权力，可直接定期或抽样检查保险业的财务报表。

五、保险保障基金

所谓保险保障基金，是指根据《保险法》，由保险公司缴纳形成，按照集中管理、统筹使用的原则，在保险公司被撤销、被宣告破产及中国保监会根据《保险保障基金管理办法》第二十条认定的情形下，用于向保单持有人或者保单受让公司等提供救济的法定基金。保险保障基金有以下几个特点。

(1) 对于纳入保险保障基金救济范围的保险业务，保险公司应当按照下列比例缴纳保险保障基金：① 财产保险、意外伤害保险和短期健康保险，按照自留保费的 1%缴纳；② 有保证利率的长期人寿保险和长期健康保险，按照自留保费的 0.15%缴纳；③ 无保证利率的长期人寿保险，按照自留保费的 0.05%缴纳；④ 保险公司其他保险业务的缴纳比例由中国保监会另行规定。

(2) 保险公司应当及时、足额将保险保障基金缴纳到保险保障基金专门账户，但有下列情形之一的，可以暂停缴纳保险保障基金：① 财产保险公司、综合再保险公司和财产再保险公司的保险保障基金余额达到公司总资产 6%的；② 人寿保险公司、健康保险公司和人寿再保险公司的保险保障基金余额达到公司总资产 1%的。

保险公司的保险保障基金余额减少或者总资产增加，其保险保障基金余额占总资产比例不能满足前款要求的，应当自动恢复缴纳保险保障基金。

保险公司的保险保障基金余额，等于该公司累计缴纳的保险保障基金金额加上分摊的投资收益，减去各种使用额。

(3) 保险公司被撤销或者被宣告破产，其保险保障基金余额不足以支付应当给予保单持有人或者保单受让公司的救济的，不足部分的金额按照其公司上一年度以自留保费计算的市场份额扣减其保险保障基金余额。

(4) 保险公司缴纳保险保障基金，实行按年计算，按季预缴。保险公司应当在每季度结束后 15 个工作日内预缴保险保障基金，在每年度结束后 4 个月内汇算清缴。

(5) 中国保监会可以根据保险行业发展和风险的实际情况，调整保险保障基金的缴纳比例、规模上限、缴纳方式等。

(6) 保险保障基金的资金运用应当遵循安全性、收益性和流动性原则，在确保资产安全的前提下实现资产的保值增值。保险保障基金的资金运用，限于银行存款、买卖政府债券和中国保监会规定的其他资金运用形式。保险保障基金不得运用于股权投资、房地产投资和其他各类实业投资。

中国保监会可以委托专业的投资管理机构运用保险保障基金。

(7) 保险公司被撤销或者被宣告破产，其清算财产不足以偿付保单利益的，保险保障基金按照下列规则对非人寿保险合同的保单持有人提供救济：① 保单持有人的损失在人民币 5 万元以内的部分，保险保障基金予以全额救济；② 保单持有人为个人的，对其损失超过人民币 5 万元的部分，保险保障基金的救济金额为超过部分金额的 90%；③ 保单持有人为机构的，对其损失超过人民币 5 万元的部分，保险保障基金的救济金额为超过部分金额的 80%。

前款所称保单持有人的损失，是指保单持有人的保单利益与其从清算财产中获得的清偿金额之间的差额。

(8) 被撤销或者被宣告破产的保险公司的清算资产不足以偿付人寿保险合同保单利益的，保险保障基金可以按照下列规则向保单受让公司提供救济：① 保单持有人为个人的，救济金额以转让后保单利益不超过转让前保单利益的 90% 为限；② 保单持有人为机构的，救济金额以转让后保单利益不超过转让前保单利益的 80% 为限。

保单受让公司应当根据前款标准核算转让后保单持有人的保单利益，并据此与保单持有人修订人寿保险合同。

(9) 保险公司的下列业务不属于保险保障基金的救济范围：① 保险公司在境外直接承保的业务和从境外分入的业务；② 保险公司的政策性保险业务；③ 中国保监会认定不属于保险保障基金救济范围的其他保险业务。

六、实施保险财务监管的措施建议

对于保险财务的监管有专家认为，可以考虑采取以下两点建议。

(一) 逐步建立和完善保险监管会计制度

从上述监管内容的分析可以看出，保险财务监管的目标十分明确，就是力求通过监管，保证保险人的偿付能力，预防和减少保险欺诈，维护保险市场秩序，最终达到促进保险业发展的目的。保险财务监管可以说是一项长期的、复杂的系统工程。从各国保险业的发展经验来看，首要的是加快建立保险监管会计制度。所谓监管会计制度，是指与一般会计制度相对，主要服务于保险监管当局，为保证保单持有人利益而监控保险公司偿付能力的制度。目前，国际上关于保险行业的规范一般形成了两套准则，即公认会计准则(GAAP)与法定会计准则(SAP),其中法定会计准则就是基于保险监管会计原则而建立起来的。与公认会计准则相比,法定会计准则在服务对象和目的、风险认识、会计假设、会计基础等方面都存在明显的差异。如风险认识方面,不同的会计信息使用者对财务信息的要求和关心的重点不同,这些要求与关注点有些是交叠的,有些则是不相容的。为了能够兼顾这些要求,公认会计准则在对待风险时只能在总体上保持不偏不倚的特性。保险监管机构运用法定会计准则主要是保证保险公司具有足够的偿付能力,因此为了使保险公司的财务状况在进行债务偿付时有足额的缓冲,同时也为了使保险监管机构更好地免除监管责任,在不必考虑其他信息使用者的前提下,保险监管机构在制定法定会计准则时往往会采取一种十分稳健的态度。

(二) 尽快确立保险公司理想的会计核算模式

虽然各国的保险会计都存在公认会计准则与法定会计准则两种规范,但对这两种规范的运行模式却不尽相同。

一,主辅相成模式,也就是以公认会计准则为主,以法定会计准则为辅。在这种模式下,会计核算日常按公认会计准则运行,只在会计期末按法定会计准则对按公认会计准则核算的结果做出一些调整以填制特定的监管报表,或附加保险监管方面更详细的特殊会计要求或精算指南等。

二,合二为一模式,即按照公认会计准则和法定会计准则的不同要求,分别进行会计核算。这种模式具有运行成本低的特点,但同时由于一般会计原则和法定会计准则在服务对象和目的、对风险的认识以及会计假设等方面固有的区别,把二者揉进一套体系中进行操作十分困难,难以兼顾公认会计准则和法定会计准则使用者各自的要求。

三,二者并行模式,即保险监管者规定了一系列不同于公认会计准则的保险法定会计准则,企业在实际操作与会计运行系统中采取二者并行的方式。这种模式因其在实际操作与会计运行系统中公认会计准则与法定会计准则两套规则分别同时进行,故运行成本较高。

有专家认为,主辅相成模式较好地解决了公认会计准则与法定会计准则不同要求与运行成本间的矛盾,同时又使得运行成本不致太高,应该是较为理想的选择。

本 章 小 结

保险公司盈利能力是指公司获取利润的能力,也称为公司的资金或资本增值能力,通常表现为一定时期内公司收益数额的多少及其水平的高低,也可以指公司在一定时期内赚取利润的能力,利润率越高,盈利能力就越强。

保险公司的盈利主要有两个来源,即投资利润和承保利润。

反映保险公司盈利能力的指标主要有销售利润率、成本费用利润率、资产总额利润率、资本金利润率、股东权益利润率、保费收入指标、保险资金运用指标、利润指标。

保险公司的偿付能力是指保险公司偿还债务的能力,具体表现为保险公司是否有足够的资产来匹配其负债,特别是履行其给付保险金或赔款的义务。

对资本金进行严格监管的目的在于:增加保险公司的承保、再保及投资能力,避免偿付能力不足的情况发生；增加承保及投资预期与非预期损失的弥补能力；调节责任准备金、投资准备金或资金变动的影响；维护被保险人的权益，促使保险公司社会责任的履行。

保险公司实际偿付能力为其会计年度末实际资产价值减去实际负债的差额，实际资产价值为各项认可资产价值之和。

 案例阅读

某国企中层管理人员张女士去年为 10 岁的孩子买了一份两全保险，期缴 5 年，年交4100 元。最近她听说该公司被保监会通报偿付能力不足，张女士因此担心孩子的保单未来会成为一纸空文。所以，她想趁现在只交纳了一年多保费，损失不大的情况下向保险公司退保，拿回保费，以免以后夜长梦多。不过，只因保险公司的偿付能力不足就中途退保，这样的损失真的不大吗？

案例分析：

偿付能力不足？不赔保。对于保险公司偿付能力不足，很多投保者按照字面意思把它直接看做保险公司已经资不抵债，拿不出钱来偿付投保者的保单了。保险公司的偿付能力不足并不是说这家公司已经资不抵债，而是说这家公司在抵御经营风险方面的能力减弱了。

其实，保险公司偿付能力不足的问题已存在了好几年，但没有出现投保人到期拿不到钱的情况。随着保险公司品牌意识的提高，保险公司更不会惜赔或拒赔。另一方面，保险公司在不断发展，这就保证了资金的流动性。而保单并不是同时到期的，保费一年年进来，给付完全可以按部就班地进行。因此，投保者不必担心保险公司会因偿付能力不足而降低保障和服务。从长期发展的观点来看，解决偿付能力还是有很多机会的，如正在进行的业务结构调整能增强盈利能力，增加资本金也能弥补偿付能力不足。

退一步说，即使保险公司出现了严重的赔付能力不足或者面临破产风险，投保者也不必过分担心，面临破产的保险公司会由其他保险公司接管保单。现在保险保障基金已经建立，能补偿保险公司不能偿还的损失。保监会发布的《保险保障基金管理办法》(以下简称《办法》)告知人们在保险公司破产或者被撤销的情况下，投保人的利益会得到什么样的保障。该《办法》规定，保险公司破产或被撤销，其清算财产不足以偿付保单责任的，保险保障基金将按照"绝对数补偿限额"和"比例补偿限额"相结合的方式对保单持有人或保单受让公司进行救济。

对于已投保者，中途退保得不偿失。

尽管保险公司的偿付能力不足并不会影响保单的正常赔付，但一些投保者仍有疑虑，想用退保来消除心理上的忧虑。那么，中途退保真的划得来么？

太平人寿资深理财师黄宜平表示，投保者如果因为这个原因而中途退保，那可是冤大了。按《保险法》规定，投保人未缴足 2 年保险费或合同生效未满 2 年的，要扣除手续费后向投保人退还保险费；合同生效满 2 年且投保人缴足 2 年以上保险费的，保险人按照合同约定向投保人退还保险单的现金价值。

理财师介绍，不少期缴型产品，最初数年的初始费用可能高达50%，这意味着若在投保初期退保，能够获得的保费远小于昔日缴纳的保费，而初始费用、退保费用等就白白浪费了。

以张女士孩子的保单为例，10 岁投保，期缴 5 年，年缴保费 4100 元。第一年退保，扣除手续费，只能退回 1000 多元。满 2 年后，缴费 8200 元，退保只能得到一半左右。由此可见，退保不仅拿不到最终收益，而且与保费相差甚远。不仅期间的机会成本丧失，而且连本都拿不回来。保险公司在设计产品时是按照复利计算的，所以期满后的收益还比较合算。保险公司之所以对退保行为进行经济约束，也是为了保证保险公司资金稳定。

　　而按照《保险保障基金管理办法》对保险公司在遭受破产偿付能力严重不足时对投保者的保障规定，对于非寿险保单持有人，损失在 5 万元以内的部分，保险保障基金予以全额救助，对其超过 5 万元的部分，根据个人客户和机构客户的不同，保险保障基金的救助金额为超过部分金额的 90% 和 80%。

　　综上所述，张女士完全没必要退保，因为退保得不偿失，如果保险公司果真出现偿付问题张女士也可以得到补偿。

 问题

在日常生活中，人们应该如何规划自己的保险？应该注意哪些问题？

复 习 思 考 题

一、名词解释

保险公司盈利能力　　投资利润　　保费增长率　　保险公司偿付能力

二、单项选择题

1. 保险公司的盈利主要来源有( )。
A. 销售利润　　　　　　　　　　B. 承保利润
C. 投资利润　　　　　　　　　　D. 营业利润
2. 以下哪个是保险公司特有的盈利能力分析指标？( )。
A. 销售利润率　　　　　　　　　B. 总资产利润率
C. 成本费用利润率　　　　　　　D. 保险资金运用指标
3. 保险公司的保险资金运用不包括下列( )方式。
A. 银行存款　　B. 购买期权　　C. 购买政府债券　　　　D. 投资地产

三、简答题

1. 如何提升保险公司的盈利能力？
2. 对资本金进行监管的目的是什么？
3. 什么是偿付能力？我国对偿付能力监管的措施有哪些？

三、案例分析

中国银保监会公布 2019 年前 7 个月保险业经营情况。数据显示，2019 年前 7 月，保险业原保险保费收入 28 087 亿元，同比增长 13.85%。其中，财产险业务实现保费收入 6773 亿元，同比增长 8%；人身险业务实现保费收入 21 314 亿元，同比增长 15.85%。

在赔款和给付支出方面，前 7 个月，保险业总赔款为 7254 亿元，同比增长 4.78%。财产险业务赔款 3458 亿元；寿险业务赔款支出 2397 亿元；健康险赔款支出 1229 亿元；意外险赔付支出 170 亿元。

同期，保险业业务及管理费总额为 2943 亿元，同比增长 19.15%。在资金运用方面，截至 7 月末，行业资金运用余额 173 331 亿元，行业总资产 194 392 亿元，行业净资产 23 247 亿元。

1. 保险公司盈利能力的分析指标有哪些？

2. 在竞争日趋激烈，市场环境不断变动的情况下，你认为保险公司应如何更好地识别、衡量和应对财险业面临的风险，增强行业的盈利能力？

第十九章　保　险　营　销

【学习目标】
了解保险营销的理念、保险营销的管理、保险营销的战略和保险营销的渠道。

案例导入 ➡

15 年保险耕耘，诚信立身专业之本

赵春荣，太平人寿保险有限公司河南分公司业务高级经理一级。2003 年入职太平人寿至今，从普通业务员，到高级经理，到连年全省系统业绩领先，累计送出保障近 7 个亿……赵春荣可谓是全省系统的一块金字招牌。同时还是美国百万圆桌会议(MDRT)顶尖会员，先后荣获 LIMRA(美国寿险行销调研协会)国际产能奖、国际品质奖、世界华人保险大会 IDA 铜龙奖等荣誉。2017 年，赵春荣再次成为太平人寿河南分公司"件数王""分公司 2017 年诚信明星"。

"我的客户积累主要依靠转介绍，但是一个客户为什么会转介绍客户给你，一定是因为你的服务是非常贴心、非常专业、有体系、有温度的，只有专业才能赢得客户的尊重，而诚信服务则能赢得客户的信任。"

多年来，赵春荣一直努力打造自己的品牌，学习保险、法律、经济、管理等各类相关及边缘知识，不断提高自己的专业水准和服务水平，更好地为每一位需求不同的客户提供最合理的规划。但是，成为一名优秀的保险业务员，只有专业和服务是远远不够的。

"如同买衣服一样，买保险也需要量身定制。不管是普通客户还是高端客户，每一个人都是需要保险的，只是需求不同而已。"因此，赵春荣格外强调约见客户前的准备工作，尽可能多地搜索客户信息，了解他的教育背景、成长经历、生活状况、个人喜好、人生格言、风险评估、需求分析等，提前为客户做好立体画像、形魂分析，并以此为依据为客户提供定制保单。"刚入行时常以产品为导向去约见客户，但是收效甚微，慢慢才明白，只有以客户和家庭的真正需求为导向才是保险的真正价值所在，为每一个客户、每一个家庭定制保险，这是整个市场体系发展的要求。"

前期准备做的充分、各种问题了然于胸，才能在面见客户的时候快速应对，用专业的知识和最短的时间解决客户问题。"如果你能在半个小时内拿出好的方案，完成他的心愿，解决他的担忧，客户就容易一次做出购买的决定。不管是普通客户还是高端客户，越来越多的人都很注重效率，如果你在面谈的短时间内提不出好的解决方案、打动不了客户，那以后也将不会有机会。"

第一节　保险营销概述

一、保险营销的概念

保险营销是保险公司为了满足保险市场存在的保险需求所进行的总体性活动，包括保险市场的调查与预测、保险市场营销环境分析、投保人行为的研究、新险种开发、保险费率厘定、保险营销渠道选择、保险产品推销以及售后服务等一系列活动。

保险营销是以保险市场为起点和终点的活动，其对象是目标市场的准保户，其目的是满足市场准保户的保险需求。由于市场营销的最终目的是促使保险公司的持续发展，增强保险公司的市场竞争力，以获取最大的利润，因此保险营销不仅仅是一种促销活动，更是对保险市场的充分研究和统筹决策，为的是提高保险企业在市场上的占有率，树立良好的社会信誉。

二、保险营销的 4P 要素

保险营销的 4P 要素是产品(Product)、价格(Price)、促销(Promotion)和分销(Place)渠道。

(一) 产品

保险虽然是一种无形的、非渴求的商品，却能满足客户保障和投资方面的需求。保险产品可分为财产保险产品和人身保险产品。财产保险产品可分为财产损失保险、责任保险和信用保证保险。根据承保财产标的的不同特性，财产损失保险可分为火灾保险、货物运输保险、运输工具保险和工程保险。责任保险可分为第三者责任保险、雇主责任保险、公众责任保险、产品责任保险和职业责任保险。信用保证保险可分为出口信用保险、投资保险、商业信用保险等信用保险以及保证保险、产品保证保险、诚实保证保险等保证保险。人身保险产品按功能可分为死亡保险、两全保险、年金保险、人身意外伤害保险、医疗保险、疾病保险、分红保险、变额保险、万能保险等；按客户需求效用可分为保障型人身保险、储蓄型人身保险和投资型人身保险；按投保方式可分为个人人身保险和团体人身保险等。随着保险公司保险技术的不断提高、资本市场的不断发展以及客户保险需求的多样化，保险产品也向综合化和多样化的方向发展。在保险营销过程中，保险产品和营销人员是无法分离的，客户会将营销人员的衣着形象、言谈举止和服务水准也视为产品的一部分。

(二) 价格

保险产品的价格即保险费率。财产保险的保险费率依据灾害事故发生的概率来厘定。人身保险的保险费率由精算师依据死亡率、生存率、疾病发生率、利息率、费用率等多种因素确定。保险监管机构对人身保险主要险种的预定率和生命表都有明确的规定，因此保险公司可运用的价格弹性并不大。其实保险营销更适合采用非价格竞争，即保险质量竞争、保险服务竞争：在客户购买保险之前，根据客户的需求设计保险方案，选择合适的保险险种和险种组合；在客户购买保险之后，根据客户变化的保险需求，调整保险方案；在保险合同履行过程中，为客户提供完善的保险服务；在保险事故发生时，迅速合理地进行保险金赔付。

(三) 促销

消费者购买日用品的行为和偏好很容易受广告的影响，所以商家会在日用品广告方面砸下重金。但是保险商品不是一般的日用品，而是一种无形的非渴求品，保险商品的这种特性决定了保险公司极少进行广告方面的宣传，而只做品牌广告、形象宣传。公关活动和新闻报道是保险公司促销的主要手段。公关活动如慈善、捐赠、赞助等，既让社会公众从活动中收益，又有助于保险公司树立积极、正面的形象，传递保险产品的信息。新闻报道传递的信息在公众中的可信度远胜于广告。公关活动比广告的公信力强，比新闻报道的推动力大，往往成为保险公司首选的促销手段。

(四) 分销

分销渠道是指让客户便利地购买保险、获得服务的地点和环境。分销渠道作为保险商品与目标客户的连接关节，在保单销售中起着关键作用。在产品趋同、价格趋同的市场上，分销渠道才是保险公司发挥竞争优势的战略目标。同其他服务行业一样，保险代理人和保险经纪人是传统的，也是无可替代的保险营销渠道。随着保险业的发展和科技的进步，尤其是 Internet 技术的普及，新型分销渠道不断涌现，如银行代理、邮政代理、电话直销、信函直销、网络商城等，保险公司通过各种新渠道向市场提供越来越多的保险商品。

三、　保险营销的发展

保险营销经历了四个发展阶段，每一个阶段都有其特点。

(一) 以产品为导向的营销阶段

在这一阶段，保险公司还没有建立系统化、专业化的保险营销体系，保险营销部门只是一个简单的保险推销部门，是保险公司的一个附属单位。保险公司并不考虑保险市场的需求，而是根据本公司设计的险种进行销售。

(二) 以销售为导向的营销阶段

在这一阶段，保险公司以保险产品的销售为主要手段，采用多种方法大力推销和进行广告宣传，动员和诱导消费者购买。营销部门本身只具有附属功能，保险推销由专门的营销部或展业部负责。保险公司所推出的险种如果无法满足消费者需求，就无法将保单售出。

(三) 以消费者为导向的营销阶段

在这一阶段，保险公司的整个营销活动从明确消费者的需要开始至满足消费者的需要而告终，在研究消费者需求的基础上，以正确的方法，在正确的时间，以最好的产品组合最大限度地满足消费者的需要。营销人员除了需要具有良好的保险专业知识和投资理财知识，还需要具备一定的管理能力、创新精神和对外协调能力。

(四) 以市场为导向的营销阶段

随着社会、经济的进步，现行的人身保险营销不再只依赖营销部门来实施。保险公司整合各项活动，拟定周密的营销计划，制定合理的营销策略，主动做好客户间的沟通工作，对市场需求定期进行调查研究，随时掌握市场需求变化使保险商品的推销更为顺畅。

第二节　保　险　中　介

一、保险中介的概念

保险中介是指介于保险人之间、保险人与投保人之间和独立于保险人与被保险人之外，专门从事保险中介服务并依法获取佣金的单位和个人。保险中介主要由保险代理人、保险经纪人、保险公估人三种形式组成，广义上也包括与保险有关的律师、精算师、理算师等。

二、三种主要的保险中介人及其组织形式

(一) 保险代理人及其组织形式

保险代理人是代理行为的一种，属民事法律行为。从经营角度看，保险代理是保险人委托保险代理人扩展其保险业务的一种制度。保险代理人是指根据保险人的委托，向保险人收取手续费，并在保险人授权的范围内代为办理保险业务的单位和个人。保险代理人的权力来自保险代理合同中所规定的保险人的授权。关于保险代理人的分类有以下几种形式：

(1) 按保险代理人销售的险种分类，可分为产险代理人和寿险代理人。产险代理人是指接受保险人的委托，从事财产保险业务销售的代理人。寿险代理人是指接受保险人的委托，从事人寿保险业务销售的保险代理人。

(2) 按保险业务活动的程序分类，可分为承保代理人和理赔代理人。承保代理人是指接受保险人的委托代为办理承保业务的代理人。理赔代理人是指接受保险人的委托，从事保险事故现场的检验、索赔计算、追偿和处理损余的保险代理人。

(3) 按职权范围的不同，可分为专用代理人和独立代理人。专用代理人是指仅为一个保险人或一个保险集团代理保险业务，并且有保留其占有、使用和控制保险单记录的权力。独立代理人是指同时独立地为多个保险人代理保险业务的代理人。

(4) 根据我国《保险法》及有关管理规定，保险代理人分为专业代理人(保险代理机构)、兼业代理人和个人代理人。保险专业代理人，即保险代理公司，是指根据保险人的委托，在保险人授权的范围内代为办理保险业务的单位。一般情况下，保险公司经授权后，可以代理销售保单，代收保险费，进行保险和风险管理咨询服务，代理损失勘察和理赔等业务。保险兼业代理人是指受保险人委托，在从事自身业务的同时，为保险人代办保险业务的单位，主要有银行代理、单位代理等形式。保险个人代理人是指根据保险人委托，向保险人收取代理费，并在保险人授权的范围内代办保险业务的个人。

(二) 保险经纪人及其组织形式

我国《保险法》第一百一十八条规定："保险经纪人是基于投保人的利益，为投保人与保险人订立保险合同提供中介服务，并依法收取佣金的单位。"在我国，保险经纪人的存在形式是保险经纪公司。

(1) 根据委托方划分，保险经纪人分为直接保险经纪人和再保险经纪人。直接保险经纪人是指直接介于投保人和保险人之间，直接接受投保人委托的保险经纪人。按业务性质

不同，直接保险经纪人可分为寿险经纪人和非寿险经纪人。再保险经纪人是指促成再保险分出公司与接受公司建立再保险关系的保险经纪人。

(2) 根据人员的规模划分，保险经纪人分为小型保险经纪人和大型保险经纪人。小型保险经纪人是指公司员工少于 25 人的保险经纪人。其业务有三类：个人业务、商业业务和认识保险及年金业务。大型保险经纪人相比小型保险经纪人，其人员多、机构全和业务广。

(3) 根据组织形式划分，保险经纪人分为个人保险经纪人、合伙保险经纪组和保险经纪公司。个人保险经纪人是保险经纪行业中的重要组成部分，大多数国家允许个人从事保险经纪业务活动。合伙保险经纪组是由各合伙人订立合伙协议，共同出资、合伙经营、共享收益、共担风险，并对合伙企业债务承担无限连带责任的盈利性组织。保险经纪公司一般是有限责任公司和股份有限公司形式。

(三) 保险代理人与保险经纪人的区别

保险经纪人与保险代理人同属保险中介范畴，均凭借自身的保险专业知识和优势活跃于保险人与被保险人之间，成为保险市场的重要组成部分，都应当具备金融监督管理部门规定的资格条件，并取得金融监督管理部门颁发的许可证，向工商行政管理机关办理登记，领取营业执照，方可从事保险中介业务。但是二者具有明显区别，表现在如下几个方面：

(1) 保险代理人受保险人的委托，代表保险人的利益办理保险业务；保险经纪人则基于被保险人的利益从事保险经纪业务，为被保险人提供各种保险咨询服务，进行风险评估，选择保险公司、保险险别和承保条件等。

(2) 保险代理人通常代理销售保险人授权的保险服务品种；保险经纪人则接受被保险人的委托为其与保险公司协商投保条件，向被保险人提供保险服务。

(3) 保险代理人按代理合同的规定向保险人收取代理费；保险经纪人则根据被保险人的要求向保险公司投保，保险公司接受业务后向保险经纪人支付佣金，偶尔被保险人根据保险经纪人提供的服务也会给予一定的报酬。

(4) 保险代理人的行为被视为保险人的行为；保险经纪人是被保险人的代表，其疏忽、过失等行为给保险人及被保险人造成损失的，应独立承担民事法律行为。

(5) 保险代理人与保险公司签订保险合同才能从事保险代理业务；保险经纪人开展业务活动需与被保险人签订合同。

(四) 保险公估人及其组织形式

保险公估人是指接受保险合同当事人的委托，为其办理保险标的的勘察、鉴定、估损及赔款的理算等并出具证明的中介人。保险公估人是保险中介人之一，与保险合同双方都没有利害关系，独立于保险合同的当事人之外，既可以接受保险人的委托，也可以接受被保险人的委托。保险公估人通常具有各行业专门的知识和技术，同时熟悉金融、保险、法律、会计，凭借其专业特长公正地为保险人或被保险人提供服务。在我国，保险公估人被称为保险公估机构。

1. 保险公估人的种类

(1) 核保公估人和理赔公估人。核保公估人主要从事保险标的的价值评估和风险评估。理赔公估人在保险事故发生后，受托处理保险标的的检验、估损、理算等。

(2) 保险型公估人、技术型公估人和综合型公估人。保险型公估人侧重于解决保险方面的问题，他们熟悉保险、金融、经济等方面的知识，但对其他专业技术知识知之甚少或完全不知，对于技术性问题的解决只能起辅助作用。技术型保险公估人主要侧重于解决技术方面的问题。综合型保险公估人不仅解决保险方面的问题，同时解决保险业务中的技术性问题。

(3) 海上保险公估人、火灾保险公估人和汽车保险公估人。海上保险公估人主要处理海上及航空运输保险等方面的业务；火灾保险公估人主要处理火灾及特种保险等方面的业务；汽车保险公估人主要处理与汽车保险有关的业务。

2. 保险公估人的组织形式

(1) 保险公估有限责任公司。保险公估有限责任公司是指股东以其出资额为限对公司承担责任，公司以其全部资产对公司债务承担责任并开展保险公估业务的公司组织形式。

(2) 合伙制保险公估行。合伙制保险公估行是指由各合伙人订立合伙协议，共同出资、合伙经营、共享收益、共担风险，对合伙企业债务承担无限连带责任，并开展保险公估业务的盈利性组织。

(3) 合作制保险公估行。合作制保险公估行是指两个以上投资者以合作企业方式开展保险公估业务的盈利性组织。其特征如下：一是合作制保险公估行是契约式企业。它是以合同作为确定投资者各方之间权利义务关系基础的企业。合作方的投资一般不以货币单位进行计算，也不把投资折算成股份，而是按所持股份比例分享利润和承担风险。合作双方的权利义务由当事人在合同中自由约定。二是合作制保险公估行具有国际性。合作制保险公估行的投资主体拥有不同国籍，属于同一国籍的个人或法人不能成为合作制保险公估行的主体。合作制保险公估行的经营管理方式具有较大的灵活性。三是合作制保险公估行可以设立董事会或联合管理机构，依照合作企业合同或章程的规定决定重大问题。此外，合作制保险公估行还可以委托合作双方之外的第三者经营管理。

第三节　保险营销理念

保险的营销理念是指保险公司经营管理的指导思想。现代市场营销学将这种经营管理思想称为"营销管理哲学"，它是保险公司经营管理活动的一种导向、一种观念。经营管理思想正确与否对保险公司经营的兴衰成败，具有决定性的意义。保险公司的营销理念，在不同的经济发展阶段、不同的市场形势下，表现出不同的时代特点。

一、生产理念

生产理念又称生产导向，流行于20世纪20年代前，是一般工商企业经营思想的沿用。这是一种指导保险公司行为的传统的、古老的理念之一。生产理念认为，消费者可以接受任何买得起的保险险种。当一个国家或地区保险市场主体单一，许多险种的供应还不能充分满足消费者需要，基本上是"卖方市场"时，这种理念较为流行。因而，生产理念产生和适用的条件是：

(1) 保险市场上需求超过供给。保险公司之间的竞争较弱甚至于毫无竞争，消费者投保选择的余地很小。

(2) 保险险种费率太高。只有科学准确厘定费率并提高效率，降低成本，从而降低保险商品的价格才能扩大销路。

但是，随着保险市场格局的变化，当独家垄断保险市场的局面被多家竞争的市场格局取代后，这种理念的适用范围愈来愈小。

二、产品理念

产品理念是一种与生产理念相类似的经营思想，曾流行于 20 世纪 30 年代前，这种理念认为，消费者最乐意接受高质量的险种，保险公司的任务就是多开发设计一些高质量、有特色的险种，只要险种好，不怕没人投；只要有特色险种，自然会客户盈门，正所谓"酒香不怕巷子深"。在商品经济不太发达的时代，在保险市场竞争不甚激烈的背景下，这种理念也许还有一定的道理。但是，在现代商品经济社会中，在多元化的保险市场中，竞争激烈，没有一家保险公司，更没有哪个险种能永远保持独占地位，即使再好的险种，没有适当的营销，通向市场的道路也不会是平坦的。

产品理念会导致"营销近视症"，即公司把注意力放在险种本身，而不是放在消费者的真正需要上。实际上，由于保险商品及其营销环境的特殊性，推销一个险种，比"生产"它要更复杂。

三、推销理念

推销理念又称推销导向，是生产理念的发展和延伸。这一理念流行于 20 世纪 30 年代至 40 年代末。保险商品大多属于"非渴求商品"，是消费者一般不会主动想到要购买的商品。推销理念是假设保险公司若不大力刺激消费者的兴趣，消费者就不会向该公司投保，或者投保的人会很少。因此，很多公司纷纷建立专门的推销机构，大力开展推销活动，甚至不惜采用不正当的竞争手段。从生产理念转变为推销理念可以说是保险公司经营指导思想的一大进步，但它基本上仍然没有脱离以生产为中心，"以产定销"的范畴。因为它只是着眼于现有险种的推销，只顾千方百计地把险种推销出去，至于售出后消费者是否满意，以及如何满足消费者的需要，如何使消费者完全满意，则没有给予足够的重视。因此，在保险业进一步高度发展、保险险种更加丰富的条件下，这种观念就不再适用了。

四、营销理念

营销理念产生于 20 世纪 50 年代初，是商品经济发展史上的一种全新的经营哲学，是作为以上诸理念的挑战而出现的一种企业经营哲学。它以消费者的需要和欲望为导向，以整体营销为手段，来取得消费者的满意，实现公司的长远利益。营销理念有许多精辟的表述：发现需要并设法满足他们；制造能够销售出去的东西，而不是推销你能够制造的东西。

营销理念是保险公司经营思想上的一次根本性的变革。传统的经营思想是以卖方的需要为中心的，着眼于把已经"生产"出来的险种推销出去；而营销观念则以消费者的需要为中心，并且更注重售后服务，力求更有效、更充分地满足消费者的一切需要，并因此实现公司的长远利益。按照这种理念，市场不是处理生产过程的终点，而是起点；不是供给决定需求，而是需求决定供给。哪里有需求，哪里就有市场，有了需求和市场，然后才有生产和供给。营销理念的形成以及在实践中的应用，对保险公司的经营活动产生了重大意义，已愈来愈受到许多公司的重视。

五、社会营销理念

社会营销理念的基本要求是，保险公司在提供保险产品和服务时不但要满足消费者的需要和欲望，符合本公司的利益，还要符合消费者和社会发展的长远利益。对于有害于社会，有害于消费者的需求，不仅不应该满足，还应该进行抵制性反营销。由此可见，社会营销理念是一种消费者、公司与社会三位一体的营销理念，是保险公司营销理念发展的一个最高、最完善的阶段。

六、保险公司的现代营销理念

所谓现代营销理念，按照美国营销专家菲力普·科特勒的解释，就是以整体营销活动为手段，来创造使消费者满意并达到企业目标的消费者导向型的企业经营哲学。这一概念包含三个关键的要素：消费者导向、整体营销和消费者满意。

(一) 消费者导向

(1) 认识、确认消费者保险需求的真正含义。从表面上看，投保人购买的是一个个具体的保险产品，如我国人寿保险公司的"康宁寿险"，太平洋寿险公司的"万能寿险"，两家寿险公司"生产"与销售的也是实质的保险产品。但是，投保人从其投保行为中真正期望得到的并非仅仅是产品本身，而是欲望的满足和利益的获得，即对重大疾病、死亡、伤残等风险的保障以及对投资回报的期望。

(2) 对保险市场进行细分，选择保险目标市场。在确定消费者真正的保险需求以后，保险公司还应该认识到不同的消费者对保险需求是多种多样的，单一的产品很难满足所有消费者的同类需求。因此应根据一定的标准，对保险市场进行细分，从中选择适合本公司、产品、价格、促销及分销渠道的一个或数个细分市场作为为之服务的目标市场，并实行市场定位。

(3) 实行差异化营销。了解与掌握消费者的保险消费行为特征及其规律，采取最佳营销手段，以便营销有的放矢。为此，我们需要进行营销调研，收集、分析并报告各种营销信息。

需要指出的是，消费者导向不仅仅局限在满足已有的需求上，还要通过一定的营销手段，将需求从潜在状态中刺激出来。因此，保险公司在满足需求的同时，还必须引导需求、刺激需求和创造需求。

(二) 整体营销

整体营销包括两方面的含义：

(1) 各职能部门配合一致。保险公司内部核算、核保、客户服务、理赔、投资、会计、法律、人力资源等职能部门应配合营销部门争取客户。这是一种协同营销。

(2) 营销组合要素配合一致。营销组合要素配合一致即发挥产品、定价、分销、促销四大组合要素的整体效应，配合一致，与消费者建立有力的交易联系；同时，还要注意保险公司所有的营销努力必须在时间与空间上协调一致。

(三) 消费者满意

整体营销活动力求达到"消费者满意"。满意的消费者会成为忠诚的保户，成为本公司

最好的广告。为达到保户满意应遵循以下原则:

(1) 让消费者购买而非保险人卖保险。创造"保户满意"应是帮助消费者解决转嫁风险的问题,形成购买保险而非推销保险的局面。保险营销应是一种顾问式营销,是为消费者设计一个切实可行的风险管理的方案。

(2) "双赢"行为。保险营销应是通过满足消费者的需求而使保险公司获得利润。

(3) 进行市场调研。保户的满意绝不能主观臆断,而要进行市场调研,只有那些惠顾型客户才能给公司带来长期利润。

(4) 社会利益与公司利益的统一。保险公司的利益不但应建立在直接保户的及时满足上,也应该建立在社会大众的长期利益之上。

第四节　保险营销战略目标与策略

一、营销战略的内涵和特点

(一) 内涵

市场营销的战略是指企业在市场营销活动中,在分析外部环境和内部条件的基础上,为求得生存和发展而作出的总体的、长远的谋划,以及实现这样的规划所应采取的行动。

企业市场营销战略有两个基本含义:一是指企业确定的在未来某个时间将要达到的市场营销总体性的长远目标;二是为达到这一目标所采取的优化的行动方案。

营销战略需要强调两点:一是企业必须根据环境状况、资源供应,利用这些约束条件来确定未来一定时期合理的经营目标;二是企业为所确定的目标,需要确定实现的方案。因为要达到一个目标,一般不止一种方法和途径。相对而言,在现有资源条件下,总存在一种最好的或最有效的方法和途径。这就需要在能够实现目标的多个方案中,选择对本企业来说相对最好的方案,也就是需要为达到预定的经营目标确定一个使企业的资源能被充分利用,能使市场需要被充分满足的行动方案。

(二) 特点

企业营销战略具有下列一些特点:

(1) 长远性。企业营销战略是关于企业长远发展的纲领,是为企业适应未来环境变化的有长远目标的对策,它不是为了维持企业的现状,而是为了创造企业的未来。

(2) 全局性。企业营销战略是带有全局性的策略,确定企业的战略就要从企业生存和发展的角度来加以考虑,包括企业对自身发展的总体规划和整体策略手段,它是企业在市场经营中作出事关企业全局和把握企业未来的发展的关键。

(3) 对抗性。正如没有战争就没有战略一样,没有激烈的市场竞争,也就不需要经理人员去谋划,去确定营销战略。企业营销战略总是要针对特定的环境和对手制定。战略的对抗性也表现出比营销战术问题更需要发挥人的智慧和创造性。通过战略中的"神机妙算",一个实力相对较弱的对手,甚至能够战胜一个实力强大的对手,这是在古今中外,无论是军事、政治还是营销活动领域,都曾出现并将继续出现的事。由此可见,能选择和奉行正确的营销战略,不仅能弥补企业有形资源的不足,而且正确的战略本身就是最宝贵的资源;

相反，如果实行的是错误的营销战略，则会使企业即使具有资源优势也不能发挥出相应的效用。

(4) 应变性。营销战略是确定企业未来行动的，而未来企业的外部环境是发展变化的，能否把握环境变化，作出重大战略决策，具有很大的风险性。成功的战略具有承受更大的风险的能力，但也应在条件变化的情况下，适时加以调整，以适应变化后的情况。

(5) 特殊性。营销战略不同于具体管理和手段，各个企业不能通用。它是依据各个企业的不同情况而制定的，应适合自己的特点，没有一个固定不变的模式。

二、制定营销战略的意义

对于现代企业来讲，制定企业营销战略，具有如下重要的意义：

(1) 企业营销战略是企业生存和发展的根本保证。企业能否在激烈竞争的市场上求得长期的生存和发展，在很大程度上取决于企业的经营活动是否能适应外部环境变化。企业营销战略确定了企业经营活动的方向、中心、重点和发展模式，如何结合企业的资源情况，去适应环境的变化，是企业在竞争中求生存、求发展的关键。

(2) 企业营销战略使企业的市场经营活动有整体的规划和统一的安排。只有通过营销战略的总体规划，才能实现营销活动要求的企业活动目标一体化。也就是说，企业营销使企业的各部门、各环节都能按一个统一的目标来进行，只有建立一个协调性的运转机制，才能为企业经营活动的有效性提供相应的保证。

(3) 企业营销战略提高了企业对资源利用的效率。企业营销战略计划本身就是从诸多的可以达到的既定目标的行动方案中选择一个对于企业来说最好的方案。因此，凡是制定的合理和正确，并得到了正确执行的战略计划，就能够保证企业的资源得到最有效的配置和最充分的利用。

(4) 企业营销战略增强了企业活动的稳定性。由于企业外部环境的不断变化，企业经营战术活动也需要不断地变化和调整，任何调整都不应是盲目的、随心所欲的或仓促被动的。因此，只有在企业营销战略计划的规定下，企业才能主动地、有预见地、方向明确地按照营销环境的变化来调整自己的战术和活动，主动适应环境变化，减少营销活动的盲目性，处变不惊，使企业始终能够在多变的情况中按既定的目标稳步前进。

(5) 企业营销战略是企业参加市场竞争的有力武器。在激烈的市场竞争中，企业与竞争对手的竞争，不仅是企业现有实力的较量，而且是经营企业的人的智慧或才能的较量。如同在军事上存在着无数的以少胜多、以弱胜强的战例一样，企业在市场竞争中主要还是同竞争对手较量谋略。要想在市场竞争中取得胜利，首先必须要有正确的、高人一筹的、能出奇制胜的战略谋划。竞争双方的实力固然重要，但并不是决定性的因素，人才是决定性的因素。所以，只有制定正确的并得到有效贯彻的战略计划，才能使企业在竞争中取得预期的成功。

(6) 企业营销战略是企业职工参与管理的重要途径。从管理的原理来说，管理必须强调统一意志、统一指挥。但是，管理工作同时也应该最大限度鼓励被管理者的创造性和积极性。在具体的管理工作中，对于全局性的谋划，对于战略的制定，最需要集思广益，最需要企业人员上下同心，明确奋斗目标。因此，在战略计划中，吸收广大职工参与，不仅体现了管理的民主性，也便于管理者吸收群众的智慧，使企业的所有职工都能明确企业的发展远景和奋斗目标，增强企业的凝聚力。

三、保险企业营销战略的构成内容

保险企业营销战略目标应该以满足市场需要为出发点，依此制定的战略目标才会具有长远性、全局性、对抗性、应变性和特殊性。体现这一战略目标的内容可以由下面四项构成：

(一) 利润

利润是衡量公司经营成果的一项重要指标，是经营管理者应不懈追求的。公司的利润又是和风险紧紧联系在一起的，一个保险企业不能获取合理的利润，就谈不上创造物质财富，更难以具备社会要求给予赔偿保证的能力。保险企业利润的取得，主要应通过扩大业务规模，降低经营成本，尤其是科学合理地控制赔款支出，并在上级公司授权范围内，力所能及地搞好资产运营，提高回报率。

(二) 市场份额

市场份额又称市场占有率，是指一个公司出售的保险单占整个市场同类保单出售量的百分比。承保标的量和承保金额两项指标也能比较准确地反映市场占有率。市场份额通常标志着企业市场地位的高低，较高的市场份额不仅意味着公司的业务快速发展和利润的增长，而且还体现了公司对某一险种价格、创新、服务上的有利控制权及主导地位。但实践中亦有例外，即当市场份额绝对增长时，公司经营成本大幅度增加，因此并未带来利润的增长，那么，这种市场份额的增加是没有意义的。所以，我们说公司市场份额目标的实现，只有在经营成本得到合理控制，业务发展速度和效益同步提高的前提下，才能真正带来市场地位的提高和利润的增长。

必须引起重视的是，市场容量是可变的，企业市场份额的扩大不应局限于既得市场容量中，重要的是率先开发占领潜在的市场，而这类市场一旦得到开发就更具稳定性。

(三) 业务规模

保险企业必须不断通过拓展服务领域，满足社会对保险产品的需求。同时，保险业又是经营风险的特殊行业，依据大数法则，使更多的保险标的参与进来，更大限度地分散风险，是实现企业稳健经营的基础。当然，业务规模的壮大取决于业务质量、经济效益的同时提高，否则充其量只能算"泡沫经济"的变种。

(四) 社会责任

社会责任亦称社会效益。保险企业的社会效益是在追求与渴望利润最大化的过程中实现的，断不可由于对利润的追求而忽视社会效益。保险企业的社会责任突出表现在补偿职能，以强烈的责任感和优质的服务担负起保障、防灾、补偿的责任，定能为社会作出更大的贡献，同时会树立起企业的良好形象。否则，必将对公司的长期利益造成影响，损害其社会形象，难以实现可持续发展。

四、保险企业营销战略选择

战略目标表明企业发展方向，企业要实现目标，必须制定实现目标的战略。根据波特一般竞争的战略竞争，下面介绍三种基本的战略类型。

(一) 成本领先战略

该战略的核心是不断降低产品或服务成本，达到在某个领域内的成本领先地位，从而以较低的价格取得竞争中的优势，争取最大的市场份额。

采取这种战略的企业，必须在险种开发、设计和分销等方面具有优势，而在营销方面可相对弱一些。成本领先战略实现的条件主要有四个方面：

(1) 规模经济效益。单位产品或服务的费用与生产规模的扩大按比例降低。

(2) 市场容量大。有一定的发展潜力，销售增长率高，企业能不断提高市场占有率。

(3) 具有较高的管理水平。能不断提高产品或服务质量，加强成本控制，降低产品或服务成本，而且能从多方面降低成本，如产品设计成本、销售成本等方面都要厉行节约。

(4) 不断更新技术设备。

(二) 差异化战略

差异化战略的核心是通过对市场的全面分析，找出顾客最重视的利益，开发不同经营特色的业务，从而比竞争者更有效地满足顾客的需要。

实行差异化战略的主要条件是：

(1) 企业在产品的研究和开发上具有较强的创新能力。

(2) 企业具有较高的适应能力和应变能力、集中力。

(3) 企业在经营上具有较强的营销能力，能采取有效的营销手段和方法。

如不具备这三个条件，企业就很难取得成功。而一旦获得成功，由于差异化的优势，企业在竞争中就处于一种有利地位，能够取得良好的收益或在有顾客特殊偏好的市场上具有绝对竞争优势。

(三) 集中战略

成本优先战略和差异化战略都是将整个市场作为经营目标，是将经营目标集中到整个市场的某一个或几个较小的细分市场；而集中战略却在这部分市场上通过提供最有效和最好的业务，建立自己的成本和服务差异上的优势。

集中战略依据的前提是：企业能比部分对手更有效或效率更高地为某一特定的目标市场服务，在这一特定的市场上取得产品或服务差异或低成本的优势，或者兼而有之，在部分市场上处于竞争有力的地位，获得良好的效益。实行集中战略，由于企业把力量集中在市场的某一部分，因此风险也随之增加，有时可谓孤注一掷，一旦市场发生变化，后果难以设想。例如，美国军人保险公司(USAA)采取成本集中战略，而麦斯相互保险社(MASS MUTUAL)选择了差异化集中战略，实践证明，它们的经营战略的实施分别取得了显著的成效。

第五节　保险营销渠道

一、保险营销渠道的分类

一般来说，保险营销主要通过直接营销渠道和间接营销渠道来实现。

(一) 直接营销渠道

直接营销渠道即保险企业的员工直接将保险单销售到保户手中的销售途径。它以保险买卖双方的直接沟通为特点，不需要通过任何中间环节。保险直销主要有以下三种形式：

(1) 外勤人员销售。外勤人员销售即由采取直销制的保险企业配备的专门从事保险推销的由企业支付薪金的外勤人员销售产品。这些外勤人员是保险企业的员工，代表保险企业与保险客户接洽，并与客户洽谈投保与承保事宜，负责向客户招揽业务、推销产品、核保、收取保费及提供其他服务等。外勤人员的行为必须受其与保险企业签订的推销合同的约束。

(2) 保险门市部销售。保险门市部销售是指由保险企业在企业本部或特定市场所设立的直接招揽保险业务的部门向顾客直接销售保险产品。在企业本部设立的门市部面向本地区的全体保险客户或潜在的保险客户；在特定场所设立的保险门市部则面向特定的保险客户，如在飞机场、港口、车站等场所设置的保险业务专柜，目的是为了承揽这些公共场所的流动人口投保的意外伤害险、运输险等。

(3) 分支机构销售。保险企业设立分支机构的目的是为了提高市场份额。由于分支机构更接近保险客户，直接承揽与承保业务便成为保险企业分支机构的重要任务。不过，保险企业分支机构除继续延伸保险办事处承保业务外，主要仍依靠外勤人员和保险门市部直接推销保险产品。

(二) 间接营销渠道

间接营销渠道即保险单的销售通过若干中间环节得以实现的途径。间接营销的中间环节可以是一个，也可以是多个。这些环节通常由保险代理人和保险经纪人来运作。保险代理人通过合同的形式与保险人建立代理关系，按照保险人授权开展代理活动，代表保险人的利益。投保人则直接向保险代理人购买保单。保险代理人以代理业务量的大小取得保险人支付的代理费用。保险代理人按照专门从事保险代理，或在担负其他工作的同时兼做保险代理，分为专职代理和兼业代理；不隶属某一代理机构，而是以个人行为完成保险代理的，称为个人代理，或者称为营销员。保险经纪人则是受投保方委托，代表投保方的利益，并为其寻找适当的保险人转嫁风险。保险中介人不能真正代替保险人承担保险责任，只是参与、代办、推销或提供专门技术服务等各种保险活动，从而促成保险商品销售的实现。

二、保险营销渠道的比较

直接营销和间接营销对实现目标各有优势。一般来说，从事直销的人员与保险人是一个利益共同体，且有着较高的专业技能，能够在保单销售过程中将保险人的意图充分传达给保户，使保险人利益得到很好的维护。

(一) 保险直销制的优点

(1) 分支机构、门市部和外勤人员代表保险公司深入市场，接近客户，有助于更好地贯彻保险公司市场意图，实施公司的战略形象，在推销产品的同时推销公司的形象，也不易产生孤立保单问题。

(2) 直销有助于保险公司及时了解保险客户的购买行为、要求和特点等，并及时采取对策。

(3) 有效的直销有助于在一定程度上降低保险产品价格，从而提高产品竞争力。

(4) 由于分销渠道中没有中间层次，有助于保险公司更好地控制渠道，避免了中介人的中介风险。

间接销售渠道则是由若干与保险人没有直接利益关系的代理人、经纪人组织实现的，完全是一种面向市场运作的中介组织。从国内外实践看，对保险人来说，直接营销渠道成本较高，而且某种程度上由于直销人员不占有地利、人和的优势，开展业务不易为投保人所接受。

（二）保险直销制的缺点

(1) 为了开拓市场就需要增加外勤人员，这也就增加了公司的固定薪金和推销费用。

(2) 一般只适用于销售简单的保险产品。

(3) 一般很难圆满地维系与客户的关系。

而国外保险企业近几年推行的"全球化经营，当地人管理"模式，正是考虑到充分利用地利、人和搞好企业的经营管理，这对我们正确选择保险营销渠道不无启发。间接营销渠道成本较低，再加上开展业务中的地利、人和优势，为国外的一些保险企业所广泛采用。

除了上述因素，对保险营销渠道的选择，还应该考虑险种的特点、所开发市场的状况和保险企业自身的因素，简单地说，面向社会各界的险种，保险标的极为分散，宜采取间接营销。系统统保、大项目、大企业则以直接营销为主。市场需求量大，时效性很强，避免竞争对手参加，需要大量人力才能满足需要的险种，以间接营销更为适宜。保险企业员工较多，则应充分发挥员工的潜能，没有必要采用过多的间接营销渠道。我国保险企业员工队伍较为庞大，就近期来看，不可能像国外保险企业大量采用间接营销渠道，应在充分挖掘广大员工潜能的基础上，根据实际需要发展间接营销渠道。

本 章 小 结

保险营销是保险公司为了满足保险市场存在的保险需求所进行的总体性活动，包括保险市场的调查与预测、保险市场营销环境分析、投保人行为的研究、新险种开发、保险费率厘定、保险营销渠道选择、保险商品推销以及售后服务等一系列活动。

保险中介是指介于保险人之间、保险人与投保人之间和独立于保险人与被保险人之外，专门从事保险中介服务并依法获取佣金的单位和个人。保险中介主要由保险代理人、保险经纪人、保险公估人三种形式组成，广义上也包括与保险有关的律师、精算师、理算师等。

保险的营销理念是指保险公司经营管理的指导思想。现代市场营销学将这种经营管理思想称为"营销管理哲学"，它是保险公司经营管理活动的一种导向、一种观念。经营管理思想正确与否对保险公司经营的兴衰成败，具有决定性的意义。

市场营销的战略是指企业在市场营销活动中，在分析外部环境和内部条件的基础上，为求得生存和发展而作出的总体的长远的谋划，以及实现这样的规划所应采取的行动。企业市场营销战略有两个基本含义：一是指企业确定的在未来某个时间将要达到的市场营销总体性的长远目标；二是为达到这一目标所采取的优化的行动方案。

一般来说，保险营销主要通过直接营销渠道和间接营销渠道来实现。

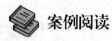

案例阅读

从超市销售保险看营销

日前,全球最大的连锁会员制仓储超市 Costco(开市客)在上海闵行区开出了中国内地的首家门店,引起了媒体的争相报道。由于顾客实在太多,开业仅仅 5 小时,Costco 不得不暂停营业,过了好一阵才重新开张。为了防止再出现这种状况,开业第二天,Costco 开始让顾客排队入场,将卖场内购物人数控制在 2000 人以内。

Costco 最大的特色就是大包装、高质量以及足够优惠的价格。根据 Costco 的公开数据,上海首店的非食品类百货商品价格低于市场价的 30%到 60%,食品类则低 10%到 20%,商品毛利率大都在 10%~11%,大部分商品可无理由退货……

作为一家超市,Costco 并不满足于日用快消品的畅销,早就把触手伸向了会员们的其他消费场景。例如中产阶层需要的各类保险产品,Costco 也有涉及。从 Costco 网站上可以看到,在海外的 Costco 里,汽车保险、房屋保险、医疗保险、牙医保险、人寿保险都有售卖,价格也同样很"美丽",对于没有公司团体保险的顾客是一个很好的选择,特别是牙医保险,性价比极高,很有竞争力。

事实上,我国保险业也已经开始了类似的尝试,今年年初,众安保险与覆盖京津地区的社区综合服务平台国安社区进行了合作,在北京等地的国安社区门店推出了社区保险产品,包括车险、医疗险和家财险等,让市民在家门口的社区超市也能购买保险,相信以这种方式推广社区保险也将成为保险业线下布局的新选择。

也许不久的将来,在我国的各类超市里都能买到物美价廉的保险产品,让我们拭目以待。

(资料来源: http://xw.sinoins.com/2019-09/05/content_303730.htm)

问题

试结合本案例分析保险公司应该如何有效地宣传自己的产品。

复 习 思 考 题

一、名词解释

保险营销　　保险中介　　保险营销战略　　保险营销渠道

二、单项选择题

1. 保险营销的 4P 要素不包括(　　)。

A. 产品　　　　　　B. 促销　　　　　　C.分销　　　　D.价值

2. 保险代理人按销售的险种可分为(　　)。

A. 理赔代理人和承保代理人

B. 产险代理人和寿险代理人

C．专用代理人和独立代理人

D．小型保险代理人和大型保险代理人

3．以下(　　)不属于间接营销渠道。

A．外勤人员销售　　　　　　　B．保险门市部销售

C．代理商销售　　　　　　　　D．分支机构销售

三、简答题

1．保险营销的要素有哪些？

2．消费者导向营销理念的优势和劣势是什么？

3．如何确定保险营销的目标市场？

4．保险营销渠道的分类有哪些？各自的优缺点是什么？

四、案例分析

聊城局开发新华人寿保险公司综合营销项目案例

(一) 开发单位

聊城市邮政局。

(二) 营销背景

新华保险聊城支公司是我局长期合作单位，多年来我们保持着良好的合作关系，利用网络优势邮政长期代理销售新华保险各种险种及其理财产品，同时新华保险聊城支公司是使用邮政商函、特快专递、集邮品忠实的大客户。随着双方新业务的不断拓展，合作深度日益增强。双方都注重日常的客户维护、定期拜访、及时沟通，为双方合作伙伴关系奠定了坚实的基础，形成互惠互利共赢合作的良好合作局面。

通过可靠渠道获悉，某年年底山东省新华保险分公司将制作有关新华山东分公司次年首季开门红宣传馈赠礼品，以满足馈赠社会各界及广大客户的需求，进一步扩大其品牌的社会影响力。要求礼品既能突出展示23年来山东分公司取得的辉煌成就，又能充分体现储值及收藏的要求。

(三) 营销过程

1．捕捉市场信息，积极开展公关

详细了解到新华保险公司要制作次年首季开门红宣传馈赠礼品后，市局立即组织市场部和邮票公司相关人员成立营销项目小组，围绕新华保险公司的馈赠需求策划出不同档次、不同类别的产品，与新华保险聊城支公司相关部门进行了深入的接触。

2．针对不同需求，设计不同产品

针对不同的客户群，利用客户收藏嗜好的差异性，我们为新华保险量身定做了高、中、低三档邮政营销产品组合，供其选择使用。

(1) 企业形象年册。企业形象年册可将新华保险的发展历程、新兴保险理财业务等与邮票有机结合，集宣传、欣赏、收藏、纪念于一体。通过图片、文字和邮票相结合的方式，综合展示客户单位实力及成就，同时又是一种富有文化内涵的高档宣传馈赠礼品，适合馈赠对象为党政机关、企事业单位及社会各界领导、文化人士。

(2) 个性化邮票。个性化邮票业务正在被越来越多的客户单位及个人认同、使用，为了进一步启动当地个性化邮票市场，我们在开发专题集邮册的同时力荐客户使用个性化邮

票业务。此次开发的新华保险形象年册，鉴于客户单位为邮政局大宗客户，经过优化组合后，我们为客户推介使用十二枚版个性化邮票一版，以提高整个邮册的文化档次，客户欣然接受。为让更多的当地客户单位认识并接受个性化邮票，作为邮政附加产品的个性化邮票让客户尝试使用也是一种有效的宣传途径。

(3) 钱币册。保险行业为回馈客户曾多次使用钱币册，邮政局具有良好的社会信誉，可保证钱币上乘的质量。邮政局在与多家礼品公司竞标中脱颖而出，一举拿下了新华保险全省首季开门红钱币册大单。金银币及钱币作为近年来集邮业务拓展的新领域，已逐渐显现出其与集邮邮票的互补优势，集邮业务发展方向逐步定位于高端礼品市场。

(4) 企业形象期刊。利用畅销杂志社知名度、精品高效期刊的文化品牌，为新华保险公司量身定做一批形象杂志，用于回馈、维护贵公司的 VIP 客户，贵公司可以通过订阅一定数量的畅销杂志，可获赠在封 2、封 3、封底或杂志夹页做企业形象宣传的机会，还可以用于宣传贵公司形象、新产品、新业务等营销活动，融广告和杂志内容于一体的新华保险公司形象期刊。

借助双方良好的合作基础及邮政独具特色的产品和服务，在与对方多层次接洽后，最终达成合作意向。

(四) 营销成果

经过与新华保险聊城支公司的各级领导多层次的沟通联系，洽谈交流，宣传推介，最终与其达成制作 2008 年新华保险企业形象年册 8000 册，实现收入 184 万元；订购第五套四同号人民币 5000 册，实现收入 115 万元；个性化邮票 6000 版，实现收入 21 万元；企业形象期刊 1 年期 1000 本，实现流转额 7.2 万元，累计实现收入 327.2 万元。

(五) 创新点评

新华保险公司是我市金融行业大客户之一，是我局多年的合作伙伴，通过这次的合作，实现了集邮业务发展的大突破，也为我局开发企业形象期刊业务带了个好头，最重要的是为我局开发行业大客户的整合营销指明了方向。

请利用该案例来阐述保险营销的内容。

第二十章 保 险 监 管

【学习目标】

了解保险监管的概念、目标、体系、方式和模式；重点掌握保险监管理论、保险监管的主要内容，包括保险组织监管、保险经营监管、保险偿付能力监管和保险中介人监管等。

案例导入 ➡

保险监管部门对乱象"亮剑"

监管部门 2018 年对保险业乱象"亮剑"，坚持不回避、不遮掩，市场整治毫不手软。上证报获悉，近期监管部门将重点开展公司治理、资金运用、产品开发、销售理赔、业务财务数据等领域的乱象整治，保持严罚重处的高压态势。

对于重资产属性较强的保险业来说，资产负债管理、风险控制能力是关键。但是，近年来一些保险机构偏离良性发展的轨道，诸如资本失实、治理失效、投资失控、营销失信、数据失真等隐患时有暴露。

据统计，2018 年，全国保险监管系统累计在官网公布了 1450 张行政处罚决定书，共计罚款 2.41 亿元，金额同比翻了一番。2019 年以来，监管部门进一步聚焦重点，整治车险市场、中介市场等领域乱象，坚持依法加大处罚力度，有力保持高压态势，切实提高了违法违规成本。据记者统计，截至 4 月 30 日，前后共有 11 地银保监局今年以来已先后对 32 个计划单列市和地市级保险机构采取停止商业车险条款和费率的监管措施，共涉及 12 家法人财险公司。

为大力引导行业提升保险机构的公司治理水平，监管部门正在酝酿《保险法人机构公司治理评价办法(试行)》《保险公司关联交易管理办法》等制度的修订工作，同时继续研究发布法律、财会、审计等领域的规范性指南，持续推进保险公司法人机构经营评价。

第一节 保险监管概述

一、保险监管的概念

保险监管，是政府对保险业监督管理的简称，是指一个国家的保险监督执行机关依据现行法律对保险人和保险市场实行监督与管理，确保保险人的经营安全，同时维护被保险人的合法权利，保障保险市场的正常秩序并促进保险业的健康有序发展。一个国家的保险监管制度通常由两大部分构成：一是国家通过制定保险法律法规，对本国保险业进行宏观指导与管理；二是国家专门的保险监管职能机构依据法律或行政授权对保险业进行行政管理，以保证保险法规的贯彻执行。

国家对于保险业的监管，是国家管理经济的职能在保险业中的体现。国家通过法律的、经济的和行政的手段对保险企业的组织、业务经营、财务等各项活动及保险市场的秩序进行直接或间接的指导、协调、监督和干预。这种宏观层次的监督，强调国家的宏观调控职能。国家负责保险行业立法，应为保险市场的健康发展提供一个良好的法律环境。国家把监督的重点放在对保险市场的注入和推出的监管上，并以保险企业偿付能力监管为核心，在不同程度上对保险合同的格式与条款、保险费率以及保险基金运用等方面进行监督。

二、保险监管的原因

(一) 保险业涉及公众利益

这主要表现在：从范围上看，一家保险企业涉及众多家庭和企业的安全保障问题；从期限上看，一家保险企业可能涉及投保人的终身生活保障。为了维护众多家庭和企业的利益，保证社会稳定，政府有必要将保险业置于其监管之下，不能任其破产、倒闭。

(二) 保险业具有很强的技术性

这主要表现在：保险条款的制定、费率的计算由保险人设计，信息不对称导致投保人在投保时很难辨别条款和费率是否公正合理；保险监管机构需要对保单条款和费率水平进行监管，以保护投保人的合法权益。

(三) 保险业是最易于产生过度竞争的行业

保险企业的经营，不需要投入很多的固定资产和聘用较多的员工。保险监管机构应根据市场供求情况，对保险市场的介入者规定一定的进入要求，限制保险机构的自由出入。2015 年 10 月，保监会推出修订版《保险公司管理规定》，要求设立保险公司的主要股东须具有持续盈利能力，信誉良好，最近 3 年无重大违法记录，净资产不低于人民币 2 亿元，同时还要求保险公司股东必须符合法律、行政法规和保监会的规定。

三、保险监管的目标

在发达市场经济国家的保险法规和国际保险监管组织文件中，对监管目标的表述虽然不尽一致，但基本上包括三方面，即维护被保险人的合法权益、维护公平竞争的市场秩序、维护保险体系的整体安全与稳定。一些新兴市场经济国家的保险监管机构除了履行法定监管职责之外，还承担着推动本国保险业发展的任务。我国的保险监管机构就拥有这两方面的职能。

我国保监会具有政府行政管理和保险监管的双重职能。作为保险监管机构，它应维护被保险人的合法权益、维护公平竞争的市场秩序和保险体系的整体安全与稳定；作为行业行政管理部门，它必须做好保险发展的中长期规划的研究和制定，研究保险发展的重大战略、基本任务和产业政策，要通过规划、指导和信息服务引导保险业发展的方向。

(一) 维护被保险人的合法权益

由于被保险人对保险机构、保险中介机构和保险产品的认知程度极为有限，现实与可行的办法就是通过法律和规则，对供给者的行为进行必要的制约，还有一些强制的信息披露要求，让需求者尽量知情。同时也鼓励需求者自觉掌握尽量多的信息和专业知识，提高判断力，并且应当对自己的选择和判断承担相应的风险。显然监管本身并不是目的，而是防止被保险人的利益可能因不知情而受到保险机构和保险中介机构的恶意侵害。保险机构和保险中介机构的合法利益应当由它们自己依法维护。

(二) 维护公平竞争的市场秩序

维护公平竞争的市场秩序的目标可以理解为第一目标的延伸。同时，监管者也要明白，自己的使命是维护公平竞争的秩序，而不是为了"秩序井然"而人为地限制、压制竞争。

(三) 维护保险体系的整体安全与稳定

维护保险体系的整体安全与稳定是维护被保险人合法权益，维护公平竞争的市场秩序的客观要求和自然延伸。这里有两点需要注意：一是维护保险体系的整体安全与稳定是前两个目标的自然延伸，而不是单一的和唯一的目标；二是维护保险体系的整体安全与稳定，并不排除某些保险机构和保险中介机构因经营失败而自动或被强制退出市场。监管者不应当，也不可能为所有保险机构提供"保险"。监管者所追求的是整体的稳定，而不是个体的"有生无死"。

(四) 促进保险业健康发展

对不同的保险人而言，保险产品的实质性差别很小，因此从产品的角度看，其性质属于垄断竞争型市场结构的产品。当保险市场主体达到足够多时，一个具有垄断竞争特性的市场必然产生以降价为吸引客户的手段这一竞争趋势。从经济学的角度来看，如果没有外部力量进行干预，最后达到的市场均衡是有利于消费者和厂商双方的。消费者以这一市场类型可能产生的最低均衡成本来选择所需产品，厂商以不获得超额利润为限提供产品，市场在这一点达到均衡。这一过程是动态的均衡过程，整个波动伴随着市场的优胜劣汰选择，即厂商的进入和退出市场。这种竞争在保险业也是必要的，但是由于保险公司的社会波及面之广远大于普通的生产厂商，产品对于消费者的意义也与普通消费产品不同，它们的进入与淘汰对社会的影响很大，有时甚至会影响到一国金融市场的稳定和经济发展进程，而且，频繁发生无偿能力风险会损害公众对该行业的信心。因此，政府有必要对这一行业进行监管，以防止过度竞争和不正当竞争，提高行业的公众信任度，以维持整个保险市场的稳定。

中国保险监管的目标可以表述为维护被保险人的合法权益，维护公平竞争的市场秩序，维护保险体系的安全与稳定，促进保险业健康发展。这三个"维护"和一个"促进"是相辅相成的一个整体，我们的所有监管法律、规章，监管措施和具体监管行为是否正确和有效，也必须以是否符合监管目标为准绳。

(五) 防止保险欺诈行为的发生

保险欺诈可能产生于市场主体和其他组织及个人。一是保险人方面的欺诈。保险的复杂性，使得保单本身就是一份很复杂的合同。如果缺乏监管，保险人就可能通过玩弄技巧和误导等方式对被保险人进行欺诈。此外，保险经营具有很强的专业性，一般消费者难以分辨保险人的实力和经营状况，也使得保险人利用虚假广告蒙骗消费者成为可能。二是投保人方面的欺诈，是指投保人利用自己在信息方面的优势牟取不当利益，如投保人隐瞒对于签订保险合同具有重要影响的事实，伪造或故意夸大保险事故的损失以谋取赔款等。三是其他组织或个人的欺诈,如保险公司以外的单位或个人未经批准非法从事保险经营活动等。因此,为保护投保人和保险人的利益,各国政府都设立专门机构对保险市场进行监管。各国保险法和刑事法规都对保险市场主体和社会其他方面的欺诈行为规定了具体的处罚措施。

四、监管的体系

随着保险业的不断发展,保险市场已形成了政府监督与行业相结合的现代保险监管体系。现代保险监管体系是由保险监管法规、保险监管机构和保险行业自律组织三大部分构成的。

第一,保险监管法规。保险监管法规又称保险业法,是国家在对保险业进行管理的过程中所形成的权力与义务关系的一种法律规范,其内容可分为两部分:一是有关保险监管对象的规定;二是有关保险监管机构授权的规定。保险监管法规作为保险法律体系的一个组成部分,一般以保险单行法规的形式出现。

第二,保险监管机构。保险监管机构是指国家对保险业进行监管的主管机关,在不同国家有着不同的称谓,并且形式多样。同时,一个国家在不同的时期也有着不同的主管机关。从整体上来看,各国保险监管机构的设置一般有两种情况:一是设立直属于政府的保险监管机构;二是在直属于政府的某个机构下设立保险监管机构。

第三,保险行业自律组织。以保险同业公会或保险行业协会的形式出现的保险行业自律组织,是保险人或保险中介人自己的社团组织,具有非官方性。保险行业自律组织对规范保险市场发挥着政府监管机构所不具备的横向协调作用。保险行业自律组织的性质如下:

(1) 是一种民间社团组织,不经营保险业务。

(2) 致力于促进、发展和保护成员的利益。

(3) 通过各种形式约束会员的行为。

良好、健全的保险行业自律机制不仅可以通过营造行业内控环境直接促进保险机构加强内控,维护保险市场正常的竞争秩序,还可以为政府监管提供支持和补充,甚至在某些领域替代政府监管,避免国家对保险业的过分干预。

五、保险监管的方式

(一) 非现场监控与公开信息披露

监管机构应当建立有效的监控机制,应当设定辖区内保险公司提供财务报告、统计报告、精算报告以及其他信息的频率和范围;设定编制财务报告的会计准则;确定保险公司外部审计机构的资格要求;设定技术准备金、保单负债及其他负债在报告中的列示标准。

但需要强调的是,国际保险监管组织并不提倡也不认为监管机构有义务去披露他们自己手中掌握的保险公司的信息。

如果能够提供可以用来评估保险人的活动以及这些活动内在风险的适当信息,市场力量就会发挥有效的作用,即奖励那些能够有效管理风险的公司,惩罚那些不能够有效管理风险的公司,这就是所谓的市场法则或市场纪律,它是有效监管的重要组成部分。

因为保险本身具有内在的不确定性,市场对保险公司信息披露的要求要比一般企业高。当然,较多的细节披露会直接或间接增加保险公司的成本,监管机构应当在成本的增加与信息披露所带来的潜在利益之间进行权衡。

　　保险业正变得越来越国际化，但各国的会计制度和惯例存在很大差异，不同国家保险公司财务信息的可比性很难实现。因此，应当对保险公司所使用的会计制度进行披露。

　　保险公司公开披露的信息必须与市场参与者的决策有关；必须具有及时性，以便人们在决策时所依据的信息是最新的；必须是经济和便利的，对市场参与者而言是可取的，而且不必支付过多费用；必须是全面和有价值的，有助于市场参与者了解保险公司的整体状况；必须是可靠的，基于这些信息的决策应当是可信的；必须是可比较的，要在不同保险公司之间以及保险公司与其他企业之间有可比性；必须是一致的，要具有连续性，以便可以看出相关的趋势。

(二) 现场检查

　　现场检查可以为监管机构提供日常监督所无法获得的信息，发现日常监督所无法发现的问题。监管机构可借机与公司管理者建立良好的沟通关系，通过现场检查评估管理层的决策过程及内部控制能力，制止公司从事非法或不正当的经营行为。监管机构可以借现场检查的机会分析某些规章制度产生的影响，或从更广泛的意义上说，收集制定规则所需的信息。

　　一般来说，现场检查的目标是对公司的风险结构和承受风险的能力进行比较，找出任何有可能影响到公司对投保人承担长远义务的能力的问题。但是，现场检查不应只局限于找出公司的问题，监管机构还应深究问题后隐藏的原因，并找到解决问题的办法。

　　现场检查必须有一定的法律基础，应当赋予监管机构广泛的权力，以便调查和搜集其所需的信息。现场检查既可以是全面检查，也可以是专项检查。不论监管框架的内部组织如何，监管人员都可以在现场检查过程中或某些环节上得到外部审计师或精算师的协助。现场检查一般分为检查准备阶段、检查实施阶段、报告处理阶段、执行决定与申诉阶段、后续检查阶段五个阶段。

六、保险监管的手段

(一) 法律手段

　　国家通过保险法规对保险公司的开业资本金、管理人员、经营范围、保险费率、保险条款等实质性问题作出规定。我国现行的《保险法》采用保险公司法与保险合同法合二为一的体法，是我国保险法律体系的核心部分。

(二) 行政手段

　　运用行政手段，为保险运行创造良好的外部环境和社会条件，及时纠正控制保险市场不良现象，是行之有效的。以行政手段为保险市场健康运行服务，并充分发挥保险企业的积极性，才能使保险市场充满活力。

(三) 经济手段

　　经济手段就是根据市场客观经济规律的需要，国家运用财政、税收、信贷等各种经济杠杆，正确处理各种经济关系来管理保险业的方法。这是国家对保险业进行监管的主要方法。

(四) 计划手段

　　计划手段是指国家通过计划指导保险业的监管方式。在市场经济条件下，国家运用指导性计划手段，促使保险业既能保障国民经济顺利进行，又能取得保险业自身的效益。

七、保险监管的原则

(一) 依法监督管理原则

保险监督管理部门必须依照有关法律或行政法规实施保险监督管理行为。保险监督管理行为是一种行政行为，不同于民事行为。凡法律没有禁止的，民事主体就可以从事民事行为；对于行政行为，法律允许做的或要求做的，行政主体才能做或必须做。保险监督管理部门不得超越职权实施监督管理行为，同时，保险监督管理部门又必须履行其职责，否则属于失职行为。

(二) 独立监督管理原则

保险监督管理部门应独立行使保险监督管理的职权，不受其他单位和个人的非法干预。当然，保险监督管理部门实施监督管理行为而产生的责任(如行政赔偿责任)也由保险监督管理部门独立承担。

(三) 公开性原则

保险监督管理需体现透明度，除涉及国家秘密、企业商业秘密和个人隐私以外的各种监管信息应尽可能向社会公开，这样既有利于保险监督管理的效率，也有利于保险市场的有效竞争。

(四) 公平性原则

保险监督管理部门对各监督管理对象要公平对待，必须采用同样的监管标准，创造公平竞争的市场环境。

(五) 保护被保险人利益原则

保护被保险人利益和社会公众利益是保险监督管理的根本目的，同时也是衡量保险监督管理部门工作的最终标准。

(六) 不干预监督管理对象的经营自主权的原则

保险监督管理对象是自主经营、自负盈亏的独立企业法人，在法律、法规规定的范围内，独立决定自己的经营方针和政策。保险监督管理部门对监督管理对象享有实施监督管理的权利，负有实施监督管理的职责，但不得干预监督管理对象的经营自主权，也不对监督管理对象的盈亏承担责任。

(七) 适度竞争原则

从理论上讲，市场竞争越充分，交易频率越高，因而完全竞争的市场模式被认为是最理想的市场结构。然而，竞争的市场并不等于健全的市场，市场失灵也会导致资源配置失误。同时，保险经营的特殊性要求保险企业具有相当的规模。所以，保险市场不宜完全开放，否则无序竞争会导致盲目降低费率、变相退费等恶性竞争行为出现，危及保险企业自身的偿付能力和整个保险业的稳定。可见，为了维护保险市场的稳定发展，保险监管必须遵循"管而不死、放而不乱"的原则，着力创造和维护适度竞争的市场环境。

八、保险监管的模式

(一) 强势监管

美国、加拿大等北美国家采取的是典型的强势监管模式。明显的特征是既从定性的角度通过对保险经营各个环节的监管来保证偿付能力的实现，又从定量的角度通过法定偿付能力额度的规定来保证被监管保险公司处于有偿付能力的状态，是一种对市场行为、偿付能力和信息披露要求都相当严格的一种监管方式，强调对保险条件和费率的预防性监督。费率的条件、担保利率、红利分配、一般保险条件等均有明文条件，并在投放市场前受到监管部门严格和系统的监督。实质限制的原因之一是使消费者对保险产品做到心中有数，以弥补其信息劣势。这种制度的后果是限制了保险公司的创造力，使保险产品的差异变小，不利于应付随时可能出现的新风险和保险公司最大化地分散和经营公司风险。

(二) 弱势监管

英国型的监管是一种弱势监管。这种形式的监管给予保险公司很大的自由度，同时也给予它们更大的责任。在这种监管形式下，保险公司在确定费率和保险条件时享有很大的余地，监管者的精力集中于公司的财务状况和偿付能力上，只规定保险公司应该保持的法定偿付能力额度。如果保险公司的实际偿付能力额度保持在法定偿付能力额度或其上，则认为保险公司是有偿付能力的。

这种类型的监管主要有三个特点：一是保险公司必须维持与其承担的风险一致的最低法定偿付能力额度，公司承担的业务风险大，要求的法定最低偿付能力额度也大；二是人寿保险业务的风险由其准备金和风险保险金额来衡量，非寿险业务的风险由其保费收入或赔款支出来度量，每类风险的系数通常在精算模型的基础上，根据经验修正来确定；三是保险公司的实际偿付能力额度为其认可资产和认可负债的差额。

(三) 折中式监管

折中式监管是一种以偿付能力监管为核心，兼及市场行为监管和信息监管的一种监管方式。折中式监管方式是目前大多数国家采用的一种监管方式。

各国的国情不同，因此在对保险公司偿付能力的监管上也不尽相同。但是如果进一步分析的话，三种形式实际上没有实质性差异。因为保险经营的各环节如果处理不当，如费率定的不适合、保险准备金不充分、保险投资不符合法律规定，那么实际偿付能力就必然受到影响，就可能不符合法定偿付能力的要求，偿付能力的状态也就难以保证。反之，通过对偿付能力的具体规定而不对保险经营的各项环节做直接规定，也同样会影响保险经营的具体操作，因为偿付能力的保证是在各项业务的合法合规的基础上而实现的。由此可得出：三种不同形式监管的区别只在于采用的是直接控制还是间接控制而已，实质上并没有根本性的差别。这种实质上的一致性是由偿付能力本身的内在特性所决定的。

第二节　保险监管理论及其学说

一、"公共利益"理论

"公共利益"理论属于规范经济学的范畴，该理论认为政府干预经济的目的应当是寻求社会福利的最大化，问题是如何来衡量所谓的社会福利。目前人们进行福利分析的思维构架大多建立在社会福利的有效配置这一目标上。如果把各种资源配置于各项社会用途，以致除非损害其他人的利益，任何人都不能获得额外的利益，学者们将这种资源配置的状况称为"帕累托效应"。如果可以通过某种方式将资源重新配置，使得在不损害他人利益的情况下，至少有一人能够获得额外的利益，这种资源配置的状况则被称为"帕累托改进"。

从理论上讲，市场经济可以在没有政府干预的情况下自动地实现资源的有效配置，但是有效的配置并不一定是公平的。各国政府也一直都对保险业采取比其他一般行业更多的监管措施。这种监管实践背后的基本理念是，保险业对于公众的福利是至关重要的，它关系到公共利益，直接影响着公民和企业的经济安全。因此，也就为保险监管找到了理论基础和理论解释。

"帕累托有效"只有在各种严格的假设条件都具备的情况下才能实现。现实社会中所有的市场都处于不完全竞争的状态，只能让市场尽可能地满足完全竞争的条件，从而尽可能地实现竞争所能够带来的利益。

该理论的基本出发点是，政府是为了矫正市场失灵而存在的，其目标是追求经济效益最大化。该理论假设政府会为全体公众利益服务，会超脱于各种利益集团的冲突。该理论的特性为：

第一，公共利益的本质属性。作为共同体利益和公众利益，公共利益是一个与私人利益相对应的范畴。在这一意义上，公共利益往往被当成一种价值取向，当成一个抽象的或虚幻的概念。以公共利益为本位或是以私人利益为本位，并没有告诉人们公共利益包括哪些内容，它只阐明了利益的指向性。即使是在这种情况下，公共利益也具有一些基本的属性。

第二，公共利益的客观性。公共利益不是个人利益的叠加，也不能简单地理解为个人基于利益关系而产生的共同利益。不管人们之间的利益关系如何，公共利益都是客观的，尤其是那些外生于共同体的公共利益。之所以如此，那是因为这些利益客观地影响着共同体整体的生存和发展，尽管它们可能并没有被共同体成员明确地意识到。

第三，公共利益的社会共享性。既然公共利益是共同利益，既然它影响着共同体所有成员或绝大多数成员，那么它就应该具有社会共享性。这可以从两个层面来理解。

(1) 所谓社会性，是指公共利益的相对普遍性或非特定性，即它不是特定的、部分人的利益。

(2) 所谓共享性，是指"共有性"，也是指"共同受益性"，并且这种受益不一定表现为直接的、明显的"正受益"。公共利益受到侵害事实上也是对公众利益的潜在威胁。

二、"私人利益"理论

"私人利益"理论属于实证经济学的范畴，该理论认为，监管者为了获得来自行业的资金以及其他支持，可能会表现出倾向行业(保险人)的偏见；相反，为了获得消费者(选民)的支持，则可能会表现出倾向于消费者的偏见，即使长期效果是有害的。

最有名的"私人利益"理论是"捕获理论"。该理论认为监管常常遭受到被监管的业界的"捕获"，意即监管常常为监管的业界的利益服务。组织严密、资金充足的特殊利益集团可以左右立法者和监管者，从而使他们为其所用。保险业的特殊利益集团包括保险人、再保险人、保险代理人、银行、证券公司、保险经纪人以及其他为保险业人士提供服务的公司。消费者处于弱势地位。被"俘获"的保险监管者将在原有社会福利等式的基础上，给予生产者更多剩余的权重，而减少消费者剩余的权重。由于监管者对公平的社会市场权重进行了不正当的人为调整，从而损害了整体社会福利。所以经济学者们认为这种做法从公共利益的角度上看也是不合理的。

三、"经济管制"理论

"经济管制"理论也被称做"政治"监管理论。该理论认为监管将在现有政治和行政管理体制内，通过不同私人利益集团的讨价还价而确立。这些集团具有不同的性质，因此讨价还价的结果也会依监管事项的不同而有所变化。

经济管制论有两个前提：首先，国家是强制权的基本源泉，利益集团确信国家运用强制权能使该集团的处境得以改善；其次，当局选择使效用最大化的行为是理智的。这两个前提导致一个假设，即监管的供给是为了满足利益集团收入最大化的需求。政治体制是理性地建立起来并被理性地使用的，也就是说，它是实现社会成员愿望的合适的工具。

监管者选择政策的目的是使其政治支持最大化。监管者将选择小于福利最大化的政策，因为减少一部分福利虽然要相应减少一点政治支持，但却可以更大程度地减少政治反对。

至于哪些产业部门最有可能被监管的问题，经济管制理论认为，因为监管者将选择"政治支持最大化"时的价格。这个价格只能位于竞争性价格(产业利润为零)和垄断性价格(产业利润最大化)之间，也就是说立法者或监管者不会将价格设定在产业利润最大化的水平上。

监管最有可能发生在相对竞争或相对垄断的产业部门，因为正是在这些产业部门中，监管才会产生最大的影响；市场失灵的存在使得监管更有可能，因为市场失灵领域的监管会增加社会福利，一些利益集团获取的收益相对而言比其他利益集团蒙受的损失要大。

第三节　保险监管的主要内容

一、保险组织监管

(一) 保险公司的组织形式

目前国际上保险机构的组织形式主要有国有公司、股份公司、相互保险组织和个人保险机构等。根据我国《保险法》第七十条的规定，我国保险公司的组织形式分为两种：股份有限公司和国有独资公司。

(二) 保险公司的设立

1. 保险公司设立的方式

保险公司设立的方式主要有：

(1) 发起设立。发起设立是指由设立人认足资本数额而设立保险公司，亦称共同设立或单纯设立。

(2) 募集设立。募集设立是指设立人不能认足资本数额，向外公开募足而设立保险公司，也称渐次设立或复杂设立。

2. 保险公司设立的原则

设立保险公司，应该遵守以下三个原则：

(1) 遵守法律、行政法规。

(2) 符合国家宏观经济政策和保险业发展战略。

(3) 有利于保险业的公平竞争和健康发展。

3. 保险机构设立的条件

我国《公司法》、《保险法》规定，设立保险公司或保险公司设立分支机构必须经中国保监会批准。未经中国保监会批准，任何单位、个人不得在中华人民共和国境内经营或变相经营商业保险业务。

设立保险公司应当具备以下条件：

(1) 股东或发起人符合法定人数。

(2) 股东的出资额或发起人认缴以及向社会公开募集的股本达到法定资本最低限额，注册资本最低限额为人民币 2 亿元。

(3) 必须制定保险公司章程。

(4) 保险公司名称，保险公司内部有健全的组织机构和管理制度。

(5) 保险股份有限公司的股份发行、筹办事项符合法律规定。

(6) 有符合要求的营业场所和与业务有关的其他设施。

(7) 有具备任职专业知识和业务工作经验的高级管理人员。

4. 保险公司的设立程序

设立保险公司的程序为：

(1) 首先要向保监会申请，申请分初步申请和正式申请两个步骤。

(2) 初步审查合格后，进行保险公司的筹建。

(3) 保监会颁发经营保险业务许可证，向工商行政管理机关办理登记，领取营业执照。

(4) 自许可证发出之日起 6 个月内无正当理由未办理公司设立登记的，其经营保险业务许可证自动失效。

(三) 保险公司的变更监管

1. 保险公司的合并

保险公司合并是指两个或两个以上的保险公司订立合并协议，依照公司法和保险法的规定，不经过清算程序，直接合并为一个公司的法律行为。保险公司合并可分为吸收合并和新设合并两种类型。

吸收合并是指一个保险公司吸收其他保险公司，被吸收的保险公司解散，而吸收其他公司的保险公司继续存在，保留自己法人资格的合并方式。在吸收合并中，因继续存续的公司接受了被合并保险公司的权利和义务，需要办理相应的变更登记；被合并的保险公司归于消灭，办理注销登记。

新设合并是指两个或两个以上的保险公司合并为一个新的保险公司，合并各方解散的合并方式。在新设合并中，各个合并的保险公司的法人资格消灭，办理注销登记，而新设立的保险公司则对被合并的保险公司的所有权利和义务概括享有和承担。

保险公司合并的程序：董事会提出合并方案；股东大会做出特别决议；报经保监会批准；签订保险公司合并合同；编造表册；通知债权人；办理合并登记手续。

2. 保险公司的分立

保险公司的分立，是指一个保险公司因经营需要或其他原因而分开设立为两个或两个以上的保险公司的行为，有新设分立和派生分立两种方式。

保险公司分立的程序：

(1) 由原保险公司的董事会提出分立方案，并提交股东大会讨论。

(2) 由股东大会对保险公司的分立做出特别决议，即由出席股东大会有表决权的股东的 2/3 以上多数通过。

(3) 保险公司的分立须由保监会批准，涉及发行或者变更股份的还必须报经国家证券管理部门批准。

(4) 签订分立合同。

(5) 通知债权人。

(6) 保险公司应当依法向工商行政管理机关办理设立登记、注销登记、变更登记手续，并公告。

3. 保险公司的组织变更

保险公司的组织变更也称为保险公司的转型，是保险公司不中断其法人资格而由一种类型的保险公司变更为其他类型的保险公司的行为。保险公司的组织变更的特点是，公司不经过解散、清算、重设等程序而改组为另一种公司。

国有独资保险公司进行组织变更时，首先要由原保险公司董事会做出特别决议，并报国家授权投资的机构或者国家授权的部门批准；其次要修改新股份有限保险公司章程并经创立大会通过；最后要经保监会批准并向公司登记机关登记并公告。国有独资保险公司变更为股份有限保险公司有重要意义，除避免了复杂的解散、清算程序外，对及时吸收大量资金，扩大经营规模，促进社会经济的发展有很大作用。

(四) 保险公司的整顿与接管

1. 保险公司的整顿

保险公司的整顿是指在保险公司有违反《保险法》规定的某些行为，并且在保监会规定的期限未改正的情况下，保监会采取必要的措施对该保险公司进行整治、监督的行为。保险公司的整顿由保监会决定，并组织执行。

根据我国《保险法》规定，保险公司未按照本法规定提取或者结转各项准备金，或者未按照本法规定办理再保险，或者严重违反本法关于资金运用的规定的，由金融监管部门责令该保险公司采取下列措施限期改正：依法提取或者结转各项准备金；依法办理再保险；纠正违法运用资金的行为；调整负责人及有关管理人员。

保险公司整顿的法律后果为：整顿组织在整顿过程中，有权监督被整顿的保险公司的日常业务；被整顿的保险公司的负责人及有关管理人员，应当在整顿组织的监督下行使自己的职权；在整顿过程中，保险公司的原有业务继续进行，但是保监会有权停止开展新的业务或者停止部分业务，有权调整资金运用。

保险公司具备下列两种条件的，整顿组织可以申请整顿结束：一是被整顿的保险公司经整顿已纠正其违反《保险法》规定的行为；二是被整顿的保险公司经整顿已恢复其正常经营状况。

2. 保险公司的接管

保险公司的接管是指保险监管机构委派接管组织直接介入保险公司的日常经营，并由接管组织负责保险公司的全部经营活动的行为。接管的目的是对被接管的保险公司采取必要措施，以保护被保险人的利益，恢复保险公司的正常经营。被接管的保险公司的债权债务关系不因接管而变化。对于被保险人或者受益人提出的索赔，被接管的公司仍必须办理，不得拒绝。

接管组织的组成和接管的实施办法，由金融监管部门决定，并予以公告。接管期限届满，金融监管部门可以决定延期，但接管期限最长不得超过 2 年。

(五) 保险公司的终止

1. 保险公司的破产

保险公司不能支付到期债务，经保险监督管理机构同意，由人民法院依法宣告破产。保险公司被宣告破产的，由人民法院组织保险监督管理机构等有关部门和有关人员成立清算组，进行清算。同时应该注意，保险公司依法终止业务活动，应当注销其经营保险业务许可证。经营有人寿保险业务的保险公司被依法撤销的或者被依法宣告破产的，其特有的人寿保险合同及准备金，必须转移给其他经营人寿保险业务的保险公司；不能向其他保险公司达成转让协议的，由保险监督管理机构指定经营有人寿保险业务的保险公司接受。

2. 保险公司的解散

保险公司的解散可以分为以下两种：

(1) 任意解散。任意解散是指依照股份有限保险公司的章程规定或股东大会的决议自动解散保险公司。任意解散的原因主要有以下几种：保险公司章程规定的营业期限届满或者保险公司章程规定的其他解散事由出现；股东大会特别决议解散；分立；合并。

(2) 强制解散。强制解散是指保监会命令解散或者法律判决解散保险公司的一种法律行为。强制解散构成了保险公司解散的一种重要原因，主要表现为以下两个方面：依法被撤销和依法被宣告破产。

保险公司解散会产生下列一些后果：保险公司一旦解散便丧失经营能力，并成为法人资格丧失的根据；保险公司解散后，即进入清算程序，其法人资格并不马上消灭；保险公司解散后，应在一定期限内向登记机关申请解散登记。

3. 保险公司的清算

保险公司的清算是指保险公司解散后，为了终结保险公司现存的各种法律关系，了结保险公司债务，而对保险公司资产、债权债务关系等，依照法律规定的严格程序进行清理处分的行为。保险公司的清算，可以分为普通清算和破产清算两种。

二、保险经营监管

(一) 保险经营业务范围

保险经营业务范围通常包含两层监管：一是保险组织能否同时经营财产保险业务与人身保险业务，即兼营问题；二是保险组织能否兼营保险以外的其他业务，及非保险组织能够兼营保险业务或类似保险业务，即兼业问题。

我国保险经营的业务范围包括两层含义：

(1) 禁止兼营。同一保险公司不得兼营人身保险和财产保险两种业务。人身保险公司不得经营财产保险业务，财产保险公司不得经营人寿保险业务。

(2) 禁止兼业。保险组织不得从事保险业务以外的业务；非保险组织不得经营保险或类似保险的业务。

(二) 保险条款和保险费率的监管

保险条款是保险人与投保人关于保险权利与义务的约定，是保险合同的核心内容。保险费率是各险种中每个危险单位的保险价格。费率过高，则会影响保险公司产品的市场竞争力，同时也对投保人不公；费率过低，虽然容易占领市场份额，但会导致公司准备金不足，财务状况不稳定，甚至影响其偿付能力。

保险条款的制定和保险费率的厘定具有很强的专业性和技术性，为了保护被保险人的利益以及防止保险人之间的恶性竞争，各国普遍对保险公司制定的保险条款和费率执行严格的审查监管制度。中国保监会可以根据市场情况对险种范围进行调整。中国保监会可以委托保险行业协会或保险公司拟定主要险种的基本保险条款和保险费率。保险公司拟订的其他险种的保险条款和保险费率，应由总公司报中国保监会备案。

(三) 保险准备金的监管

保险准备金是指保险人为了承担未到期责任和处理未决赔款，根据政府有关法律法规或业务特定需要，从保费收入中或盈余中提取的一定量的资金。准备金是保险企业的负债。各国政府之所以对保险企业的准备金提存作出限制性规定，其主要目的有四个：一是为了充实保险公司营运资金，促进保险业的健康发展；二是维持公司适当的清偿能力，保障被保险人的权益；三是确立适当的准备金提存标准及评估制度，稳定保险公司；四是加强保险业社会责任感，促进社会生活的安定。

保险准备金主要包括寿险责任准备金和非寿险责任准备金：寿险责任准备金是指保险公司对人寿保险业务为承担未来保险责任而按规定于年末提存的未到期责任准备金；非寿险责任准备金是指在准备金评估日为尚未终止的保险责任而提取的准备金。

(四) 资金运用的监管

保险资金来源于自有资金和外来资金两个方面。国家对保险资金运用进行监管的目的在于：确保资金运用的安全，维护保险公司的偿付能力；提高资金运用的收益，增强保险公司的经营能力；提高资金运用的流动性，维持保险公司的变现能力；防止投机性或不当投资行为的发生，促进保险业履行社会责任。

我国《保险法》规定：保险公司的资金运用，限用于在银行存款；买卖债券、股票、证券投资基金份额等有价证券；投资不动产；国务院规定的其他资金运用形式。保险公司的资金不得用于设立证券经营机构，不得用于设立保险业以外的企业。保险公司运用的资金和具体项目的资金占其资金总额的具体比例，由保险监督管理机构规定。

三、保险偿付能力监管

偿付能力是指保险组织履行赔偿或给付责任的能力。偿付能力的监管是国家对保险业进行监管的首要目标，也是保险监管的核心。保险公司必须具备最低的偿付能力，这不仅是出于保护被保险人利益的需要，也是出于保险公司自身稳定经营的需要。

(一) 偿付能力监管手段

从各国保险监管实践看，偿付能力的监管手段主要有几种：

第一，规定资本充足率要求，即要求保险公司设立时具有一定金额的实收资本金和公积金，在经营过程中要满足一定的风险资本管理的要求。

第二，非现场检查，即由保险监管部门制定一系列保险偿付能力的信息监管指标，由保险监管人员对其经营状况进行检查分析，及时掌握监管信息，制定管理措施。

第三，现场检查，即保险监管部门派人到保险公司，对其经营管理活动及业务、财务情况进行检查，重点是检查其资产和负债的真实性、资产负债的匹配性以及偿债能力的适当性。

(二) 法定最低偿付能力额度规定

1. 偿付能力额度

偿付能力额度是指保险企业资产负债表上的资产和负债之间的差额，一般在数量上反映为资本金和总准备金之和。在任何时刻，只要保险企业的资产大于负债，不论保险企业经营状况如何，即使发生超常赔偿与给付，保险企业的资产足以抵付负债，即偿付能力额度大于零，则此保险企业在这段时间内具有偿付能力。

偿付能力额度是衡量保险企业偿付能力大小的标准，计算偿付能力额度的资产是指可以立即变现的资产，即认可资产。认可资产并不等于所有以价值体现的动产和不动产之和，因为许多动产特别是固定资产在发生超长赔款时，难以立即兑换成现金用于支付赔款，起不到赔付的作用。

2. 法定最低偿付能力额度标准

保险监管机构要求保险公司必须具备的最低偿付能力额度一般称为法定最低偿付能力额度标准。低于这个标准是保险企业处于"危险"状态的早期信号。不同国家和地区法定最低偿付能力额度一般不同，但法定最低偿付能力额度是对保险企业提出的法定最低要求。

政府监管保险企业偿付能力指标的法定最低偿付能力额度，一般是根据总保费收入确定的。对偿付能力最直接的管理就是规定法定最低偿付能力额度，这样可以限制保险企业偿付能力的最低限。如果保险企业的实际偿付能力低于法定最低偿付能力额度，国家监管机构就要对保险企业进行干预。

3. 最低偿付能力额度

我国保监会于 2003 年初颁布的《保险公司偿付能力额度及监管指标管理规定》，就是在开放保险市场的前提下，与国际监管接轨的产物。其中要求保险公司应具有与其业务规模相适应的最低偿付能力。

财产保险公司应具备的最低偿付能力额度为下述两项中数额较大的一项：

(1) 最近会计年度公司自留保费减营业税及附加后 1 亿元人民币以下部分的 18%和 1 亿元人民币以上部分的 16%。

(2) 公司最近 3 年平均综合赔款金额 7000 万元以下部分的 26%和 7000 万元以上部分的 23%。

人寿保险公司最低偿付能力额度为长期人身险业务最低偿付能力额度和短期人身险业务最低偿付能力额度之和。

长期人身险业务最低偿付能力额度为下述两项之和：

(1) 投资连结类产品期末寿险责任准备金的 1%和其他寿险产品期末寿险责任准备金的 4%。

（2）保险期间小于 3 年的定期死亡保险风险保额的 0.1%，保险期间为 3 年到 5 年的定期死亡保险风险保额的 0.15%，保险期间超过 5 年的定期死亡保险和其他险种风险保额的 0.3%。

短期人身险业务最低偿付能力额度的计算适用中国保险监督管理委员会发布的《保险公司偿付能力额度及监管指标管理规定》第四条的规定。再保险公司最低偿付能力额度等于其财产保险业务和人身保险业务分别按照上述两项规定计算的最低偿付能力额度之和。

4. 实际偿付能力

偿付能力的另一层含义为实际偿付能力，保险公司实际偿付能力额度等于认可资产减去认可负债的差额。

保险公司的认可资产是指保险监管机构对保险公司进行偿付能力考核时，按照一定的标准予以认可，纳入偿付能力额度计算的资产。保险公司应按照中国保监会制定的编报规则填报认可资产表。

保险公司的认可负债是指保险监管机构对保险公司进行偿付能力考核时，按照一定的标准予以认可，纳入偿付能力额度计算的负债。

四、保险中介人监管

保险中介人的监管是指对保险代理人、保险经纪人和保险公估人的监管。保险中介人是保险市场主体之一，在保险商品交换关系中扮演着重要角色。

(一) 保险代理人的监管

1. 保险代理人的国家监管

国家对于保险代理人的监管主要包括：

第一，对保险代理机构资格的监管。为规范保险代理机构，国家监管部门对其必须具有的条件作出规定。

第二，对保险代理人代理资格的监管。许多国家都对保险代理人实行注册和许可证制度。许多国家规定，代理人在登记注册并领取许可证之前，必须经过保险监管当局或学术团体举办的考试，合格者才具有保险代理人的资格。

第三，对保险代理人业务经营的监管。首先是对代理人业务范围的监管。一般规定保险代理机构的业务范围是代理销售保险单、代理收取保险费、进行保险和风险咨询服务、进行损失勘查和理赔。其次是对代理人经营活动的监管。监管机关有权制止不正当的手段招揽保险业务、为个人或小集团牟利而损害被保险人的利益。

2. 保险代理人的行业自律

保险代理人进行自我管理、自我约束的作用，已经在全世界范围内得到了广泛认可。保险代理行业自律的方式包括如下几种：

（1）利用行规行约方式调整会员之间的关系并进行相互监督。

（2）实行保险代理人登记制度。

（3）设立专门机构，接受有关查询和起诉。

（4）采取指导、汇报、检查的方法，以监理例会制度进行监督。

(二) 保险经纪人的监管

国家保险监管机构对保险经纪人的市场准入进行严格控制。一般规定，保险经纪人应具备以下三个从业条件：

(1) 具备保险监管部门规定的资格。

(2) 取得保险监管部门颁发的经营保险经纪业务许可证。

(3) 向工商行政管理机关办理登记、领取营业执照。很多国家还要求缴存保证金或者投保执业责任保险。

(三) 保险公估人的监管

1. 保证金的监督

保险公估机构动用保证金的情况包括：注册资本或者出资额减少的；许可证被注销的；投保符合条件的职业责任保险；中国保监会规定的其他情形。

2. 许可证的管理

中国保监会依法批准设立保险公估机构、保险公估分支机构的，应当向申请人颁发许可证。许可证有效期为 3 年，保险公估机构应当在有效期届满前 30 日内向中国保监会申请延续。中国保监会应当在许可证有效期届满前对保险公估机构前 3 年的经营情况进行全面审查和综合评价，并作出是否批准延续许可证有效期的决定。中国保监会依法注销保险公估机构许可证的情形包括：许可证有效期届满，中国保监会依法不予延续的；许可证依法被撤回、撤销或者吊销的；保险公估机构解散、被依法吊销营业执照、被撤销、责令关闭或者被依法宣告破产的；法律、行政法规规定应当注销许可证的其他情形。

第四节　保险监管的国际化

随着经济全球一体化的不断发展，各种风险也呈现出国际化趋势。在封闭的监管环境下，单个保险监管机构无法应对全球一体化和保险市场国际化环境下保险业稳定持续发展的挑战，因此，各国保险监管机构之间的协调与合作就显得尤为必要，保险监管也呈现出国际化的客观需要。

一、保险监管国际化的背景

(一) 保险业务国际化

导致保险业务国际化的主要原因是保险市场全球化。20 世纪 80 年代以来，发达国家保险公司在完成本国保险市场份额的瓜分之后，进行保险资本的继续扩张并掀起兼并、收购和战略联盟的浪潮，使得全球许多保险公司纷纷开展跨国保险业务。

保险与再保险业务的国际性特点决定了保险业务必须国际化。现代保险业起源于海上保险，海上风险的发生往往跨越国界，因此海上保险从本质上看是最具国际性的业务。从再保险业务看，直接保险公司把自留额以外的风险分保给国内外其他保险公司或再保险公司承担，往往一笔保险业务由几个不同国别的保险公司或再保险公司承保。再保险经纪人或再保险公司为了招揽不同国家的业务，经常穿梭于世界各地，他们把保险业联结成一个国际性的市场。

跨国公司的保险需求推动保险业务朝国际化发展。随着经济全球化和贸易全球化的发展,世界经济日益成为一个不可分割的整体,与经济相伴随的风险没有国界的限制。世界各国生产者由于风险的无国界化,迫切要求为之服务的保险业在全球范围内为其提供服务,尤其是跨国公司,对保险市场国际化的要求更为迫切。对于跨国公司,母公司为了保障其外国分公司或子公司的财产、责任、员工生命的安全,往往愿意购买子公司所在国保险公司的保险商品。在这种形式下,高效的保险市场和金融市场的重要性更为突出,为了满足跨国保险需求,国际保险公司开始扩展全球业务。

巨额保险标的出现将推动保险业务国际化的发展。随着单位风险的增加,一个国家保险市场对承保巨额风险越来越感到吃力,出于分散风险、稳定经营的需要,将其承保风险通过共保或再保向其他国家保险市场上转移。共保或再保成为了一条纽带,把世界保险市场连为一个整体,这也极大地推动了保险的国际化进程。近年来出现的全球保单就是保险国家化的一个例证。

保险自由化为保险业务国际化提供了机遇。自由化的第一步是打破保险和再保险的垄断,使现在保险业务自由化特别要取消分给国营再保险公司的法定业务并允许跨国经营再保险业务。另一个重要的步骤是逐步取消对外资保险公司资本的限制,给予外国保险公司的子公司以国民待遇。

随着世界贸易组织的发展,保险国际化的速度将大大加快,各国保险产业发展政策对本国保险市场的形成与发展发挥作用的力量受到限制,本国保险业发展目标受到了全球市场发展的制约。

(二) 保险机构国际化

在经济、金融全球化的形势下,保险公司出于内在的发展需要和迫于外在的竞争压力,往往采取自身扩张和战略联盟的方式使自己成为国际性的保险机构。保险机构进行国际扩张的一个重要原因是保险人希望借此提高所有者权益的收益率。保险人可以通过参与不同地区的经济活动来使其收入来源多样化。当保险人本国的业务经营不佳时,由国外业务创造的利润就弥足珍贵了。国际扩张的吸引力就在于保险人的经济风险和承保风险都得到了分散,而且保险人还可以国际化的机构做平台,通过国际化的投资政策获得良好的收益。

为了满足那些在世界各地开展业务的客户的保险需求,保险机构就必须进行国际扩张。因为保险人的客户是在世界各地经营业务或者说经常忙于一些国际间事物的,这样保险人就必须能够满足他们在国际间的保险需求。对于那些在其他市场开展业务的保险人来说,可供选择的方法有保持某种形式上的存在或是开设公司。

从 20 世纪 80 年代以来,很多国家的保险市场从限制性市场逐渐走向更为自由的市场,新开放的保险市场的不断发展,使保险人纷纷进入新兴市场以获取一定的市场份额。

(三) 保险风险国际化

所谓保险风险国际化,是指保险标的风险超越一国的国界而跨越两国或两国以上国界的风险。风险的客观性和广泛性决定了风险是无国界的。

保险风险国际化是经济全球化的结果。随着科学技术的发展和世界政治格局的变化,经济全球化成为世界经济发展的历史潮流。经济活动已经跨越了民族、国家、政治的疆界。世界经济中各国的经济开放度增加,相互依存、依赖关系加深。贸易全球化是经济全球化的重要基础,从国际服务贸易结构分析,传统的劳动力密集型服务出口所占比重下降,而金融、保险、邮电通信等行业的比重上升较快。

保险风险国际化是金融全球化的结果。保险和金融都依赖于风险汇聚和风险转移。日益发展的金融全球化使保险风险逐步加大。金融全球化是金融业务国家化、金融工具国际化、金融管制自由化综合作用的结果。

二、保险监管国际化的含义

在经济金融全球化、国家化的背景和形式下，出现了保险业务国际化、保险机构国际化和保险风险国际化。随着保险业务国际化、保险机构国际化和保险风险国际化进程的深入，保险监管国际化的问题油然而生。

保险监管国际化有着其明确的含义和特定的内容：

(1) 为了在全球范围内保护保单持有人和投保人的利益，防范系统性保险风险的跨国传播和蔓延，维护国际保险秩序的安全和稳定，各国保险监管机构之间需要建立一个有效的沟通、交流以及合作的组织和机制，从而形成一套为不同辖区的保险监管机构所广泛接受并自觉遵守的保险监管国际规则。

(2) 保险监管国际规则只能是对各国保险监管实践的经验总结和共性抽象，以及对各国保险监管机构及其运作的基本要求和最低标准，所以保险监管国际化是不同国家保险监管制度共性与个性的统一，它不应当也不可能代替各国保险监管具体法规和各具特色的不同监管方式和习惯做法。

(3) 保险监管国际化是一个逐步完善和深化的过程，应当允许不同国家的保险监管机构在适应保险监管国际化形势的过程中有先有后，有快有慢。

三、我国保险监管

(一) 新兴市场国家保险业的一般性差距

新兴市场国家保险业的问题主要是由于保险公司内部管理松懈引起的。由于内部控制不力，出现道德风险，公司所有者缺乏适当的积极性去谨慎行事并对经营管理人员进行监督，这种情况通常会引发制度上的失灵。公司的经营管理人员可能会在一种与合理的财务惯例不一致的目标的指导下行事，他们却可以避免外部纪律的约束。由于法律框架不健全，使得管理松懈和公司控制力不足等问题难以解决。

在建立和维持健全的保险制度方面，由于法律、会计、金融市场等基本制度的缺陷而无法发现并及时彻底地解决出现的问题。

按照国际保险监管协会的观点，要在新兴市场国家建立健全与国际接轨的保险监管制度，必须首先具备一些基本的前提条件。必须要有合理的经济结构和良好的宏观政策，还必须在社会方面达成足够的共识，支持建立和维持健全的保险市场所必需的措施。

在谨慎地引进市场机制的同时，加强对市场的管理与监督，这对提高保险市场效率至关重要。

(二) 我国保险监管制度与国际保险监管制度存在的差距

(1) 监管基础工作比较薄弱。

(2) 监管力量不足，人员数量和素质都不适应实施有效监管的需要。

(3) 监管手段落后，主要依靠现场检查和手工操作，建立在电子计算机等现代化基础上的非现场监控系统尚未形成，制约了监管效率和水平。

(4) 保险监管法规建设不适应国际化要求，没有形成一个系统、清晰的保险监管法律和监管规章体系框架，特别是我国的监管规章和规范性文件纷繁杂乱，它们之间以及它们与《中华人民共和国保险法》之间缺乏明晰的钩稽关系，没有形成科学的监管理念。

(5) 缺乏市场经济条件下所必需的信息披露制度、外部审计制度，市场力量和公众监督作用没有充分发挥出来。

(三) 实现我国保险监管国际化的措施

(1) 构建良好的监管环境。

(2) 构建严密的审慎监管规章框架体系。

(3) 构建完善的保险监管会计、审计和精算制度。

(4) 构建现代化的保险数据库和严格的信息披露制度。

(5) 构建反应灵敏的风险预警系统。

(6) 构建高效的保险监管交流与协作制度。

(7) 构建科学规范的监管人员培训制度。

本 章 小 结

保险监管是政府对保险业监督管理的简称，是指一个国家的保险监督执行机关依据现行法律对保险人和保险市场实行监督与管理，确保保险人的经营安全，同时维护被保险人的合法权利，保障保险市场的正常秩序并促进保险业的健康有序发展。

保险监管法律又称保险业法，是国家在对保险业进行管理的过程中所形成的权力与义务关系的一种法律规范。保险监督机构是指国家对保险业进行监管的主管机关。以保险同业公会或保险行业协会的形式出现的保险行业自律组织，是保险人或保险中介人自己的社团组织。

整顿是指在保险公司有违反《保险法》规定的某些行为，并且在保监会规定的期限未改正的情况下，保监会采取必要的措施对该保险公司进行整治、监督的行为。保险公司的接管是指保险监管机构委派接管组织直接介入保险公司的日常经营，并由接管组织负责保险公司的全部经营活动的行为。

偿付能力是指保险组织履行赔偿或给付责任的能力。偿付能力额度是指保险企业资产负债表上的资产和负债之间的差额，一般在数量上反映为资本金和总准备金之和。

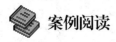 **案例阅读**

网贷背后浮现疯狂的保险

聚投诉、黑猫投诉等互联网投诉平台投诉人声称，自己在不知情的状况下，向网贷平台借款后，被划扣一笔钱，购买了远高于市场价的易安保险借款人意外险，并且保费还被计入还款总金额。

对此，专业人士向《中国经营报》记者分析称，网贷平台将借款人购买保险的费用算在借款金额之内进行提前扣除，实际上相当于变相收取了高额利息。但易安保险方面却表示对网贷平台的收费操作不了解。同时，对于返利给网贷平台的情况，易安保险方面称，网贷平台为公司提供引流服务，不存在划扣保费。公司支付给网贷平台一定的技术服务费是合理的。不过，记者注意到，中国银保监会曾对易安保险不合理的技术费用支出，下发监管函并要求其整改。

据不完全统计，在聚投诉平台上，投诉易安保险的数量已经多达上百件。查询易安保险在自身官网销售的意外险，保费仅需几十元。但是，网贷平台从借款人账户中扣除的易安保险借款人意外险保费，却已经高达几百元、几千元。实际上，相比保费高，借款时默认勾选购买保险、保费扣除之后还要计入借款人还款金额，这两项举动亦值得关注。

王先生在聚投诉平台贴出自己亲身经历称，"在 2019 年 3 月 23 日，从某平台申请 16 500 元贷款通过审批，然而在放款过程中，某平台在我不知情的情况下，划扣一笔钱购买易安保险借款人人身意外险，产生 2821.5 元的保险费用，并将 2821.5 元的保险费用计入借款本金，到最后还款金额共计达到 19 321.5 元。此举某平台联合易安保险构成强迫消费及霸王条款。"同样，石先生也声称，"2019 年 5 月 12 日，在某平台 APP 申请了一笔 1 万元借款，实际到账金额为 1 万元，分 12 期偿还。但是借款成功后，某平台 APP 却显示借款本金为 11 710 元，最后加上 12 期分期还款利息，总共需要还 15 925.62 元。于是打电话咨询客服，客服给出的解释是，借款成功的时候默认买了易安保险半年期的借款人人身意外保险，1710 元为保险费。借款本金原本为 1 万元，加上 1710 元保费和还款利息，一年需要还 15 925.62 元，综合年化借款成本已达到 59.25%，远超出法律规定。"

众多业内人士和保险律师均对记者表示，网贷平台是否有资质扣取保费确实值得深究。

早在 2018 年 8 月，中国银保监会发布了《关于切实加强和改进保险服务的通知》(银保监发〔2018〕40 号)明确规定大力加强互联网保险业务管理，不得违规捆绑销售，不得使用强制勾选、默认勾选等方式销售保险。加强对所委托第三方网络平台的管控，对违反保险监管规定且不改正的第三方网络平台，终止与其合作。

2019 年 2 月，中国银保监会办公厅发布《关于加强保险公司中介渠道业务管理的通知》(银保监办发〔2019〕19 号)(以下简称《通知》)，要求保险公司及其工作人员不得委托未取得合法资格的机构或没有进行执业登记、品行不佳、不具有保险销售所需的专业知识的个人从事保险销售活动。《通知》明确保险公司中介渠道管理必须做到管理责任到人、管理制度到位、信息系统健全，建立内部合规审计监督，强化保险公司对中介渠道合作主体的业务合规管理责任。

近期，中国银保监会也正在整治保险中介市场乱象，监管层一再明确，将重点整治排查保险机构是否存在与从事理财、P2P 借贷、融资租赁等互联网金融的第三方网络平台合作等现象。

 问题

试结合本案例分析对我国的保险业监管的启示及如何进一步完善我国的保险业监管。

复习思考题

一、名词解释

保险监管　　监督管理机构　　保险公司合并　　保险公司分立　　保险公司的组织变更　　保险公司整顿　　保险公司的接管　　任意解散　　强制解散　　保险公司的清算　　禁止兼营　　禁止兼业　　保险准备金　　保险偿付能力　　偿付能力额度　　法定偿付能力额度标准　　保险中介人的监管　　保险监管国际化

二、单项选择题

1. 我国《保险法》规定设立保险机构的注册资本最低限额是人民币(　　)。

A. 1 亿元　　　　B. 2 亿元　　　　C. 5 亿元　　　　D. 10 亿元

2. 保险监管的方式包括以下(　　)。

A. 非现场监控与公开信息披露

B. 财务检查

C. 非现场检查

D. 非财务检查

3. 保险监管的内容不包括(　　)。

A. 保险组织监管　　　　　　　　B. 对绩效评估的监管

C. 保险偿付能力监管　　　　　　D. 对保险中介人的监管

三、简答论述题

1. 保险监管的原因、目标、方式、手段和原则分别是什么？

2. 保险监管的模式有哪几种？它们各自有什么特点？

3. 保险监管的理论有哪些？各自的主要内容是什么？

4. 简述保险监管的内容。

5. 对保险中介人的监管包括哪些？

6. 保险监管国际化的背景主要有哪些？

7. 简要论述中国保险监管国际化的情况。

四、案例分析

王某乘坐某客运公司客车，司机在不应停车的地方停车，王某下车后横穿公路时被汽车冲撞身故。交通事故管理部门认定客车对该起事故负全部责任。客车公司向王某家属赔偿损失后，依据其所投保的机动车第三者责任险向保险公司提出索赔。

保险公司认为，在这起事故中，客运公司赔偿王某家属的经济损失不是所保车辆直接引起的，因此这不是保险责任范围内的事故，保险公司不承担赔偿责任。客运公司认为拒赔不合理，起诉到法院。

法院审理认为，客运公司在致王某死亡的交通事故中因违反了《高速公路交通管理办法》，应当承担赔偿王某损失的责任。客运公司投保了第三者责任险，原、被告双方在对该保险合同条款的理解上发生争议，即对赔偿责任是否属于保险责任有分歧，应按照《保险法》第三十一条的规定作有利于被保险人的解释。因此判决保险公司承担赔偿责任。保险公司对一审判决不服，提起上诉。

　　你认为保险公司应当承担赔偿责任吗？为什么？

参 考 文 献

[1]　许桂红. 保险学. 南京：东南大学出版社，2010.

[2]　池小萍. 保险学案例. 北京：中国财政经济出版社，2007.

[3]　许飞琼. 责任保险. 北京：中国金融出版社，2007.

[4]　李本，刘俊敏. 对中资企业境外公司信用保险需求的调研分析及立法建议. 国际贸易，2012(1).

[5]　祝向军. 我国保险公司盈利模式的发展演化与未来选择. 金融与保险，2010(7).

[6]　许谨良. 财产保险原理和实务. 4 版. 上海：上海财经大学出版社，2010.

[7]　杜鹃，郑祎华. 人身保险. 北京：中国人民大学出版社，2009.

[8]　张洪涛，庄作瑾. 人身保险. 2 版. 北京：中国人民大学出版社，2008.

[9]　公冶庆元，等. 人身保险理论与实务. 北京：清华大学出版社，2005.

[10]　张拴林. 再保险学. 北京：中国财政经济出版社，2004.

[11]　胡炳志. 再保险. 北京：中国金融出版社，1998.

[12]　米双红，龙卫洋. 再保险理论与实务. 北京：电子工业出版社，2011.

[13]　赵苑达. 再保险学. 北京：中国金融出版社，2003.

[14]　陈立双，段志强. 保险学. 南京：东南大学出版社，2005.

[15]　张虹，陈迪红. 保险学教程. 北京：中国金融出版社，2005.

[16]　中国保险年鉴编委会. 中国保险年鉴. 北京：中国保险年鉴编委会，2008.

[17]　李娅，刘兴丽. 新《保险法》对再保险业影响及对策. 人才开发. 2009(12).

[18]　粟芳，许谨良. 保险学. 北京：清华大学出版社，2006.

[19]　魏华林，林宝清. 保险学. 北京：高等教育出版社，2005.

[20]　付菊，徐沈新. 保险学概论. 北京：电子工业出版社，2007.

[21]　刘金章. 保险学导论. 北京：清华大学出版社，2009.

[22]　石兴. 保险产品设计原理与实务. 北京：中国金融出版社，2006.

[23]　刘平，等. 保险学原理与运用. 北京：清华大学出版社，2009.

[24]　群峰. 保险理财：构建美好人生. 北京：中国科学技术出版社，2009.

[25]　宋怡青. 保险业偿付能力告急 被迫增资转型. 财政国家周刊，2012(2) .

[26]　信春鹰. 中华人民共和国社会保险法释义. 北京：法律出版社，2010.

[27]　杨馥. 中国保险公司治理监管制度研究. 北京：经济科学出版社，2011.

[28]　张洪涛，王国良，等. 保险核保与理赔. 北京：中国人民大学出版社，2011.

[29]　赵锡军. 开放条件下的保险安全和保险监管研究. 北京：经济科学出版社，2011.

[30]　徐爱荣. 保险理财学. 上海：复旦大学出版社，2009.

[31]　马宜斐，段文军. 保险原理与实务. 北京：中国人民大学出版社，2011.

[32]　厲国柱. 保险学. 5 版. 北京：首都经济贸易大学出版社，2009.

[33]　许谨良. 保险学原理. 4 版. 上海：上海财经大学出版社，2011.

[34]　尹应凯，崔茂中，等. 保险学教程. 上海：格致出版社，上海人民出版社，2011.

[35]　魏巧琴. 保险公司经营管理. 上海：上海财经大学出版社，2010.

[36]　魏巧琴. 保险投资学. 上海：上海财经大学出版社，2008.

[37]　李嘉斌. 保险监管及全面开放后我国保险监管的制度创新. 长春：吉林大学，2005.

[38]　魏立. 当前世界保险业的发展趋势分析. 西南民族学院学报：哲社版，1999(4).

[39]　王锡文. 国际保险监管制度及对我国保险监管的启示. 哈尔滨商业大学学报：社科版，2010(3).

[40]　汪祖杰可. 保风险的选择及其度量模型研究. 保险研究，2008(6).

[41]　祝杰. 我国保险监管体系法律研究：以保险资金运用为视角. 长春：吉林大学，2011.

[42]　蒲成毅. 世界保险产业结构演化的特征及趋势分析. 经济理论与经济管理，2007(7).

[43]　李薇. 中国保险监管质量研究. 长春：吉林大学，2011.

[44]　孙祁祥. 保险学. 北京：北京大学出版社，2009.

[45]　曹晓兰. 财产保险. 北京：中国金融出版社，2007.

[46]　黄敬阳. 国际货物运输保险. 北京：对外经济贸易大学出版社，2005.